Aulamagna · 91

I lettori che desiderano
informazioni sui volumi
pubblicati dalla casa editrice
possono rivolgersi direttamente a:

Carocci Editore

corso Vittorio Emanuele II, 229
00186 Roma
telefono 06 42 81 84 17
fax 06 42 74 79 31

Siamo su:
www.carocci.it
www.facebook.com/caroccieditore
www.twitter.com/caroccieditore

Paolo Giovannetti, Gianfranca Lavezzi

La metrica italiana contemporanea

Carocci editore Aulamagna

Paolo Giovannetti ha scritto i capitoli 1 e 4, le *Appendici A* e *B*, la *Bibliografia generale*.
Gianfranca Lavezzi ha scritto i capitoli 2 e 3.

1ª edizione Aulamagna, settembre 2020
1ª edizione Manuali universitari, 2010

Realizzazione editoriale: Omnibook, Bari

Finito di stampare nel settembre 2020
da Digital Team, Fano (PU)

ISBN 978-88-290-0147-7

Indice

Convenzioni grafiche

Figure metriche

Le cosiddette figure metriche sono segnalate in tutti i casi in cui il verso sia sembrato di non agevole esecuzione.

La *sinalefe* è indicata con: ^ , la *dialefe* con: ˇ.
Esempi:

Alcuno di noi tirò^un ciottolo (novenario sdrucciolo)
Maˇecco, c'èˇaltro che striscia (novenario piano)

Il *segno di dieresi*, se figura in corsivo, è stato introdotto dagli autori; se figura in carattere tondo è presente nel testo originale.
Esempi:

dal fondo ne r*ï*assommava
Splende al plenilunïo l'orto; il melo

La *sineresi* è resa con la sottolineatura delle vocali interessate:
Esempio:

Nel p<u>ae</u>saggio mitico (senario sdrucciolo)

Scansione accentuale del verso

Le vocali appartenenti a sillabe sotto ictus sono contraddistinte dal carattere neretto e dall'accento grave. Non sempre – e per ovvie ragioni – si ritiene necessario segnalare l'ultimo ictus del verso. Se un carattere accentato è presente nel testo originale e vi cade l'ictus, si usa il corsivo chiaro.
Esempi:

T**à**li par**ò**le a quel m**ò**do parl**à**vano l'**ù**no con l'altro
Ni**ù**no, cui gi*à* non cred'**ì**o sia tutt**ò**ra sfugg**ì**to alla morte [ovviamente, *già* è accentato nel testo]

Schemi metrici

Le convenzioni adottate non differiscono dalle consuete. Le lettere maiuscole sono riservate ai "versi lunghi" (dall'endecasillabo in su), le minu-

scole ai “versi brevi”. La maiuscola, in assenza di altre indicazioni, segnala endecasillabo. Alternanza di maiuscola e minuscola senza altre indicazioni segnala alternanza di endecasillabi e settenari.
Esempi:
ABBA ABBA CDE CDE è un sonetto in endecasillabi.
AbCBCDeFGDeFGHH è lo schema di una canzone in endecasillabi e settenari.

I versi irrelati, piani, sdruccioli o tronchi, sono indicati rispettivamente con le lettere p, s o t, minuscole o maiuscole a seconda del contesto.
Esempi:

ABaBP (irrelato un endecasillabo piano)
ABaBs (irrelato un settenario sdrucciolo)
ABaBt (irrelato un settenario tronco)

Le indicazioni di tronco o piano possono inoltre integrare, al pedice, la caratterizzazione della misura versale.
Esempi:

A_{11t} indica endecasillabo tronco rimato
A_{11s} indica endecasillabo sdrucciolo rimato

Le rime imperfette sono indicate con il corsivo.

Segmentazione del verso e accapo

Il segno | indica cesura o qualsiasi altro tipo di segmentazione interna al verso.
Nelle citazioni fatte entro paragrafi prosastici, il segno / indica la separazione dei versi, il segno □ indica il *gradino* o *accapo interno*.

1
Premesse teoriche

1. Esiste la "metrica moderna"?

1.1. Genesi e invenzione di una tradizione

1.1.1. Un libro come il presente, che ambisce a definire il profilo della metrica italiana contemporanea, deve innanzi tutto giustificare la propria specificità e quindi la propria stessa esistenza. In altri termini, e brutalmente: c'è davvero una metrica moderna distinta da quella "tradizionale" o "classica"? E insieme: quando comincia la "modernità" (che potremmo definire anche "contemporaneità") poetica italiana?

Modernità come Novecento

Si può dare un po' per scontata la risposta alla seconda domanda. Infatti – sulla scorta in particolare degli studi di Pier Vincenzo Mengaldo: su tutti Mengaldo (1978) – è ormai opinione diffusissima che la modernità della poesia sia, in Italia, soprattutto un affare novecentesco. A partire dai primissimi anni del XX secolo una generazione di poeti – nati dopo il 1880 – dà l'avvio a modi di concepire la parola in versi che si distinguono nettamente dal recente retaggio dannunziano e pascoliano. Una **cesura tra Otto e Novecento** sarebbe dunque indubitabile. Novecento e modernità possono essere quasi considerati sinonimi, almeno in poesia. E la coda duemillesca non costituirebbe un grave problema, almeno dal punto di vista dei fenomeni formali. I mutamenti "postmoderni" attivi nel campo della metrica (e li rileveremo: cfr. *infra*, par. 2.2.3) possono essere accolti nell'onda lunga novecentista. D'altronde, è certo che tanto l'opera di Pascoli e D'Annunzio (e, alle loro spalle, quella di Carducci) quanto l'antecedente leopardiano in molti loro aspetti condizionano profondamente gli autori della contemporaneità. Di qui la necessità di dedicare ai due massimi poeti dell'Otto-Novecento italiano un'ampia trattazione; e di qui la necessità di tenere conto delle cosiddette "innovazioni" leopardiane e della rivoluzione conservatrice rappresentata dalla metrica barbara di Carducci. La **modernità poetica** degli italiani, pur essendo *cronologicamente* ben delimitata, presenta una *genealogia* nient'affatto lineare, come avremo modo più volte di rilevare.

Esiste la "metrica del Novecento"?

Ben più complessa e articolata – anche in virtù di quest'ultima osservazione – deve essere la risposta all'altra domanda. In linea di principio, *non* esiste alcuna necessità che a una nuova poetica, a una nuova civiltà letteraria, corrisponda un sistema formale analogamente (e radicalmente) nuovo, in particolare un *sistema metrico*. Sia che si osservi la metrica in una prospettiva strettamente linguistica e prosodica (poniamo: Bertinetto, 1981) sia, e a maggior ragione, che si prendano in considerazione strutture universali in chiave generativo-trasformazionale (Nespor, 1993), quello della metrica appare come **un sistema sostanzialmente *acronico***, formale, trasparente non solo al senso, ma anche alle poetiche e alle eventuali rivoluzioni letterarie. La metrica di una certa cultura letteraria, nelle sue manifestazioni invarianti, sarebbe insomma indipendente dal divenire storico, e i rilievi diacronicamente pertinenti non sarebbero di natura sistemica, bensì di natura *stilistica*. Restando al quadro italiano, pensiamo al romanticismo: se la rivoluzione romantica, nel panorama letterario dell'Ottocento, scardina buona parte dei valori ereditati (decisivo l'imporsi della forma-romanzo), niente del genere è ravvisabile nel campo della metrica. Qui, la continuità tra Sette e Ottocento è visibile, e i poeti che diciamo "romantici", a partire dallo stesso Manzoni, si avvalgono di strutture metriche in qualche caso certo innovative, ma tutte perfettamente coerenti con quanto era accaduto nel corso del Settecento, con la tradizione cominciata dalla riforma arcadica. E il discorso può essere esteso a ritroso: non essendoci nelle forme arcadiche nulla che contraddica il retaggio di età precedenti.

Metrica come *langue*

In fondo, una metrica può essere paragonata a una lingua (pur essendo priva della doppia articolazione): a una *langue*, la cui stabilità nel tempo è garanzia dell'efficacia della comunicazione. L'indipendenza dai contenuti delle forme codificate consente ai poeti, e alle modulazioni tradizionali che dalle loro opere discendono (cfr. Schaeffer, 1989), di definire *stili* in cui l'apporto personale o collettivo può essere agevolmente distinto dalla **fissità della lingua**. Ad esempio, per il metricologo da un lato esiste l'endecasillabo con certe sue caratteristiche invarianti, dall'altro lato – poniamo – l'endecasillabo di Petrarca, e magari dei petrarchisti, che declina la costanza della *langue* nei termini di una *parole* storicamente riconoscibile.
Certo, questo schema presenta qualche debolezza, qualche falla. A ben vedere – basti leggere Bertinetto (1973), Di Girolamo (1976), Beltrami (1986), Praloran (2003), Dal Bianco (2007) –, niente è più difficile da definire in Italia che l'esatta struttura dell'endecasillabo. Sono moltissime le nozioni metriche (fra le tante, si pensi ad anacrusi, cesura, piede, posizione ecc., e lasciamo perdere il tema del ritmo) che non solo vengono *discusse*, *interpretate* in maniera non univoca, ma che addirittura alcuni metricisti *rifiutano* ritenendole inutili perché applicate a fenomeni di fatto inesistenti o comunque di natura strutturalmente non rilevante.
E tuttavia è da credere che quando parliamo di "forme metriche tradizionali", quale che sia la nostra inadeguata conoscenza delle loro caratteristi-

che, constatiamo che secoli di tradizione ininterrotta hanno tramandato strutture invarianti; cioè che dal Duecento in poi determinate competenze e determinate configurazioni testuali si sono riprodotte senza vere e proprie fratture seguendo *regole* affatto stabili a cui i poeti si sono attenuti.

Il verso libero interrompe la tradizione

1.1.2. Il punto è però proprio questo. L'*intera tradizione italiana*, vecchia di sette secoli (ma è probabile si possa andare anche più in là, coinvolgendo il retaggio della classicità e del latino medievale), *viene rimessa in discussione dalla metrica del Novecento* che, nei fatti, si sbarazza dei **principali capisaldi del passato**. Sono due le istituzioni che – ovviamente non solo in Italia: non per caso si parla di istituzioni del *modernismo*, o anche *simbolismo*, "mondiali" – distruggono la continuità con il passato: la prima (più antica e ambigua) è la *poesia in prosa*; la seconda è il *verso libero*. Da un lato la possibilità di tenere viva l'intenzione "poetica" o "lirica" in un contesto che sembrerebbe appartenere a generi diversi (alla narrazione, soprattutto); dall'altro, la possibilità di scrivere poesia facendo uso sì di versi, ma tali da non rispettare più le norme accumulatesi nel tempo, il sistema di regole ereditate. E se la poesia in prosa, di fatto per definizione, non dovrebbe essere sottoposta a un'analisi metrica (e perciò in questo lavoro sarà trattata molto sinteticamente), è viceversa possibile dare una lettura metrica (quindi non unicamente ritmica: cfr. *infra*, par. 1.2) di ciò che convenzionalmente è stato definito – nel momento stesso in cui si è manifestato – *verso libero*.
Che qualcosa di **epocale** sia davvero avvenuto, è argomentato anche da un evento su cui non si riflette abbastanza, forse. In modo leggermente paradossale, la *piena consapevolezza dell'eredità metrica plurisecolare* si è fatta lucida quando è *entrata in crisi*.

Coscienza di una cesura epocale in Contini...

È con ironia ma persino con un po' di rimpianto (il critico interviene anche da poeta o poeta-traduttore in proprio) che Contini nel 1940 parla di un'«abilità sonettistica a noi negata [ma] erogata un tempo all'ultimo chirurgo o notaio» (Contini, 1940, p. 373). La fine della tradizione ci ha costretti a interrogarci sulla sua stessa essenza. Nella prospettiva dello studioso, le competenze attive che molti italiani fino a pochi decenni prima condividevano anche senza essere veri poeti, la capacità cioè di scrivere in versi e metri regolari, appaiono tanto più misteriose – ma anche tanto più interessanti – *quando scompaiono*.

... Fortini...

Intorno al 1957, in un periodo in cui la crisi metrica novecentesca sta ormai imboccando una nuova fase, è un lettore acutissimo della modernità come Franco Fortini a percepire in termini di perdita e di «lesione» (cfr. in generale Fortini, 1957, 1958a, 1958b, nonché 1981, p. 106) l'allontanamento dalla tradizione dei padri. Il soggettivismo delle nuove esperienze ha rischiato infatti di indebolire la capacità espressiva, in senso lato allegorica, della parola poetica. Il verso «necessario» alludeva ad «altre necessità»; e il Novecento, viceversa, ha perso buona parte di questa vera e propria dialettica tra personalizzazione ed espressione.

.. Viviani...

Era del resto stato un erede, non del tutto privo di genio, dell'avanguardia futurista, vale a dire il fiorentino Alberto Viviani, a dichiarare che la cultura letteraria italiana ha un grande vantaggio su quella di altre lingue perché il suo primo vero monumento poetico è stato scritto in versi liberi (cfr. Viviani, 1942, pp. 122-3). E la cosa è per certi versi inequivocabile, benché storicamente e filologicamente parlando inaccettabile: nella forma grafica in cui è stata tramandata, la *prosa assonanzata* del *Cantico delle creature* di San Francesco d'Assisi può essere considerata un testo in versi liberi; anzi, *lo è* inequivocabilmente, di fatto oggettivamente, se a leggerla o rileggerla è un gusto e una poetica novecentiste e avanguardiste, ormai assuefatte al mutamento in atto.

.. Avalle e Blasucci

In un anno peraltro davvero liminare come il 1963, due maestri della critica faranno in questo senso osservazioni convergenti. D'Arco Silvio Avalle (1963, p. 10) coglierà il parallelo fra due grandi trapassi: da un lato il passaggio dalla metrica mediolatina a quella volgare, dall'altro la transizione dalla metrica tradizionale al verso libero, e individuerà il denominatore comune ai due momenti in un analogo «appello ai valori formali», la contraddittoria enfasi sulla tradizione che agisce anche nel «verso cosiddetto libero» («Il grado zero della scrittura [...] rappresenta [...] il presupposto a volte per un recupero del passato»). Luigi Blasucci (1963, p. 189), poi, recensendo le lezioni sulla metrica di Mario Fubini (1962), reagirà a certe estremizzazioni teoriche, alle «fantasie versoliberistiche di alcuni critici i quali sarebbero propensi a risolvere tutta la metrica del passato in termini ungarettiani e quasimodiani». Il riferimento è in particolare all'esegesi di Giuseppe De Robertis e alle tante riletture arbitrarie dell'eredità metrica italiana. Basti pensare a come Francesco Flora (cfr. 1926-27, p. 126) nella seconda metà degli anni venti aveva giudicato la struttura dell'endecasillabo di Leopardi: lungi dal possedere una sostanza «ritmica» autonoma, la misura di undici sillabe dei *Canti* in realtà «tende a sconfinare, a uscire da sé stess*a*», e anzi le innovazioni leopardiane, la sua peculiare sintassi, hanno trasformato la metrica tradizionale in qualcosa di molto simile al verso libero. Insomma, una volta negata la pertinenza profonda dell'isosillabismo (cfr. *infra*, par. 1.3), tutta la tradizione metrica italiana è costretta a rivelare, retrospettivamente, caratteristiche "quantitative".

Dunque: «da un punto di vista storico il verso libero inventa, a ritroso, il verso tradizionale, creando una linea di demarcazione nell'evoluzione delle forme» (Giusti, 2002, p. 36). Il cambiamento in qualche modo epocale che caratterizza la nuova civiltà metrica induce una curiosa "**invenzione della tradizione**", dove ovviamente l'elemento finzionale (*fingersi*, "immaginarsi" appunto, un passato che non c'è) convive con l'azione del *ritrovamento*, nel *reale decorso storico*, di un evento o insieme di eventi che dà forma al nostro essere poeti.

1.2. Un po' di teoria

Il verso libero, negandola, "inventa" la tradizione

1.2.1. Del resto, chiunque abbia studiato anche superficialmente la storia delle poetiche del verso libero alle sue origini, sa molto bene che in Italia proliferano – intorno al 1905, quando cioè Marinetti indice l'*Enquête internationale sur le vers libre* – giustificazioni delle nuove forme metriche che, non diversamente da quanto fatto da Viviani, dichiarano la loro perfetta congruenza con lo spirito profondo della metrica italiana. Il caso più tipico è quello di Lucini (1906, 1907), che arriverà ad ascrivere al versoliberismo anche la recente esperienza barbara carducciana. Ma già Paolo Buzzi (1902), in un testo che poi con alcuni aggiustamenti entrerà a far parte nel 1912 della prima antologia di poesia futurista (cfr. Buzzi, 1908), aveva considerato la produzione del giovane Marinetti in totale continuità con la lezione di Dante.

Esposto in questi termini, il dibattito può sembrare persino caricaturale. Vero è che qualcosa come una **cesura storica**, a cavallo tra Ottocento e Novecento, ha indotto sempre più spesso poeti e critici a porsi una serie di interrogativi teorici, oltre che storici. Certe domande, quando la tradizione era ancora qualcosa di "naturale", avevano pochissimo senso, o comunque le risposte che ad esse si davano non possedevano alcuna drammaticità, nessuna vera problematicità.

Con il verso libero la forma grafica domina

All'inizio del Novecento talune questioni diventano invece cogenti. Che cos'è un verso? Quali sono le sue condizioni minime di esistenza? Che rapporto lega il **verso per l'occhio** (stampato sulla pagina) a quello **per l'orecchio** (scandito dalla voce)? Che rapporto c'è tra verso (= sistema metrico) e ritmo (= esperienza soggettiva)? E così via, secondo una moltiplicazione di temi e dilemmi, tutto sommato ben conosciuti e – tale è la nostra impressione – oggi ahimè affrontati in maniera spesso monotona e poco originale. Del resto, a voler stringere il problema ai suoi dati principali, risulta utilissima un'osservazione piuttosto vecchia di Gérard Genette (1969, pp. 94-5), secondo la quale il «modo visivo» è quello a cui si riduce il verso moderno, il verso cioè nato *dopo* la liberazione del ritmo; inoltre, anche retrospettivamente, i lettori novecenteschi e duemilleschi tendono a percepire *come visivi* i metri tradizionali, caratterizzati viceversa da una forte pertinenza del «modo fonico».

In sintesi, la contemporaneità, il moderno, premono per definire verso tutto ciò che, tipograficamente parlando, *si presenta come un verso*, vale a dire *va accapo prima (o eventualmente, nel caso di versi assai lunghi, dopo) che sia esaurita la giustezza della riga*; e ciò avviene in modo del tutto indipendente dalla sostanza intrinseca della misura in questo modo isolata. Come aveva dichiarato Genette, peraltro, una simile visione dei fatti metrici ha una ricaduta epocale ancor più significativa perché valorizza quella *cultura gutenberghiana della carta stampata* che secondo McLuhan

(1953a, 1953b) nel secondo Ottocento, attraverso la diffusione dei giornali e delle loro soluzioni grafiche, spiega gli esperimenti visivi e metrici prima di Whitman, poi – e soprattutto – di Mallarmé.

Vero è che, in particolare in Italia, il partito di chi difende la pertinenza dell'andare accapo, del ***découpage***, quanto alla definizione del verso moderno, ha trovato oppositori numerosi, e su diverse, persino opposte sponde. Tanto più (cfr. soprattutto Esposito, 2003) che coloro i quali in anni recenti hanno compiuto un gesto di rifiuto in tal senso sembrano non riconoscere piena pertinenza metrica al verso libero, o alla metrica libera (torneremo sulla distinzione tra le due etichette, che per il momento possiamo assumere come equivalenti), in quanto **istituzione autonoma** caratterizzante in profondità gli ultimi cento e più anni della poesia italiana. Insomma, se la vera poesia, la Poesia, non è mai in versi autenticamente liberi, è evidente che il *découpage*, il semplice andare accapo, contraddistingue una poesia minore, qualitativamente meno autorevole di quella "vera", maiuscola. Una poesia può avere forma di poesia, in altri termini, ma non essere Poesia.

Una tradizionalità molto imperfetta

Non ci sarebbe nulla di male in questo ragionamento, se non fosse che esso stesso è figlio della cultura e della storia che cerca di esorcizzare, che subisce senza averla razionalizzata. Come avremo modo di vedere, infatti (cfr. in particolare cap. 4, par. 3), le forme spesso dette "chiuse" di tanti maestri del Novecento sono tali solo in senso ideologico; e insomma, come peraltro ogni lettore criticamente accorto ha da sempre visto, le molte imperfezioni sillabiche e strofiche del verso di Saba, Ungaretti (dico del secondo e ulteriore Ungaretti, successivo al 1920) e Montale sono comprensibili solo a partire da una specifica tradizione novecentesca, in cui la forma anche ereditata prende rilievo sullo sfondo dell'antitradizione; e non viceversa. Se ciò che rende peculiare il verso più tipicamente novecentesco è comunque **un sistema di infrazioni rispetto alla Tradizione**, è da chiedersi se davvero non sia meglio accettare fino in fondo i molti rischi che la modernità comporta, piuttosto che elevare steccati che ormai non delimitano più nulla.

Il neometricismo

Un discorso completamente diverso andrà invece fatto per le esperienze *neometriche* (inequivocabili segnali, crediamo, di un passaggio al postmoderno: cfr. *infra*, par. 2.2.3), che da una trentina d'anni a questa parte combattono quanto è da alcuni giudicato l'informe e improvvisato verso libero novecentesco, facendo uso di metri antichi, *chiusi* in accezione forte, esasperati persino al di là delle loro possibilità anticamente accettate (si pensi magari alle variazioni virtuosistiche sullo schema della canzone realizzate da un Andrea Temporelli, in *Il cielo di Marte*, 2005). Nei più consapevoli fra i poeti che teorizzano queste nuove esperienze (Frasca, 1999, 2001), è tra l'altro evidente che la cosiddetta e davvero banale "chiusura" in realtà svolge il ruolo opposto, nel senso che è adibita a rimettere in circolazione il discorso, a rilanciarlo su se stesso, in definitiva ad *aprirlo*, secondo un'intenzione meno conservativa che scardinante, meno difensiva che polemica. Ma – va ripetuto – questo è un ragionamento a parte, che peraltro riprenderemo.

Metricità profonda del verso libero

1.2.2. Del resto, circa trent'anni fa Pietro G. Beltrami (1980, 1984) aveva gettato le basi per una teoria capace di render conto della *metricità profonda del verso libero* anche italiano, quale che sia la forma empirica in cui si presenta. In effetti, la liberazione del metro, nel momento in cui mette in crisi le regole immanenti, orizzontali, sintagmatiche, attive nel passato (come le sillabe si uniscono in versi, come i versi si combinano in strofe, come le strofe si articolano in componimenti), esalta una lettura del testo di tipo *paradigmatico*. Ciò avviene in virtù del «**principio di commisurabilità**», «per cui segmenti della catena parlata sono dichiarati confrontabili fra loro e messi in relazione, "chiudendo" il discorso su se stesso secondo regole non-semantiche e non-frastiche» (Beltrami, 1984, p. 591).

I lettori "fondano" la metrica libera

È una sorta di **nominalizzazione** della metrica. Si dà esperienza metrica, infatti, solo entro una **relazione sociale**, in cui la proposta, al limite meramente grafica, dell'autore agisce grazie a una cornice di *presupposizioni condivise* dai destinatari. Il fenomeno, peraltro, può essere colto anche storicamente. Ad esempio, non è affatto vero che i versicoli ungarettiani (cfr. cap. 4, par. 3.4.1) siano stati sempre e comunque accettati dai lettori; dopo un periodo di incertezza e perplessità in cui si è potuto dire che quelli *non erano versi*, da circa il 1925 in poi un fronte sempre più compatto di critici si è convinto della metricità profonda dei testi dell'*Allegria*, e anche del loro valore. Si tratta di un'assunzione di pertinenza formale, realizzata appunto paradigmaticamente, che *in seguito* è tuttavia stata in grado di confrontarsi con i dati oggettivi del testo, con la sua intrinseca fisionomia. Dopo che il lettore avrà *accettato di riconoscere* il versicolo di Ungaretti *come un vero verso*, potrà cominciare a *scoprirne* le caratteristiche formali.

In prospettiva sociale, su tutto questo ci sarebbe molto da dire: come molti avranno osservato anche nella propria esperienza, nel Novecento e nel Duemila leggere poesia significa sin troppo spesso "credere" quasi fideisticamente in un progetto, in una poetica, piuttosto che identificarsi, carne e sangue, in una forma percepibile e condivisa da soggetti-corpi. Ma è indubbio che l'interpretazione di Beltrami è in grado di cogliere ciò che *fanno* i lettori quando accettano di entrare in contatto con una poesia modernamente intesa, di valorizzare il senso delle sue forme non convenzionali.

Enjambement come segnale del verso

1.2.3. Da questo punto di vista, almeno in parte "descritta" (*descripta*, prevista), ma non per questo meno preziosa, è la posizione di Giorgio Agamben, secondo cui l'*enjambement* è l'artificio capace di identificare la forma-verso, e quindi di fondare la poesia stessa quale discorso in cui la sonorità "discreta" del significante è scissa dallo scorrere fluido del senso. Appunto: «la possibilità dell'*enjambement* costituisce il solo criterio che permette di distinguere la poesia dalla prosa» (Agamben, 1996, p. 113); e infatti «gli istituti della poesia partecipano di questa non-coincidenza, di questo scisma di suono e senso» (ivi, p. 114). Semmai, come è stato osservato da Ghidinelli (2004), il rischio che corre Agamben (ma non, crediamo, Beltrami) è di andare alla ricerca di un denominatore comune metastorico, in grado di accomunare antico e moderno in modo tutto sommato insoddisfacente, in modo insomma troppo debole. Con ogni evidenza, si tratta invece di investigare in profondità le norme, i **comportamenti sociali**, sottesi da un lato a quel «discorso ben formato» (*ibid.*) che era la metrica tradizionale, dall'altro a quell'insieme di strutture che contraddistingue il suo oppositore moderno, cioè il sistema del verso libero.

Con i versi non si scrive(va) solo la poesia

Tanto più che questi «paradigmi ortolinguistici» (quello tradizionale e quello del verso libero; utilizziamo ancora la terminologia di Ghidinelli, 2004) coprono settori non perfettamente sovrapponibili. In una società che, almeno fino all'inizio dell'Ottocento, ha visto la reversibilità quasi totale del verso scritto e del verso pronunciato (cfr. *infra*, par. 2), la metrica aveva applicazioni *assai più ampie* di quelle a cui oggi è adibita (teatro, narrativa, satira ecc.); e nel mondo dell'oralità pura, si poteva dare verso in ambiti (come ad esempio il *proverbio*) assolutamente non letterari. Laddove oggi – sebbene non sia affatto scomparsa una versificazione dei discorsi non letterari: si pensi alla pubblicità – è indubbio che si ricorre alla metrica soprattutto *nella poesia da leggere silenziosamente*, con un'appendice peraltro non trascurabile nel dominio della poesia per musica e soprattutto (cfr. La Via, 2006) in quello della *musica per poesia* – vale a dire della *canzone*, che infatti sempre più spesso è sentita ed è una forma di *poesia minore*.

La poesia non si scrive solo con i versi

A complicare il quadro infine, come era stato suggerito dallo stesso Beltrami (1984, p. 592), e come del resto i poeti empiricamente sanno (e fanno) da almeno centocinquant'anni, interno al paradigma ortolinguistico del verso libero va collocata anche la *poesia in prosa*. Questo tipo di esperienza, infatti, «postul*a* una metricità interamente in assenza», chiede al lettore di trovare la poesia in qualcosa che poesia non sembra, e perciò induce una ricerca di metricità profonda. L'**ossimoro**, la contraddizione sono evidenti ma ineliminabili: una prosa che si dice poesia finisce per attivare una specie di *metricità-zero* con cui il metricologo è costretto a fare i conti, quasi a scontrarsi.

Un sistema plurale

Insomma, la tendenza a definire una lettura generale, complessiva, della metrica, del verso e dei loro fondamenti incrocia un grumo di questioni storiche di non agevole risoluzione che finisce per moltiplicare i riferimenti possibili. Nel 1929, Boris Tomaševskij aveva lamentato la mancanza di «una classificazione scientifica del verso libero», e aveva precisato che essa «dovrebbe evidentemente fondarsi su un massimo e non su un minimo di caratteristiche ritmiche del verso concreto» e appunto evitare di ambire alla definizione di una formula generale che alla fine «risult*erebbe* talmente ampia [...], da comprendere non solo tutti i casi possibili di verso libero, ma anche tutti quelli regolari [...], e talora persino la prosa» (Tomaševskij, 1929, p. 203).

1.3. Innovazione o "mutazione"? Statuto del verso libero

Necessità della teoria e di una serie di analisi

1.3.1. Il problema appena osservato ha un rilievo metodologico per certi versi generale e di risoluzione tutt'altro che agevole. Ha senso, cioè, presupporre un denominatore comune in assenza di indagini concrete sui singoli fenomeni? D'altra parte, come è possibile impostare una ricerca empirica senza una teoria di riferimento, senza un minimo di ipotesi di lavoro? In Italia, a ben vedere, la questione del verso libero (e della poesia in prosa) è andata incontro a una serie di declinazioni tutto sommato incerte, che hanno reso tanto più arduo descrivere la (vera o presunta che sia) *alterità* della metrica novecentesca.

È probabile che in gioco siano stati e siano soprattutto due fattori: *a*) la **convivenza** lungo tutta la modernità **di un sistema inequivocabilmente versoliberista e del sistema tradizionale**, in mezzo ai quali si è allargata un'ampia *zona grigia*, variamente raccontata e delimitata dalla critica; *b*) il persistente impiego del concetto di "**innovazione**" per descrivere le caratteristiche dei cambiamenti metrici della modernità.

Al primo punto, è in effetti giusto rispondere alla maniera di Tomaševskij, vale a dire cercando attraverso gli strumenti della ricerca di descrivere pazientemente territori e confini facendo attenzione a non attribuire – come si è già detto – alla tradizione in senso forte ciò che ad essa non appartiene, e viceversa a non ricondurre a un sistema versoliberista ciò che deve essere letto in perfetta continuità con il passato. Del resto, nel suo complesso, un libro come il presente è proprio questo che si impegna a fare. Se è certo che una metrica moderna esiste, e ha cominciato ad agire con crescente autorevolezza a partire dai primi anni del Novecento, è verosimile credere che essa conviva lungo tutto questo tempo con un altro sistema e che – soprattutto – frequentissime e autorevolissime siano le **contaminazioni** tra i due poli, i quali anzi rendono quasi indistinguibili le stesse invarianti in gioco. Ma si tratta di affermazioni che, appunto, richiedono soprattutto verifiche fattuali (cfr. in particolare cap. 4, par. 3).

L'innovazione secondo Contini

Più urgente è invece affrontare con un minimo di attenzione il secondo nodo di questioni. Uno dei saggi in assoluto più belli e riusciti intorno alla metrica italiana del Novecento (su di esso si è formato ogni metricista della contemporaneità) è *Innovazioni metriche italiane fra Otto e Novecento*, di Gianfranco Contini, risalente al 1969. La sua impostazione è straordinariamente chiara e metodologicamente acutissima, poiché affronta le grandi trasformazioni novecentesche a partire da tre istituti in qualche modo estremi: le parole in libertà, la poesia in prosa e la restaurazione (per lo meno parziale) delle convenzioni antiche (Montale, Ungaretti ecc.). E tuttavia proprio l'idea di "innovazione" porta il critico a mettere in primo piano quei tipi di scelte metriche, attuati dai poeti maggiori, che appaiono maggiormente *efficaci*, esteticamente compiuti. In questo senso, lasciati da parte i fenomeni più radicali, i veri protagonisti del saggio sono Pascoli e D'Annunzio (cfr. Contini, 1969, pp. 596-9), le cui iniziative metriche hanno costituito un valore e fatto scuola, condizionando la prassi di altri poeti; e quelle che Contini considera le due *vere* "libertà" metriche novecentesche prendono spunto proprio dal polo D'Annunzio (libertà che ogni volta, a ogni nuova poesia, reinventa norme estemporanee) e dal polo Pascoli (norme ferree e tradizionali entro le quali si apre una voce seconda, inquieta ed erosiva).

Ora, tale modo di procedere finisce per relativizzare la specificità del Novecento, nel momento stesso in cui mette in dominante il paradigma appunto dell'*innovazione*, tipico della modernità in quanto tale, ma forse insufficiente a descrivere ciò che è veramente successo nel nuovo secolo. Paradossalmente, il ragionamento di Contini deve essere rovesciato (fra l'altro usando categorie dello stesso autore: cfr. Contini, 1940, che abbiamo già ricordato). La verità della nuova metrica risiede non tanto in ciò che di meglio le punte artistiche hanno saputo restituirci in termini di sintesi espressive originali, cioè in termini di "vere innovazioni", ma piuttosto nel *tessuto medio* di **comportamenti e convenzioni** (accettate o rifiutate) che si viene definendo all'inizio del secolo e va poi incontro a una serie di variazioni e successive – parziali – normalizzazioni.

Il verso libero non è necessariamente innovativo

Del resto, i più autentici versoliberisti (a partire peraltro dallo stesso D'Annunzio della *Laus Vitae* e delle *strofi lunghe* di *Alcyone*) sono apparsi ai loro primi lettori non tanto come degli innovatori rivolti al futuro, quanto come dei *primitivi*; poeti che restituivano la poesia italiana a un **mondo arcaico** (se del caso persino greco: si pensi alla retorica del verso logaedico, cfr. cap. 4, par. 2.1.1) precedente la messa in forma "storica" dei versi e dei metri. Le fattezze inedite del verso libero e della poesia in prosa vogliono senza dubbio comunicare qualcosa di nuovo – e in questo senso, certo e tautologicamente, innovano –, ma lo fanno recuperando il *fondo oscuro* dell'esperienza del ritmo, **una sorta di inconscio, di rimosso della forma**. In termini adorniani si può parlare di uno «storicamente anteriore», interdetto in quanto «brutto»: «ciò cui non è stata data una forma *hic et nunc*, [...] ciò che non è stato integralmente compenetrato» (Adorno, 1970, p. 78). Non c'è autentico versoliberista del primo ventennio del Novecento (da Govoni a Rebora, da Palazzeschi a Ungaretti, da Corazzini a Campana; su tutti, il controverso *pater* Lucini, che peraltro attaccò il D'Annunzio liberista giudicandolo approssimativo!, cfr. Lucini, 1903-04, pp. 110-1) che non sia stato accusato di rozzezza e informalità, di aver scritto versi sgraziati e brutti, proprio perché non riconducibili alle *elegantiae* della metrica tràdita. Tutto ciò avveniva, è da credere, perché quelle presunte innovazioni erano davvero *fuori del sistema*, appartenevano ormai a un *altro sistema*, quello che chiamiamo verso libero. La sua è una radicale *alterità* rispetto al passato, anche se, beninteso, molti indici della tradizione possono continuare a sopravvivere al suo interno e anzi spesso possono emergere forme desuete ormai quasi dimenticate (fra le tante escogitazioni geniali di D'Annunzio c'è proprio il recupero di organismi "laudistici", duecenteschi, come gli otto-novenari o gli endecasillabi a ritmo incerto o sbagliato, cioè con ictus di 5ª, cfr. cap. 4, par. 2.2).

Il sistema del verso libero nega il sistema metrico tradizionale

Il punto è che la metrica italiana – come del resto avviene in tutto il mondo occidentale – a un certo punto della sua storia propone un corpus di forme che il passato non riconosce più, non è in grado di descrivere, e semmai si costituisce – lo abbiamo già visto *supra*, par. 1.2.2 – come una sorta di **apparato ideologico** che passa a contropelo la storia, accogliendone in modo critico talune strutture e forme prima ritenute "naturali". Poniamo: i brandelli, le rovine di sonetto che aggallano nei *Canti orfici* di Campana (segnatamente in *Immagini del viaggio e della montagna*, cfr. cap. 4, par. 1.1.2) ne dicono a un tempo l'importanza e la crisi; sono una rilettura, una presa di coscienza della tradizione ma anche la sua cancellazione.

1.3.2. Non per caso, la **condizione "plurale" della metrica italiana** novecentesca è stata oggetto di letture fra loro molto diverse, si è cioè collocata al centro di un vero e proprio *conflitto delle interpretazioni*. Quanto al dominio specifico del verso libero, lo scritto senza dubbio più autorevole e seguito dalla critica è *Questioni metriche novecentesche* di Pier Vincenzo Mengaldo (1989a), peraltro preceduto (1983a) da un intervento che individuava un'esemplare trafila storica nell'opera di Corrado Govoni ed enunciava per la prima volta i principi metodologici, poi (appunto nel 1989) fissati in forma definitiva.

Intanto, la proposta di Mengaldo implica un superamento del sintagma *verso libero* a favore di quello, in effetti più preciso, di *metrica libera*. Non c'è del resto dubbio che quando parliamo di verso libero non ci riferiamo solo alla versificazione, ma a *tutti* i fattori metrici, dalle rime alle strofe al rapporto verso/sintassi ecc.

La metrica libera (il verso libero) secondo Mengaldo

E poi Mengaldo ha definito con estrema precisione le condizioni che devono ricorrere *simultaneamente* perché possa davvero darsi la metrica libera. I livelli presi in considerazione riguardano la rima, il verso e la struttura strofica. In sintesi, si ha metrica libera quando: *a*) la rima, eventualmente presente, non ha una funzione strutturante; *b*) i versi – non isosillabici – tendono alle misure lunghe non canoniche, anche se nel testo possono essere mescolate forme non tradizionali e forme canoniche (poniamo: versi brevi, endecasillabi, doppi settenari, esametri ecc.); *c*) manca l'isostrofismo, cioè la ripetizione simmetrica di strofe della medesima struttura rimica (anche se è accettabile un tipo di isostrofismo visivo: terzine, quartine ecc. prive di rima o rimate non simmetricamente). Da simile definizione discendono subito due conseguenze: molti testi tradizionalmente ascritti al verso libero (ad esempio, quelli dannunziani più volte ricordati) non appartengono alla metrica libera; si apre pertanto uno spazio intermedio tra il verso libero e il verso tradizionale che Mengaldo, riprendendo un analogo sintagma francese (*vers libéré*), propone di chiamare *metrica liberata*.

Altre prospettive

Insomma, i criteri formali estremamente rigorosi in questo modo proposti, e per di più collaudati nell'opera di un maestro della metrica libera come Corrado Govoni, forniscono una sicura griglia di riferimento per classificare qualsiasi testo novecentesco composto in versi. E tuttavia è da credere che tali definizioni semplifichino eccessivamente la questione e trascurino la percezione storica dei fenomeni (chiamiamolo "**orizzonte delle attese**") quale è da noi ricostruibile. Se, per fare solo un esempio, prendiamo in considerazione i contenuti critici esibiti da un "operatore" *sui generis* come il Gianfranco Contini anni trenta (filologo, critico militante, traduttore e poeta), ci accorgiamo di avere di fronte uno studioso che legge la poesia con una sensibilità da versoliberista piuttosto diversa da quella che il saggio di Mengaldo prevede. In un noto scritto su Saba (Contini, 1934; il titolo è, ricordiamo, *«Tre composizioni», o la metrica di Saba*), ad esempio, la parola "metrica" – da intendersi nel significato di "metrica tradizionale" – connota qualcosa di molto limitante. «Alla nascita del suo [di Saba] verso presiede sempre non so che solenne atto d'omaggio a elementi, purchessia, tradizionali» (ivi, p. 26), che tuttavia il poeta non riesce poi a realizzare pienamente per via di alcune licenze strutturalmente immotivate («inversioni irragionevoli di accenti, *enjambements* e iati senza giustificazione», *ibid.*). Inoltre, a leggere i primi due saggi continiani su Montale (1933, 1938), si percepisce una certa difficoltà a rendere conto pienamente della duplice natura del ritmo degli *Ossi* e delle *Occasioni*: un verso che da un lato è felicemente sensibile al «variare della linea melodica» (Contini, 1933, p. 8), ma dall'altro è condizionato da «un lungo persistere frammentario di metrica tradizionale» (Contini, 1938, p. 29). Sembra cioè evidente che il **gusto metrico in senso lato ungarettiano** da cui il giovane Contini prende le mosse implica una percezione ancora vivissima del verso libero, tenuto ben distinto dalla metrica tradizionale e anche dalle forme intermedie, che per Contini sono solo parzialmente giustificate; o giustificate sì in Montale, ma quali scoperte di alcunché di sostanzialmente *nuovo*.

Se nel cuore degli anni trenta (quando, stando a certi manuali, ci si ritroverebbe in piena fase di restaurazione tradizionalista) succede qualcosa del genere presso un lettore, l'esattezza del cui orecchio nessuno può seriamente mettere in discussione, è evidente che lo spessore epocale del fenomeno ha una portata ben maggiore di quanto non si voglia credere. E, se si bada all'etichetta in gioco, basti dire che nella voce *Metrica slava* (anno 1934) dell'*Enciclopedia italiana*, scritta da Roman Jakobson, l'epiteto ceco *bezrozměrný* ("sciolto", "non regolato") riferito a *verso* aveva dato origine all'espressione «verso libero», laddove la traduzione in inglese del testo suona *unbound verse* (cfr. Jakobson, 1933-36, p. 150; 1934).

Ricezione del verso libero

Ora, il punto è proprio questo. Da un lato, esiste un complesso e ancora non del tutto chiarito fenomeno storico che vede la nascita e la faticosa affermazione di un'istituzione detta verso libero, dall'altra sono possibili considerazioni soprastoriche capaci di rendere conto appunto acronicamente dei fenomeni metrici non (del tutto) tradizionali. Se ci collochiamo dal punto di vista della prima possibilità interpretativa, è indubbio che la coscienza metrica dei lettori otto-novecenteschi percepiva come "liberi" versi che per Mengaldo devono essere rubricati come "liberati". In particolare, varrebbe la pena leggere o rileggere il primo saggio di un certo respiro su tutta la questione pubblicato in Italia, di cui è autore Diego Garoglio (1903), che si occupa di un'opera oggi del tutto dimenticata, *Verso l'Oriente* di Angiolo Orvieto, uscita nel 1902 (cioè prima che le *Laudi* e *Fra terra ed Astri* di Giulio Orsini facessero parlare in maniera clamorosa della nuova forma). Il lucidissimo saggio di Garoglio certo identifica una varietà più eversiva e una più moderata di verso libero, ma appunto le giudica *entrambe* interne al medesimo dominio. In sede poi di valutazione estetica accetta in pieno la riforma versoliberista di Orvieto quando è del primo tipo, cioè quando la libertà conquistata non intacca il «ritmo». Che poi è, esattamente, quello che stava già facendo D'Annunzio: **variare il sillabismo dei versi**, entro spettri determinati (ma con un'evidente centralità dell'otto-novenario "laudistico"), restituendo l'**impressione di un ritmo** che egli stesso definisce – in modo peraltro ineccepibile – "**logaedico**".

Per maggior chiarezza, i moderatissimi e noti versi di Domenico Gnoli (*alias* Giulio Orsini) del 1903 che l'autore dichiarò (cfr. Trompeo, 1938, p. 244 nota) di aver scritto imitando a orecchio *octosyllabes* francesi *sono* indiscutibilmente versi liberi.

Giace anemica la Musa	ottonario trocaico
Sul giaciglio de' vecchi metri.	novenario trocaico
A noi, giovani, apriamo i vetri,	novenario trocaico
Rinnoviamo l'aria chiusa!	ottonario trocaico
L'antico spirito è morto.	ottonario dattilico (ma con ictus di 2ª)
Entro al sudario della storia	novenario giambico (ma con ictus di 1ª)
Sta nel mausoleo della gloria.	novenario trocaico (ma senza ictus di 3ª)
E Lazzaro solo è risorto.	novenario dattilico

E "logaedico", irregolare ma non arbitrario, è il loro ritmo, incardinato com'è sul discontinuo novenario trocaico, da non molto tempo sperimentato da Pascoli (cfr. cap. 4, par. 2.1.1).

Verso libero *versus* isosillabismo

Il fatto che da queste timide riforme (del resto, anche un poeta petroliero nelle intenzioni come Lucini all'inizio del Novecento lavora ormai da un decennio soprattutto variando in modo non molto ardito la misura di versi istituzionali quali l'endecasillabo e il settenario, cfr. cap. 4, par. 4.2.1) sia poi discesa una varietà di strutture e pronunce tanto incontrollabile e radicale, sta probabilmente a indicare che quelle esperienze avevano toccato un ganglio vitale del sistema metrico italiano. Stiamo parlando, con ogni evidenza, dell'*isosillabismo*.

A dispetto di qualche dubbio serpeggiante qua e là (cfr. Avalle, 1992, p. LXXVIII, che parla di «una versificazione *soi-disant* isosillabica»), si è generalmente concordi nel reputare ***isosillabica*** fin dalle sue origini **la tradizione metrica italiana**. Tutte le eccezioni alla norma isosillabica sono spiegabili o in termini di generi e convenzioni stilistiche (la tradizione "bassa" delle laudi, l'eccentricità di forme come la frottola, il ditirambo ecc.) oppure in termini di norme strutturali. In un sistema strofico possono essere usati versi di differente misura a patto che la ripetizione simmetrica, periodica, della strofa consenta di mettere in parallelo fra loro le misure anisosillabiche. Poniamo: un isolato settenario in una strofa di endecasillabi deve trovare un corrispondente isosillabico nella medesima posizione nelle strofe successive. Le uniche vere infrazioni a tale norma dopo il Sei-Settecento si danno nelle selve drammatiche (e melodrammatiche) e poi nella canzone libera: qui agisce una sorta di equivalenza isosillabica "virtuale" di settenari ed endecasillabi (assai marginalmente, anche dei quinari). A corollario di tutto ciò, va poi detto che la rima *non è* un fattore decisivo quanto alla definizione del *pattern* tradizionale: in Italia essendo perfettamente accettabile (anche per influsso del modello classico) il *verso sciolto*, che poi è per definizione l'endecasillabo.

La metrica barbara *non* anticipa il verso libero

Un discorso a parte va fatto per la *metrica barbara*. Istituzionalmente senza rima, come nei modelli classici che imita, si compone di versi che – letti all'italiana – spesso non sono isosillabici. In questo senso, è stato detto un numero infinito di volte che soprattutto le misure esametriche carducciane (anisosillabiche e formate di membri variabili; poniamo: senario + novenario, settenario + novenario, settenario + decasillabo, ottonario + novenario e così via – linee che comunque non scendono sotto le tredici sillabe né superano le diciassette in totale, e in cui è percepibile il dattilo del quinto piede) sono un'anticipazione del verso libero. L'osservazione è largamente sensata se sta a indicare un mutamento percettivo *in progress*, vale a dire la **trasformazione della vecchia sensibilità metrica isosillabica** in qualcosa di differente, di estraneo al sillabismo anticamente inteso (cfr. in particolare Pinchera, 1966, 1969). È invece poco accettabile se teorizza una vera *filiazione* del verso libero dalla metrica barbara. I presupposti dei due mondi sono diametralmente opposti, essendo la prima una metrica rigorosamente *chiusa e dotata di regole rigide*, la seconda un'esperienza che si vuole *aperta e capace di giocare liberamente con le regole ereditate*.

Fra l'altro, era stato proprio un classicista, Giovanni Battista Pighi, ad aver enunciato con grande rigore teorico, una cinquantina d'anni fa, il principio del verso libero qui accolto. Senza entrare nel dettaglio della sua definizione generale di metrica, basti dire che per lui (Pighi, 1956, p. 463) «Il ritmo del *verso libero* non differisce da quello del verso tradizionale che per l'**indeterminatezza del numero delle sillabe** in arsi»; dove con «arsi» si intende la parte del verso (la «fase di slancio») che precede l'ultima sillaba accentata.

L'anisosillabismo determina il verso libero

In definitiva, condizione necessaria e sufficiente per l'esistenza del verso libero, in Italia, è il *mancato rispetto dell'isosillabismo*. Né i vari tipi di strofe eventualmente adottate (regolari o estemporanee) né i vari usi delle rime possono impedire all'anisosillabismo anche più moderato di spianare la strada alla pratica del verso libero.

Il verso libero enfatizza la relazionalità della metrica

1.3.3. Lungi dall'essere una semplice innovazione o una semplice somma di artifici, il verso libero si presenta come **una forma "mutante"** dotata di piena storicità. Il sistema anch'esso storico della metrica tradizionale viene colpito nel suo punto nodale, l'isosillabismo, e da quel momento in poi dilaga la pluralità di voci che soggettivamente declinano le molte possibilità della liberazione. In questo senso, la metrica del Novecento, esaminata attraverso la cartina di tornasole del verso libero, mette in dominante la *relazionalità*, la *commisurabilità* dei versi, e la problematizza portando alla ribalta il rapporto di continuo contrasto che s'instaura tra le unità metriche. Libere non sono le singole misure versali, libere sono le *relazioni* che fra di esse si instaurano. I singoli elementi in gioco (i singoli versi, ma anche gli incastri di rime, i costrutti strofici) possono essere presenti nella tradizione, ma i loro **rapporti** risultano **inediti**.

Nel verso libero, le unità metriche si leggono in due modi

Alcuni fra i più sensibili praticanti del verso libero (il primo Rebora o il primo Sinisgalli, ad esempio, cfr. cap. 4, par. 2.3.1) anzi producono talvolta effetti tanto più dissonanti quanto più ridotte sono le escursioni tra segmenti metrici coinvolti, quanto più chiaro è il retaggio convenzionale che le loro partiture deformano in contesti incongrui. Minimi scarti sillabici, insomma, possono indurre sensibili dissonanze. Ciò vuole dire qualcosa di estremamente complesso, sia teoricamente sia praticamente: e cioè che tutto quanto "entra" nel verso libero possiede una *doppia identità*. Se da un lato è possibile ritrovarvi oggetti anche impeccabilmente plasmati attinti all'eredità classica (perfetti endecasillabi e alessandrini, sonanti novenari dattilici ecc.), dall'altra è vero che quei versi sono *deformati*, percepiti in una diversa prospettiva, in virtù del contesto anomalo in cui agiscono. Non solo: spesso le singole misure presentano anomalie (si pensi agli endecasillabi con ictus di 5ª, ai novenari trocaici, ai decasillabi con accentazione irregolare ecc.) che impediscono persino di cogliere la "tenuta" tradizionale del singolo verso, la sua stessa identità autonoma. Il gioco relazionale omologa il noto all'ignoto, il formato all'informe, in un percorso per definizione non esauribile.

Verso libero come «fantasma del metro»

Non per caso, nella saggistica di lingua inglese – ma con riferimento spesso al concetto di *faux exprès*, di "falso voluto" proposta a suo tempo da Mallarmé – è assai presente l'idea che nella metrica versoliberista, o almeno in una sua parte, agisca un «fantasma del metro». La nozione peraltro risale a **Eliot** (1917, pp. 271-2), che a sua volta prendeva spunto dall'*Amleto* shakespeariano, ma viene rielaborata in modo molto più originale (secondo Eliot, era soprattutto una questione di qualità: dietro il verso anche più irregolare deve far sempre capolino la suggestione – il padre di Amleto – di una forma primaria). Analogamente a quanto in Italia accade quando si parla di «allusione metrica» (Fortini, 1957), secondo studiosi americani come Hollander (1988), Finch (1993), Kirby-Smith (1996) e Beyers (2001), riferirsi a un *ghost of meter* significa in ultima analisi "allegorizzare" la metrica, cogliere in essa l'esistenza (Beyers, 2001, p. 5) di *fictions of form*, invenzioni ma anche *narrazioni* della forma. In Italia, Bertoni (1995, pp. 16-7), sensibile alla lezione di Hollander, ha discusso di un valore «astrattivo» del verso libero, della sua possibilità di **tratteggiare un senso** indipendente dal contenuto puntuale delle parole che organizza.

Metrica e allegoria

Il dinamismo del verso libero, lungi dall'essere un puro indebolimento della forma, produrrebbe l'effetto diametralmente opposto: la ecciterebbe al punto da chiederne una rinnovata allegorizzazione. I segnali, le allusioni che s'inscrivono entro il testo nei termini di un vero e proprio «**codice metrico**» (Finch, 1993) esigono la messa in opera di *meccanismi interpretativi* orientati in diverse direzioni contemporaneamente.

Lo sa bene (o dovrebbe saperlo bene) il lettore italiano di un autore come Montale, che a titoli "rematici" – cioè capaci di evocare tradizioni di genere – come *Mottetti* e *Satura* ha affidato parti importanti della sua opera, e che ha spesso fatto della metrica ereditata il luogo per variazioni tanto più trascurabili quanto allusivamente impegnative. Un esempio fra i moltissimi possibili: perché Montale comincia il suo omaggio al "dattilico" Sbàrbaro (+ – –), vale a dire la poesia *Epigramma* di *Ossi di seppia* (1925), con due esametri in qualche modo carducciani – con versi cioè dattilici –, ma *rovesciati*? Leggiamoli: «Sbarbaro, estroso fanciullo, | piega versicolori / carte e ne trae navicelle | che affida alla fanghiglia». In essi la parte dattilica, in questo caso l'ottonario, sta all'inizio: abbiamo cioè una scansione 8 + 7, invece della carduccianamente corretta 7 + 8 (con l'emistichio dattilico appunto collocato in fondo). In un contesto (quello della raccolta) in cui agisce un moderato verso libero, che senso ha attivare un *pattern* tanto autorevole per negarlo con "quindicisillabi" tanto ambigui? È evidente che qui la forma *dice* e che i meccanismi intertestuali così attivati ci costringono, una volta ricostruite alcune trame orizzontali, a compiere un'operazione verticalizzante, astrattiva, semantica, in grado di scommettere su un senso, su un'attribuzione di significato. Come non vedere, insomma, un Carducci o un D'Annunzio *rovesciati* attraverso l'uso (della poesia, del ritmo) di Sbarbaro?

2. Metrica per l'occhio e metrica per l'orecchio

2.1. La (impossibile?) "fine" del suono: cinematografia, verso proiettivo, non-verso

2.1.1. Chiunque conosca anche solo superficialmente la storia della metrica novecentesca sa che la questione del rapporto fra la sonorità del verso "nuovo" e la sua immagine grafica svolge un ruolo decisamente centrale.

Un verso, il suo suono e il suo contesto

Va intanto ribadito che, in linea di principio, proprio l'allegorizzazione di cui abbiamo appena parlato implica un riferimento alla *prosodia* della misura evocata, ai tratti sonori che nei modelli esecutivi sono previsti dalla tradizione. Immaginiamo un contesto molto libero ricco di versi lunghi, al cui interno compaia un endecasillabo, magari leggermente anomalo; l'esempio potrebbe essere il v. 23 di *Canto notturno per le ragazze fiorentine* di Mario Luzi (*La barca*, 1935): «come un lume che non si può tenere». Il lettore non solo riconosce (è tenuto a riconoscere) il *modello del verso*, appunto un endecasillabo, ma attiva una *scansione* conforme a un dettato tradizionale (individua sicuri ictus sulla terza sillaba, ***lù**me*, e sull'ottava, *può*, e problematizza le possibili percussioni sulla prima e, peggio, sulla sesta sillaba: ****cò**me* e ****nò**n*); e infine nell'*esecuzione*, nella recitazione, tiene conto di tutto ciò, e opta per una pronuncia preferibilmente veloce (con soli tre ictus), se del caso modificata da un indugio su una o addirittura due delle posizioni indebolite (prima e sesta). Cioè, almeno in prima battuta considera tale verso nella sua autonomia e nella sua tradizionalità. (È del resto chiaro che, in seconda battuta, il contesto di misure lunghe incoraggia un alleggerimento degli ictus e favorisce scansione e pronuncia di 3ª e 8ª.)

Versi solo visivi

Ma non tutti i versi liberi sono riconducibili meccanicamente e costantemente a un retaggio tradizionale. Ci sono moltissimi versi novecenteschi che si qualificano come **misure *visive***, la cui sonorità per certi versi appare subordinata a quanto fa la grafica, quale elemento in ultima analisi dominante. Anche da questo punto di vista, come avremo modo di verificare più volte, è in ballo una questione innanzi tutto storica: i versi più *informali* e rigorosamente per *l'occhio*, tutto sommato poco frequenti nei primi anni del Novecento, diventano sempre più numerosi dopo il 1945 e sono vicini a costituire la norma a partire dagli anni settanta (cfr. cap. 4, par. 6).

Un'osservazione di Genette (1969, pp. 94-5), in parte già esaminata, può risultare in questo senso utile. Nel verso libero è probabile che la

> scomparsa del criterio metrico possa essere messa in rapporto con un'evoluzione più generale, il cui principio è lo scadimento continuo dei modi auditivi della consumazione letteraria. È noto che la poesia antica era essenzialmente cantata (lirismo) e recitata (epopea) [...]. [La diffusione della stampa] e quella della pratica

della lettura [silenziosa] dovevano alla lunga far scadere il modo auditivo di percezione dei testi a favore d'un modo visivo, e quindi il loro modo d'esistenza fonica a vantaggio d'un modo grafico (ricordiamoci che gli albori della modernità letteraria hanno visto insieme ai primi segni di scomparsa del sistema della versificazione classica, i primi tentativi sistematici, con Mallarmé e Apollinaire, d'esplorazione delle possibilità poetiche del grafismo e dell'impaginazione).

Tra l'altro, Genette non nega affatto la sopravvivenza di molteplici forme di sonorità, e anzi è indubbio che la poesia novecentesca eccita i valori del significante: ma essi sarebbero "idealizzati", perché «c'è un modo muto di percepire gli effetti "sonori", una specie di dizione silenziosa, paragonabile a quella che è per un musicista esperto la lettura d'uno spartito» (ivi, p. 95 nota).

Funzione centrale del suono nelle teorie del verso libero

Insomma, il verso novecentesco tende alla silenziosità anche là dove sono evidentissime le allusioni a un suo possibile esito sonoro. Il fatto, se interpretato di nuovo diacronicamente e geneticamente, dice, certo, di una contraddizione, se non di una sinestesia, in cui visivo e auditivo si confondono in modo non del tutto razionale. A partire proprio dal primo grande teorico della nuova metrica, il francese **Gustave Kahn**, è evidente che una delle giustificazioni del verso libero è fornita da una rinnovata *attenzione ai suoni*. Tra l'altro, contrariamente a quanto suggeriscono certi pregiudizi, i *verslibristes* sono molto sensibili alla qualità e alla funzione della *rima* e dei suoi possibili sostituti. Anche in Italia, da Tommaseo (e Leopardi) fino a D'Annunzio e ai critici suoi sodali (cfr. in particolare Gargano, 1902, 1903), l'attenzione all'*assonanza* genericamente intesa e alla più popolareggiante *assonanza atona* (ad esempio *are* : *ire*, dove appunto sono identiche solo le parti non accentate della "rima") figura al centro delle discussioni e delle realizzazioni pratiche, in quanto ricerca di sonorità più leggere e sfumate, e per questo più raffinate.

Il verso libero è una specie di parola

La sintetica definizione di verso (libero) proposta da Kahn è, del resto, «un fragment le plus court possible figurant un arrêt de voix et un arrêt de sens» (un frammento il più possibile breve che configuri un'interruzione di voce e un'interruzione di contenuto) (Kahn, 1897, p. 26); insomma la perfetta coincidenza della lunghezza del verso (e quindi della sua sonorità) e dell'idea che il verso esprime. La concezione è, a ben vedere, mallarmeana (penso al Mallarmé di uno scritto come *Crisi di verso*, cfr. Mallarmé, 1897, pp. 208 e 213), giacché il nuovo ordine metrico deve essere in grado di "rimotivare" la lingua, combattendo il suo «difetto», i suoi comportamenti arbitrari nel rapporto significante-significato. **Tra forma e contenuto ci sarebbe perciò una relazione *necessaria*.** Semplificando ulteriormente il concetto, Lucini (1903-04, p. 110) parlerà del verso libero come di una «lunga e logica parola poetica», addirittura mettendo in primo piano la *razionalità* del procedimento, come se il suono della poesia potesse davvero trasmettere certi *precisi* significati e valori.

Negazione dell'*enjambement*

Corollario di questi ragionamenti e ulteriore elemento di riflessione che dovremo riprendere è il rifiuto per lo meno in linea di principio dell'*enjambement* da parte dei primi versoliberisti. Se suono e senso devono correre in parallelo, sarebbe del tutto impossibile pensare a inarcature di una certa intensità, che con la loro stessa esistenza separerebbero le parole ritmate dal loro contenuto.

Teorie organiciste del verso nella modernità

Ma forse proprio in questa serie di definizioni risiede la contraddizione primaria – più volte ricordata – che da una retorica del significante *fonico* conduce a una retorica del significante *grafico*. Va precisato innanzi tutto (cfr. almeno *Enquête*, 1909; Giusti, 2002) che tali giustificazioni teoriche del verso libero, secondo peraltro una tradizione europea e americana che risale all'Ottocento (cfr. Beyers, 2001), sono di tipo *organicistico*. La nuova metrica cioè intende recuperare un contatto più profondo con la *soggettività* del poeta, esprimendone **i sentimenti e i moti autentici**; al contrario dei vecchi sistemi che costringevano gli autori a adattarsi a una griglia precostituita, il verso libero comunica *in modo diretto* il pensiero. La verità del verso risiede, a ben vedere, nella persona che lo emette, la verifica della sua efficacia si lega all'esperienza vissuta del poeta.

I versi "instabili" di Palazzeschi e Ungaretti

E tuttavia fra le prime più importanti esperienze versoliberiste osserviamo non pochi casi di una versificazione del tutto instabile, se non affatto indecidibile. Facciamo due esempi italiani. Il percorso del verso "allegresco" di Giuseppe Ungaretti, dal 1916 al 1942 (e oltre), e quello del verso di Aldo Palazzeschi, dal 1905 al 1958, sono costellati di continui mutamenti e cambiamenti, anche assai profondi: e comunque sia l'uno sia l'altro, per usare le parole di Guglielmi (1989, p. 14), praticano «*un* modello [di verso] in movimento», «una metrica aleatoria» che continuamente «genera [...] varianti di verso. Ed è l'elemento informale (*delivery instance*) che interviene a realizzarle». Siamo di fronte, allora, a una **doppia contraddizione**. In primo luogo, è evidente che simili logiche distruggono ogni illusione organicistica: la «parola poetica» *non* si fissa in una forma definita, *non* trova il significante capace di carpire uno stabile significato; anzi, quell'emissione fonica si fluidifica indefinitamente (arrivando in Ungaretti a semantizzare *parole vuote*, articoli, congiunzioni e preposizioni, che infatti possono da sole costituire un verso). Se il verso è tanto instabile, è chiaro che la sua autonomia espressiva e "contenutistica" non ha alcuna ragione d'essere.

Poeti per la voce e poeti per la grafica

La seconda questione riguarda l'opposta natura degli autori presi in considerazione: Palazzeschi è un poeta per la voce, Ungaretti un poeta per la grafica. Un autore sonoro da un lato, un autore silenzioso e visivo dall'altro. Del resto, molte delle varianti palazzeschiane sembrano avere la funzione di rendere meglio percepibili pause e stacchi esecutivi, che inizialmente (cioè fino al 1914) non erano così importanti, perché il poeta aveva la possibilità di *recitare* i suoi versi nelle serate futuriste, introducendo con la sua stessa voce i culmini intonativi necessari. Negli anni venti Palazzeschi, ormai fuori dalle aggregazioni collettive e dal contatto diretto con il pubblico, esibisce metricamente dei segnali soprasegmentali in grado di far "udire" il verso anche a una lettura silenziosa (cfr. Giovannetti, 1994, pp. 166-8). La stessa poesia di Ungaretti, in fondo, aspira a essere un evento, si dispone nel tempo e viene incontro al pubblico cercando un contatto con un'esperienza temporale «aperta» (cfr. Guglielmi, 1989, pp. 43-6): ma ciò può avvenire solo in modo *silenzioso*. Le pause ungarettiane diventano "bianchi", il rallentamento a cui costringono l'esecutore è un rallentamento soprattutto mentale, che molto a fatica trova un corrispettivo nella pronuncia (come sa chiunque abbia letto ad alta voce i versi dell'*Allegria*).

Suono e grafica sono in contraddizione in tutto il Novecento

Il conflitto è, a ben vedere, ineliminabile. E in prospettiva secondonovecentesca il culmine del processo si ha con quella grande poetessa che è stata **Amelia Rosselli**. *Spazi metrici* (1962) e *Variazioni belliche* (1963): anche solo i titoli di due suoi scritti (il primo di poetica, il secondo è un libro di poesia) focalizzano bene tale duplicità, perché da un lato alludono a una dimensione spaziale e pertanto soprattutto visiva della struttura metrica, dall'altro a una natura eminentemente musicale del verso e delle sue relazioni. Avremo modo di vedere (cfr. cap. 4, par. 6.2.2) che le interpretazioni del metro rosselliano spesso si dispongono su queste opposte e apparentemente inconciliabili direttrici. Non senza però che sia fatta una precisazione: il testo teorico di riferimento per la scrittrice, vale a dire il saggio di Charles Olson sul *Verso proiettivo* (Olson, 1950; e cfr. Loreto, 2007), conteneva in maniera persino clamorosa questa contraddizione, e secondo **modalità** esemplarmente **sinestetiche**. Olson, nel suo tentativo di trovare uno «strumento» capace di interpretare nel modo giusto il «respiro» del poeta, la sua intima musicalità, lo individuava nella ***macchina da scrivere***. Grazie ad essa, lo scrittore di versi «*p*er la prima volta ha il rigo musicale e la barra che aveva il musicista» (Olson, 1950, p. 18); dove va notato che l'originale inglese *bar* (barra) ha il doppio valore di "barra spaziatrice", ma anche di "battuta" musicale. Appunto: proprio alle soglie del secondo Novecento, lo scontro epocale dei due opposti sembra per un attimo dar luogo a una loro magica *fusione*, se non a un vero e proprio superamento.

Nel verso libero agisce il cinema?

2.1.2. In definitiva, se è certo che il verso novecentesco tende al silenzio, a un'esistenza eminentemente grafica, è anche certo che la frequente mescolanza di visione e sonorizzazione (oggi si parla di *installazione* e *performance*) produce parecchie forme di ambiguità. La tentazione – ma è un'ipotesi di lavoro che abbisognerebbe di studi attualmente inesistenti – è quella di cogliere la notevole *omologia* che in qualche modo esiste tra il verso libero e la nascente *cinematografia*. È del resto stato lo stesso Lucini nell'inchiesta sul verso libero, nel 1906, ad aver parlato del verso libero come di una forma «che pretende maestria d'uso, di osservazione, di traduzione immediata, quasi cinematografica» (Lucini, 1906, p. 115); l'organicismo delle teorie versoliberiste in realtà tende a esprimere, secondo un paradigma in senso lato bergsoniano (il Bergson di *Matière et mémoire*, 1907, è infatti molto attento al cinema, alla sua relazione con la vita interiore), la capacità che la nuova metrica ha di *fotografare una realtà psichica in movimento*. Oggetto della rappresentazione sarebbero i successivi **moti interiori della persona**, la fluidità di un'esperienza continua, che la poesia può *filmare*, utilizzando i versi come il cinema fa con i fotogrammi. Il valore di ogni singolo momento (di ogni singola linea versale) si dà in relazione ai versi successivi, appunto come in una pellicola cinematografica.

È un'intuizione di straordinaria portata, questa, che acquista un valore tanto più interessante se la si sviluppa a partire dalle osservazioni di Pasolini (1965) intorno al «cinema di poesia». La «lingua» cinematografica – vi si afferma – non avrebbe una natura segnica, dal momento che significante e significato si fondono nell'immagine in movimento, rappresentando *singoli eventi irripetibili*, fuori da ogni codificazione che non sia di tipo *stilistico*. In questo senso, la poesia in versi liberi sta alla poesia classica come il cinema sta ai sistemi segnici dotati di doppia articolazione: da un lato siamo di fronte all'arbitraria segmentazione (versi o fotogrammi) di un *continuum* vivo, dall'altra a un codice composto di unità discrete (sillabe, parole-segni ecc.) in grado di costituire un sistema di norme stabili ovvero una stabile relazione fra significanti e significati.

Verso d'avanguardia e montaggio

E che la parola francese *découpage* indichi nella metrica l'andare accapo e nel linguaggio cinematografico il *taglio* della pellicola in funzione del *montaggio* è certo un fatto casuale: che però presta il fianco a considerazioni suggestive. Secondo un'ormai vecchia intuizione di Gillo Dorfles (1952, pp. 179-80), da Pound in poi, ma – a ben vedere – persino dai versi spezzati in "gradini" di Sbarbaro e Montale in poi, è possibile scoprire l'azione di una metrica che *monta* (ovvero smonta) *il verso* in spezzoni, e che separa e giustappone appunto visivamente quelli che un tempo si chiamavano emistichi. Torneremo in particolare nel cap. 4, par. 1.3 su questa **attitudine alla frammentazione del verso novecentesco**.

La poesia senza verso: cioè con la prosa

2.1.3. Le aporie interne al sistema del verso libero possono anche andare più in là e, come peraltro abbiamo visto, *negare* l'apparenza grafica del verso. Sin dalle poetiche e pratiche del simbolismo, ma con cospicue anticipazioni settecentesche e poi romantiche, la mutazione metrica della modernità, la sua verticalizzante *paradigmaticità* implica la possibilità di *presupporre* che *anche una prosa* sia in grado di svolgere una funzione poetica, e che perciò sia possibile scrivere *poesia in prosa*. Evidentemente, lo statuto fondante della poesia in prosa è negativo e ossimorico: siamo di fronte a un testo non versificato che tuttavia ambisce a divenire poesia. Lavorare a un'analisi metrica della poesia in prosa sembra perciò (e certo in parte è) un atto assurdo. Sennonché, è indubbio che una duplice serie di spinte attraversa anche questo dominio. La versificazione-zero, in altri termini, è affiancata da forme di discorso positivamente ritmato.

In primo luogo, appunto, va ribadito che il modello primario a cui la poesia in prosa si attiene è negativo: è conforme cioè agli scopi enunciati da **Charles Baudelaire** nella sua notissima lettera dedicatoria (1861) premessa alla raccolta di «petits poèmes en prose», *Spleen de Paris*, dove si parla di «una prosa poetica, musicale ma senza rima e senza ritmo costante, abbastanza flessibile e spezzata da adattarsi ai movimenti lirici dell'anima, alle oscillazioni del fantasticare, ai soprassalti della coscienza». Evidente è l'atteggiamento organicistico (*quella forma* discontinua per *quei contenuti* discontinui), ma ancora più evidente è che la definizione punta su un'assenza, quella della sonorità e della misura ritmica. Pur con oscillazioni di varia natura, è indubbio che un filone di brevi testi lirici in prosa caratterizzati da uno stile ascetico, elementare, privo di impennature espressionistiche, attraversa anche il Novecento italiano: diciamo da un vociano come Camillo Sbarbaro a un poeta milanese vivente come Giampiero Neri.

Poesia in prosa e prosa libera

In secondo luogo, va ricordato che il grande teorico canadese Northrop Frye, nel volume *Il critico ben temperato* (Frye, 1963), ha offerto della poesia in prosa un'interpretazione diversa. Ha dichiarato che il nuovo genere tipologicamente nasce all'interno di un sistema, quello della **prosa libera**, comprendente anche la «satira in prosa» e l'«aforisma», determinato dall'influenza di ciò che Frye definisce «ritmo associativo» sulla forma della prosa convenzionale. E se pensiamo che discorso associativo significa lingua parlata, oralità, ci rendiamo conto che l'orizzonte in cui ci collochiamo è persino opposto a quello di Baudelaire: «Tale forma viene classificata, senza dubbio a ragione, come poesia, ma la sua base ritmica è un tipo di prosa aforistica e associativa» (ivi, p. 81). Certo, nel saggio è anche mostrato il carattere «sfuggente e paradossale» (ivi, p. 82) di un non-verso che si autodefinisce poesia; ma insomma è evidente l'intenzione in ultima analisi *positiva* della definizione messa in campo da Frye, dal momento che è appunto la *sonorità* del «discorso associativo», la sua ritmicità oralizzante, che determina l'essenza della poesia in prosa.

Ma **il conflitto è nelle cose**, se badiamo al dominio letterario italiano. E infatti, sin dagli anni dieci del Novecento, a fianco del baudelairiano Sbarbaro agiscono poeti come Jahier, Boine, Rebora e Onofri che viceversa ritmizzano in modo ossessivo le loro prose poetiche. A loro volta, poi, i rondisti Bacchelli e Cardarelli ritorneranno all'impassibilità del modello francese; mentre nei primi anni trenta, le prose di *Isola* (1932) di Alfonso Gatto contengono molti versi. Oggi, del resto, se autori come Giampiero Neri o come Tiziano Rossi puntano su una prosa-prosa, senza artifici, è invece assai probabile che un "giovane" di talento come Marco Giovenale valorizzi gli scarti dissonanti dell'aforisma e faccia una poesia in prosa molto sonora e contratta. Per non dire di un Gabriele Frasca che scandisce in endecasillabi e in rima i suoi pacchetti di *prorsa oratio*, in realtà continuamente costretta ad avvolgersi all'indietro, a cercare nelle sonorità di antiche vocalizzazioni metriche il proprio più autentico valore. (Cfr. l'*Appendice B.*)

2.2. Tre linee evolutive, tre questioni storiche

2.2.0. Come abbiamo più volte osservato, una teoria, un "sistema" del verso novecentesco possono manifestarsi solo se colti nel loro intreccio con la diacronia dei fenomeni, con la *storia* delle forme. È perciò necessario rendere sinteticamente conto di tre episodi controversi che attraversano il Novecento e conducono al presente: le istituzioni metriche degli anni trenta, la frattura degli anni cinquanta-sessanta, il postmoderno.

Poesia in verso e poesia in prosa fra 1920 e 1950

2.2.1. Tra anni venti e quaranta, è sempre intorno al rapporto verso-prosa che si gioca l'evoluzione del sistema metrico italiano, dopo che i primi anni del secolo hanno assistito allo strappo del verso libero. Le testimonianze per una volta convergenti di Ungaretti e Montale (cfr. Ungaretti, 1947-55, pp. 744-5; Giovannetti, 1998, pp. 19-21) documentano l'esistenza di un vero e proprio "pericolo" attivo nei primi anni venti: quello della **morte del verso**, messo in crisi dall'onda montante della nuova prosa di origine rondista. Del resto, fino all'antologia *Capitoli* (Falqui, 1938) curata da Enrico Falqui, nella cultura letteraria italiana forme di confusione tra verso e prosa e soprattutto forme di sovrapposizione *di genere*, a metà strada tra poesia, giornalismo e narrativa (l'elzeviro, la breve prosa di memoria, il cosiddetto "frammento"), costituiscono uno sfondo che dovrebbe permetterci di cogliere con maggior precisione quanto avviene anche nella poesia in verso.

Riscoperta dell'endecasillabo...

Sintetizzando al massimo, si può affermare che la spinta più evidente è quella che indirizza i poeti a riconoscere l'*autonomia degli strumenti metrici*, la loro identità istituzionale. Notevoli in questo senso sono le posizioni di Ungaretti espresse (Ungaretti, 1927), in occasione della sua *Difesa dell'endecasillabo* contro certe intemperanze di Flora (1926-27) sopra ricordate; e poi una decina di anni dopo nelle lezioni brasiliane di *Introduzione alla metrica* (Ungaretti, 1937-42, pp. 77-103).

Ciò che colpisce è una sorta di eternizzazione o **sostanzializzazione** del verso italiano istituzionale, appunto **dell'endecasillabo**. In quanto misura che rispecchia l'«andatura spontanea della frase italiana» (ivi, p. 101), esso asseconda bene una sorta di *prosodia primaria*, ben rappresentata dal trisillabo piano *amore*. E infatti, ragionando intorno al verso jacoponico «Am**ò**re am**ò**re, t**à**nto m**è** te d**à**i», scandito appunto dal poeta con i cinque ictus indicati (seconda, quarta, sesta, ottava e decima posizione), Ungaretti finisce per vagheggiare una sorta di endecasillabo italiano archetipico composto dalla parola *amore* ripetuta cinque volte: «Amòre, amòre, amòre, amòre, amòre».

.. ma non è un
endecasillabo
del tutto canonico

Ovviamente, si tratta di fantasie "poetiche", sui cui peraltro è sin troppo facile, e certo lecito, ironizzare. Vero è che la situazione tra anni venti e trenta vede la convivenza – a fianco dell'opprimente sfondo prosastico – di almeno due grandi intenzioni metriche: da un lato quella che – come ad esempio accade nei testi del primo Quasimodo o anche del giovane Gatto – mantiene in vita un evidente retaggio versoliberista, dall'altra quella (Saba, Ungaretti e Montale in questo senso si muovono di conserva) che non rinnega del tutto il passato, ma, come detto, cerca di definire una maggior consapevolezza istituzionale. Sul piano operativo, ciò avrà conseguenze anche curiose (cfr. cap. 4, par. 3): la metrica dominante in questo ventennio ruota sì intorno all'endecasillabo, ma in modo tutto sommato anticonvenzionale, o comunque tale da motivare una bizzarra *interpretazione non tradizionale della tradizione*. A parte (il discorso vale per Montale) la persistenza di **endecasillabi imperfetti**, ipermetri o ipometri, che spesso si allargano alla misura solo in parte codificata del tredecasillabo, sono le combinazioni dell'endecasillabo con altre misure a implicare fenomeni interessanti. Il più notevole è la sua congiunzione con metri ritmicamente affini ma non praticati dalla tradizione: prima il doppio settenario (Montale), poi il novenario giambico (nel *Sentimento del tempo* ungarettiano) e infine (soprattutto in Saba) il trisillabo.

Il dibattito sul
"ritorno al canto"

Sul finire degli anni trenta, a testimoniare della fluidità della situazione, e quindi dell'assenza di una vera normalizzazione, sarebbe sufficiente prendere in considerazione due dibattiti: quello sul "ritorno al canto" svoltosi nel 1937 su "Frontespizio", che ha per protagonisti Giancarlo Vigorelli, Carlo Betocchi ed Emilio Villa, e quello dell'anno successivo che contrappone i peraltro sodali (sotto la bandiera dell'**ermetismo**) Mario Luzi e Oreste Macrì. Molto sintomatica è la prima discussione, se non altro perché si fonda su una presa di distanza dalle opere di un gruppo (Vigorelli, 1937, p. 256 fa esplicitamente i nomi di Montale, Ungaretti e Quasimodo) da parte di un manipolo di poeti, fra i quali Betocchi e Gatto sembrano essere i più autorevoli. E se il "ritorno al canto" non è un fatto solo metrico, vero è che alla metrica chiaramente tutti si riferiscono («Sul piano dell'ordine, della disciplina, della gerarchia degli ordini armonici, della legge dell'armonia preordinata, raggiungere la pace dell'anima [...], fuori in una oggettivazione di canto della propria passionalità», Villa, 1937, p. 459). Tanto che un collaboratore di "Frontespizio" parzialmente coinvolto nel recupero della tradizione, Mario Luzi, probabilmente ripartirà da questa discussione quando l'anno successivo nel suo *Introduzione ai commenti* chiederà «una valutazione estrema della metrica», come risposta a un «difetto d'assoluto» della poesia contemporanea e a una personale «scontentezza di fronte ad alcuni testi della tradizione e alla massima parte di quelli del presente» (Luzi, 1938, pp. 543-4). In effetti, questo astratto bisogno di rigore non viene condiviso da un amico di Luzi come Oreste Macrì, che vuole mantenere aperto il rapporto con il passato recente e con l'esperienza del lettore: dal suo punto di vista – se ben capisco un ragionamento la cui astrattezza è davvero eccessiva – l'eterno formale a cui tende Luzi può «essere accordato al critico senza riserve», attraverso una «perenne invenzione di significato senza alcuna *finzione* iniziale» (Macrì, 1938, p. 551); come se insomma la "risposta" di chi legge potesse contribuire all'assoluto estetico, anche in presenza di forme non chiuse.

Non restaurazione metrica, bensì "ristrutturazione"

Il quadro, come si vede, è piuttosto articolato: certo, esiste una tensione a rivisitare la tradizione, ma ciò avviene non senza molte controspinte e in modo parziale. Un'osservazione raffinatissima di Sergio Bozzola può essere citata, perché probabilmente mette a fuoco punti decisivi di una questione, che non riguarda solo Montale ma appunto un'intera generazione di scrittori. La svolta degli anni venti e trenta non riporta la metrica al passato, e anzi è profondamente condizionata dal **persistere di uno sfondo versoliberista**:

> Non è, quella montaliana, un'opera di recupero o, peggio, di restauro, ma piuttosto di *ristrutturazione*, secondo i modi dell'architettura degli interni: i materiali antichi sono rimessi in uso; ma i cedimenti strutturali e i vuoti che essi non possono arginare nel Novecento ne implicano l'integrazione con nuove soluzioni versali e strofiche, che vi si compaginano senza soluzione di continuità e senza gerarchie. Ciò significa dunque non dialettica ma integrazione e complementarità tra vecchio e nuovo (Bozzola, 2004, pp. 21-2).

Mutamento di orizzonte nel periodo 1957-65

2.2.2. È probabile che, malgrado alcuni rivolgimenti esteriori (penso alla metrica "lunga" del neorealismo, che però riprende soluzioni whitmaniane già collaudate all'inizio del Novecento, cfr. cap. 4, par. 5), un quadro del genere si prolunghi fino alla **metà degli anni cinquanta**. In qualche modo, infatti, la vera critica al verso libero, in senso lato al novecentismo, avviene solo ora, con una tale forza e ampiezza di prospettiva da interessare quasi un decennio, fra il 1957 e il 1965 circa, e tale da indurre – a consuntivo – una vera e propria *cesura epocale*.

Nominalizzazione dei fatti metrici

Volendo descrivere in estrema sintesi le tendenze che rinnovano in profondità l'orizzonte, possiamo individuare tre esperienze: *a*) la metrica accentuale; *b*) le strutture "atonali" (o "informali"); *c*) la ripresa ironica di metri chiusi. Bisogna però subito aggiungere che le tre posizioni hanno in comune un fattore, il quale anticipa in parte o in tutto alcune questioni del postmoderno: vale a dire a una specie di *nominalizzazione* delle strutture, una loro dipendenza da *protocolli teorici o allegati programmatici* che orientano la ricezione di strutture altrimenti quasi non descrivibili. Colpisce poi che tutte queste posizioni (con una sensibile attenuazione però nel campo della metrica atonale) *rigettano* esplicitamente l'eredità del verso libero, o comunque credono che da quell'esperienza sia nato, ormai, qualcosa di radicalmente nuovo.

Crisi del verso libero

Quest'ultima è, in particolare, la posizione di Franco Fortini, che tra 1957 e 1958 e con una notevolissima appendice nel 1981 problematizza la «modificazione della visione», la vera e propria «distrazione dello sguardo» (Fortini, 1981, pp. 110-1) che il moderno ha determinato con la generalizzazione delle forme aperte. L'esperienza versoliberista ha infatti messo in dominante esigenze di specie *ritmica* – soggettive, estemporanee, organicistiche – smarrendo quasi del tutto il retaggio «allegorico» della metrica, la sua capacità di dire una relazione e una necessità che in nessun modo dipendono dalla sola volontà del poeta. La metrica come *tradizione*, come eredità storica, è stata sostanzialmente uccisa dal verso libero, e ad essa si è sostituito un sistema privo di vera profondità, in qualche modo bidimensionale, perché attento alla definizione di una sintesi assoluta tra forma e contenuto, ridiscussa ogni volta quasi partendo da zero. Fortini crede però anche che nel corso degli anni cinquanta da quel tipo di esperienze sia venuta definendosi una sorta di *nuova metrica*, **un nuovo sistema di convenzioni** "regolari" basato non sul numero delle sillabe ma sul numero degli accenti principali (i «centremi») attivi nel verso.

Il verso accentuale

Influisce con ogni evidenza sulla riflessione di Fortini l'attività metrica del sodale (in questi anni) Pasolini: il quale nella raccolta *Le ceneri di Gramsci* (1957) aveva praticato un endecasillabo spesso "sbagliato" (calante o eccedente), il cui mancato rispetto dell'isosillabismo canonico è in qualche caso controbilanciato dalla presenza di un numero di ictus costante (fra i tre e i quattro). Del resto, una risposta diretta o indiretta al **suggerimento "accentuale" di Fortini** è verificabile anche in ambiti lontani dalla sua esperienza. Il giovane esponente della neoavanguardia Antonio Porta (1960), proprio nel testo allegato alla raccolta *I novissimi* (1961), dà un'interpretazione accentuale della propria metrica. Ma addirittura Contini (1969, p. 593; cfr. anche Mengaldo, 1989a, p. 40) svolge una specie di rilettura accentuale *a posteriori* dell'Ungaretti anni trenta, quando nel 1969 ritiene equivalenti metricamente i seguenti due versi:

1. Am**ò**re, sal**ù**te luc**è**nte
2. Abbandon**à**ta la m**à**zza fed**è**le

Sillabicamente parlando il primo è un novenario, il secondo un endecasillabo. Dal punto di vista della metrica accentuativa sono tuttavia due misure uguali, poiché entrambe hanno tre ictus (riprenderemo l'argomento nel cap. 4, par. 7.1.1).

Il verso atonale

Quasi parallelamente agli sforzi teorici e pratici di Fortini (Edoardo Sanguineti pubblica *Laborintus* nel 1956), si sviluppano altri sistemi metrici "aperti" senza dubbio diversi da quelli del modernismo italiano. La metrica "atonale" o anche "informale" delle neoavanguardie italiane presenta uno statuto non chiarissimo: se da un lato rivela talune caratteristiche di tipo accentuale (Pinchera, 1990 l'ha ad esempio analizzata in termini di «gruppi semplici» e di «ritmemi»), da un altro lato si avvale di un'eccitazione fortissima della grafica, quasi mettendo in dominante la forma visuale del testo. Basti dire che in Pagliarani, Sanguineti e Balestrini i bianchi (anche orizzontali), gli accapo interni ai versi, gli incolonnamenti anomali delle linee con rientri grafici variabili sono artifici costantemente impiegati, che trovano pochissimi riscontri nella tradizione italiana (e infatti rinviano soprattutto agli americani Pound e Cummings, oltre al già ricordato Olson). Non solo. Nel caso delle scelte metriche di Amelia Rosselli – che non possono essere separate dall'orizzonte della neoavanguardia – è evidentissimo il tentativo di **superare il verso libero**, in sostanza per definire una forma chiusa: un "cubo" o "quadrato" metrico, che secondo la poetessa deve svolgere il ruolo tradizionalmente attribuito a certe strutture simmetriche, segnatamente al sonetto (riprenderemo tutti questi temi più volte, in particolare nel cap. 4, parr. 1.3 e 6.2).

La *versification*: il verso che si vede

Vero è che quella del verso "atonale" è una nebulosa che, in ultima analisi, sembra davvero esaltare il principio «ottico» del *découpage*: al punto che autori anche lontani fra loro (Balestrini da un lato, Pasolini dall'altro) spesso concepiscono la **metrica come** una mera "**messa in verso**" (una *versification*, la meccanica sovrapposizione a un testo di una griglia visiva: cfr. Zucco, 2004-05) di testi prosastici, come la trasposizione – nella forma puramente eidetica della linea che a un certo punto senza ragione va accapo – di un testo che inizialmente era *oratio soluta*. Vediamo due esempi, il primo da Balestrini (*Descrizione superficiale della signorina Richmond*, tratto dalle *Ballate della signorina Richmond*, 1977), il secondo da Pasolini (tratto da *Il mondo salvato dai ragazzini*, in *Trasumanar e organizzar*, 1971):

Appollaiata su un ramo apre
rapidamente le ali producendo al tempo
stesso un fruscio che si può
udire a un centinaio di metri

color arancione fiamma dalle lunghe
gambe color verde oliva saltella tra i rami
scende a terra alla ricerca del cibo
il piumaggio dorato e arancione intenso

L'umorismo (torniamo al fascismo di sinistra) è inscindibile
dalla borghesia commerciale: che così si oggettiva
a se stessa e si distingue dalla propria realtà.
Quale sia lo spirito che ti spinge ad amare, di un amore
così ben ripagato, lo stile umoristico – è un segreto
che tu forse non saprai mai.

Metrica chiusa come ironia

D'altronde, come si sarà notato, una differenza capitale tra le due strutture c'è: e consiste nell'evidente allusione, da parte di Balestrini, alla forma antica della quartina. In un contesto ideale e ideologico del tutto diverso, nei primi anni sessanta è soprattutto un poeta come Giovanni Giudici a teorizzare la necessità di una «**gestione ironica**» dell'*eredità tradizionale* (cfr. Giudici, 1964). Si tratta cioè di recuperare indici metrici (strofe e rime, soprattutto) provenienti dal sistema antico, ma con un **atteggiamento duplice**: si *finge* di credere nel valore e nella tenuta di quelle convenzioni, per riuscire a costruire con esse qualcosa di diverso, qualcosa che in fondo poco ha a che fare con i contenuti convenzionali della tradizione. Giudici, tra l'altro, usa un'immagine piuttosto curiosa: la metrica è come un «conduttore elettrico di minima resistenza», e dunque «il progetto poetico corr*e* per questi logori fili al suo compimento con una intensità quasi integra, con dispersione minima, concentrato sul fine, indifferente al mezzo» (ivi, pp. 213-4).

Metrica chiusa come difesa

In effetti, tale dichiarazione e in generale la pratica solo apparentemente conservatrice di Giudici sembra almeno in parte contraddire alcuni degli usi di forme tradizionali che tra anni quaranta e anni sessanta avevano attraversato il panorama della poesia italiana. In primo luogo le serie di sonetti sulla guerra, *Gli anni tedeschi* (1943-47), di Giorgio Caproni, l'impiego della sestina lirica da parte di Ungaretti (*Recitativo di Palinuro*, 1947), ma anche dello stesso Fortini (la *Sestina a Firenze*, 1957). Assolutamente non ironiche, anzi con ogni evidenza anti-ironiche, le forme tradizionali in questi casi messe in campo, invece di costituire un mezzo fluido e fluidificante, si presentano come un *ostacolo*, una specie di *arroccamento* morale di fronte a eventi particolarmente dolorosi. È sintomatica in particolare l'esperienza di Caproni, che esplicitamente modula il sonetto ma anche le *Stanze per la funicolare* (1948 circa) come strutture difensive, luoghi di una precaria razionalità che consentono di lottare contro l'irrazionalità del mondo.

Postmoderno e metrica

2.2.3. Con quest'ultima osservazione, siamo di fatto entrati in un ambito di problemi che può essere definito solo come *postmoderno*, anche se l'etichetta continua a essere (anzi sempre più è) al centro di furibonde discussioni. Perché parlare di postmoderno? Il motivo principale è che da alcuni decenni a questa parte molte esperienze metriche vanno praticando una sorta di problematizzazione dei rapporti forma-contenuto: così facendo, sempre più si allontanano dai temi della tradizione e della sua negazione, e anzi suggeriscono questioni di grande ambiguità, di difficile risoluzione per lo meno con l'ausilio delle vecchie metodologie, persino di quelle novecentesche. In particolare, è da credere che una **visione** "nominalistica", addirittura "**virtuale**" del testo e, all'opposto, il ritorno di un sostanzialismo metrico dotato di una nuova funzione siano i dati prevalenti, su posizioni appunto divaricate, pur se sotto alcuni punti di vista convergenti. Ma procediamo con ordine.

Metrica "nominalistica"?

La nominalizzazione della metrica non è affatto un dato nuovo, ormai lo sappiamo. Paradossalmente, addirittura il tardo classicismo di Carducci aveva gettato le basi per un simile comportamento. Un settenario e un novenario messi su una sola linea corrispondono a un esametro di fatto solo

perché la poetica di Carducci mi *costringe* in qualche modo a crederci: perché "l'ha detto Carducci". Ma qualcosa del genere è ritornato prepotentemente in auge a partire dagli anni sessanta, anche se con implicazioni radicalmente nuove. Non c'è dubbio che lo statuto non versoliberista che fonda il verso di Amelia Rosselli deriva dalla ***poetica*** dell'autrice, dalla definizione che lei stessa dà della propria misura; non per caso, la critica, al di là di una parafrasi delle posizioni rosselliane, davanti ai suoi versi non sembra in grado di proporre descrizioni formali convincenti. Anche in anni piuttosto recenti si ha l'impressione che le *autodefinizioni* continuino a svolgere un ruolo decisivo: penso a un poeta come Cesare Viviani, che chiede al lettore di riconoscere in un suo importantissimo libro del 2005, *La forma della vita*, misure tradizionali che in realtà non sono presenti, se non in modo assai discontinuo.
D'altra parte, una sorta di nominalismo più sottile, persino più invadente, attraversa la poesia recente e si lega alla natura eminentemente visiva di larga parte della metrica odierna. Per chiarire il concetto, è utile una citazione. Siano i seguenti versi di Franco Buffoni (risalenti circa al 2000, ora in *Roma*, 2009):

> Ho pensato a te, contino Giacomo, vedendo
> Su una rivista patinata
> La foto degli scavi in Siria a Uriksh,
> A te e ai tuoi imperi e popoli dell'Asia
> Quando intuivi immensamente lunga
> La storia dell'umanità.
> Altro che i Greci il popolo giovane di Hegel
> O il mondo solo di quattromila anni della Bibbia
> Credendo di dir tanto fino a ieri.

Endecasillabi allusi

Con ogni evidenza, il profilo visivo dei versi nonché il loro contenuto alludono alla struttura della *canzone libera* leopardiana, alla canonica alternanza di endecasillabi e settenari irregolarmente rimati. Lasciando da parte la cancellazione della rima (che comunque è sintomatica), notevole è la giacitura con cui inizia la poesia: un verso di tredici sillabe seguito da un verso di nove. Il riferimento alla coppia endecasillabo-settenario è cioè metricamente *negata* da misure eccentriche (ognuna di due sillabe, forse non per caso). Tanto più che (vv. 3-5) è possibile ricostituire il metro correttamente endecasillabico, salvo perderlo di nuovo (vv. 6-7) e riacciuffarlo alla fine, secondo una logica di attese e frustrazioni certamente voluta. In altri termini: è possibile un endecasillabo (e anche un settenario) meramente funzionale, virtuale, che non conta tanto per il suo suono, ma per il ruolo che svolge. Non è, *non è più*, una questione di ipermetria, ma della sostanziale *svalutazione del computo sillabico* a vantaggio di **una mera relazionalità**, di un mero rapporto innanzi tutto visivo.

Versi di questo genere sono in effetti molto diffusi da un quarantennio a questa parte. La loro allusività può presentarsi in forma debole (al limite dell'inconsapevolezza: di versi sbagliati ma supponenti se ne trovano molti ai piani medi e bassi del sistema poetico contemporaneo), ma può anche ambire a una **sprezzatura** immediatamente **provocatoria**. Abbiamo visto le quartine "finte" e denunciate come tali da Balestrini; e in generale i fenomeni di *versification* sono una straordinaria dimostrazione della vitalità di una poetica che non si può non definire *installativa* (cfr. *Prosa in prosa*, 2009), in quanto pensa all'oggetto poesia come a una forma massimamente artificiosa, collocata entro uno spazio-pagina che chiede al lettore di fare i conti con un sistema di poetiche e di filtri di natura concettuale. Un verso da *guardare*, in altri termini, conoscendo quali sono i principi "astratti", ideologici, che gli hanno dato *quella* forma.

Le forme chiuse e i *media*

Apparentemente, il ritorno (o cosiddetto ritorno) delle strutture chiuse rovescia queste presupposizioni. I tanti sonetti che oggi si continuano a scrivere chiedono al lettore un confronto nient'affatto nominale con sillabe, versi, rime, schemi, e con gli esiti sintattici che da certe scelte discendono. Quei sonetti (ovvero canzoni, sestine, madrigali ecc.) sono realtà oggettive. Vero è che il principale teorizzatore e praticante di tali esperienze, Gabriele Frasca, ha più volte insistito (collocandosi sostanzialmente dalla parte di Giovanni Giudici) che la riattualizzazione delle forme ereditate offre «la possibilità non già di aderire a istituti formali più o meno tradizionali quanto piuttosto di ricominciare, alla ricerca di congegni mnemotecnici in cui imbragare il flusso stordente ma volatile delle più pervasive varietà della lingua, a trovare forme» (Frasca, 2001, p. 39). Cioè, **la metrica è pensata come un vero e proprio *medium*** che conta per gli effetti che produce, per le forme che aiuta a generare. Riprendendo le antiche norme, lotta contro i fantasmi del cosiddetto *poetese*, contro la deriva "debole" delle approssimazioni visive (contro il verso informe più che informale), e rivaluta la *sonorità* del verso, inducendo il pubblico a percepirla.

I testi che a questo tipo di ricerca si richiamano chiedono insomma al lettore una consapevolezza – quasi per definizione postmoderna – intorno allo statuto dei *media* nelle nostre società; ambiscono a interagire con essi, a *invenire*, a "trovare" nuove forme attraverso il confronto con le strutture comunicative più diffuse. Così facendo, esigono una *presa di coscienza*, un'azione cognitiva da parte dei destinatari: che devono essere in grado, non solo idealmente, di *connettere* una sestina lirica al flusso televisivo, un sonetto alle schermate di Internet, una terzina a un SMS e così via. E anche questa, a ben vedere, è una forma di nominalismo.

Non per caso, il contatto diretto con i *media* "elettrici" è spesso esplicito, di tipo tematico. Ad esempio, la seguente ottava narrativa di Marco Berisso, tratta da *Annali* (2002), *vuole* rappresentare il *trailer* – l'anticipazione in versi: ognuno è una specie di *frame*, di fotogramma – di un film:

stucchevoli gli approcci sado-maso
pagano il pegno in short-movie cruento,
delibando le orine e i colpi al naso
in zaffate di doppi, e ritmo lento,
il grande tour si snoda in tappe a caso,
e ogni ecchimosi segna un nuovo evento,
sino al finale in cui, presa la croce,
le sue botte le donano la voce.

Bibliografia

Su questioni di teoria metrica: ANTONELLI (1998), BELTRAMI (1980, 1984, 1986, 1990, 2003a), BERTINETTO (1973, 1978, 1981, 1989), BRIOSCHI (1974), BUFFONI (2002), CERBONI BAIARDI *et al.* (2005), CORNULIER (1982), CREMANTE, PAZZAGLIA (1972), DI GIROLAMO (1976), DORFLES (1952), ESPOSITO (2003), FINCH (1993), FORTINI (1957, 1958a, 1958b, 1981), GASPAROV (1989), GHIDINELLI (2004), GIUSTI (2002), HOLLANDER (1988), JAKOBSON (1979), LOTMAN (1970), MENGALDO (2001a), MESCHONNIC (1982), *Poetics* (1961), TOMAŠEVSKIJ (1929), TYNJANOV (1923), UTRERA TORREMOCHA (2001), WIMSATT (1972).

Manuali di metrica italiana, saggi e raccolte di saggi su temi metrici complessivi: BAUSI, MARTELLI (1993), BECCARIA (1975), BELTRAMI (1991, 1996), BERTONE (1999), ELWERT (1968), FUBINI (1962), LAVEZZI (1996, 2006, 2008a), MARTELLI (1984), MENICHETTI (1993, 2006), PAZZAGLIA (1974a, 1990), PIGHI (1970a), PINCHERA (1999), SANSONE (1988), SERIANNI (2001), SPONGANO (1974).

Specificamente sulla metrica italiana del Novecento: BÀRBERI SQUAROTTI (1962, 1986), BECCARIA (1995), BERTONI (1995, 2006), BONORA (1947), COLANGELO (2002), CONTINI (1940, 1969), ESPOSITO (1992), GAVAZZENI (1988), GIOVANARDI (2000), GIOVANNETTI (1994, 2008a), GIRARDI (1987a, 2001), MENGALDO (1975a, 1987, 1991, 2000), PIETROPAOLI (1994, 1999).

2
Premesse storiche

1. La preistoria: la canzone libera leopardiana

Le prime dieci canzoni

1.1. Le radici più profonde della liberazione metrica novecentesca arrivano fino alla canzone libera leopardiana, una forma alla quale l'autore perviene a tappe. Nelle prime dieci canzoni comprese nei suoi *Canti* (*All'Italia, Sopra il monumento di Dante, Ad Angelo Mai, Per le nozze della sorella Paolina, A un vincitore nel pallone, Bruto minore, Alla primavera o delle favole antiche, L'Inno ai Patriarchi, L'ultimo canto di Saffo, Alla sua donna*), Leopardi mantiene due elementi della canzone tradizionale, vale a dire l'uguaglianza del numero dei versi nelle varie stanze e l'uguaglianza dello schema rimico delle stanze (con l'eccezione di *All'Italia* e di *Sopra il monumento di Dante*, dove si alternano due schemi diversi, uno per le stanze dispari e uno per le stanze pari). Solo in alcune canzoni è individuabile una divisione simile a quella in piedi della canzone tradizionale (ad esempio *Nelle nozze della sorella Paolina*: aBCABCDefGFEghH), mentre nella maggior parte dei casi la distanza dal modello dantesco e petrarchesco si avverte soprattutto nella sostanziale **indivisibilità della stanza di canzone** leopardiana, a causa dell'alto numero di **versi irrelati**, fino ad arrivare al caso estremo dell'*Ultimo canto di Saffo*, dove dei diciotto versi che compongono la stanza sedici sono irrelati e solo gli ultimi due sono legati dalla rima baciata (che ripete la *combinatio* della canzone tradizionale, presente sempre a partire da *Ad Angelo Mai*: AbCBCDeFGDeFGHH).

La prima canzone libera

La canzone libera vera e propria è inaugurata da *A Silvia* (1828): qui della canzone tradizionale Leopardi mantiene solo l'uso esclusivo di endecasillabi e settenari e la divisione in strofe, che però sono fra loro disomogenee sia per numero di versi, sia per formula sillabica (posizione in determinate sedi di endecasillabi e settenari), sia per schema rimico. Tutti e tre questi elementi cambiano, all'interno di una stessa canzone, di strofa in strofa, determinando un rafforzamento di altri elementi di simmetria e ritorno, soprattutto di tipo fonico, come vedremo.

Gli antecedenti

1.2. Se ci chiediamo quali sono gli antecedenti di questa novità leopardiana, possiamo indicarne almeno due, probabilmente concomitanti: la canzone a selva di Guidi e il recitativo di endecasillabi e settenari della tradizione pastorale.

Il poeta arcade **Alessandro Guidi** (1650-1712) nella sua forma tipica, appunto la canzone a selva, impiegava endecasillabi e settenari variamente alternati e liberamente rimati, in strofe di lunghezza varia, chiuse da rime baciate o alternate: ad esempio, *La Fortuna* (antologizzata da Leopardi nella sua *Crestomazia italiana* proprio nei mesi precedenti la composizione di *A Silvia*) consta di complessivi ottantatre versi (trentatre endecasillabi e cinquanta settenari) suddivisi in quattro strofe rispettivamente di ventidue, diciotto, ventisei, diciassette versi; ogni strofa si chiude con un endecasillabo e con un legame rimico stringente: rima baciata nella seconda, terza e quarta strofa, alterna nella prima. Il ruolo del pur mediocre Guidi (che peraltro aveva un'alta opinione di sé, definendosi «ritrovatore di una maniera nuova di lirico poetare») nella preistoria della canzone libera leopardiana è stato rivalutato di recente in quanto solo lì Leopardi poteva trovare «l'esempio di un impiego sistematico di "canzoni", cioè di componimenti non narrativi e non dialogati ma strettamente lirici, articolate in più strofe libere, e [...] concluse, come saranno quelle leopardiane, da un verso rimato, e per lo più con rima baciata» (Bigi, 1994, p. 302). Le canzoni di Guidi sono insomma *tecnicamente* il primo e inevitabile termine di paragone delle canzoni libere leopardiane (Girardi, 2000, p. 45).

Sulla **tradizione madrigalistica e pastorale di Tasso** (in particolare l'*Aminta*) e Marino puntano invece altri critici, a partire da Carducci, il quale anche suggerisce un possibile legame con la canzone monostrofica *Pel giorno onomastico della sua donna Teresa Pikler*, scritta da Vincenzo Monti nel 1826, composta da sessantaquattro versi (quarantuno endecasillabi e ventitre settenari) variamente alternati e liberamente rimati, e con molti versi irrelati (Carducci, 1902, p. 81).

Verso la canzone libera

Se ci spostiamo ora all'interno della produzione leopardiana, vediamo due primi esempi di stanza libera di endecasillabi e settenari variamente alternati e rimati, e chiusa da un distico a rima baciata, con parallelismi tra ritorni di pause sintattiche e di rime, nei due frammenti di traduzione da Simonide del 1823-24: *Ogni mondano evento* (trentatre versi: quindici endecasillabi e diciotto settenari) e *Umana cosa picciol tempo dura* (ventiquattro versi: sei endecasillabi e diciotto settenari).

Il *Coro di morti*

Ma il prototipo più avanzato della canzone libera è da ricercare all'interno di un'opera in prosa, le *Operette morali*, nel *Coro di morti* che apre il *Dialogo di Federico Ruysch e delle sue mummie*, una strofa irregolare di endecasillabi e settenari, alla quale – rispetto alla canzone – manca solo lo strutturarsi in più lasse (Girardi, 2003, p. 167):

Sola nel MOndo eTERna, a cui si volve
ogni creata c**osa**,

in te, MORTE, si p**osa**
nostra ignuda natura;
lieta no, ma sicura
dall'antico dolor. Profonda notte
nella confusa m**ente**
il pensier grave oscura;
alla speme, al desio, l'arido spirto
lena mancar si s**ente**:
così d'affanno e di temenza è sciolto,
e l'età vote e l**ente**
senza tedio consuma.
Vivemmo: e qual di paurosa larva,
e di sudato sogno,
a lattante fanciullo erra nell'alma
confusa ricord**anza**:
TAl meMORia n'av**anza**
del viver nostro: ma da tema è lunge
il rimembrar. Che fummo?
Che fu quel punto acerbo
che di vita ebbe nome?
Cosa arcana e stupenda
oggi è la vita al pensier nostro, e t**ale**
qual de' vivi al pensiero
l'ignota MORTE appar. Come da MORTE
vivendo rifuggia, così rifugge
dalla fiamma vit**ale**
nostra ignuda natura;
lieta no ma sicura;
però ch'esser beato
nega ai MORTAli e nega a' MORTI il fato.

Sono infatti presenti sia ritorni di rima (e il distico baciato in chiusura) sia trame foniche più o meno fitte, dalle assonanze (*larva* : *alma*) a raffinatezze anagrammatiche: *morte* del v. 3 è fonicamente "anticipata" al v. 1 («Sola nel MOndo eTERna, a cui si vOlvE»).

Lo *Scherzo*

La morfologia versale e fonica del solenne *Coro dei morti* sarà rivolta ad esiti giocosi (Girardi, 2003, p. 176) nello *Scherzo* composto qualche mese prima di *A Silvia*, il 15 febbraio 1828, dove la stanza libera funge da "madrigale-epigramma" (Fubini, Bigi, 1964, p. 264):

Quando fanciullo io venni
a pormi con le Muse in disciplina,
l'una di quelle mi pigliò per mano;
e poi tutto quel giorno
la mi condusse intorno
a veder l'officina.

Mostrommi a parte a parte
gli strumenti dell'arte,
e i servigi diversi
a che ciascun di loro
s'adopra nel lavoro
delle prose e de' versi.
Io mirava, e chiedea:
Musa, la lima ov'è? Disse la Dea:
La lima è consumata; or facciam senza.
Ed io, ma di rifarla
non vi cal, soggiungea, quand'ella è stanca?
Rispose: hassi a rifar, ma il tempo manca.

L'Imitazione

Databile al 1828 è pure la celebre *Imitazione* da Arnault:

Lungi dal proprio ramo,
povera foglia frale,
dove vai tu? Dal faggio
là dov'io nacqui, mi divise il vento.
Esso, tornando, a volo
dal bosco alla campagna,
dalla valle mi porta alla montagna.
Seco perpetuamente
vo pellegrina, e tutto l'altro ignoro.
Vo dove ogni altra cosa,
dove naturalmente
va la foglia di rosa,
e la foglia d'alloro.

Se Angelo Monteverdi è stato tra i primi, analizzando questo frammento (Monteverdi, 1967), a evidenziare l'attenzione posta da Leopardi alla **trama di ritorni fonici** all'interno della poesia (rime, ma anche assonanze, consonanze, allitterazioni ecc.), Gian Luigi Beccaria si spinge giustamente a osservare che Leopardi precorre addirittura Pascoli «quanto al procedimento di orchestrare la propria composizione tramite riduzioni consonantiche o vocaliche», come prova ad esempio la possibile riduzione di tre interi versi al comune denominatore della "labiodentalità" e "fricatività": «po**V**era **F**oglia **F**rale, / do**V**e **V**ai tu? Dal **F**aggio / là do**V**'io nacqui, mi di**V**ise il **V**ento» (Beccaria, 1975, p. 179).

Le canzoni libere

1.3. La prima vera canzone libera è *A Silvia*, seguita da *Il passero solitario*, *Canto notturno di un pastore errante dell'Asia*, *La quiete dopo la tempesta*, *Il sabato del villaggio*, *Il pensiero dominante*, *Amore e Morte*, *Sopra un basso rilievo antico sepolcrale*, *Sopra il ritratto di una bella donna*, *Il tramonto della luna*, *La ginestra*.

A *Silvia*

Consideriamo ad esempio *A Silvia*, che consta di sei strofe (o "periodi ritmici", come li chiama Contini, 1947, p. 150) rispettivamente di sei, otto, tredici, dodici, nove, quindici versi (trentaquattro endecasillabi e ventinove settenari):

Silvia, rimembri ancora
quel tempo della tua vita mortale,
quando beltà splendea
negli occhi tuoi ridenti e fuggitivi,
e tu, lieta e pensosa, il limitare
di gioventù salivi?

Sonavan le quiete
stanze, e le vie dintorno,
al tuo perpetuo canto,
allor che all'opre femminili intenta
sedevi, assai contenta
di quel vago avvenir che in mente avevi.
Era il maggio odoroso: e tu solevi
così menare il giorno.

Io gli studi leggiadri
talor lasciando e le sudate carte,
ove il tempo mio primo
e di me si spendea la miglior parte,
d'in su i veroni del paterno ostello
porgea gli orecchi al suon della tua voce,
ed alla man veloce
che percorrea la faticosa tela.
Mirava il ciel sereno,
le vie dorate e gli orti,
e quinci il mar da lungi, e quindi il monte.
Lingua mortal non dice
quel ch'io sentiva in seno.

Che pensieri soavi,
che speranze, che cori, o Silvia mia!
Quale allor ci apparia
la vita umana e il fato!
Quando sovviemmi di cotanta speme,
un affetto mi preme
acerbo e sconsolato,
e tornami a doler di mia sventura.
O natura, o natura,
perché non rendi poi
quel che prometti allor? perché di tanto
inganni i figli tuoi?

Tu pria che l'erbe inaridisse il verno,
da chiuso morbo combattuta e vinta,

perivi, o tenerella. E non vedevi
il fior degli anni tuoi;
non ti molceva il core
la dolce lode or delle negre chiome,
or degli sguardi innamorati e schivi;
né teco le compagne ai dì festivi
ragionavan d'amore.

Anche peria fra poco
la speranza mia dolce: agli anni miei
anche negaro i fati
la giovanezza. Ahi come,
come passata sei,
cara compagna dell'età mia nova,
mia lacrimata speme!
Questo è quel mondo? questi
i diletti, l'amor, l'opre, gli eventi
onde cotanto ragionammo insieme?
questa la sorte dell'umane genti?
All'apparir del vero
tu, misera, cadesti: e con la mano
la fredda morte ed una tomba ignuda
mostravi di lontano.

Questa come tutte le altre canzoni libere ha **strofe disuguali** composte da settenari ed endecasillabi in proporzione e alternanza variabili e liberamente rimati (o anche irrelati); sono presenti poi elementi "regolarizzatori" peculiari di questa canzone: ogni stanza comincia con un settenario irrelato (con la sola eccezione della penultima stanza, che si apre con tre endecasillabi) e termina con un settenario implicato in rima (ma non baciata) e sempre (tranne che nella terza stanza) preceduto da un endecasillabo. Per due volte compare in rima la parola chiave "speme", nella quarta e nella sesta strofa.

Elementi di regolarità tradizionali

Della canzone petrarchesca, la canzone libera leopardiana conserva dunque **l'uso esclusivo di endecasillabi e settenari e la divisione in strofe**, per quanto disuguali; inoltre, in sette casi (fra i quali *Il sabato del villaggio* e *La quiete dopo la tempesta*: «Garzoncello scherzoso», «O natura cortese») l'ultima strofa ha estensione breve e forma allocutiva, così da costituire una sorta di congedo di canzone regolare (Blasucci, 1996, p. 113).

Elementi di regolarità peculiari

Ogni canzone libera, inoltre, ha elementi propri di regolarità, a "compensare" la libertà strutturale: in primo luogo, a equilibrare la variabilità delle rime, un sistema più o meno fitto di relazioni foniche (assonanza, consonanza, allitterazione), già sperimentato – come visto sopra – nell'*Imitazione* e ovviamente presente anche negli altri testi leopardiani non rimati, i primi *Idilli*; e poi le figure retoriche di ripetizione, come l'epanadiplosi dell'esordio del *Canto notturno*: «Che fai tu, luna, in ciel? dimmi, che fai, / silenziosa luna?». Il *Canto notturno* rappresenta un caso particolare di canzone libera, in quanto le sue sei strofe, di notevole ampiezza (venti + diciotto + ventidue + quaràntaquattro + ventotto + undici versi), si presentano come vere e proprie lasse e si chiudono sempre con l'invocazione alla luna (tranne che nella quinta) e con la rima costante in *-ale*, «così da suggerire discretamente un'impressione musicale di antichissima e primitiva nenia» (Fubini, Bigi, 1964, p. 181).

Sequenze stilistico-tematiche

È stato notato come la suddivisione in strofe variabile a ogni canzone corrisponda alla suddivisione in **sezioni tematiche o logiche**: ad esempio, sia *La quiete dopo la tempesta* che *Il sabato del villaggio* sono composti da una prima parte evocativo-descrittiva, una seconda riflessivo-consuntiva e infine una sentenziosa.

La quiete dopo la tempesta

Nella *Quiete*, la partizione rispecchia esattamente quella strofica (ventiquattro + diciassette + tredici versi), in quanto «lo spettacolo della vita del borgo [dopo che è cessata la tempesta: prima strofa] è ricondotto a una significazione generale e tipica [seconda strofa], prima che il poeta ne tragga un giudizio valutativo in ordine alla qualità della condizione umana [terza strofa]» (Blasucci, 1996, p. 112):

Passata è la tempesta:
odo augelli far festa, e la gallina,
tornata in su la via,
che ripete il suo verso. Ecco il sereno
rompe là da ponente, alla montagna;
sgombrasi la campagna,
e chiaro nella valle il fiume appare.
Ogni cor si rallegra, in ogni lato
risorge il romorio
torna il lavoro usato.
L'artigiano a mirar l'umido cielo,
con l'opra in man, cantando,
fassi in su l'uscio; a prova
vien fuor la femminetta a còr dell'acqua
della novella piova;
e l'erbaiuol rinnova
di sentiero in sentiero
il grido giornaliero.
Ecco il Sol che ritorna, ecco sorride
per li poggi e le ville. Apre i balconi,
apre terrazzi e logge la famiglia:
e, dalla via corrente, odi lontano
tintinnio di sonagli, il carro stride
del passegger che il suo cammin ripiglia.

Si rallegra ogni core.
Sì dolce, sì gradita
quand'è, com'or, la vita?
quando con tanto amore
l'uomo a' suoi studi intende?
o torna all'opre? o cosa nova imprende?
quando de' mali suoi men si ricorda?
Piacer figlio d'affanno;
gioia vana, ch'è frutto
del passato timore, onde si scosse
e paventò la morte
chi la vita abborria;
onde in lungo tormento,
fredde, tacite, smorte,
sudàr le genti e palpitàr, vedendo
mossi alle nostre offese
folgori, nembi e vento.

O natura cortese,
son questi i doni tuoi,
questi i diletti sono
che tu porgi ai mortali. Uscir di pena
è diletto fra noi.
Pene tu spargi a larga mano; il duolo
spontaneo sorge: e di piacer, quel tanto
che per mostro e miracolo talvolta
nasce d'affanno, è gran guadagno. Umana
prole cara agli eterni! assai felice
se respirar ti lice
d'alcun dolor: beata
se te d'ogni dolor morte risana.

Il sabato del villaggio

Nel *Sabato*, invece, che è composto da quattro strofe (trenta + sette + cinque + nove versi), la parte descrittiva è suddivisa nelle prime due strofe, per «dare un rilievo specifico alla rappresentazione della notte e dei suoi rumori» (Blasucci, 1996, p. 113).
Queste due canzoni esemplificano con assoluta evidenza la peculiarità e la novità della forma inventata da Leopardi: il metro riesce ad **aderire perfettamente al pensiero del poeta**, adattandosi ad esso (e non viceversa): questo è il senso ultimo dell'innovazione metrica leopardiana, e da qui parte il filo sottile ma tenace che porta alla libertà novecentesca.

2. Una novità antica: la metrica barbara carducciana

Un ritorno alla metrica classica

2.1. La novità metrica più importante e storicamente rilevante della seconda metà dell'Ottocento coincide con (e parte da) un ritorno all'antico: addirittura alla metrica classica, che Carducci vuole immettere nella metrica italiana, facendo rivivere in essa **il ritmo e la musicalità della poesia antica**, in particolare della più alta poesia lirica latina. Già avevano fatto tentativi in tal senso, molti secoli prima, alcuni umanisti, nell'ambito di una più vasta riproposta di modelli classici, e già si erano scontrati con l'ostacolo maggiore, aggirato in vari modi ma sostanzialmente insormontabile: la non riducibilità della metrica italiana alla regola quantitativa di opposizione di sillabe brevi e lunghe, fondamento della metrica greca e latina. Non la quantità, come è noto, è alla base della prosodia della lingua italiana (e delle altre lingue romanze), che si fonda invece sull'isosillabismo (un determinato verso ha sempre lo stesso numero di sillabe, nella sua forma piana), sull'isocronismo degli accenti (ogni verso ha uno o più schemi ritmici, in cui gli accenti cadono su determinate sillabe) e sulla rima, secondo il modello della poesia "ritmica" nata nella tarda latinità.

Le *Odi barbare*

Carducci, per il quale il classicismo formale non è fine a se stesso ma si inserisce in un più ampio classicismo tematico e "ideologico" (il rifiuto del presente e la nostalgia dell'antico), è consapevole del **carattere inevitabilmente approssimativo del suo calco metrico**, e lo dichiara fin dal titolo della sua raccolta poetica in metri "classici", *Odi barbare*, che così spiega nella *Nota* conclusiva del volume:

> tali [barbare] sonerebbero agli orecchi e al giudizio dei greci e dei romani, se bene volute comporre nelle forme metriche della loro lirica, e [...] tali soneranno pur troppo a moltissimi italiani, se bene composte e armonizzate di versi e di accenti italiani.

La prima edizione delle *Odi barbare* appare nel 1877 e consta di sole tredici poesie; il numero sale a cinquantasette nell'edizione definitiva del 1893, che comprende anche le *Nuove Odi barbare* (1882 e 1886) e le *Terze Odi barbare* (1889). Inoltre, la successiva raccolta *Rime e ritmi* (1899) contiene quindici componimenti in metro barbaro (e venti in metro tradizionale).

Il metodo carducciano

2.2. Qual è il metodo carducciano di riproduzione dei metri classici? Far corrispondere a ciascun metro classico (esametro, pentametro, adonio...) un verso (o più versi uniti) già esistente nella tradizione italiana. La novità è l'**accostamento inedito di versi tradizionali**, unito alla soppressione della rima. Il verso italiano risulterà "coincidente" con il corrispondente verso classico, ma con inevitabile approssimazione, per la discrepanza tra il carattere fisso del numero delle sillabe nel verso italiano e la oscillazione del numero nel verso classico, dovuta alla possibile sostituzione di una sillaba lunga con due sillabe brevi. Ad esempio, il settenario ha sempre sette sillabe, nella sua forma piana, mentre l'esametro ha un numero complessivo di sillabe oscillante fra dodici e diciassette. Di conseguenza, sarà approssimativa anche la coincidenza, perseguita nei limiti del possibile, degli accenti grammaticali del verso italiano con gli **accenti grammaticali** del verso classico (che possono a loro volta coincidere – ma senza alcuna sistematicità – con quelli metrici). Perché gli accenti grammaticali? Perché proprio secondo gli accenti grammaticali, e non quelli metrici, i versi latini vennero letti in Italia fino ai primi del Novecento.

I metri oraziani

Il poeta classico cui Carducci guarda con maggiore attenzione metrica è il massimo poeta lirico latino, Orazio, ma sono considerati anche Catullo e gli elegiaci Tibullo e Properzio. Orazio è importante soprattutto per la varietà strofica dei metri da lui dedotti dalla lirica eolica: il Carducci "barbaro" adotta una poesia fondata su nuovi ritmi e misure e priva di rima, ma – fatta eccezione per gli esametri in serie e per il distico elegiaco – non rinuncia alla strofa; solo se saldamente costretta entro la **gabbia strofica**, Carducci ritiene che la poesia si possa definire lirica, ed è per l'appunto nell'ambito della **poesia lirica** che Carducci vuol rimanere, nel rispetto dei generi fissati e trasmessi dalla tradizione (Caruso, 1998, p. 210).

Primi tentativi di metrica barbara

La novità non è assoluta, perché i primi tentativi di riproduzione nella metrica italiana di quella classica risalgono – come si è detto – al periodo umanistico, e altri tentativi – con vari metodi – seguirono poi nel Seicento e Settecento: il maggiore studioso di questo esile filone della storia della poesia italiana è stato proprio Carducci, curatore dell'antologia *La poesia barbara nei secoli XV e XVI* (1881). La poetica delle *Odi barbare* è sintetizzata dallo stesso autore in un'immagine efficace affidata a una lettera del 23 giugno 1874 all'amica Carolina Cristofori Piva, in cui scrive di aver dato vita a «una nuova serie di poesie», definite «odi [...] lavorate come una tazza greca, e di contenenza [= contenuto] tutta moderna».

La poesia straniera

Inoltre, alla nascita delle odi barbare carducciane porta un contributo notevole anche l'attenzione ai tentativi "barbari" della poesia straniera, soprattutto inglese (Tennyson, Swinburne, gli esametri di *Evangeline* di Longfellow) e tedesca: le traduzioni carducciane da Klopstock (*Tombe precoci* e *Notte d'estate*) e da Platen (*La torre di Nerone*, *Ero e Leandro*, *La lirica*) riproducono il ritmo "barbaro" degli originali, e da Platen proviene la frase che Carducci mette in esergo al suo libro:

> Schlechten, gestümperten Versen genügt ein geringer Gehalt schon,
> Während die edlere Form tiefe Gedanken bedarf:
>
> Wollte man euer Geschwätz ausprägen zur sapphischen Ode,
> Würde die Welt einsehn, dass es ein leeres Geschwätz.
>
> A versi mediocri e abborracciati basta una forma modesta,
> mentre i pensieri profondi richiedono una forma elevata:
>
> se si volessero nobilitare delle chiacchiere con un'ode saffica,
> tutti si accorgerebbero che è solo una vuota chiacchiera.

Un nuovo che nasce dall'antico, dunque, ma anche dal nuovo di un attento ascolto della poesia straniera.

L'esametro e il pentametro

2.3. Rinunciando a esaminare tutti i metri barbari carducciani, vediamo solo alcuni dei più significativi. Cominciamo proprio dall'esametro, riportando a mo' di esempio il verso iniziale dell'*Eneide* di Virgilio:

Árma vir**ú**mque can**ó** | Troi**áe** qui pr**í**mus ab **ó**ris
Canto le imprese e il valore dell'uomo che per primo dalle spiagge di Troia

⊥ ⏖ ⊥ ⏖ ⊥ ⏖ ⊥ ⏖ ⊥ ∪∪ ⊥ x

L'esametro classico consta di sei piedi (unità metriche): l'ultimo ha sempre due sillabe, mentre nei primi quattro le sillabe possono essere tre o due, perché vale l'equivalenza fra due sillabe brevi e una sillaba lunga, e il quinto piede è quasi sempre un dattilo; il piede latino cioè ha sempre **due tempi equivalenti**, coincidenti con una sillaba lunga + un'altra lunga oppure due sillabe brevi (che valgono ciascuna metà tempo). Nell'esametro dunque il numero di sillabe può variare (da tredici a diciassette), mentre rimane fissa la sequenza dei tempi, e dunque la struttura musicale, scandita da sei accenti che cadono ciascuno sulla prima sillaba (sempre lunga) di ogni piede.
Solo occasionalmente l'accento metrico coincide con quello grammaticale; considerando infatti gli accenti grammaticali, lo stesso verso sarebbe letto così:

Àrma vir**ù**mque c**à**no | Tr**ò**iae qui pr**ì**mus ab **ò**ris

Il pentametro

Stessa possibilità di sostituzione di una sillaba lunga con due sillabe brevi (e quindi analoga variabilità nel numero delle sillabe) ha il primo emistichio del pentametro (⊥ ⏖ ⊥ ⏖ ⊥ | ⊥ ∪∪ ⊥ ∪∪ ⊥) che, in abbinamento all'esametro, forma il distico elegiaco (il metro del 90 per cento dei testi presenti nell'antologia carducciana della *Poesia barbara*).

Il distico elegiaco

2.3.1. Consideriamo ad esempio il primo distico (esametro + pentametro) della prima elegia di Tibullo, in cui sono indicati gli ictus metrici e sono evidenziati dal grassetto gli accenti grammaticali:

Dív**i**tiás **a**liús f**u**lvó s**i**bi c**ó**ngerat **á**uro
ét t**e**neát c**u**ltí | i**ú**gera m**ú**lta s**o**lí

Un altro accumuli pure ricchezze di fulvo oro
e possegga molti iugeri di terreno coltivato

Nella piazza di San Petronio

Come rende Carducci esametro e pentametro? Vediamo il primo distico di *Nella piazza di San Petronio*:

S**ù**rge nel chi**à**ro^inv**è**rno | la f**ò**sca turr**ì**ta Bol**ò**gna,
e^il c**ò**lle s**ò**pra | bi**à**nco di n**è**ve r**ì**de.

Qui l'**esametro** è reso con l'unione di settenario + novenario dattilico (+ – – + – + – | – +– – + – – + –); questa è la combinazione più frequente, ma Carducci ne sperimenta anche altre, come senario + novenario dattilico («Su gli^**à**lti fast**ì**gi | s'ind**ù**gia^il s**ò**le guard**à**ndo», *Nella piazza di San Petronio*, v. 11; qui e anche in seguito la cesura è nostra, a meglio evidenziare i due emistichi) o ottonario + novenario dattilico («b**à**cio di l**ù**ce che^in**ò**nda | la t**è**rra, mentre^**à**lto^ed imm**è**nso», *Fuori alla Certosa di Bologna*, v. 3). L'impiego nel secondo emistichio del novenario dattilico è costante, con pochissime eccezioni, poiché la cadenza dattilica del novenario («la f**ò**sca turr**ì**ta Bol**ò**gna») consente a Carducci di riprodurre la clausola dell'esametro classico con dattilo nel quinto piede (⊥ ∪∪ ⊥ x = + – – + –). Per il **pentametro**, le combinazioni più frequenti sono settenario + settenario («un desid**è**rio v**à**no | de la bell**è**zza ant**ì**ca», *Nella piazza di San Petronio*, v. 20) e quinario + settenario («di r**ò**ssi m**à**ggi, | di c**à**lde^aul**è**nti s**è**re», ivi, v. 16).

Mors

La ricerca della cellula ritmica dattilica implica una particolare frequenza delle **parole sdrucciole**, come evidente già nella prima ode in distici elegiaci, *Mors* (iniziata nel giugno 1875), di cui riportiamo i vv. 1-10:

> Quando a le nostre case | la diva severa discende,
> da lungi il rombo | de la volante s'ode,
>
> e l'ombra de l'ala | che *gelida gelida* avanza
> diffonde intorno | *lugubre* silenzïo.
>
> Sotto la venïente | *ripiegano* gli *uomini* il capo,
> ma i sen *feminei* | *rompono* in *aneliti.*
>
> Tale de gli alti boschi, | se luglio˅il *turbine* addensa,
> non corre un *fremito* | per le virenti cime:
>
> *immobili* quasi | per *brivido* gli *alberi* stanno,
> e solo il rivo | roco s'ode *gemere.*

Nevicata

In uno solo dei suoi componimenti in distici elegiaci, *Nevicata* (del gennaio-marzo 1881), Carducci sembra voler **riprodurre in modo rigoroso il ritmo del modello classico**, rispettandone gli accenti metrici, fatti coincidere con quelli grammaticali (a ciascuna delle sei arsi dell'esametro e del pentametro classici corrisponde un accento grammaticale):

> L**è**nta fi**ò**cca la n**è**ve | pe'l ci**è**lo cin**è**rëo: gr**ì**di,
> su**ò**ni di v**ì**ta pi*ù* | non s**à**lgon d**à** la citt*à*,
>
> n**ò**n d'erbai**ò**la il gr**ì**do o | corr**è**nte rum**ò**re di c**à**rro,
> n**ò**n d'am**ò**r la canz**ò**n | **ì**lare e d**ì** gioven*tù*.
>
> D**à** la t**ò**rre di pi**à**zza | r**ò**che per l'**ä**ere le **ò**re
> g**è**mon, c**ò**me sosp**ì**r | d'un m**ò**ndo l**ù**ngi dal d*ì*.

Pìcchiano uccèlli ramìnghi | a'vètri appannàti: gli amìci
spìriti rèduci sòn, | guàrdano e chiàmano a mè.

In brève, o càri, in brève | – tu càlmati, indòmito cuòre –
giù˅al silènzio verrò, | ne l'òmbra rìposerò.

In questi distici, il primo emistichio dell'esametro è sempre un settenario (con l'unica eccezione del v. 7, ottonario dattilico) ed è sempre (tranne che al v. 9) accentato sulla prima sillaba: è probabile che Carducci voglia dare qui all'esametro un attacco dattilico; il secondo emistichio è sempre, come di consueto, un novenario dattilico (con l'eccezione del v. 5: ottonario dattilico).

Calco ritmico del pentametro

Il pentametro è reso con un settenario (ottonario al v. 8) tronco + un ottonario tronco: la conclusione tronca di ogni emistichio (che nelle altre liriche carducciane in metro elegiaco è presente solo sporadicamente) consente di rispettare lo schema ritmico del pentametro classico. Ne deriva un senso di ripetitività e monotonia ritmica, perfettamente funzionale al tema della poesia. La resa "rigorosa" del pentametro, garantita dall'**uscita tronca dei due emistichi**, potrebbe essere stata suggerita dalla lettura di un compito che lo studente universitario Pascoli presentò al professore Carducci nell'anno 1880-81: la traduzione in esametri di un centinaio di versi della *Batracomiomachia* dove Pascoli, rifiutando la soluzione carducciana della combinazione di versi italiani, puntava alla restaurazione dei piedi classici veri e propri (Valgimigli, 1954). Ma Carducci aveva sicuramente presente anche sia la resa del pentametro, rispettosa dell'ossitonia dei due emistichi, fatta dai poeti tedeschi, come nota Contini (1968, p. 106), il quale riporta il primo pentametro delle *Elegie romane* di Goethe:

Strassen, redet ein Wort! Genius, regst du dich nicht?

Vie, dite una parola! Genio, non ti commuovi?

sia il modello metrico alternativo, fondato appunto sulla trasposizione "ritmica", preferito da alcuni suoi allievi (Giuseppe Picciòla, Giuseppe Chiarini, Guido Mazzoni), con i quali aveva frequenti scambi d'opinione e confronti sul piano della tecnica versificatoria (Capovilla, 2007a, pp. 1013-6).

La strofa saffica

2.4. Altri versi classici ammettono un minor numero di sostituzioni (di una sillaba lunga con due brevi), e questo consente di ottenere una maggiore vicinanza alla metrica romanza. Non ammettono sostituzioni, ad esempio, gli endecasillabi saffici, e quindi abbastanza fedele riuscirà la riproduzione della strofa saffica, formata da tre endecasillabi saffici (⊥ ∪ ⊥ x ⊥ | ∪∪ ⊥ ∪ ⊥ x) + un adonio (⊥ ∪∪ ⊥ x):

Ó Ven**ú**s, reg**í**na Cnid**í** Paph**í**que,
sp**é**rne d**í**lect**á**m | Cypron **é**t voc**á**ntis

> túre té multó | Glyceráe decóram
> tránsfer in áedem.

O Venere, regina di Cnido e di Pafo, lascia la diletta Cipro e vieni nel tempietto ornato di Glicera che ti invoca con molto incenso (Orazio, *Carmina*, I, 30, 1-4).

Già nel Quattrocento Leonardo Dati "traduce" metricamente la strofa saffica con tre endecasillabi e un quinario non rimati, ma prima ancora, nel Trecento, la stessa era presente come una delle forme più diffuse del serventese caudato. Formata da tre endecasillabi e un quinario a rime alterne, ha una discreta diffusione a partire dal Cinquecento, con a volte la sostituzione del quinario con un settenario (ad esempio in Manzoni, *Il nome di Maria*). Nel Settecento, Giovanni Fantoni la riproduce con particolare fedeltà nei confronti del modello classico: gli endecasillabi sono quasi sempre accentati su prima e quarta sillaba (a ricalcare la bipartizione dell'endecasillabo saffico, nel quale la cesura cade dopo la quinta sillaba), e il quinario inizia con sillaba accentata (proprio come l'adonio classico), ma non rinuncia alla rima, alterna o incrociata:

> Làscia di Dèlfo la vocàl cortìna,
> Fèbo, che làvi il biòndo crìn nel Xànto;
> rèca salùte alla gentìl Nerìna,
> pàdre del cànto.
> (*Ad Apollo*, vv. 1-4)

Carducci toglie la rima:

> Solenni in vetta a Monte Mario stanno
> nel luminoso cheto aere i cipressi,
> e scorrer muto per i grigi campi
> mirano il Tebro,
>
> mirano al basso nel silenzio Roma
> stendersi, e, in atto di pastor gigante
> su grande armento vigile, davanti
> sorger San Pietro.
>
> Mescete in vetta al luminoso colle,
> mescete, amici, il biondo vino, e il sole
> vi si rifranga: sorridete, o belle:
> diman morremo.
> (*Su Monte Mario*, vv. 1-12)

Le strofe asclepiadea, alcaica, alcmania

2.5. Come già detto, non ci soffermiamo qui su tutti i metri barbari carducciani (il metro giambico, il pitiambico, l'archilocheo ecc.), ma accenniamo ancora a tre che ci sembrano interessanti anche in prospettiva novecentesca: la strofa asclepiadea, la strofa alcaica e la strofa alcmania.

La strofa asclepiadea

In strofe asclepiadee è composta **la prima "ode barbara" scritta da Carducci** (dicembre 1873), *Su l'Adda*:

> C**ò**rri, tra' r**ò**sei | fu**ò**chi del v**è**spero,
> c**ò**rri, Addua c**è**rulo: | L**ì**dia su 'l pl**à**cido
> fi**ù**me, e il t**è**nero am**ò**re,
> al s**ò**le occ**ì**duo n**à**viga.
>
> **È**cco, ed il m**è**more | p**ò**nte dil**ù**ngasi:
> c**è**de l'a**è**reo | d**è** gli archi sl**à**ncio,
> e al l**ì**quido s'aggu**à**glia
> pi**à**n che all**à**rgasi e m**ò**rmora.
> [...]

I primi due versi sono quinari sdruccioli accoppiati (a riprodurre due asclepiadei minori: ⊥ – ⊥ ∪∪ ⊥ | ⊥ ∪∪ ⊥ ∪ x), il terzo è un settenario piano (a riprodurre il ferecrateo: x́x ⊥ ∪∪ ⊥x), il quarto un settenario sdrucciolo (a riprodurre il gliconeo: x́x ⊥ ∪∪ ⊥∪x). È il metro di Orazio, *Carmina*, III, 13:

> **Ó** fons B**á**ndusi**á**e | spl**é**ndidi**ó**r vitro,
> d**ú**lci d**í**gne mer**ó**, | n**ó**n sine fl**ó**ribus,
> cr**á**s don**á**beris h**á**edo
> c**ú**i frons t**ú**rgida c**ó**rnibus
> [...]

O fonte Bandusia, più splendente del cristallo, degna di vino soave, non senza fiori, domani avrai in dono votivo un capretto a cui la fronte è turgida per le corna.

già ripreso, con gli stessi versi italiani poi impiegati da Carducci in *Su l'Adda*, da Chiabrera nelle *Vendemmie del Parnaso* (LII), con ampio ricorso alle sdrucciole:

> Sull'età *giovane*, | ch'*avida suggere*
> suol d'Amor *tossico*, | *simile* al *nettare*,
> quando il *piangere* è dolce,
> e *dolcissimo* l'*ardere*
> [...].

La strofa alcaica

La strofa alcaica classica è formata da due endecasillabi alcaici (x ⊥ ∪ ⊥ – | ⊥ ∪∪ ⊥ ∪ x́) + un enneasillabo alcaico (x ⊥ ∪ ⊥ – ⊥ | ∪ ⊥ x) + un decasillabo alcaico (⊥ ∪∪ ⊥ ∪∪ ⊥ ∪ ⊥ x), come in Orazio, *Carmina*, I, 9:

> Vid**é**s ut **á**lta st**é**t nive c**á**ndid**ú**m
> Sor**á**cte, n**é**c iam s**ú**stine**á**nt on**ú**s
> silv**á**e lab**ó**rant**é**s gel**ú**que
> fl**ú**mina c**ó**nstiter**í**nt ac**ú**to.

Vedi come per la neve alta il Soratte si erge candido, e i boschi non riescono a sopportarne il peso, fiaccati, e per il freddo pungente i fiumi si sono rappresi.

Carducci la adotta in *Alla stazione in una mattina d'autunno*:

> **Ò**h quei fan**à**li | c**ò**me s'ins**è**guono
> **à**ccidï**ò**si | l**à** dietro gli **à**lberi,
> tra i r**à**mi still**à**nti di pi**ò**ggia
> sbadigli**à**ndo la l**ù**ce su 'l f**à**ngo!
>
> Fl**è**bile, ac**ù**ta, | str**ì**dula f**ì**schia
> l**à** vapori**è**ra | da pr**è**sso. Pl**ù**mbeo
> il ci**è**lo e il matt**ì**no d'aut**ù**nno
> come un gr**à**nde fant**à**sma n'è int**ò**rno.
>
> D**ò**ve e a che m**ò**ve | qu**è**sta, che affr**è**ttasi
> **à**' carri f**ò**schi, | ravv**ò**lta e t**à**cita
> g**è**nte? a che ign**ò**ti dol**ò**ri
> o torm**è**nti di sp**è**me lont**à**na?
> [...]

L'endecasillabo alcaico è dunque reso con l'accostamento di un quinario piano + un quinario sdrucciolo; l'enneasillabo qui (e quasi sempre) con un novenario dattilico; il decasillabo in vari modi, qui con un decasillabo anapestico.
La resa dei primi due versi (gli endecasillabi alcaici) è la stessa sperimentata già nel Seicento e Settecento da Chiabrera, Rolli e Fantoni; per gli ultimi due versi Rolli adotta la coppia di settenari. Ecco un esempio di strofa alcaica di Rolli (*Ode di serio stile*, X):

> Scender che giova | da gli avi splendidi
> e al chiuso in arche | tant'oro pallido
> negar la luce e l'uso
> né conoscer piaceri?

Fantoni riprende la soluzione rolliana, introducendo però la rima fra i due settenari: questa forma era già stata adottata da Carducci, non ancora autore delle *Odi barbare*, nella terza delle *Primavere elleniche* (1872, in *Rime nuove*):

> Gelido il vento | pe' lunghi e candidi
> intercolonnii | ferìa, su tumuli
> di garzonetti e spose
> rabbrividian le rose

La strofa alcmania

La strofa alcmania classica consta di due distici formati ciascuno da un esametro + un tetrametro dattilico catalettico in due sillabe (⊥⏖⊥⏖⊥◡◡⊥x), come in Orazio, *Carmina*, I, 7:

> L**á**udab**ú**nt ali**í** clar**á**m Rhodon **á**ut Mytil**é**nen
> **á**ut Ephes**ó**n bimar**í**sve Cor**í**nthi
> m**ó**enia v**é**l Bacch**ó** Theb**á**s vel Ap**ó**lline D**é**lphos
> **í**nsign**í**s aut Th**é**ssala T**é**mpe;

Altri loderanno la celebre Rodi o Mitilene o Efeso o le mura di Corinto dai due mari o Tebe sacra a Bacco o Delfo sacra ad Apollo e la tessalica valle di Tempe.

Carducci la adotta in *Courmayeur*, dove l'esametro è reso con un settenario (piano nelle strofe dispari e tronco in quelle pari) + un novenario dattilico, mentre il tetrametro è sempre reso con un novenario dattilico:

> C**ò**nca in v**ì**vo smer**à**ldo | tra f**ò**schi pass**à**ggi dischi**ù**sa,
> o p**ì**a Courmay**èu**r, ti sal**ù**to.
> T**è** da la gr**à**n Giur**à**ssa | da l'**à**rdüa Gr**ì**vola b**è**lla
> il s**ò**le più am**à**bile arr**ì**de.
>
> Bl**à**ndi mist**è**ri a t**è** | su' b**ò**schi d'ab**è**ti immin**è**nte
> la g**è**lida l**ù**na diff**ò**nde,
> m**è**ntre co'l fiso alb**ò**r | da gli **è**rmi ghiacci**à**i risv**è**glia
> fant**à**sime ed **ò**mbre mov**è**nti.
>
> T**è** la v**è**rgine D**ò**ra, | che s**à** le sorg**ì**ve de' f**ò**nti
> e s**à** de le g**è**nti le c**ù**ne,
> c**è**rula irr**ì**ga, e c**à**nta; | gli arc**à**ni ella c**à**nta de l'**à**lpi,
> e i c**à**rmi de' p**ò**poli e l'**à**rmi.
> [...]

Il ritmo dattilico

Queste tre tipologie strofiche sono tra le più interessanti, perché vi si evidenzia **una particolare attenzione al ritmo dattilico**, in particolare al novenario (già privilegiato nell'esametro, per i motivi che abbiamo visto), che "passerà" al Novecento soprattutto attraverso Pascoli. La ricerca della cellula ritmica dattilica porta con sé – come detto – anche una propensione all'uso insistito delle parole sdrucciole, che saranno poi care e perseguite con la consueta virtuosistica insistenza seriale da D'Annunzio, e attraverso di lui arriveranno alla poesia novecentesca.

I "piedi" ritmici

2.6. Se quindi la riproduzione dei metri classici tentata da Carducci non evita l'approssimazione e una certa durezza ritmica (il verso è spesso stirato da dialefi forzate), ha tuttavia il grosso merito di avere attirato l'attenzione sull'accostamento inedito di versi e quindi sulla successione di cellule ritmiche: non importa più il numero delle sillabe, ma **importano i "piedi"**, le stringhe ritmiche che emergono nel contesto del verso e che si ripetono nei versi vicini. In particolare, il ritmo dattilico entra nelle odi carducciane soprattutto come calco dell'uscita dattilica dell'esametro, ma consolida e amplifica le sue potenzialità, che si svincolano dal legame originario e aggettano verso il futuro.

Abolizione della rima e adozione di versi lunghi

La valorizzazione del ritmo è potenziata anche dall'abolizione della rima, che influisce inoltre sulla *mise en relief* della parola sdrucciola, in particolare quando sia collocata in fine di verso. Proprio l'abolizione della rima (elemento fondamentale della metrica italiana, cui avevano rinunciato finora solo gli endecasillabi sciolti) e l'**adozione di versi lunghi** (novità quasi assoluta) costituiscono l'eredità più feconda lasciata dalle *Odi barbare* alla poesia novecentesca. Il verso lungo ha anche padri stranieri, come sappiamo, in particolare Walt Whitman; ed è una curiosa tangenza quella che si verifica nel 1881, quando Carducci legge le *Foglie d'erba* con impegno («il *Fogliame* americano io l'ho letto e tradotto a lettera tre volte col mio maestro d'inglese») ed entusiasmo tali che gli «venne subito la voglia di tradurlo in esametri omerici» (Caruso, 1998, p. 220).

Dall'accostamento inedito di misure tradizionali e dall'abolizione della rima derivano anche una lettura del verso più scandita e quindi un maggiore risalto della parola singola.

Fervido dibattito sul metro

Né va dimenticata l'importanza dell'esperimento barbaro carducciano nell'ambito degli studi metrici, in cui la novità delle barbare provoca tempestive e **vivaci riflessioni e dibattiti sul metro** e sul ritmo da parte di critici e di poeti (spesso critici e poeti insieme). Le discussioni fervono anche all'interno della cerchia di allievi e amici di Carducci, a partire dai già citati Chiarini e Mazzoni, i quali sono critici nei confronti dell'esperimento "barbaro" del maestro, in nome di un rigore maggiore; né si può dar loro torto, se solo rileggiamo quanto Carducci scrive a proposito del suo modo di comporre esametri: «Tutto sta in un certo accordo degli accenti, che corrisponde poi anche a' sei piedi della metrica antica. Io non posso né so spiegarti tutto; molto ho fatto coll'orecchio, ma dopo molto esercizio di anatomie su gli esametri latini e anche su quelli dei nostri del Cinquecento» (lettera a Adolfo Borgognoni del 30 luglio 1877).

Innovazioni che guardano al futuro

2.7. Chiarini e Mazzoni esemplificano la loro posizione con un'antologia di traduzioni poetiche dal greco e dal latino (*Esperimenti metrici*, 1882) e pochi anni dopo, nel 1886, Angelo Solerti pubblica un innovativo *Manuale di metrica italiana ad accento ritmico*, nel quale alla metrica "barbara" carducciana, fondata sugli accenti grammaticali del verso antico, viene contrapposta la metrica "classica" italiana, che fa coincidere rigorosamente le sillabe italiane accentate (con accento grammaticale) con quelle latine sulle quali cade l'accento ritmico.

Non si tratta di dissertazioni sterili di eruditi, ma di conseguenze – di maggiore e minore rilievo – della **provocazione carducciana**, che innescano un processo di innovazione irreversibile, la quale avrà bisogno, come vedremo, del reagente di due grandi eredi poetici: D'Annunzio, che proprio dall'imitazione delle odi barbare (*Primo vere*, 1879) farà partire la sua carriera poetica, e Pascoli, che muovendo dalla novità antica di Carducci approderà a una raffinatissima e originale novità formale e teorica.

3. La prudente rivoluzione di D'Annunzio

Precoce attenzione alla "novità" barbara

3.1. La portata delle innovazioni metriche dannunziane può essere definita all'incirca compromissoria e modesta, ma dotata di grande forza di penetrazione e persistenza nella lirica del Novecento. Metricamente **D'Annunzio esordisce nel nome di Carducci**: la novità e la potenzialità delle *Odi barbare* non sfuggono al giovanissimo poeta che, a soli due anni di distanza dalla prima edizione del libro carducciano, pubblica *Primo vere* (1879), composto da trenta liriche (ventisei barbare + quattro imitazioni-traduzioni da Orazio), a riprova della volontà del poeta sedicenne di inserirsi nell'attualità e nel clamore suscitato dalle *Odi barbare*. Riprende per ben quattro volte il metro della prima "barbara" carducciana, *Su l'Adda*, cioè il metro asclepiadeo, che gli consente un precoce avvio del lavoro sulle sdrucciole (una delle costanti della sua metrica); la resa dell'asclepiadeo minore con due settenari sdruccioli lo obbliga a costruire un verso con almeno due parole sdrucciole, che spesso diventano tre, come ad esempio in *Suavia*, v. 22 («suonano d'ilari cori di vergini») e v. 69 («portano un pendulo corimbo d'ellera»).

L'esametro

Nel 1880 esce la seconda edizione di *Primo vere*, aumentata (settantasei componimenti) e non più esclusivamente "barbara" nel metro; è rilevante che tra i nuovi componimenti "barbari", ben sette siano in esametri: pure in questo D'Annunzio dimostra di aver captato l'elemento più nuovo e più interessante della novità metrica carducciana, che riesce a declinare con abilità, provata anche dal ricorso molto parco (in assoluto e in confronto a quello fatto da Carducci) alla dialefe e dalla ricerca di minime variazioni. Ecco ad esempio *Serata di ottobre*:

> Era già adulto ottobre. Ne 'l cupo cobalto de 'l cielo
> su su da la marina sorgeva la luna, sì come
> un viso di pacchiana, tra biondi vapori, ne 'l fiume
> dïafano una striscia rossastra gittando. Le barche
> *brune, in ordine lungo ancorate, pareano a' miei occhi*
> strani fantasmi intenti a pescar con lunghissime canne
> da riva; e un odor fresco di pesce marino con l'aura
> veniva a buffi; e un lieto confuso vocìo di soldati
> uscìa da le caserme riflesse ne l'acqua co' i lumi.
> Da l'altra parte un rosso fanale aspettando il vapore
> sbadigliava ne l'acqua i riflessi suoi tremuli anch'egli.
> Io, poggiato a un riparo, guardava, pensando a Felice
> *cui una lenta tisi rodeva... a **vent**'anni! La luna*
> *sbiancata tra LI**ev**issimi **ve**LI di nubi saLÍa*
> ancor più in alto; e in fondo, a la foce, una zona lucente
> di mar s'intravedea. – Oh povero amico, darei
> la metà del mio sangue purché tu potessi guarire!... –
> Fischiò su 'l ferreo ponte con alto frastuono il vapore;
> poi il fischio più acuto divenne, e via lunge si perse.

Se il «fanale» che «sbadiglia» (così come il «vapore», il «fischio» ecc.) è preso in prestito in modo volutamente palese dalla famosa *Alla stazione in una mattina d'autunno*, anche la resa dell'esametro è fedele a Carducci, nella scelta di far coincidere il secondo emistichio con un novenario dattilico. Ma D'Annunzio morde il freno e cerca di **uscire** – anche se con dettagli minimi – **dalla rigidità del calco**: al v. 5 la suddivisione settenario + novenario sarebbe garantita solo da una improbabile cesura a metà di una parola: «brune, in ordine lungo an|corate, pareano a' miei occhi», e lo stesso dovrebbe accadere al v. 18 («sbiancata tra lievissi|mi veli di nubi salìa»); ma sembra più ovvio ipotizzare un'infrazione netta alla coincidenza tra secondo emistichio e novenario, e quindi leggere il v. 5 come settenario piano + decasillabo anapestico e il v. 18 come settenario sdrucciolo + ottonario dattilico (e comunque più che lo schema sillabico sembra importare la rete fonica ben calibrata, condivisa con il verso precedente).

Tra metrica barbara e tradizione

Metrica barbara e metrica tradizionale si affiancano in *Canto novo* (1882; completamente diversa, e tutta "barbara", sarà l'edizione definitiva del 1896), mentre *Intermezzo* (1884) si colloca interamente sul versante della metrica tradizionale: dei ventisei componimenti di cui consta la prima edizione (la seconda è del 1884; la terza, del 1894, sarà molto incrementata e rimaneggiata) ventitre sono sonetti, cui si aggiungono un poemetto di alessandrini e un poemetto in ottave. Appartiene all'*Intermezzo*, fin dalla prima edizione, il famoso "metasonetto" intitolato *Il sonetto d'oro*:

Otto e sei verghe d'oro, o Musa, io batto
su l'incude col fervido martello
ed ognuna di lor piego ad anello
e pongo su 'l cuscino di scarlatto.

Poi, con più grave pazienza, in atto
d'un mastro orafo antico su un gioiello
regale, ognuna a punta di cesello
(m'è Benvenuto nel pensiero!) io tratto.

Le gemmee rime sprizzano barbagli
d'iride, chiuse nei castoni d'oro,
su 'l nobil drappo ov'è trapunto il Gallo.

Impetuosamente io su i fermagli
de l'ultima terzina ancor lavoro;
e mi stride ne l'impeto il metallo.

Il recupero dei metri arcaici

3.2. In questa raccolta si intravede già la predilezione di D'Annunzio per il recupero dei metri della tradizione (non limitati a quelli canonici petrarcheschi, ma estesi a quelli arcaici e desueti), che trova conferma nel libro successivo, *L'Isotteo-La Chimera* (1890); nella prima parte (parzialmente anticipata in *Isaotta Guttadauro ed altre poesie*, 1886) troviamo sonetti, ballate, madrigali, un poemetto in nona rima, una sestina e un *Trionfo d'Isaotta alla maniera di Lorenzo de' Medici*: «poesie di intonazione antica» le definiva l'autore, che così difendeva l'idea di un'arte codificata (sulla "Tribuna" del 14 marzo 1887): «Io sono in arte partigiano della tradizione e delle forme stabilite, delle forme ch'io chiamerei fisse». Non si tratta di passiva accettazione di metri ma – così come è patrimonio verbale e repertorio di immagini – la tradizione letteraria costituisce per D'Annunzio anche un **repertorio di metri**, alla ricerca di «un assoluto di finzione che soppianti il precario, la scansione del tempo, in un indistinto *continuum* atemporale», perseguito con «disposizione assimilativa» ma anche con «un bisogno profondo di alterità e di travestimento» (Lorenzini, 1982, p. 1031).

I sonetti

Dei settantasei componimenti della *Chimera* ben sessantuno sono sonetti, con grande varietà di schemi rimici e spesso raccolti in corone (una, *Il fiume*, composta da cinque sonetti minori, di settenari); particolare il virtuosismo di *Beata Beatrice*, in cui le rime ABBA ABBA CDE CDE sono anche parole rima, e la rima B è rima equivoca (sostantivo ai vv. 2 e 6, voce verbale ai vv. 3 e 7):

Talor, mentre son vile, ne la notte
de 'l mio dolore un'improvvisa <u>luce</u>
s'apre; e così candidamente *luce*
che più fredda e profonda è poi la notte.

Non tu vieni, o sorella, a questa notte
recando la pietà de la tua <u>luce</u>?
L'anima s'alza, poi che un sogno *luce*
in lei fuggendo come lampo in notte.

Oh ricordarsi! Oh allor che da 'l mio sangue
ella parve salir come una nube
di gloria, come un turbine di gioia!

Oh allor che tutto il giovenil mio sangue
cantava lei risaliente in nube
d'anèmoni, su fiamme alte di gioia!

Il modello è un sonetto di Petrarca (*Rerum vulgarium fragmenta*, 18), dove il gioco dell'*aequivocatio* è più insistito:

Quand'io son tutto vòlto in quella PARTE
ove 'l bel viso di madonna *luce*,
et m'è rimasa nel pensier la <u>luce</u>
che m'arde et strugge dentro a parte a PARTE,

i' che temo del cor che mi *SI PARTE*,
et veggio presso il fin de la mia <u>luce</u>,
vommene in guisa d'orbo, senza *luce*,
che non sa ove si vada et pur *SI PARTE*.

Così davanti ai colpi de la morte
fuggo: ma non sì ratto che 'l desio
meco non venga come venir sòle.

Tacito vo, ché le parole *morte*
farian pianger la gente; et i' *desio*
che le lagrime mie si spargan *sole*.

La sezione *Intermezzo melico* è composta in gran parte di *Romanze* (in quartine di versi brevi, ispirate alle *Fêtes galantes* di Verlaine) e di *Rondò* (con rimando al *rondel* della poesia francese antica) come il seguente, in settenari rimati abba cdcd abbaa:

Come sorga la luna
da le cime selvose
e grave su le cose
sia l'oblìo de la luna,

amica, tu verrai
furtiva ne 'l verziere.
Hanno i consci rosai
ombre profonde e nere.

O amica, senz'alcuna
tema verrai: le rose
avran latèbre ascose
per lor sorella bruna,
come sorga la luna.

L'*outa* giapponese

Alla **lirica francese** D'Annunzio si rifà anche nella insolita ripresa dell'*outa* (la più antica forma di poesia giapponese), sulla scia della recente traduzione di poesie giapponesi fatta da Judith Gautier, figlia di Théophile (*Poèmes de la libellule*, 1885); la intitola *Outa occidentale*, perché aggiunge le rime (undici strofe pentastiche di settenari su due rime):

Guarda la Luna
tra li alberi fioriti;
e par che inviti
ad amar sotto i miti
incanti ch'ella aduna.

Veggo dai lidi
selvagge gru passare
con lunghi gridi
in vol triangolare
su 'l grande occhio lunare.

Veggo pe 'l lume
le donne entro i burchielli:
vanno su 'l fiume,

dati all'acqua i capelli,
tra i gridi delli uccelli.
[...]

Il *lai* antico francese

Ancora all'antica poesia francese di ispirazione musicale si rifà il *Lai*, composto da sei strofe pentastiche (quattro senari + un ternario) rimate abbca:

La luna diffonde
pe' cieli suo latte:
a lei, chiuse e intatte,
sospiran le selve,
        profonde.
Un murmure, lento,
si spande ne 'l piano;
e giunge un lontano
di cervi bramire
        su 'l vento.
[...]

I distici elegiaci

3.3. Il filone "barbaro" viene ripreso nelle venticinque *Elegie romane* (1892), ispirate alle *Römische Elegien* di Goethe, dove tendenzialmente si adotta il novenario dattilico nel secondo emistichio dell'esametro e il pentametro è per lo più reso con un doppio settenario (ma ad esempio per il v. 4 di *Sogno d'un mattino di primavera*, formato da quinario + settenario, sembra che l'autore suggerisca una lettura a incastro: inserendo «balza» sia nel primo che nel secondo emistichio ricostruiamo il doppio settenario):

Quando la tua sorella Aurora, già sazia di sogni
ebra di baci tutta umida di rugiade,

come cerbiatto ignaro d'insidie ne' vergini boschi,
pronta alle soglie *balza con lieto ardire*,

tu non il suo chiamare, o Ippolita, odi. Il mio petto
ben del tuo dolce capo teneramente premi.
[...]

Metro barbaro, tradizionale, whitmaniano

3.4. Se le cinquantaquattro liriche del *Poema paradisiaco* (1893) si riallacciano alla scelta della varietà metrica all'interno della tradizione, le sei *Odi navali* (1892; il numero sale a dieci nella seconda edizione, 1893) intrecciano metro barbaro, metro tradizionale e verso libero whitmaniano. L'ode proemiale, *La nave*, consta di strofe pentastiche formate da esametri nelle sedi dispari e novenari dattilici nelle sedi pari:

Va, va con la tua forza che doma la forza del mare,
con tutte bandiere spiegate,
va, va dove il Destino ti scorge in tuo solco infinito,

> o Nave, più bella e più grande
> d'ogni altra a le tempeste commessa da gente mortale!
> [...]

A una torpediniera nell'Adriatico è in quartine a rime alterne aperte e chiuse da un esametro, mentre in seconda sede c'è un ottonario e in terza un senario:

> Naviglio d'acciaio, diritto veloce guizzante
> bello come un'arme nuda,
> vivo palpitante
> come se il metallo un cuore terribile chiuda;
> [...].

Con una sola eccezione (*Per la festa navale nelle acque di Genova. VIII settembre MDCCCXCII*: strofe esastiche di settenari rimati abcabc), tutte le altre odi navali sono intessute di versi lunghi, fino alla conclusiva *In memoriam*, che reca significativamente in esergo alcuni versi di Whitman (cfr. cap. 4, par. 4.1.1).

La *Laus vitae*

3.4.1. Che la strada verso la liberazione metrica passi per D'Annunzio anche attraverso la metrica classica (e più esattamente l'esametro) è provato tra l'altro dal fatto che è in esametri il primo abbozzo, risalente al 1896, della *Laus vitae*. Ripresa tra il 1902 e il 1903, la *Laus* diventerà un lungo poema di 8.400 versi eterometrici (dal quinario al decasillabo) distribuiti in quattrocento strofe di ventun versi ciascuna, raggruppate in ventun canti di ampiezza diversa. I **cardini numerici** dell'opera sono quindi **il tre, il sette e il ventuno**, come lo stesso autore avverte nell'*Encomio dell'opera* (XIX, 316-322 e 330-340):

Noi abbiamo un canto novello	novenario
perché tu l'oda, questo grande	novenario
Inno che edificar ci piacque	novenario
a simiglianza d'un tempio	novenario
quadrato cui demmo per ogni	novenario
lato cento argute colonne	novenario
tutto aperto ai vènti salmastri.	novenario
[...]	
Ei le materie sonore	novenario
con ìmpari numero, oscuro	novenario
e inimitabile, vinse.	novenario
Le sette Pleiadi ardenti	novenario
e le tre Càriti leni,	novenario
le stelle dell'Orsa e le Parche,	novenario
in rapido giro costrinse.	novenario
Tre volte sette: la strofe	novenario
qual triplicata sampogna	novenario

di canne ineguali risuona	novenario
con l'arte di Pan meriggiante.	novenario

La "strofe lunga"

È la "strofe lunga", come la definirà D'Annunzio nel *Libro segreto*, a consentirgli di seguire un «ritmo mentale»: un ritmo che gli insegna a scegliere e collocare le parole non secondo la prosodia e la metrica tradizionale, ma «secondo la [sua] libera invenzione». L'**efficacia dello schema** dipende naturalmente dalla maestria dell'artefice, che si presenta con evidenza già nell'iniziale *Inno alla Vita*, dalla struttura ampia e ordinatissima, fondata su parallelismi e anafore, contesta di versi eterometrici quasi tutti legati da rime, anche lontane:

O Vita, o Vita,	quinario
dono terribile del dio,	novenario
come una spada fed*ele*,	ottonario
come una ruggente f*ACE*,	ottonario
come la gorg**óna**,	senario
come la centàurea v*este*;	ottonario
o Vita, o Vita,	quinario
dono d'oblìo,	quinario
offerta agr*este*,	quinario
come un'acqua chiARA,	senario
come una cor**ona**,	senario
come un fiale, come il mi*ele*	ottonario
che la bocca sepARA	settenario
dalla cera ten*ACE*;	settenario
o Vita, o Vita,	quinario
dono dell'Immortale	settenario
alla mia sete crud*ele*,	ottonario
alla mia fame vor*ACE*,	ottonario
alla mia sete e alla mia fame	novenario
d'un giorno, non dirò io	ottonario
tutta la tua bellezza?	settenario
Chi t'amò su la t*erra*	settenario
con questo furore?	senario
Chi ti attese in OGNI	senario
attimo con ansie mai paghe?	novenario
Chi riconobbe le tue ore	novenario
sorelle de' suoi sOGNI?	settenario
Chi più larghe pi*aghe*	senario
s'ebbe nella tua gu*erra*?	settenario
E chi ferì con d*aghe*	settenario
di più sottili t*empre*?	settenario
Chi di te gioì s*empre*	settenario
come s'ei fOSSE	quinario
per dipart*irsi*?	quinario

Ah, tutti i suoi t*irsi*	senario
il mio desiderio scOSSE	ottonario
verso di te, o V**ita**	settenario
dai mille e mille vólti,	settenario
a ogni tua appar**ita**,	senario/settenario
come un Tìaso di rOSSE	ottonario
Tìadi in boschi folti,	settenario
tutti i suoi t*irsi*!	quinario

Si potrebbe definire un'anticipazione della strofe lunga l'ode *Per la morte di un distruttore* (1900), entrata poi in *Elettra* (1904 [ma 1903]), composta da ventuno strofe di ventuno versi ciascuna (dal quinario al decasillabo, liberamente rimati); questa la prima strofa:

Disse al cuore dell'uomo: «Quando	novenario
tu fervi, o cuore, largo e piEnO,	novenario
simile alla grande fium*ana*,	novenario
beneficio e periglio dei lidi,	decasillabo
quivi la tua virtù s'in**izia**».	novenario
Disse: «Nel deserto estrEmO,	ottonario
con risa e con gridi,	senario
danz*ando* e cant*ando*,	senario
irrompe il mio desiderio e irrAGGIA	decasillabo
la sua let**izia**.	quinario
Nacque su le montagne eterne	novenario
la mia saggezza inum*ana*,	ottonario
su le montagne che stanno	ottonario
vergini e *sole*	quinario
nel meriggio serEnO,	settenario
nell'ardore sol**enne**;	settenario
pregna div**enne**	quinario
su i culmini prossimi al *Sole*	novenario
la mia virtù selvAGGIA;	settenario
partorì su gli aridi macIGni	decasillabo
il più giovine de' suoi fIGli».	novenario

Il Ditirambo III

3.4.2. Di derivazione whitmaniana (De Michelis, 1960, p. 263) e di «forte cadenza accentuativa modellata sulla metrica "barbara"» (Pazzaglia, 1974c, p. 208, nota 57) si è parlato a proposito del *Ditirambo III*, composto nel 1899, che si configura metricamente come l'individuo più eccentrico della raccolta *Alcyone* (1903), per l'**impiego dei versi lunghi** (trentanove su un totale di centodue versi eterometrici, ripartiti in tre strofe di undici, trentasei, cinquantacinque versi). È stato osservato anche che l'equivalenza dei versi lunghi (di quindici, sedici, perfino diciassette sillabe) è data dal ricorrere costante di quattro accenti, eventualmente accompagnati da uno o due altri accenti secondari (Pinchera, 1966, p. 120):

O gr**à**nde Est**à**te, delizi*a* gr**à**nde tr*a* l'**à**lpe e il m**à**re,
tr*a* così c**à**ndidi m**à**rmi ed **à**cque così so**à**vi
nuda le aeree membra che riga il tuo sangue d'oro
odorate di aliga di résina e di alloro,
laudata sii,
o voluttà grande nel cielo nella terra e nel mare
e nei fi**à**nchi del f**à**uno, o Est**à**te, e nel mio c*a*nt**à**re,
laudata sii
tu che colmasti de' tuoi più ricchi doni il nostro giorno
e prolunghi su gli oleandri la luce del tramonto
a mir**à**col mostr**à**re!
[...]

Oltre che da una particolare attenzione ai rapporti parallelistici e chiastici, l'irregolarità numerico-sillabica è compensata da una **tessitura timbrica calibratissima**: i versi sono legati fra loro da rime, rime interne, assonanze, varie corrispondenze foniche (ad esempio, il ricorrere del suono chiaro della vocale *a*, spesso tonica).
Risale al 1899 anche *Per la morte di Giovanni Segantini* (poi in *Elettra*), formata da strofe esastiche che hanno in terza e sesta posizione un settenario, mentre gli altri versi sono lunghi (fino alle diciannove sillabe), sintatticamente bipartiti o tripartiti e metricamente composti di versi coincidenti con membri sintattici (cfr. cap. 4, par. 1.1.1, p. 179).

Gli altri *Ditirambi*

3.4.3. Ma torniamo brevemente ai quattro ditirambi di *Alcyone*, per qualche osservazione di tipo metrico: il più vicino alla strofe lunga è il *Ditirambo I* (agosto 1902), che consta di quattrocentosettanta versi eterometrici (dal quinario al decasillabo, con prevalenza di settenari e novenari) ripartiti in nove strofe disuguali prive di schemi fissi o ricorrenti di rime, ma legate a due a due (tranne l'ultima) dalla rima secondo l'artificio delle *coblas capcaudadas*; il *Ditirambo II* (scritto anch'esso nell'agosto del 1902) è formato da centocinquantadue versi, endecasillabi e settenari sdruccioli alternati ripartiti in quattro strofe disuguali. Il più tardo *Ditirambo IV* (ottobre 1903) consta di otto strofe di varia misura, per un totale di seicentocinquanta versi (dei quali centocinquantuno settenari, gli altri endecasillabi) variamente alternati.
Il dato più interessante è offerto dall'**uso polivalente dei versi sdruccioli**: nel *Ditirambo I* si addensano in lunghe sequenze (comprensive anche di quattro versi terminanti con parola bisdrucciola: *verberano*, *sventolano*, *liberano*, *palpitano*, rispettivamente ai vv. 337, 341, 450, 453), a esprimere la concitazione e il movimento rapido e violento dei cavalli del Sole che calpestano le messi; nel *Ditirambo II* l'uso esclusivo dei versi sdruccioli assume una valenza semantica diversa, vale a dire l'immersione nell'elemento acqueo, così come sempre a un'immersione dinamica nella natu-

ra (di contro a quella "statica" di *Meriggio*, dal lentissimo ritmo ternario), non più nell'elemento acqueo ma in quello aereo, celeste, si lega la veloce cadenza sdrucciola nel *Ditirambo IV*, e precisamente nella sequenza che si estende dal v. 527 al v. 544, in corrispondenza della prima fase del volo di Icaro.

Lasse assonanzate

3.4.4. Al metro delle **antiche canzoni di gesta francesi** (già adottato nel 1899 da Pascoli per tradurre un brano della *Chanson de Roland* nell'antologia *Sul limitare*) si ispira invece *La notte di Caprera*, composta tra la fine del 1900 e l'inizio del 1901 (millequattro versi distribuiti in ventidue lasse di diversa lunghezza):

IV
Ma ecco l'ombra   di Caprera. Ecco l'**à**spra
Gallura, i monti   aerei nell'**à**ria.
Ecco il granito   ov'ei riposer*à*.
Ecco la tomba   che gli lavorer*à*
l'arte del Mare.   Come in petrose t**à**zze,
nei grembi cavi   l'isola solit**à**ria
serba il silenzio   ch'è bevanda al pugn**à**ce.
Quivi placato   nella sua verit*à*
ei può sognare;   né quel silenzio m**à**i
gli mancherà,   sopra il fragor del M**à**re.

Come già nel modello francese, le lasse sono assonanzate (tutti i versi hanno nell'ultima sillaba tonica la medesima vocale). Il verso è costituito da due emistichi separati da uno spazio bianco (cfr. cap. 4, par. 1.3.2): un quinario + un settenario o, per adottare la terminologia dello stesso D'Annunzio, un emistichio quadrisillabo con eventuale quinta atona + un emistichio di sei sillabe con eventuale settima atona. Diamo la parola all'autore per una illustrazione del metro, nella *Nota* che accompagna la prima pubblicazione della poesia (1901):

Questa canzone [...] non tanto è fatta per esser letta su le pagine mute quanto per essere ascoltata da una moltitudine libera. Per vivere della sua piena musicale ella ha bisogno di passare nella bocca sonante del dicitore. [...] La ragione della sua struttura e di certe particolarità rimiche apparirà chiarita [...] da questo intendimento. Il periodo è regolato dalla legge di un largo e robusto respiro. Talora il numero è soverchiato dall'impeto dell'onda vocale. Il poeta ha preferito al consueto endecasillabo il verso eroico dell'antica canzone di gesta [...] al quale – pur mantenendo la costante pausa epica, e facendone sentire di tratto in tratto la monotonia – egli ha cercato di conferire varietà ed efficacia nuove con la vicenda del troncamento e dell'elisione.

La notte di Caprera entra poi a far parte di *Elettra*, che riserva ampio spazio anche alla metrica tradizionale, poiché comprende ben cinquantanove sonetti (tutti, tranne tre, nella sezione *Le città del silenzio*).

L'itinerario tematico e stilistico-metrico di *Alcyone*

3.5. In *Alcyone* (1903) l'itinerario tematico e temporale tracciato dalle ottantotto liriche suddivise in cinque sezioni (il giugno che prelude all'estate; la piena stagione estiva accompagnata dall'immersione panica nella natura; le vere e proprie metamorfosi mitiche; i primi segni del declinare dell'estate; la fine dell'estate) è legato a **un preciso itinerario stilistico** (Gavazzeni, 1980, p. 9), nel quale si susseguono il livello preraffaellita della prima sezione (terzine, strofe saffiche, endecasillabi sciolti e prevalenza di metri arcaizzanti che riecheggiano la lauda sacra e la ballata stilnovistica), il livello impressionistico della seconda sezione (la strofe lunga), il livello classicistico-arcaizzante delle ultime tre sezioni (con metri dunque tradizionali, in particolare madrigali e sonetti, anche in corone).

La libertà metrica della seconda sezione

Se, nella raccolta, la libertà metrica fa capolino anche nei metri tradizionali, ad esempio con la frequente sostituzione rima-assonanza o con la sintassi franta, il luogo deputato alla metrica libera è la seconda sezione (composta nell'estate 1902), la più libera, dove la "natura" prevale sulla "cultura", e dunque al tema dell'immersione panica nella natura corrisponde il metro meno legato alla tradizione e più "immediato", appunto la strofe lunga. Le liriche riconducibili a questa rubrica metrica sono in tutto dodici: oltre alle otto della seconda sezione (*Intra du' Arni*, *La pioggia nel pineto*, *Le stirpi canore*, *Vergilia anceps*, *Meriggio*, *Le madri*, *Albàsia*, *L'Alpe sublime*), due nella terza sezione (*L'ippocampo*, *L'onda*) e due nella quinta (*Le Ore marine*, *Il novilunio*). Ognuna di esse ha **strofe con ugual numero di versi**, tutti all'interno della tradizione (di varia misura: dal ternario al novenario, con prevalenza di versi brevi), senza uno schema ricorrente delle rime, che però sono numerose e accompagnate da altri legami fonici, assonantici e consonantici; varia invece il numero delle strofe, da uno a sei (*Il novilunio*), e varia la lunghezza delle strofe da una poesia all'altra. Nel dettaglio: sono monostrofiche *Le stirpi canore* (trentasette versi), *L'Alpe sublime* (cinquantasei versi), *L'onda* (cento versi + un distico di settenari); cinque sono divise in due strofe uguali: *Intra du' Arni* (venticinque + venticinque versi), *Vergilia anceps* (diciassette + diciassette), *Le madri* (quarantotto + quarantotto), *Albàsia* (diciannove + diciannove), *L'ippocampo* (trentanove + trentanove); due constano di quattro strofe uguali: *La pioggia nel pineto* (trentadue + trentadue + trentadue + trentadue) e *Meriggio* (ventisette + ventisette + ventisette + ventisette + un verso finale isolato); *Le ore marine* è divisa in tre strofe di trenta + trenta + quindici versi; *Il novilunio* in sei strofe di trentatre versi ciascuna + un endecasillabo finale isolato.

Tradizione e sperimentazione

Evidente è il legame ancora stretto con la tradizione, testimoniato dalla scelta del sistema strofico e del verso sillabico-accentuativo e dall'uso della rima come correttivo dell'arbitrarietà delle misure; ma forte è anche la **volontà sperimentale**, affidata alla eterometria e alla conseguente non prevedibilità dell'alternanza delle misure, che provoca un rinnovamento del sistema di pausazione e un rilievo nuovo attribuito alla parola singola (Pazzaglia, 1974c, pp. 205-8).

Opposizione metro-sintassi

Talvolta D'Annunzio sembra giocare sull'opposizione tra brevità dei versi e lunghezza dei periodi sintattici che, soprattutto ricorrendo alla **comparazione** e all'**enumerazione**, possono dilatarsi fino a coincidere con un'intera strofa, come, ad esempio, nella prima e nella terza strofa (che qui riproduciamo) delle *Ore marine*:

Quale delle Ore,
quale delle Ore marine,
con gli occulti beni
che tu le désti,
col segreto linguaggio
che le apprendesti,
o Ermione,
t'accompagna nel viaggio
di là dai fiumi sereni,
di là dalle verdi colline,
di là dai monti cilestri,
o Ermione,
di là dalle chiare cascine,
di là dai boschi di querci,
di là da' bei monti cilestri?

Nella strofe lunga D'Annunzio mette a punto «una forma di complicazione sintattica di tipo allineativo ed enumerativo, che avrà largo successo nel Novecento», adeguando il ritmo sintattico «all'esigenza di *variatio* ritmica, con continui cambiamenti dell'ordine soggetto-verbo-oggetto» (Coletti, 1993, p. 403), come è evidente ad esempio anche nelle *Stirpi canore*, dove per quattordici volte è ripetuta la sequenza aggettivo + complemento di paragone (vv. 7-37):

Le mie parole
sono profonde
come le radici
terrene,
altre serene
come i firmamenti,
fervide *come* le vene
degli adolescenti,
ispide *come* i dumi,
confuse *come* i fumi
confusi,
nette *come* i cristalli
del monte,
tremule *come* le fronde

del pioppo,
tumide *come* le narici
dei cavalli
a galoppo,
labili *come* i profumi
diffusi,
vergini *come* i calici
appena schiusi,
notturne *come* le rugiade
dei cieli,
funebri *come* gli asfodeli
dell'Ade,
pieghevoli *come* i salici
dello stagno,
tenui *come* i teli
che fra due steli
tesse il ragno.

La pioggia nel pineto

3.5.1. L'insistente ricorso a parallelismi e iterazioni conferma l'attenzione dannunziana a fruire di tutte le possibilità offerte dalla tradizione piuttosto che a rompere i ponti con essa; ne è prova anche l'abilità di movimento sulla tastiera ritmica, quale risulta con evidenza massima nella celebre *Pioggia nel pineto* (quattro strofe di trentadue versi):

Taci. Su le soglie
del bosco non odo
parole che dici
um*ane*; ma odo
parole più nuove
che parlano gocciole e foglie
lont*ane*.
AscOLTa. piove
dalle nuvole sp*arse*.
Piove su le tamerici
salma**stre** ed *arse*,
piove su i pINI
scagliosi ed *irti*,
piove su i m*irti*
divINI,
su le **GINEstre** fulg*enti*
di fiori accOLTi,
su i **GINE**pri fOLTi
di coccole aul*enti*,
piove su i nostri volti
silv*ani*,
piove su le nostre m*ani*
ign*ude*,

su i nostri vestimenti
leggieri,
su i freschi pensieri
che l'anima schi*ude*
novELLA,
su la favola bELLA
che ieri
t'illuse, che oggi m'ill*ude*,
o Ermione.
[...]

Il **ritmo ternario** è alla base di questi versi, in forma semplice, raddoppiata (senario) o triplicata (novenario); la lettura continuata fa emergere altre misure sotto e attraverso quelle indicate dagli "accapo" (ad esempio i primi sei versi si possono "rileggere" così: «Taci. Su le soglie del bosco / non odo parole che dici / umane; ma odo parole / più nuove che parlano gocciole / e foglie lontane»: quattro novenari + un senario). Particolarmente rilevante la frequenza del trisillabo (otto casi nella prima strofa; in tutta la poesia, trentuno occorrenze su centoventotto versi), spesso in rima con il verso immediatamente seguente (*silvani* : *mani*; *leggieri* : *pensieri*; *novella* : *bella*); il senario ricorre nove volte nella prima strofa (vv. 1-5, 18, 19, 26, 27) e nell'intera poesia ha trentaquattro occorrenze, mentre il novenario ne conta otto (una nella prima strofa, al v. 6). L'iterazione del piede ternario determina un evidente ritmo anapestico-dattilico continuato, cioè l'adozione di uno stilema ritmico già pascoliano, che avrà fortuna nel Novecento, sia nell'immediato che a distanza (dal primo Palazzeschi a Pavese).
Inoltre, il ternario coincide spesso con una parola singola (sei nella prima strofa: *lontane*, *divini*, *silvani*, *ignude*, *leggieri*, *novella*) e sembra alludere, in prospettiva futura, al versicolo ungarettiano; la **coincidenza verso-parola** è presente anche altrove in *Alcyone*, talvolta con il ricorso ad avverbi massicciamente polisillabici, come «infaticabilmente» (*Le Ore marine*, v. 49), avverbio in certo senso emblematico dell'*artifex* instancabile: proprio in D'Annunzio sembra verificarsi l'ultima incarnazione dell'aspetto "polisillabico" della lingua poetica italiana (Mengaldo, 1975a, p. 80).

L'onda

3.5.2. Questo minimo campione di strofe lunga già è esemplificativo del massiccio ricorso a legami fonici (rimici, assonantici, consonantici; ripetizione di fonemi ecc.), che abbiamo rilevato graficamente, ma sono anche alla semplice lettura di assoluta evidenza. Molto alta la frequenza di rime interne: prendendo come campione una poesia come *L'onda*, notiamo almeno i vv. 43 («spumeggia, biancheggia»), 44 («s'infiora, odora»: cfr. «sonora» al v. 42 e «suora» al v. 45), 54 («vi si mesce, s'accresce»), 66 («accor-

da, discorda»: cfr. «sciaborda» al v. 63). Tali rime, costituite da due membri simmetrici, rientrano nel tipo, assai frequente nell'*Onda*, di **versi bipartiti** i cui due membri simmetrici sono legati da rima, appunto, o assonanza oppure da paronomasia («Di spruzzi, di sprazzi», v. 55), da identità foniche generalmente prefissali o iniziali di parola («Ma il VENto riViENe / RIncalza, RIdonda», vv. 24-25; «SCIAcqua, SCIAborda», v. 63; e, a tre membri, «SCroscia, SChiocca, SChianta», v. 64) o da stretto legame semantico, in particolare antonimia («S'argenta? s'oscura?», v. 9; «accorda, discorda», v. 66, dove l'antonimia si aggiunge alla rima; «possente e molle», v. 73) e sinonimia («l'arme, la forza», v. 12; «spumeggia, biancheggia», v. 43; «l'assalta, la sormonta», v. 53). Effetti simili si riscontrano anche sul piano verticale, spesso in coppie o serie di versi a loro volta bipartiti («Il vento la *scavEZZA*. / L'onda si *spEZZA*», vv. 39-40; «li**be**ra e **be**LLa, / numer**os**a e f**o***LLe*, / p**os**sente e m**o**LLe», vv. 71-73).
Il fenomeno non è naturalmente limitato all'*Onda*, che abbiamo privilegiato in quanto ripetizione e parallelismo vi raggiungono un'**oltranza paradigmatica**; e forse non a caso, se consideriamo che il distico finale della lirica contiene la celebre dichiarazione di poetica «Musa, cantai la lode / della mia Strofe Lunga», che sembra suggerire una riflessione numerologica: le strofe lunghe sono in tutto dodici, la lode della strofe lunga è rappresentata da una poesia di centodue versi, la somma totale dei versi delle dodici poesie in questo metro è pari a milledue (12-102-1002; cfr. Lavezzi, 2000, pp. 162-4).

Gli ultimi esperimenti metrici

3.6. Poco rilievo hanno anche dal punto di vista metrico le successive dieci *Canzoni della Gesta d'oltremare*, in terzine dantesche, che compongono *Merope* (1912), mentre sono interessanti per la loro singolarità gli esperimenti metrici dei *Canti della guerra latina*, composti tra il 1914 e il 1918 a formare il libro di *Asterope*, ma editi solo nel 1933. Sono ventitre tra prose ritmiche e poesie, alcune in francese: rilevanti paiono in particolare l'*Ode pour la résurrection latine*, in versi whitmaniani, i quattro sonetti in alessandrini *Sur une image de la France croisée* e i *Tre salmi per i nostri morti*, in versetti biblici (cinquanta + quaranta + quindici), da cui riportiamo i primi quattro versetti del primo salmo:

1. Or il braccio di Roma era inalzato, la destra di Roma era levata a percuotere, a rompere.

2. Ma più non vedevamo i nostri segni, né v'era con noi profeta, né con noi alcuno che sapesse fino a quando.

3. E s'udiva romore di moltitudine sopra l'alpe, simile ad ànsito di schiere che s'accalcano,

4. il gran fumo dell'incorrotto sangue salendo dalle vette e dalle valli su pe' cieli e su pe' secoli.

[...].

Il teatro in versi

3.7. Infine, un accenno al teatro dannunziano in versi (sulla scorta di Gavazzeni, 1986), che risponde a una concezione univoca: una morfologia di base compensata da una **forte caratterizzazione ritmica**, di volta in volta legata e funzionale al **singolo progetto drammatico**. Così, ad esempio, nella *Francesca da Rimini* (1902), di ambientazione medievale, è privilegiato l'arcaizzante endecasillabo dattilico, mentre nella *Fiaccola sotto il moggio* (1905), ambientata in un passato relativamente prossimo, la libera mescolanza di endecasillabi e settenari vira spesso verso la prevalenza dell'"umile" settenario (in serie o isolato da forti pause all'interno dell'endecasillabo), adatto alla prosaicità del contenuto. Se nella *Nave* (1908) la suggestione epica del testo determina la scelta dell'endecasillabo sciolto, la *Figlia di Iorio* (1904), definita dall'autore «canzone popolare in forma dramatica», ricorre spesso all'assonanza e si muove preferibilmente fra ottonario e novenario, metri entrambi – e insieme, secondo la regola dell'anisosillabismo – documentati dalla tradizione popolare e arcaica: elementi congrui con la lontananza leggendaria («or è molt'anni»), quasi da narrazione popolare, in cui si svolge l'azione della tragedia.

D'Annunzio e la metrica del Novecento

3.8. Conclusivamente, possiamo affermare che, se l'intera produzione poetica dannunziana si presenta di grande interesse e vivacità dal punto di vista metrico, è indubbio però che nel Novecento il magistero metrico di D'Annunzio agisca soprattutto per una serie di tecniche adottate in particolare – anche se non esclusivamente – nell'ambito della strofe lunga, che qui riepiloghiamo: l'uso di rime imperfette e assonanze; la frequenza di rime interne, perfette o no; la polimetria, con predilezione per versi brevi o brevissimi; l'uso insistente degli sdruccioli, spesso legato ad altre tecniche timbriche o ritmiche, soprattutto l'*enjambement* (Mengaldo, 1975a, p. 208); l'impiego dell'assonanza in sostituzione della rima, notevole, oltre che nella strofe lunga, anche ad esempio nella *Sera fiesolana*, dove concorre alla riproduzione della discontinuità apparente delle sequenze francescane del *Cantico delle creature* (Gavazzeni, 1980, pp. 21-33).

4. Il rigore rivoluzionario di Pascoli

4.1. Il **valore fondativo** della metrica pascoliana nella rivoluzione novecentesca è ormai un dato critico assodato, a partire dalla svolta impressa dai saggi di Contini (1958) e di Bigi (1962). L'innovazione di Pascoli è tanto più profonda, e feconda, quanto più le sue radici prendono linfa dalla tradizione, la quale viene non rifiutata, ma anzi esplorata fin nelle pieghe più remote (ad esempio con il recupero della terzina di Cecco d'Ascoli addirittura nella poesia proemiale di *Myricae*), eppure al contempo variata e "attaccata" dall'interno, attraverso una serie di sottili espedienti tecnici.

Rigore e innovazione

Se la rivoluzione di Carducci si può riassumere, in estrema sintesi, in due punti (soppressione della rima e inediti accoppiamenti di versi) e quella di D'Annunzio punta soprattutto alla liberazione dalla gabbia strofica e al virtuosismo sintattico, retorico e fonico, le **innovazioni** di Pascoli sono **molto meno vistose**, più sottili, raffinate, e sempre supportate da una rigorosa disciplina teorica e tecnica. E ancora: se in Carducci è possibile isolare un momento libertario (le *Odi barbare*) e in D'Annunzio è individuabile un progressivo avvicinamento al nuovo (la strofe lunga) accanto a un instancabile sperimentalismo dentro la tradizione (il recupero di forme arcaiche e desuete), **in Pascoli non c'è un avvicinarsi graduale alla libertà metrica**, ma da subito molteplici e vari interventi innovativi sulle forme metriche e sui versi, che rimangono però sempre all'interno della tradizione: non è quindi possibile tracciare un itinerario cronologicamente disposto, anche perché – come noto – per lo più le sue raccolte si intersecano cronologicamente.
Potremo quindi a grandi linee dire che *Primi poemetti* e *Nuovi poemetti* sono metricamente compatti (terzina dantesca), *Poemi conviviali* e *Poemi italici* prediligono la terzina e gli endecasillabi sciolti, mentre *Myricae* e *Canti di Castelvecchio* da una parte e *Odi e inni* dall'altra si segnalano per una grande varietà di forme e offrono una rilevante esemplificazione del raffinato sperimentalismo metrico dell'autore. La rigorosissima metrica "barbara" pascoliana è confinata nelle traduzioni, mentre la poesia latina è interessante anche sul versante metrico (non solo latino).

Ritmo, timbro, sintassi

E, ancora a grandi linee, individuiamo preliminarmente tre livelli di intervento: sul ritmo, con recupero di schemi desueti nella tradizione italiana fatti variamente interagire con schemi più consueti; sul timbro, con infinite e sottilissime *iuncturae* foniche; sulla sintassi e sulla punteggiatura – tendente alla dissoluzione la prima e insolitamente fitta la seconda. Il tutto contribuisce a creare rapporti sempre nuovi e non prevedibili, sia in senso orizzontale (all'interno del verso) sia verticale (tra un verso e l'altro).

Myricae

4.2. Cerchiamo ora di verificare quanto indicato sopra schematicamente entrando più a fondo nelle raccolte, a partire da *Myricae*, per la quale dovremo tener conto naturalmente della lunga genesi, dagli anni settanta agli anni novanta: la prima edizione, del 1891, raccoglie solo ventidue poesie, che diventano settantadue nella seconda edizione del 1892 e centosedici nella terza (1894); nella quarta (1897) il numero sale a centocinquantadue, e viene ancora lievemente incrementato (centocinquantasei: questo il numero definitivo) nella quinta edizione, che esce nel 1900.

Il sonetto

4.2.1. Dei centocinquantasei componimenti, ventotto sono sonetti (di cui tre sonetti minori caudati), quasi tutti provenienti dal lungo apprendistato poetico pascoliano: **il sonetto** è infatti **il metro prevalente delle poe-**

sie giovanili, molte delle quali rimaste manoscritte o disperse in rivista; fra queste, un sonetto pubblicato sulla rivista bolognese "Pagine sparse" nel 1877 (lo stesso anno delle *Odi barbare*), che è una precoce dichiarazione di poetica anticarducciana, una dichiarazione della volontà, da parte del ventiduenne Pascoli, di non essere un poeta "vate", ma di voler contrapporre ai solari e sonanti clamori carducciani la sua voce fioca e triste (Garboli, 2002, vol. I, pp. 267-8). Il tutto in una forma tradizionale, anche nel canonico schema rimico ABBA ABBA CDC EDE:

Sul mio seno non getta aurei bagliori
lira vibrante di cadmei concenti;
né me cercan col grande occhio pallenti
teste di vati sotto foschi allori.

Triste son io: degli uomini i dolori
e i gridi dal mio cuore escono lenti
senz'eco, e come vaste onde di venti
dileguan lungi tra inaccessi orrori.

Oh! i bei sogni affoltati a la memoria
come al nido le rondini! Oh! fra' monti
scintillante qual pura alba, la gloria!

Triste or viaggio e solo, tra segrete
plaghe nel mezzo a pallidi tramonti
su via per le tranquille acque del Lete.

Nell'*incipit* di un sonetto mai pubblicato dall'autore, che faceva parte del progetto giovanile (avviato nel 1883) di una serie di sonetti di argomento cavalleresco intitolata *Echi di cavalleria*, troviamo una delle prime sperimentazioni onomatopeiche e pre-grammaticali pascoliane (Garboli, 2002, vol. I, pp. 472-3; notevole anche, nella prima terzina, il lavoro fonico, in particolare la ricerca di una sonorità "scura"):

Per qua per qua, gracchian le torbide acque
del pantano velato di ninfea,
per qua passò la faretrata dea
e nuda al nudo Endimion soggiacque.

E sì, le siepi zirlano, le piacque
questo silenzio in mezzo alla vallea
che ancor vi resta, e molto le sa rea
la dipartita. Né la selva tacque;

ché dal sen delle vaste om**br**e segrete
che vi**br**ano d'un si**b**ilo di riso,
il cUcUlO il lUngO UlUlO ripete.
[...]

La prima edizione di *Myricae* non comprende nessun sonetto tradizionale, ma solo due sonetti caudati di ottonari (*Benedizione*, *A nanna*), mentre la seconda edizione recupera una ventina di sonetti e li fa confluire in gran parte nella sezione intitolata *Sonetti* e ispirata al progetto del *Libro della memoria*, risalente al 1889, di cui è rimasta traccia tra le carte conservate nell'archivio pascoliano della casa di Castelvecchio: «il libro, dal titolo dantesco, avrebbe dovuto essere diviso in tre capitoli, per complessivi diciannove sonetti»: una sorta di *Ur-Myricae* costituita tutta di sonetti. La sezione *Sonetti* della seconda edizione costituisce dunque «il reperto di un'esperienza del passato che si va concludendo», in cui i ricordi vengono «allineati l'uno accanto all'altro, sigillati nella loro intatta sonorità nei contenitori dei sonetti; una forma metrica cui il poeta intesta una sezione nel momento stesso che se ne distacca e quasi la congeda, archiviandola nel proprio passato tecnico» (Garboli, 2002, vol. I, p. 651). Legati al ricordo sono per lo più anche i pochi sonetti sparsi nelle altre sezioni, fra i quali scegliamo qui *I gattici* (nella sezione *Tristezze*) sia perché segna il momento più cupo del recupero memoriale affidato dall'autore alla forma metrica del sonetto (ivi, pp. 682-4) sia per il già sapiente uso dello stile nominale nelle terzine:

E vi rivedo, o gattici d'argento,
brulli in questa giornata sementina:
e pigra ancor la nebbia mattutina
sfuma dorata intorno ogni sarmento.

Già vi schiudea le gemme questo vento
che queste foglie gialle ora mulina;
ed io che al tempo allor gridai, Cammina,
ora gocciare il pianto in cuor mi sento.

Ora, le nevi inerti sopra i monti,
e le squallide piogge, e le lunghe ire
del rovaio che a notte urta le porte,

e i brevi dì che paiono tramonti
infiniti, e il vanire e lo sfiorire,
e i crisantemi, il fiore della morte.

Altri schemi metrici di *Myricae*

4.2.2. La forma sonetto non comparirà in nessun'altra raccolta di Pascoli, e dunque *Myricae* sembra accoglierla per un estremo congedo prima di intraprendere la strada di uno **sperimentalismo assai spinto**, testimoniato da ben tredici diversi schemi metrici impiegati nella raccolta, che qui elenchiamo (seguendo Mengaldo, 1981, pp. 88-9): terzine di endecasillabi a schema ABA CBC DED FEF... (*Il giorno dei morti*); terzine incatenate di settenari (*Alba festiva*); strofe di ottonari, in più combinazioni; strofe di novenari, in più combinazioni; ballate e para-ballate di vario tipo; quartine di endecasillabi; sonetti; strofe saffiche; ottave di endecasillabi, sia in forma ABABCCDD che "siciliana"; strofe di sei endecasillabi rimate; madrigali; quartine di decasillabi e novenari alternati a rime pure alterne (la serie *Elegie*, *Alba*); strofe di senari combinati con trisillabo di ritornello (*Canzone d'aprile*).

La terzina

Prendendo atto dell'ampiezza dell'escursione nella metrica tradizionale, esplorata anche e soprattutto negli angoli più risposti e rielaborata sempre con sorvegliata libertà, consideriamo alcuni degli schemi più interessanti, cominciando dalla terzina: nel proemiale *Il giorno dei morti* Pascoli non adotta la terzina incatenata dantesca, ma recupera la forma pure tradizionale – ma certo pochissimo frequentata – della **terzina di Cecco d'Ascoli** (ABA CBC DED FEF... XYX BB); diamo qui la parte iniziale e quella finale (in tutto sono settanta terzine + un conclusivo distico a rima baciata):

Io vedo (come è questo giorno, oscuro!),
vedo nel cuore, vedo un camposanto
con un fosco cipresso alto sul muro.

E quel cipresso fumido si scaglia
allo scirocco: a ora a ora in pianto
sciogliesi l'infinita nuvolaglia.

O casa di mia gente, unica e mesta,
o casa di mio padre, unica e muta,
dove l'inonda e muove la tempesta;

o camposanto che sì crudi inverni
hai per mia madre gracile e sparuta,
oggi ti vedo tutto sempiterni

e crisantemi. A ogni croce roggia
pende come abbracciata una ghirlanda
donde gocciano lagrime di pioggia.
[...]

Ora, in ginocchio, pregano Maria
al suon delle campane, alte, lontane,
per chi qui giunse, e per chi resta in via

là; per chi vaga in mezzo alla tempesta,
per chi cammina, cammina, cammina,
e non ha pietra ove posar la testa.

Pietà pei figli che tu benedivi!
In questa notte che non mai declina,
orate requie, o figli morti, ai vivi! –

O madre! il cielo si riversa in pianto
oscuramente sopra il camposanto.

Anche la **terzina incatenata** è presente nella raccolta, in *Alba festiva*, ma contesta di settenari (aba bcb cdc ded efe fgf g):

Che hanno le campane,
che squillano vicine,
che ronzano lontane?

È un inno senza fine,
or d'oro, ora d'argento,
nell'ombre mattutine.

Con un dondolìo lento
implori, o voce d'oro,
nel cielo sonnolento.

Tra il cantico sonoro
il tuo tintinno squilla
voce argentina – Adoro,

adoro – Dilla, dilla,
la nota d'oro – L'onda
pende dal ciel, tranquilla.

Ma voce più profonda
sotto l'amor rimbomba,
par che al desìo risponda:

la voce della tomba.

Già da questi primi dati è evidente come Pascoli si muova da **innovatore all'interno della tradizione**, e non è difficile trovare conferme anche nell'ambito delle ballate e dei madrigali.

La ballata

Consideriamo ad esempio *Il morticino*, una coppia di ballate ciascuna delle quali ha un verso di ripresa e due strofe pentastiche, «in cui, a confondere ulteriormente le cose sta il fatto che tra l'ultimo verso della prima ballata e la ripresa della seconda non si dà stacco ma continuità sintattica e di senso [...], sicché la pausa forte, che separa anche una prima parte tutta interrogativa da una seconda tutta esclamativa, cade asimmetricamente dopo la seconda ripresa» (Mengaldo, 1981, p. 94):

Non è Pasqua d'ovo?

Per oggi contai
di darteli, i piedi.
È Pasqua: non sai?
È Pasqua: non vedi
il cercine novo?

Andiamoci, a mimmi,
lontano lontano...

Din don... Oh! ma dimmi:
non vedi ch'ho in mano
il cercine novo,

le scarpe d'avvìo?

Sei morto: non vedi,
mio piccolo cieco!
Ma mettile ai piedi,
ma portale teco,
ma diglielo a Dio,

che mamma ha filato
sei notti e sei dì,
sudato, vegliato,
per farti, oh! così!
le scarpe d'avvìo!

Sera festiva

Assai interessante è anche lo schema delle quattro strofe di *Sera festiva*: sei novenari rimati ababcc + un settenario che funge da ritornello "onomatopeico", ma lo stesso schema è scomponibile in una quartina a rime alterne + un terzetto ritornellato; inoltre, le prime due strofe e le ultime due presentano in penultima e terzultima sede le stesse rime, che sono per lo più parole rima e assuonano fra loro e con il ritornello (*mani* : *domani* / *mani* : *domani*; *campana* : *lontana* / *zana* : *campana*), con una sorta di «espansione a ritroso del ritornello» (Mengaldo, 1981, p. 95). È così garantita l'autosufficienza strofica, ma al contempo viene suggerito un andamento circolare e ritornellante, allusivo alla poesia popolare:

O mamma, o mammina, hai stirato
la nuova camicia di lino?
Non c'era laggiù tra il bucato,
sul bossolo o sul biancospino.
Su gli occhi tu tieni le mani...
Perché? non lo sai che domani...?
din don dan, din don dan.

Si parlano i bianchi villaggi
cantando in un lume di rosa:
dall'ombra de' monti selvaggi
si sente una romba festosa.
Tu tieni a gli orecchi le mani...
tu piangi; ed è festa domani...
din don dan, din don dan.

Tu pensi... Oh! ricordo: la pieve...
quanti anni ora sono ? una sera...
il bimbo era freddo, di neve;
il bimbo era bianco, di cera:

allora sonò la campana
(perché non pareva lontana?)
din don dan, din don dan.

Sonavano a festa, come ora,
per l'angiolo; il nuovo angioletto
nel cielo volava a quell'ora;
ma tu lo volevi al tuo petto,
con noi, nella piccola zana:
gridavi; e lassù la campana...
din don dan, din don dan.

La frequenza delle ballate è più alta di quanto testimoniato dalle stampe, poiché i manoscritti ci dicono che **più d'una delle poesie della raccolta nasce come ballata** e viene poi trasformata o "camuffata" in modo originale; ne è esempio *Il passero solitario*, tripla ballata appunto "camuffata", che nasce come tripla ballata tradizionale con regolare stacco tra ripresa e strofa e poi "incorpora" la ripresa come primo verso della strofa (Capovilla, 1978, pp. 140-1):

Tu nella torre avita,
passero solitario,
tenti la tua tastiera,
come nel santuario
monaca prigioniera
l'organo, a fior di dita;
[...]

Il miracolo

Sempre variazione dello schema ballatistico, ma affidato alla sostituzione della rima con la consonanza + assonanza atona a creare il legame tra la ripresa (di un solo verso) e l'ultimo verso delle cinque strofe di endecasillabi, si ha in *Il miracolo*, lirica notevolissima per il susseguirsi di immagini legate a colori diversi (uno per strofa: bianco, verde, azzurro, rosso, nero), a ciascuno dei quali è associata una vocale (a, e, o, i, u), seguendo le orme di alcuni poeti francesi (su tutti, il Rimbaud del sonetto *Voyelles*):

Vedeste, al tocco suo, morte pupi**lle**!

Vedeste in cielo bianchi lastricati
con macchie azzurre tra le lastre rare;
bianche le fratte, bianchi erano i prati,
queto fumava un bianco casolare,
sfogliava il mandorlo ali di farfa**lle**.

Vedeste l'erba lucido tappeto,
e sulle pietre il musco smeraldino;
tremava il verde ciuffo del canneto,
sbocciava la ninfea nell'acquitrino,

tra rane verdi e verdi raga**nelle**.

Vedeste azzurro scendere il ruscello
fuori dei monti, fuor delle foreste,
e quelle creste, aereo castello,
tagliare in cielo un lembo più celeste:
era colore di viola il co**lle**.

Vedeste in mezzo a nuvole di cloro
rossa raggiar la fuga de' palazzi
lungo la ripa, ed il tramonto d'oro
dalle vetrate vaporare a sprazzi,
a larghi fasci, a tremule scinti**lle**.

Dormono i corvi dentro i lecci oscuri,
qualche fiaccola va pei cimiteri;
dentro i palazzi, dentro gli abituri,
al buio, accanto ai grandi letti neri,
dormono nere e piccole le cu**lle**.

Il madrigale

Notevole è pure la presenza dei **madrigali**, anche riuniti in corone, come nella sezione *L'ultima passeggiata*, che consta di sedici madrigali a schema ABA CBC DEDE. In *Lavandare*, al v. 7, l'assonanza sostituisce la rima, in linea con la connotazione "popolare" della quartina finale, notoriamente calco di un canto popolare marchigiano:

Nel campo mezzo grigio e mezzo nero
resta un aratro senza buoi, che pare
dimenticato, tra il vapor leggero.

E cadenzato dalla gora viene
lo sciabordare delle lavandare
con tonfi spessi e lunghe cantilene:

Il vento soffia e nevica la fr**asca**,
e tu non torni ancora al tuo paese!
quando partisti, come son rim**asta**!
come l'aratro in mezzo alla maggese.

L'**amore per la poesia popolare** è un portato – non fra i più evidenti – dell'insegnamento di Carducci: proprio i metri popolareggianti Carducci aveva insegnato a ricercare, sia con la sua raccolta di *Cantilene e ballate, strambotti e madrigali*, sia con alcuni esperimenti in proprio nelle *Rime nuove* (Nava, 1991, p. XXIX).

Dialogo

I madrigali possono anche essere congiunti a formare un solo componimento: è il caso di *Dialogo* (quattro madrigali uniti, con schema ABA CBC DEDE, chiusi da un distico finale a rima baciata), che si segnala come uno dei momenti di maggior virtuosismo formale della raccolta, per la sapiente resa del livello metrico e fonico. Nel terzo dei quattro madrigali (vv. 21-30):

Fischia un grecale gelido, che rade:
copre un tendone i monti solitari:
a notte il vento rugge, urla: poi cade.

E tutto è bianco e tacito al mattino:
nuovo: e dai bianchi e muti casolari
il fumo sbalza, qua e là turchino.

La neve! (*Videvitt: la neve? il gelo?*
ei di voi, rondini, ride:
bianco in terra, nero in cielo
v'è di voi chi vide... vide... videvitt?)

La neve! Allora, poi che il cibo manca,
[...]

le due terzine sono, come tutto il resto della poesia, in endecasillabi, mentre la quartina è in realtà una quartina di ottonari, «dove il primo si prolunga in endecasillabo se gli si somma l'esclamazione iniziale *La neve!* (ripresa, dopo l'interruzione in parentesi, nella strofa seguente), l'ultimo è un vero ottonario finché dura il linguaggio semantico degli uomini (*vide*), il quale tuttavia per prestidigitazione si trasforma aggiuntivamente nel grido attribuito alla rondine, *videvitt*» (Contini, 1968, p. 257). Qui è evidente la notevole peculiarità del **fonosimbolismo pascoliano**, cioè il doppio passaggio dal linguaggio onomatopeico a quello semantico, e viceversa; Pascoli infatti collega il verso delle rondini, cioè un suono privo di significato (*videvitt*) con il termine semantico che più ad esso si avvicina fonicamente, cioè la terza persona singolare del passato remoto di "vedere" (*vide*), che poi gradatamente fa slittare, all'inverso, dal piano grammaticale a quello onomatopeico («*Videvitt* [...] *vide... vide... videvitt*»). Per dirla con le parole di Contini (1958, p. 225), c'è qui la simulazione di un uso semantico dell'onomatopea, un intenzionale equivoco e compromesso:

vide...vide... è ancora il verbo, poi gradatamente sfuma nel vocabolo imitativo *videvitt*; e cioè: partendo dalla semantica, immotivata, convenzionale, e mantenendo gli stessi dati fonici, si scivola fuori della semantica e si va a cadere nell'interiezione, immediatamente motivata.

Canti di Castelvecchio

4.3. È noto quanto importante e vasto sia il lavoro di Pascoli sui singoli versi, in particolare il **novenario**, "rivalutato" e impiegato spesso e in varie combinazioni strofiche, da solo o abbinato ad altri versi. Qui il discorso travalica il limite della prima raccolta e coinvolge in modo rilevante anche i *Canti di Castelvecchio* (1903), da cui si prenda ad esempio *La partenza del boscaiolo*, formata da otto strofe; ciascuna è una doppia quartina a rime alterne e a misure alterne (novenario nelle sedi dispari e ottonario in quelle pari; con l'eccezione del ritornello, onomatopeico, che è un decasillabo):

1.
La scure prendi su, Lombardo,
da Fiumalbo e Frassinoro!
Il vento ha già spiumato il cardo,
fruga la tua barba d'oro.
Lombardo, prendi su la scure,
da Civago e da Cerù:
è tempo di passar l'alture:
tient'a su! tient'a su! tient'a su!
[...]

Poiché il **novenario** ha schema **giambico** (– + – + – + – + –) e l'**ottonario** schema **trocaico** (+ – + – + – + –), abbiamo in realtà l'alternanza dello stesso schema con e senza la sillaba atona iniziale, che funziona quindi da vera e propria anacrusi (Contini, 1968, p. 272).
La strofa di novenari e ottonari alternati è assente da *Myricae* ed entra dunque nel gruppo di metri che Pascoli adotta per la prima volta nei *Canti di Castelvecchio*: se qui, rispetto alla prima raccolta, scompaiono del tutto sonetto e ballata e altri metri si riducono anche drasticamente (ad esempio la "saffica"), entrano però metri prima trascurati (Mengaldo, 1981, pp. 98-9), come ad esempio gli endecasillabi sciolti o riuniti in distici a rima baciata (*La cavalla storna*: «Nella Torre il silenzio era già alto. / Sussurravano i pioppi del Rio Salto. // I cavalli normanni alle lor poste / frangean la biada con rumor di croste. //»), o in terzine incatenate, o in quartine di endecasillabi e decasillabi alternati, come in *Valentino*.

Il novenario

Il novenario, che ha qui una ricchezza morfologica sconosciuta a *Myricae* (Mengaldo, 1981, pp. 99-102), si può unire anche a settenari (*Il primo cantore*, *Il viatico*) e a quinari (*La figlia maggiore*, *In viaggio*), e strutturarsi in terzine non incatenate, come in *La messa* (aab_t ccb_t dde_t ffe_t...: le terzine hanno l'ultimo verso tronco, e in rima a due a due):

La squilla sonava l'entrata.
Diceva con voce affrettata:
– Non entri? Non entri? Perché?

C'è un rito con fiori, con ceri,
con fiocchi d'incenso leggieri.
Su, entra, ché suono per te.

Udrai dopo un chiaro tintinno,
salire la gloria d'un inno
dall'organo che gemerà.

C'è un vecchio che mormora stanco
con tutto un suo tremolìo bianco,
parole di felicità.
[...]

Il rispetto

Molto singolare è lo schema di *In ritardo*, composta da rispetti di sei versi, con il distico separato tipograficamente dalla quartina precedente e rime fra distico e distico (ABAB WX_t; CDCD WX_t; EFEF YX_t; GHGH YX_t; ILIL ZX_t; MNMN ZX_t...):

E l'acqua cade su la morta estate,
e l'acqua scroscia su le morte foglie;
e tutto è chiuso, e intorno le ventate
gettano l'acqua alle inverdite soglie;

e intorno i tuoni brontolano in aria;
se non qualcuno che rotola giù.

Apersi un poco la finestra: udii
rugliare in piena due torrenti e un fiume;
e mi parve d'udir due scoppiettìi
e di vedere un nereggiar di piume.

O rondinella spersa e solitaria,
per questo tempo come sei qui tu?

Oh! non è questo un temporale estivo
col giorno buio e con la rosea sera,
sera che par la sera dell'arrivo,
tenera e fresca come a primavera,

quando, trovati i vecchi nidi al tetto,
li salutava allegra la tribù.

Se n'è partita la tribù, da tanto!
tanto, che forse pensano al ritorno,
tanto, che forse già provano il canto
che canteranno all'alba di quel giorno:

sognano l'alba di San Benedetto
nel lontano Baghirmi e nel Bornù.
[...].

Metri variati

L'adozione variata di singoli metri porta ad esempio a una strofa saffica composta da tre novenari + alternativamente un senario e un ternario (*Il sonnellino*):

Guardai, di tra l'ombra, già nera,
del sonno, smarrendo qualcosa
lì dentro: nell'aria non era
che un cirro di rosa.

E il cirro dal limpido azzurro
splendeva sui grigi castelli,
levando per tutto un sussurro
d'uccelli;
[...]

ma anche a una struttura molto singolare per compresenza e allusività di schemi come *La canzone dell'ulivo* «che, con la sua struttura $a_9b_9a_9x_6$ $c_9b_9c_9x_6$ $d_9d_9x_6$ (x sempre tipograficamente spostato) per sei parti numerate, sembra rimandare contemporaneamente, quanto meno, al madrigale e alla saffica, il tutto complicato dal sistema ritornellante delle rime (*-ivo*, sempre comprensivo della parola-rima *ulivo*, alternatamente in x della prima, terza e quinta parte e ancora ulivo : *-ivo* in c nell'ultima)» (Mengaldo, 1981, p. 100):

I.
A' piedi del vecchio maniero
che ingombrano l'edera e il rovo;
dove abita un bruno sparviero,
non altro, di vivo;

che strilla e si leva, ed a spire
poi torna, turbato nel covo,
chi sa? dall'andare e venire
d'un vecchio balivo:

a' piedi dell'odio che, alfine,
solo è con le proprie rovine,
piantiamo l'ulivo!

[...]

VI.
Voi, alberi sùbiti, date
pur ombra a chi pianta ed innesta;
voi, frutto; e le brevi fiammate
col rombo seguace!

Tu, placido e pallido ulivo,
non dare a noi nulla; ma resta!
ma cresci, sicuro e tardivo,
nel tempo che tace!

ma nutri il lumino soletto
che, dopo, ci brilli sul letto
dell'ultima pace!

Contaminazione di sistemi diversi presenta *Il Ciocco*, diviso in due canti: il primo in endecasillabi sciolti, il secondo, alternativamente, in endecasillabi sciolti e rimati (riuniti in terzine o quartine).

Struttura pindarica

Altre liriche (fra le quali *La poesia*, *La canzone della granata*, *Il croco*) hanno struttura pindarica, che anticipa quella degli *Inni* (in *Odi e inni*), articolata in strofe, antistrofe, epodo. *La poesia*, ad esempio, è formata da cinque triadi (qui di seguito la prima) in novenari, ternari e senari, con schema $a_9b_3a_9b_9c_6$; $d_9e_3d_9e_9c_6$; $f_9g_9f_9g_9h_9i_9h_9i_3$; tutti i versi hanno accento di 2ª, i novenari e i senari anche accento di 5ª, i novenari anche accento di 8ª (Beltrami, 1991, pp. 127 e 303):

> Io sono una lampada ch'arda
> soave!
> la lampada, forse, che guarda,
> pendendo alla fumida trave,
> la veglia che fila;
>
> e ascolta novelle e ragioni
> da bocche
> celate nell'ombra, ai cantoni,
> là dietro le soffici rocche
> che albeggiano in fila:
>
> ragioni, novelle e saluti
> d'amore, all'orecchio, confusi:
> gli assidui bisbigli perduti
> nel sibilo assiduo dei fusi;
> le vecchie parole sentite
> da presso con palpiti nuovi,
> tra il sordo rimastico mite
> dei bovi:
> [...].

I *Canti di Castelvecchio* costituiscono dunque «il momento più alto dello sperimentalismo pascoliano» e offrono «una ricca strumentazione prosodica e metrica, che presuppone una profonda conoscenza della poesia classica e romanza» (Nava, 1983, p. 22).

La terzina incatenata

4.4. Un discorso a parte merita la terzina incatenata, che ha tre occorrenze nei *Canti* (*Il Ciocco*, II, 107-220; *La mia malattia*; *Il bolide*), ma è metro esclusivo dei *Primi poemetti* e quasi esclusivo dei *Nuovi poemetti* (*Pietole* è in endecasillabi sciolti e *Bellis perennis* consta di una sezione in terzine caudate e un'altra di distici). Lo schema esterno della terzina viene mantenuto con rigore (misura endecasillabica e rima incatenata), ma è uno **schema terremotato dall'interno**, da un uso sapientissimo della punteggiatura, che crea sempre nuove e inedite scansioni e pause di silenzio. Esempio quanto mai eloquente nella sua capillare e raffinata variazione sintattica e ritmica è la prima parte di *Digitale purpurea* (vv. 1-25):

> Siedono. L'una guarda l'altra. L'una
> esile e bionda, semplice di vesti
> e di sguardi; ma l'altra, esile e bruna,
>
> l'altra... I due occhi semplici e modesti
> fissano gli altri due ch'ardono. «E mai
> non ci tornasti?» «Mai!» «Non le vedesti

più?» «Non più, cara». «Io sì: ci ritornai;
e le rividi le mie bianche suore,
e li rivissi i dolci anni che sai;

quei piccoli anni così dolci al cuore...»
L'altra sorrise. «E di': non lo ricordi
quell'orto chiuso? i rovi con le more?

i ginepri tra cui zirlano i tordi?
i bussi amari? quel segreto canto
misterioso, con quel fiore, *fior di...*?»

«*morte*: sì, cara». «Ed era vero? Tanto
io ci credeva che non mai, Rachele,
sarei passata al triste fiore accanto.

Ché si diceva: il fiore ha come un miele
che inebria l'aria; un suo vapor che bagna
l'anima d'un oblìo dolce e crudele.

Oh! quel convento in mezzo alla montagna
cerulea!» Maria parla: una mano
posa su quella della sua compagna;

e l'una e l'altra guardano lontano.

Sfasatura tra metro e sintassi

È evidente come la misura strofica della terzina non coincida quasi mai con un blocco sintattico: la frase travalica cioè quasi sempre la misura della terzina, con *enjambements* arditi (ad esempio «vedesti // più?»; addirittura in un caso con aggiunta di tmesi e rima composta: «fior di... // morte»). Ma non è solo la corrispondenza metro-sintassi a essere scompaginata, poiché agli *enjambements*, quasi sempre fortissimi («canto / misterioso», «bagna / l'anima», «montagna / cerulea») si aggiunge un impiego massiccio della punteggiatura, di ogni tipo, che interrompe continuamente e in modo più o meno forte il flusso della frase e l'unità del verso, introducendo nuove scansioni implicite e quindi un nuovo piano ritmico. Inoltre, a livello semantico e retorico, interviene una fitta e complessa trama di parallelismi e antitesi fra «l'una» e «l'altra»: «esile e bionda» *vs.* «esile e bruna», «semplice di vesti e di sguardi» *vs.* l'aposiopesi («l'altra...»), «occhi semplici e modesti» *vs.* «altri due ch'ardono» (doppio aggettivo *vs.* proposizione relativa).
Gli artifici cui Pascoli ricorre sono quelli di sempre, a partire da *Myricae*: «sfasatura fra ritmo metrico e ritmo sintattico, sintassi analitica e franta (qui accentuata dalla frequente introduzione del discorso diretto), interne corrispondenze di accenti e di suoni, armonie imitative ed onomatopee: tutti artifici tanto più sensibili quanto più forte è il loro contrasto con un metro tradizionalmente robusto come la terzina» (Bigi, 1962, p. 41). La

novità dunque è tanto più forte in quanto siamo appunto all'interno di un metro tradizionalissimo come la terzina incatenata: il sistema dantesco è stravolto da continui violenti scarti linguistici e sintattici ed è quindi «riconoscibile "all'occhio", cioè nella simmetrica disposizione delle terzine segnate dalle rime di fine verso, ma quasi irriconoscibile "all'orecchio", cioè all'ascolto di una lettura continuata» (Bertone, 1981, pp. 63-4). Pascoli insomma gioca soprattutto su **un duplice piano ritmico-metrico**: uno scoperto ed evidente, fedele alla tradizione, e l'altro nascosto, che operando su una trama ritmica, timbrica e sintattica "eversiva", scardina dall'interno la compattezza metrica tradizionale, cui sostituisce schemi di volta in volta diversi e non prevedibili: a buon diritto dunque Pascoli è stato definito «un rivoluzionario nella tradizione» (Contini, 1958, p. 227).

Compresenza di due ritmi

4.5. Quando Pascoli scrive (cfr. Garboli, 2002, vol. II, p. 234):

> anche oggi il versificatore, verseggiando, si riferisce ora a una pronunzia forte, punteggiata, ora a una debole, corrente [...]; e tutti quanti s'ingegnano, consapevoli o no, a quest'arte, di far sì che il ritmo ci sia e non paia, e ci paia e non sia quello

si dimostra egli stesso consapevole della peculiarità fondamentale e più nuova della sua metrica, vale a dire «il gusto di giuocare sulla compresenza di due diversi piani ritmici, uno vicino e scoperto e uno segreto e lontano»; un gusto che, come appunto egli stesso nota, è presente più o meno in tutti i poeti, ma «solo in lui assume un valore particolare, in quanto si rivela strettamente legato al motivo centrale della sua poetica, al concetto della poesia come voce della realtà profonda e più vera in contrasto o in colloquio con la voce della comune ed esteriore esperienza». Quindi, versi e sistemi strofici tradizionali sono assunti a formare un primo piano, sotto il quale però tende a «emergere in suggestivo contrappunto un altro e diverso canto, appunto la voce intensa e inquieta del *fanciullino*» (Bigi, 1962, pp. 30-1).

La **voce del fanciullino** nasce anche da una riflessione profonda e rigorosa sulla metrica degli antichi: nel suo scritto di poetica sulla metrica neoclassica (*A Giuseppe Chiarini*), Pascoli si dice convinto che «la lettura grammaticale esistesse vicina alla ritmica, sempre; che i latini insomma, leggessero in due modi i versi, ponendo o omettendo le arsi» (cfr. Garboli, 2002, vol. II, p. 204); se si deve dare atto dunque alla metrica carducciana di avere una base storica (l'uso effettivo della pronuncia grammaticale dei versi antichi), occorre però offrire il giusto risalto anche alla **lettura ritmica** dettata dalla struttura metrica dei versi; ne consegue una costante ricerca pascoliana «sulle possibilità offerte dalla lingua italiana a chi voglia far sentire "forti" come le sillabe normalmente toniche anche sillabe che normalmente toniche non sono» (Beltrami, 1991, p. 130). Una ricerca, dunque, attentissima agli schemi accentuativi, che va molto al di là del semplice scrupolo di adottare schemi regolari di accenti per ogni verso: molte liriche, in particolare nei *Canti di Castelvecchio*, sono costituite da versi sillabicamente uguali ma alternantisi in due diversi schemi ritmici. Esempio notissimo *Il gelsomino notturno*, dove le sei strofe di quattro novenari hanno versi accentati sulla seconda e sulla quinta sillaba nelle prime due sedi, e sulla prima e/o terza e sulla quinta in terza e quarta posizione:

> E s'**à**prono i fi**ò**ri nott**ù**rni,
> nell'**ò**ra che p**è**nso a' miei c**à**ri.
> Sono app**à**rse in m**è**zzo ai vib**ù**rni
> le farf**à**lle crepuscol**à**ri.
>
> Da un p**è**zzo si t**à**cquero i gr**ì**di:
> là s**ò**la una c**à**sa bisb**ì**glia.
> Sotto l'**à**li d**ò**rmono i n**ì**di,
> come gli **ò**cchi s**ò**tto le c**ì**glia.
> [...]

O, per uscire dal solito ambito del novenario, si ricordi *Valentino*, in quartine a rima alternata, dove nelle sedi dispari abbiamo endecasillabi accentati su quarta e settima sillaba e nelle sedi pari decasillabi accentati su quarta e sesta (una sorta di endecasillabo "sincopato", privato della sesta sillaba):

> Oh! Valent**ì**no vest**ì**to di nu**ò**vo,
> come le br**ò**cche d**è**i biancosp**ì**ni!
> Solo, ai pied**ì**ni prov**à**ti dal r**ò**vo
> porti la p**è**lle d**è**' tuoi pied**ì**ni;
>
> porti le sc**à**rpe che m**à**mma ti f**è**ce,
> che non mut**à**sti m**à**i da quel d*ì*,
> che non cost**à**rono un p**ì**cciolo: inv**è**ce
> costa il vest**ì**to ch**è** ti cuc*ì*.
> [...]

Le rime

4.6. Oltre che sul piano del ritmo, l'oltranza sorvegliatamente rivoluzionaria di Pascoli si manifesta anche su quello delle rime. Il punto più vicino all'eversione è sicuramente costituito dalla quinta parte del poemetto *Italy* (*Primi poemetti*, 1904):

> Oh! no: non c'era lì né *pie* né *flavour*
> né tutto il resto. Ruppe in un gran pianto:
> «*Ioe, what means* nieva? *Never? Never? Never?*»
>
> Oh! no: starebbe in *Italy* sin tanto
> ch'ella guarisse: *one month or two, poor Molly!*
> E *Ioe* godrebbe questo po' di scianto!
>
> Mugliava il vento che scendea dai colli
> bianchi di neve. Ella mangiò, poi muta
> fissò la fiamma con gli occhioni molli.

Venne, sapendo della lor venuta,
gente, e qualcosa rispondeva a tutti
Ioe, grave: «*Oh yes*, è fiero... vi saluta...

molti bisini, *oh yes*... No, tiene un frutti-
stendo... *Oh yes*, vende checche, candi, scrima...
Conta moneta: può campar coi frutti...

Il baschetto non rende come prima...
Yes, un salone, che ci ha tanti bordi...
Yes, l'ho rivisto nel pigliar la stima...»

Il tramontano discendea con sordi
brontoli. Ognuno si godeva i cari
ricordi, cari ma perché ricordi:

quando sbarcati dagli ignoti mari
scorrean le terre ignote con un grido
straniero in bocca, a guadagnar danari

per farsi un campo, per rifarsi un nido...

È assolutamente anomalo, nella tradizione della terzina, l'inserimento di parole inglesi o "inglesizzanti", collocate spesso in rima: *flavour* : *never* (la pronuncia è abbastanza simile); *Molly*, in rima con *colli* e *molli* (*Molly* : *molli* è una rima equivoca); *frutti-/stendo* (per *fruitstand* = "fruttivendolo"), in rima ricca (: *frutti*) e con tmesi; *scrima* (per *ice cream*), *bordi* (per *boards* = tavoli), *stima* (per *steamer* = piroscafo).
Inoltre: una rima come *scrima* : *prima* : *stima* gioca su più livelli perché *scrima* è parola "inglesizzante", e lo è anche *stima* (che però esiste anche nel vocabolario italiano, con altro significato). Più consueto, ma sempre sorvegliatissimo, l'impiego dell'*enjambement* in funzione rafforzativa semantica: ad esempio, «cari / ricordi», con glossa esplicativa «cari ma perché ricordi»; «grido / straniero», che conferisce risalto alla parola in rima *nido*, notoriamente termine chiave della poetica pascoliana. Il tutto, si ripeta ancora una volta, all'interno della tradizione, senza venir meno al rigore metrico e prosodico.

La rima ipermetra

Allo stesso rigore obbedisce l'innovazione pascoliana della rima ipermetra, che **fa rimare una parola sdrucciola con una piana**: l'identità fonica della sdrucciola si estende dalla vocale tonica alla prima vocale atona, e l'ultima sillaba della parola sdrucciola si fonde in una sola sillaba metrica con la prima sillaba del verso seguente (che deve quindi iniziare per vocale), tramite l'episinalefe (detta anche sinalefe interversale); esempio celebre l'ultima strofa del *Gelsomino notturno*:

È l'alba: si chiudono i p**eta**li^
un poco gualciti; si cova,

dentro l'urna molle e segr**eta**,
non so che felicità nuova.

Si tratta di una novità di grande ricaduta sulla poesia novecentesca, da D'Annunzio a Montale e oltre; ma dopo Pascoli verrà adottata senza il rigore pascoliano, cioè senza il "correttivo" dell'episinalefe.

Gli endecasillabi sciolti

4.7. Nei *Poemi conviviali* (composti a partire dal 1895 e pubblicati nel 1904) è notevole, da un punto di vista metrico, la sperimentazione sintatticamente impegnativa sugli endecasillabi sciolti. In particolare, Pascoli vuole recuperare, del mito, anche la **costruzione formale**, e di conseguenza i suoi versi poggiano su una trama molto elaborata, fitta di iterazioni, anafore, riprese e figure varie di ripetizione (Nava, 2008, p. XXVI). Così accade ad esempio nella rivisitazione parzialmente originale del mito di Ulisse dell'*Ultimo viaggio*; nel canto XXI (di cui si riportano qui i vv. 17-55), Pascoli eccezionalmente inserisce la rima baciata negli otto versi del discorso diretto in cui Ulisse ricorda il suo incontro con le Sirene:

E gli sovvenne delle due Sirene.
C'era un prato di fiori in mezzo al mare.
Nella gran calma le ascoltò cantare:
– Ferma la nave! Odi le due Sirene
ch'anno la voce come è dolce il miele;
ché niuno passa su la nave nera
che non si fermi ad ascoltarci appena,
e non ci ascolta, che non goda al canto,
né se ne va senza saper più tanto:
ché noi sappiamo tutto quanto avviene
sopra la terra dove è tanta gente! –
Gli sovveniva, e ripensò che Circe
gl'invidïasse ciò che solo è bello:
saper le cose. E ciò dovea la Maga
dalle molt'erbe, in mezzo alle sue belve.
Ma l'uomo eretto, ch'ha il pensier dal cielo,
dovea fermarsi, udire, anche se l'ossa
aveano poi da biancheggiar nel prato,
e raggrinzarsi intorno lor la pelle.
Passare ei non doveva oltre, se anco
gli si vietava riveder la moglie
e il caro figlio e la sua patria terra.
E ai vecchi curvi il vecchio Eroe parlò:
«Uomini, andiamo a ciò che solo è bene:
a udire il canto delle due Sirene.
Io voglio udirlo, eretto su la nave,
né già legato con le funi ignave:
libero! alzando su la ciurma anela

la testa bianca come bianca vela;
e tutto quanto nella terra avviene
saper dal labbro delle due Sirene».
Disse, e ne punse ai remiganti il cuore,
che seduti coi remi battean l'acqua,
saper volendo ciò che avviene in terra:
se avea fruttato la sassosa vigna,
se la vacca avea fatto, se il vicino
aveva d'orzo più raccolto o meno,
e che facea la fida moglie allora,
se andava al fonte, se filava in casa.

Iteratività a più livelli

Come dimostra Soldani (1997, p. 305), negli endecasillabi dei *Conviviali* Pascoli introduce una trama molto fitta di richiami fonici, spesso concentrati a fine verso, e predilige in modo netto il modulo ritmico che prevede accenti di 4ª e di 8ª sillaba; una «serialità così protratta» determina un **andamento monotono dei versi** e rimanda «ad analoghi esiti dell'esperienza lirica dell'autore: con quel che ne discende, naturalmente, in termini di sillabazione ritornante su se stessa, e insomma di ossessività ripetitiva». Inoltre, l'uniformità ritmica è spesso accompagnata da «un'iteratività diffusa, di tipo sia sintattico-retorico sia lessicale sia tematico», come è evidente ad esempio in questo brano dei *Poemi di Psyche* (I, 1-10):

O Psyche, tenue più del tenue fumo
ch'esce alla casa, che se più non esce,
la gente dice che la casa è vuota;
più lieve della lieve ombra che il fumo
disegna in terra nel vanire in cielo:
sei prigioniera nella bella casa
d'argilla, o Psyche, e vi sfaccendi dentro,
pur lieve sì che non se n'ode un suono;
ma pur vi sei, nella ben fatta casa,
ché se n'alza il celeste alito al cielo.

Ovvio l'intreccio tra **due modelli**, compresenti in forte legame nell'estetica pascoliana: il **modello omerico**, con i sintagmi e versi formulari, e la **poesia popolare**, che ha nel ritornello una sua peculiarità. Tale propensione iterativa innesta, nella linea narrativa dello sciolto (che richiede una forma aperta), il ritorno circolare che è invece tipico delle forme chiuse, secondo la tendenza, forte anche nel Pascoli lirico, alla contaminazione di più principi costruttivi (Mengaldo, 1981, p. 94). Inoltre, non si deve dimenticare che proprio assonanza e ripetizione sono da sempre impiegate a "compensare" in qualche modo l'assenza di rima, e quindi Pascoli – come al solito – non fa che portare all'estremo limite, fino alla soglia dell'eversione, elementi da sempre associati a quel metro: ancora una volta, dunque, una rivoluzione realizzata con gli strumenti della tradizione.

Lo snodo di *Odi e inni*

4.8. Uno snodo fondamentale (ben enucleato da Capovilla, 2000 e soprattutto 2001, che qui seguiamo) è rappresentato da *Odi e inni*: nel momento in cui subentra a Carducci sulla prestigiosa cattedra di Letteratura italiana all'Università di Bologna, Pascoli mette a punto **il livello aulico della sua poesia** con questa raccolta (1906; la seconda edizione esce l'anno seguente; l'ultima, postuma, è curata nel 1913 dalla sorella Maria) suddivisa – come indicato già dal titolo – in due parti che fanno riferimento ai due generi, monodico e corale, della lirica greca, qui imitati anche formalmente, sia pure in modo libero e allusivo.

La strada era stata aperta da Carducci, che in *Rime e ritmi* (1899; cfr. *Cadore* e *Alla città di Ferrara*) aveva inserito strutture polimetriche con impianto triadico (strofe, antistrofe, epodo) allusivo a un principio strutturale della melica corale greca risalente in primo luogo a Pindaro, e già riproposto in Italia fra Cinquecento e Seicento. L'ode pindarica è il genere celebrativo per eccellenza, e come tale venne imitata anche da D'Annunzio in un solo caso, con *Nel primo centenario della nascita di Vincenzo Bellini* (1901; inserita poi in *Elettra*), ode formata da nove triadi con schema $A_{11}B_{11}C_{11}D_{11}E_{11}F_{11}g_5$; $A_{11}H_{11}I_{11}L_{11}M_{11}N_{11}g_5$; $O_{11}p_7Q_{11}R_{11}s_7T_{11}tU_{11}T_{11}U_{11}$. Ma anche *L'Annunzio* (1899; poi in *Maia*, 1903) è articolato in cinque elementi suddivisi in tre parti, con schema AabCCbDDbEEb; FfgHHgIIg; LLmNNmOOOm (dove le lettere maiuscole indicano i versi lunghi – superiori all'endecasillabo e di misura variabile – mentre le lettere minuscole indicano i versi brevi, anch'essi di misura variabile, dal quinario al decasillabo; le rime sono spesso sostituite dalle assonanze). Anche sulla scorta del tema, incentrato su una **rinnovata volontà di canto** e sulla negazione della morte di Pan, si può ascrivere al recupero del sistema triadico tipico della lirica corale anche questo testo, nonostante la variabilità delle misure versali che sembra preannunciare la libertà della strofe lunga.

Il principio triadico

In Pascoli, il recupero della struttura classica è reso più complesso sia dall'**impiego della rima** che dal rigoroso sistema traspositivo da lui impiegato soprattutto nelle traduzioni dai classici, conferendo anche alla lingua italiana la possibilità di distinguere tra sillabe brevi e sillabe lunghe. Inoltre, il principio triadico non viene applicato esclusivamente alla poesia "alta" (gli *Inni*, appunto: *A Giorgio navarco ellenico*, *Ad Antonio Fratti*, *Andrée*, *Pace!*, *Alle batterie siciliane*, *Manlio*, *L'antica madre*, *Al Re Umberto*, *A Umberto Cagni*, *La porta santa*, *A Verdi*, *Alle «Kursistki»*), ma anche a quella "umile" dei *Canti di Castelvecchio* (*Il mendico*, *La canzone della granata*, *La canzone dell'ulivo*, *Notte d'inverno*, *Il croco*), coerentemente con la nota attribuzione di un senso morale alto alla realtà umile e alle figure dimesse: il mendico e addirittura un utensile domestico come la granata vengono cantati nella stessa forma nobilitante che connota l'epicedio del re d'Italia Umberto I. Riportiamo di seguito la prima strofa della *Canzone della granata* (due quartine di novenari + una quartina di tre novenari e un trisillabo finale) e la prima di

Al Re Umberto (due quartine di novenari + una quartina di tre novenari e un senario finale), che condividono lo schema rimico (ABAB; CDCD; EFEf):

I.
Ricordi quand'eri saggina,
coi penduli grani che il vento
scoteva, come una manina
di bimbo il sonaglio d'argento?

Cadeva la brina; la pioggia
cadeva: passavano uccelli
gemendo: tu gracile e roggia
tinnivi coi cento ramelli.

Ed oggi non più come ieri
tu senti la pioggia e la brina,
ma sgrigioli come quand'eri
saggina.

[...]

I.
In piedi, sei morto, tra i suoni
dell'inno a cui bene si muore:
in piedi: con palpiti buoni
nel cuore, colpito nel cuore:

tra grida più fiere che squilli,
di *Viva*! sei morto: ed al vento
tra gli altri cognati vessilli
batteva il vessillo di Trento:

sul campo; nell'ultima sera
guardando, tra i fremiti lieti,
che cosa, o Re morto? Una schiera
di giovani atleti.

Schema triadico e terzina dantesca

In *Andrée* (pubblicata nel 1897, lo stesso anno dei *Poemetti*), la soluzione triadica viene ricavata dalla terzina dantesca: tre sezioni, ciascuna formata da sei terzine + un verso finale isolato (lo schema verrà ripreso nell'*Inno secolare a Mazzini*, del 1905, e nel tardo *Inno degli emigrati italiani a Dante*, del 1911):

I.
No, no. La voce che giungea per l'aria
fosca, da terra, come gridi umani,
era lo strillo della procellaria,

ch'ama li scogli soli, gli uragani
inascoltati. O forse (era di bimbi
quasi un guaire?), o forse di gabbiani.

Un suono s'alza qua e là di limbi
queruli nell'estrema ombra inaccessa:
sono i gabbiani; dicono. O colimbi

forse? o la skua? Forse la skua. Quand'essa
svola sui ghiacci, esce da mille nidi
un pianto acuto; ché, con lei, s'appressa

la morte. O vani, muti, intimi gridi
tuoi, del tuo cuore...? Udiva anche il gabbiere,
e nell'orecchio del gabbier tu fidi.

Sì: ma fu certo rombo di scogliere,
crollo di rupi, urlo di vento, affanno
d'ancor lontane, pure in via, bufere,

il mare, il cielo, o navichier normanno:
[...]

Il lavoro sul timbro

4.9. Se la vera e profonda innovazione pascoliana è dunque all'interno del verso, affidata alla **destrutturazione sintattica**, unita a un fitto e sapiente uso della punteggiatura, e alle variazioni ritmiche (che fanno sì che la pausa di fine verso sia solo una – e non sempre la più marcata – delle pause che scandiscono la lettura della poesia), non dobbiamo dimenticare un altro elemento fondamentale di rinnovamento: il lavoro sul timbro. La **ripercussione timbrica** è ricercata da Pascoli in modo capillare e raffinato, come hanno mostrato fra i primi, e benissimo, Contini (1958, 1968) e Beccaria (1975), che, esaminando ad esempio *Patria* (in *Myricae*), rileva come un fenomeno interiore (le voci del ricordo) affiori attraverso la dispersione anagrammatica nella testura fonica della parola "tremulo" (di grande rilievo semantico, perché legata all'ambito del ricordo), che diventa – per così dire – una metafora sonora, le cui componenti foniche sono disseminate, e dunque "risemantizzate", all'interno del testo:

QuanTo scaMpaneLLare
TReMuLo di cicaLe!
STRiduLe peL fiLaRe
Moveva iL MaeSTRaLe
Le fogLie accaRTocciaTe.

"Tremulo" è poi «coniugato con altri procedimenti riduttivi» (*tremulo* : *stridulo*, *cicale* : *maestrale*, *scampanellare* : *filare*, *accartocciate*), così che, attraverso la scomposizione in allitterazioni e consonanze congruenti, l'aggettivo diventa «una specie di metafora sonora, disintegrata nel componimento: gli elementi materici racchiusi nella parola sono fonicamente ridestati e risemantizzati nella testura» (Beccaria, 1975, p. 164).

L'incontro con la metrica barbara

4.10. Prima di toccare sia pur rapidamente il settore delle traduzioni, nelle quali è sostanzialmente confinata la sperimentazione pascoliana sulla metrica barbara, sarà opportuno ripercorrere (sulla scorta di Capovilla, 1989) le tappe dell'incontro del giovane Pascoli con la nuova metrica delle "barbare", avvenuto negli anni di maggiore attualità e rilevanza della stessa (tra gli ultimi anni settanta e i primi anni ottanta) e caratterizzato da **accentuata impostazione sperimentale e autonomia rispetto a Carducci** e alla cerchia bolognese (cui apparteneva tra gli altri Giuseppe Chiarini, il destinatario della *Lettera* dedicatoria delle *Regole di metrica neoclassica*). Il primo approccio con la novità carducciana è rappresentato dal sesto elemento del *Ciclo lirico* (1878-79), costituito da un'alcaica (due endecasillabi alcaici + un enneasillabo alcaico + un decasillabo alcaico), che così inizia:

Qual serenata – zunnene zunnene –
de' violini pe' cupi portici!
Mi sembra che passi il corteo
d'Evio il biondo fiammante ululante.

Aderiscono al modello carducciano sia la scelta dei metri (endecasillabo alcaico reso con quinario piano + quinario sdrucciolo; enneasillabo con novenario dattilico; decasillabo con decasillabo anapestico) che quella delle parole sdrucciole in clausola (già presenti nelle *Barbare*), ma ne è decisamente estraneo l'inciso onomatopeico del primo verso, di estrazione umile (indica il suono della grancassa della banda). Analogamente, qualche anno dopo, in una poesia "famigliare" giovanile (1886) dal titolo *Ida* e dal metro semi-barbaro (quartine formate da due versi individuabili ciascuno come doppio quinario – piano il primo e sdrucciolo il secondo – e due settenari) viene inserito il termine domestico "scarabattole", e «proprio in quella posizione vistosa, a fine verso, dove si dovrebbero accusare ed esaltare gli elementi illustri, dove infatti Carducci esponeva termini eletti ed archeologici» (Contini, 1958, p. 228):

Al suo passare le scarabattole
fremono e i bricchi lustranti squillano;
e la grave padella
col buon paiòl favella.
[...]

Abbiamo già ricordato (cfr. par. 2.3.1) la traduzione della *Batracomiomachia* in esametri "ritmici" (quindi più rigorosi di quelli carducciani), presentata come esercitazione seminariale dall'allievo Pascoli al professor Carducci nel 1880-81; e poco altro ci è rimasto del Pascoli "barbaro", anche se molto importanti sono le suggestioni barbare che agiscono profondamente nell'elaborazione strofica di molte poesie (in particolare dei *Canti di Castelvecchio* e di *Odi e inni*).

Le versioni dai classici

4.10.1. Un ritorno di interesse diretto alla questione si avrà nel 1900, quando l'antologia scolastica *Sul limitare* accoglierà molti saggi di versioni dai classici condotte da Pascoli secondo un **metodo ritmico-prosodico** accennato nella *Nota agli insegnanti* e poi elaborato teoricamente e tradotto in norme nella *Lettera* a Chiarini e nelle correlate *Regole di metrica neoclassica* (coeve entrambe alle traduzioni, ma pubblicate postume). Così, nella *Nota*, l'autore spiega i criteri seguiti nella traduzione dell'esametro omerico (cfr. Garboli, 2002, vol. II, pp. 137-8):

> La nostra lingua ha qualche ripugnanza ad accogliere la misura dei *piedi*. La ragione principale è [che] mancano gli *spondei*. [...] Ebbene? Facciamo allora solo *dattili*. [...] e così feci io: questi esametri qui sono composti quasi totalmente di *dattili*.
>
> Il mio principio [...] è questo. La lingua italiana non ha brevi e lunghe; è vero; ma ha peraltro sillabe atone e toniche, cioè *non allungabili* e *allungabili*. Della sillaba accentata, con una conveniente recitazione, potete sempre fare il doppio d'un'atona. E questa *conveniente recitazione* non è una pretesa che irragionevolmente si metta avanti per questa novità di versificazione. No: ell'era necessaria anche nella versificazione antica, ed è, in quella nostrana.

L'esametro

Ma la prova è sul campo, nella fattura ritmicamente perfetta dei versi che riproducono gli esametri omerici rispettando il ricorrere del **piede dattilico** in tutte le sedi (tranne ovviamente l'ultima), non solo nella quinta. Ecco un esempio, da *Iliade*, VIII, 553-565:

> Essi con animo fiero sull'argine a mezzo la guerra
> tutta la notte sedevano, e molti accendevano i fuochi.
> Come allorquando nel cielo d'intorno alla splendida luna
> splendono chiare le stelle, né vento commuove l'azzurro;
> tutte di ciò le velette si vedono e tutte le vette,
> tutte le valli boschive; e l'azzurro si squarcia nell'alto:
> tutte le stelle appariscono e in cuore s'allegra il pastore:
> tanti tra mezzo le navi e la grande fiumara di Xanto
> erano i fuochi troiani che ardevano d'Ilio in cospetto.
> Erano mille nel piano che ardevano, e presso a ciascuno
> eran cinquanta i guerrieri seduti alla vampa del fuoco.
> Ed i cavalli tra i denti crocchiavano l'orzo e la spelta,
> ritti vicini a' lor carri aspettando l'Aurora dorata.

L'ode saffica

Lo stesso rigore perseguito nella resa dell'esametro detta la riproduzione di altri versi classici; si consideri la meticolosità con la quale Pascoli traduce un'ode saffica di Orazio (*Carmina*, I, 38):

> Io non voglio aromi di Persia; sdegno
> le ghirlande unite con fil di tiglio:
> non andarmi in caccia di rose, ancora
> vive sul bronco.

Basta il mirto! nulla v'aggiungi! Troppo
vuoi, ragazzo, tu. Non il mirto è cosa
che disdica a te che mi porgi, a me che
vuoto, la coppa.

Il quinario finale di strofa che riproduce l'adonio ha esattamente i due accenti dell'adonio (su prima e quarta sillaba), e i tre versi precedenti che riproducono l'endecasillabo saffico sono endecasillabi italiani accentati sulle stesse sedi toniche dell'endecasillabo saffico classico (su prima, terza, quinta, ottava e decima sillaba). Non sfuggano poi sia il virtuosismo della clausola franta nel penultimo verso sia la **"pascolizzazione" del vocabolario** («sul bronco») e della sintassi (v. 5), apprezzabili attraverso il confronto con l'originale (Contini, 1968, p. 308):

Persicos odi, puer, adparatus,
displicent nexae philyra coronae;
mitte sectari, rosa quo locorum
sera moretur.

Simplici myrto nihil adlabores
sedulus, curo; neque te ministrum
dedecet myrtus neque me sub arta
vite bibentem.

Il *décasyllabe*

4.10.2. Così come è mosso dall'ambizione di riprodurre i versi classici secondo la lettura ritmica, Pascoli vuole configurare anche i versi estranei alla nostra tradizione in gara con la loro musica originale (Garboli, 2002, vol. II, p. 124). L'esempio più rilevante è dato dalla riproduzione del *décasyllabe* (emistichio di quattro sillabe, con la quarta sillaba tonica + emistichio di sei sillabe, con la sesta sillaba tonica; è possibile una sillaba soprannumeraria dopo la quarta, con cesura cosiddetta "epica"), che viene realizzata, nella traduzione dalla *Chanson de Roland*, con un verso composto da due **emistichi fortemente cesurati**, quinario + settenario, ricostruibili in endecasillabo solo quando il primo emistichio è tronco o il secondo comincia per vocale:

Qui sente Orlando   che la morte gli è presso;
ché gli esce fuor   dalle orecchie il cervello.
Dominedio   per i suoi Pari prega,
prega per sé   l'angelo Gabriello.
[...]

Sono in tutto centoquaranta versi divisi in nove lasse quantitativamente disuguali; in ciascuna tutti i versi sono legati da assonanza tonica, nel rispetto dell'originale.

L'*Ulisse* di Tennyson

4.10.3. Il rigore è assoluto anche nelle versioni dai moderni: molto interessante è la traduzione in esametri dell'*Ulisse* di Tennyson, che consente a Pascoli di sperimentare tutte le articolazioni e le possibilità del metro, dando ad esso una struttura e un intreccio sconosciuti alle versioni da Omero. In particolare, il frequente ricorso ai cosiddetti spondei può determinare un **tono fortemente cantato**, come in questo verso: «nome acquistai, che sempre errando con avido cuore» (Chiodaroli, 1953, pp. 219-20). Ma forse è possibile anche una lettura più sottile, perché si avverte uno stacco tra i versi in cui Ulisse accenna a Telemaco – garante della vita "normale" a Itaca – e il lirismo dell'esortazione ai compagni; lo stacco è anche dato dalla percentuale relativamente alta, nei versi relativi a Telemaco, di parole sillabicamente lunghe, quindi pesanti, mentre negli altri ci sono molte parole bisillabiche (con infittirsi di tramatura fonica), a suggerire quasi una mimesi fonica della dicotomia tra realtà e ideale, tra "pesantezza" ed elazione stilistica, del tutto estranea al testo inglese (Lavezzi, 2008a, pp. 131-2):

> Ecco mio figlio, Telemaco mio, cui ed isola e scettro
> lascio; che molto io amo; che sa quest'opera, accorto,
> compiere: **mansuefare** una gente **selvatica**, adagio,
> dolce, e così via via **sottometterla** all'utile e al bene.
> **Irreprensibile** egli è, ben fermo nel mezzo ai doveri,
> poi, che non mai mancherà nelle tenere usanze, e nel dare
> il **convenevole** culto agli dei della nostra famiglia,
> quando non sia qui io: il suo compito e' compie; io, il mio.
> Eccolo il porto, laggiù: nel vascello si gonfia la vela:
> Ampio nell'oscuritÀ si ram*mA*rica il *mA*re. CompAgni,
> cuori ch'avete con me tollerato, **pen**ato, **pen**sato,
> voi che accoglieste, ogni ora, con gaio ed uguale saluto
> tanto la folgore, quanto il sereno, che liberi cuori,
> libere fronti opponeste: oh! noi siam vecchi, compagni;
> pur la vecchiezza anch'ella ha il pregio, ha il compito: tutto
> chiude la Morte; ma può qualche opera compiersi prima
> d'uomini degna che già combatterono a prova coi Numi!
> **G**ià da' tuguri sui picchi le luCI balenano: il lungo
> **g**iorno dilegua, la luna insensibile monta; l'abisso
> **g**eme e sussurra all'intorno le mille sue voCI. Venite:
> tardi non è per coloro che cercano un mondo novello.

Il *Petit Paul* di Hugo

4.10.4. Nell'altra antologia italiana, *Fior da fiore* (1900, con data 1901), destinata ai "fanciullini" delle scuole medie inferiori, è particolarmente interessante, dal punto di vista metrico, la traduzione di *Petit Paul* (*Pierino*, dalla *Légende des siècles*) di Hugo: è definita «imitazione di G.[iovanni] P.[ascoli] che ha sperimentata, per rendere l'alessandrino magnifico del grande poeta francese, la strofa libera, *a selva*, del nostro grande Leopardi». Inoltre, è tutta pascoliana l'attenzione emotiva e linguistica con la quale il piccolo Pierino è seguito nelle prime parole («quel solitario balbettìo sommesso / che par la boschereccia d'un uccello») e nei primi passi:

E fece il primo passo
e fatto il primo, volle farne un altro...
un altro... un altro... E via col capo avanti
e con le braccia avanti
trempellando, nuotando, vacillando
tra le tremule mani del buon avo,
che gli era intorno e gli diceva: – Vieni!
op! non ti tengo più... là... là... là... bravo!
[...]
Diceva il nonno al bimbo le più care [parole],
le meglio che sapesse,
per farlo compitare: dicea:
– Pierino core del mio core!
e lui: – *Pielino cole del mio cole!*
Li benediva il sole.

Si confronti, a maggiore evidenza di quanto detto, l'originale francese:

Le grand-père n'avait pas d'accent assez tendre
pour faire épeler l'ange attentif et charmé,
Et pour dire: O mon doux petit Paul bien-aimé!
[...]
– Prends garde, c'est de l'eau. Pas si loin. Pas si près.
Vois, Paul, tu t'es mouillé les pieds. – Pas fait exprès.
– Prends garde aux cailloux. – Oui, grand-père. – Va dans l'herbe.
Et le ciel était pur, pacifique et superbe,
et le soleil était splendide et triomphant
au-dessus du vieillard baisant au front l'enfant.

La poesia latina

4.11. Accenniamo ora all'imponente produzione lirica pascoliana in lingua latina, poiché non è possibile qui ignorare del tutto quello che a ragione Contini definisce «un monumento di sapienza linguistica e metrica» (Contini, 1968, p. 250), ben esplorato da Traina (1961) e da Nardo (1978). Preliminarmente, ricordiamo che il **linguaggio fonosimbolico** di Pascoli lirico sente fortemente l'influsso della letteratura latina, «con il suo gusto degli artifici sonori, con la sua ricerca delle allitterazioni e delle anafore, con la sua scelta di vocali e consonanti secondo criteri fonoimitativi» (Nava, 1991, p. XXV).
Dall'ampia trattazione di Nardo (1978) estraiamo un solo punto, di grande rilievo anche in rapporto alle poesie italiane: la ferma convinzione da parte del poeta che nell'esametro latino una particolare **armonia imitativa** fosse conseguita attraverso il battito delle arsi. Lo dimostra ad esempio

quanto Pascoli annota (*A Giuseppe Chiarini*, in Garboli, 2002, vol. II, p. 225) a margine del verso virgiliano «quadrupedante putrem sonitu quatit ungula campum» («con quadruplo tonfo gli zoccoli pestano il putrido campo», *Eneide*, VIII, 596):

Il suono del galoppo lontano è dato non solo dall'andar dattilico, non solo dalla copia delle dentali, ma specialmente dal *tu tu* che nasce pronunziando *sonitu* con l'accento energico sull'ultima. Così si ha *sonitù*, *quatitù* tanto simile al *patatù*, *patatù* imitativo dei nostri ragazzi.

Il modulo ritmico torna più volte nei *Carmina*, fino al parossismo di *Sosii fratres bibliopolae*, v. 192 («ferreus atque equitum tantus peditumque tumultus»: «[pioggia] di ferro e un grande tumulto di cavalieri e di fanti») o alla formalizzazione un po' meccanica nel nesso assonanzato *sonitùm pedùm*, pure di derivazione virgiliana (*Eneide*, III, 648: «prospicio sonitumque pedum vocemque tremesco», «scruto e tremo al suono dei passi e alla voce»), onomatopea di un trepestio di passi umani o zoccoli equini; così in *Hymnus in Romam*, 203: «percipiens sonitumque pedum [terit ungula terram]» («ascoltando il bussar dell'unghie alterne in terra»: traduzione dello stesso Pascoli, in *Inno a Roma*, *La vergine massima*, 1-2).
Anche in *Scalpitìo* di *Myricae* il "suono" del galoppo della Morte è riprodotto dal ritmo dattilico fortemente scandito e continuato, dal primo verso («Si sente un galoppo lontano») all'ultima strofa:

Si s**è**nte un gal**ò**ppo lont**à**no
più f**ò**rte,
che vi**è**ne, che c**ò**rre nel pi**à**no:
la M**ò**rte! la M**ò**rte! la M**ò**rte!

Di questa valenza semantica del ritmo dattilico sarà poi ben consapevole il Montale di *Notizie dall'Amiata*, II, 27-28: «il l**ù**ngo coll**ò**quio coi p**ò**veri m**ò**rti, la c**è**nere, il v**è**nto, / il v**è**nto che t**à**rda, la m**ò**rte, la m**ò**rte che v**ì**ve!».

Novità prosodiche

4.12. Un'ultima osservazione (sulla scorta di Beltrami, 1991, p. 132) sulla novità, rispetto alla prosodia ottocentesca, della **ricerca di "naturalezza"** insita nella prosodia pascoliana, e gravida di conseguenze sul linguaggio poetico novecentesco: in Pascoli l'uso della dieresi è molto parco, lontano dalla disinvolta abbondanza tipica della poesia del secondo Ottocento; viene eliminata la rima tronca in consonante, cioè un artificio ritmico che allontana la lingua poetica dalla lingua parlata: «le parole tronche, quali *amor* e *gentil* a me pare assurdo metterle, come s'è usato e non s'usa ormai più, in fin di verso e perciò spesso o quasi sempre in fin di periodo» (così Pascoli in *A Giuseppe Chiarini*; Garboli, 2002, vol. II, p. 254); vengono eliminate le forme arcaiche con epitesi, del tipo *caritate*, *puote* ecc., conser-

vatesi da Petrarca all'Ottocento per una ragione metrica, cioè per evitare la dialefe con la parola seguente iniziante per vocale.
Anche questi sono segnali, minimi ma significativi, del rinnovamento della forma della poesia che, avviato da Pascoli, percorrerà tutto il XX secolo arrivando fino ai nostri giorni.

Bibliografia

Sulla canzone libera di Leopardi: BANDINI (1975), BIGI (1994), BLASUCCI (1996), CARDUCCI (1902), CONTINI (1947), DE ROSA (2001), FUBINI, BIGI (1964), GIRARDI (2000, 2003), MENGALDO (2006b), MONTEVERDI (1967), SANTAGATA (1994).

Sulla metrica barbara di Carducci: AUDISIO (2005), BALDACCI (1985), CAPOVILLA (1990, 2001, 2007a, 2007b), CARDUCCI (1881, 1902), CARUSO (1998, 2007), GARGIULO (1943), MANCINI (2000), PAPINI (1968), PIGHI (1957, 1970a), VALGIMIGLI (1954),

Sulla metrica di D'Annunzio: AUDISIO (2003), BECCARIA (1975), BERTONI (1987), CAPOVILLA (1989, 2001, 2005, 2006), DE MICHELIS (1960, 1961, 1976), GARGANO (1902, 1903), GAVAZZENI (1980, 1986, 1987), GIOVANNETTI (1994), LAVEZZI (2000), LORENZINI (1982), LUCINI (1903-04), MENGALDO (1966, 1972a, 1975a, 1976), PAZZAGLIA (1974c), PIGHI (1970b), PINCHERA (1991), ZOBOLI (2004),

Sulla metrica di Pascoli: AUDISIO (1995), BECCARIA (1975), BENTSIK (1993), BIGI (1962), CAPOVILLA (2000, 2006), CASTOLDI (2000, 2006), CHIODAROLI (1953), CHIUMMO (2002), CONTINI (1958, 1968), GARBOLI (2002), LAVEZZI (2008a), MENGALDO (1981, 1990, 2002b), MORONI (1995), NARDO (1978), NAVA (1983, 1991, 2008), PAZZAGLIA (1972), SOLDANI (1993, 1997), TRAINA (1961), VALGIMIGLI (1954, 1956, 1957).

3
Le forme metriche chiuse

1. Generalità

Panorama metrico di inizio secolo

1.0. All'altezza del **1903**, data in cui si può convenzionalmente fissare l'**inizio del Novecento poetico** (escono i *Canti di Castelvecchio* di Pascoli, le laudi dannunziane *Maia*, *Elettra* e *Alcyone*, le *Fiale* e *Armonia in grigio et in silenzio* di Govoni), il panorama metrico è composito ma la direzione dominante, e in prospettiva vincente, è quella della liberalizzazione, più o meno frenata e corretta; ma, pur nella indubbia lontananza dalla tradizione e ancor più dalla normalizzazione metrica petrarchesca, le forme tradizionali riescono comunque ad attraversare carsicamente il Novecento poetico, e alcune hanno varcato la soglia secolare in ottima salute (pensiamo in particolare a sonetto e sestina). Nel par. 2 prenderemo in esame singolarmente le principali forme metriche tradizionali nella loro declinazione novecentesca; in questo paragrafo daremo invece un panorama più generale, in prospettiva cronologica: la distribuzione della materia risponde dunque unicamente a un criterio di funzionalità, e i due paragrafi andranno considerati in stretto rapporto, con richiami continui dall'uno all'altro.
La riflessione preliminare è ovvia, ma è bene ripeterla, con le parole di Mengaldo (1989a, pp. 49-50):

> In linea di massima il Novecento, è chiaro, *distrugge* le regolarità strofiche, non ne crea di nuove; e a una nozione di stroficità come partizione simmetrica e periodica ne tende a sostituire una di stroficità libera, modellabile a piacere sulle istanze del contenuto [...]. Questa constatazione ne spiega però un'altra, che lungo il secolo si conservano a lungo, o si recuperano via via alacremente, strofismi e metri tradizionali.

Ricordiamo anche che agli inizi della moderna liberazione metrica **l'isostrofismo tende a resistere** alla distruzione di versi tradizionali e rime strutturanti, come fosse un'estrema difesa contro la dissoluzione della metrica classica; ma ne viene intaccata la solidarietà tra forme strofiche e determinati tipi di verso: ad esempio, tra Otto e Novecento il sonetto «rompe volentieri il legame monogamico con l'endecasillabo e passa a franche poligamie», con il conseguente incremento dei sonetti minori o minimi. Progressivamente, strofe e metri si trasformano «da forme piene a vuote, non strutturali ma all'estremo poco più che grafiche, o magari iconiche» (ivi, p. 50).

D'Annunzio

1.1. Non possiamo non ricordare, innanzi tutto, la nota predilezione di D'Annunzio per il recupero dei metri della tradizione, anche arcaici e desueti (come abbiamo visto nel cap. 2, par. 3.2): ad esempio, nella parte finale dell'*Isotteo* (1890) troviamo, in sequenza: tre *Madrigali dei sogni*, due *Sonetti del giovane autunno*, *Ballata e sestina della lontananza*. Nella stessa raccolta sono presenti anche un poemetto in nona rima e un *Trionfo d'Isaotta alla maniera di Lorenzo de' Medici*. Importante la presenza dei sonetti nella *Chimera*, nel *Poema paradisiaco* e in *Elettra*.

In *Alcyone* (1903) l'itinerario tematico e temporale legato a **un preciso itinerario stilistico** (Gavazzeni, 1980, p. 9; cfr. cap. 2, par. 3.5) comporta il ricorso a vari metri tradizionali, minoritari però nella seconda sezione, deputata alla libertà metrica della strofe lunga; ed è interessante che proprio una corona di sonetti (*La corona di Glauco*) sia collocata subito dopo *L'onda* (la "lode" della strofe lunga), come se al metro più libero della raccolta D'Annunzio volesse far seguire il più canonico, a conferma della sua abilità nello spaziare da un metro all'altro, dal livello massimo a quello minimo della tradizione.

Pascoli

Se nei *Canti di Castelvecchio* non compaiono né canzoni né sestine né sonetti né ballate e, rispetto a *Myricae*, alcuni metri si riducono, ne entrano però altri, come ad esempio gli endecasillabi sciolti o riuniti in distici (Mengaldo, 1981, pp. 98-9). In generale, si assiste a una varietà e complessità delle soluzioni strofiche adottate, con numerose variazioni di forme classiche e popolari (Capovilla, 2000, p. 110). Notevole, come si è visto (cap. 2, par. 4.4), il lavoro sulla terzina nei *Poemetti*, che costituirà una importante mediazione per il recupero del metro dantesco da parte di Pasolini (con *Le ceneri di Gramsci*, 1957).

Gozzano

Di tutti sonetti (cento) constano *Le fiale* di Govoni, più l'appendice licenziosa *Vas luxuriae* di ventun sonetti; molte parole in rima si segnalano per un carattere nettamente antitradizionale, e lo stesso accade nei venti sonetti della *Via del rifugio*; Gozzano scrive sonetti solo all'inizio, come per un apprendistato (Pelosi, 1997, p. 249), ma nei *Colloqui* troviamo anche altre forme tradizionali: componimenti in terzine, distici di versi doppi, quartine, una canzone (*Paolo e Virginia*) e la prediletta strofa di sei endecasillabi giocati su due rime (con la sola eccezione della strofa monorima di *Cocotte*), a conferma che il lessico gozzaniano, che vuole essere per lo più quotidiano e umile, si immette sempre «entro strutture metriche classiche, solide, stabili» (Mengaldo, 1994, p. 199). Il ribaltamento parodico crepuscolare si adagia perfettamente nella colloquialità dei suoi distici e nelle sue «sestine decomposte» (Lorenzini, 1999, p. 124).

Corazzini

Più innovativo – alla maniera di Pascoli – sembra Sergio Corazzini, che nei suoi sonetti spesso opera uno scardinamento sintattico, aprendo così la linea "eversiva" del sonetto che proseguirà con Dino Campana (cfr. *infra*, par. 2.1). Fino a tutto il primo decennio del Novecento siamo comunque nell'ambito di **una continuità della tradizione prossima**, carducciana, dannunziana, pascoliana e simbolista, pur con fermenti variamente eversivi e parodici.

Rebora

Fra novità e tradizione si muove anche, nella scelta delle forme metriche, Clemente Rebora: sul secondo versante, i *Frammenti lirici* (1914) presentano tre sonetti (XVI, XXXII, XL), una forma para-ballatistica (LII) e due componimenti madrigalistici (LVII e LVIII); le poesie in quartine sono sedici, in diverse misure versali e con vari elementi originali; Bandini (1966, p. 28) individua nel frammento LXX la struttura della canzone (cfr. cap. 4, par. 1.1.3), mentre nel XLI (quartine di ottonari e quaternari legati a coppie dall'assonanza) lo stesso critico vede una «canzonetta di tipo settecentesco» (Bandini, 1979, p. 1531).

Umberto Saba

1.2. Il titolo *Canzoniere* che Umberto Saba dà al libro delle sue poesie fin dall'edizione del 1921 pare suggerire uno stretto legame con il ***Canzoniere*** per eccellenza della nostra tradizione letteraria, quello **petrarchesco**. Nella prefazione del 1921 Saba parla di «inoppugnabile derivazione petrarchesca e leopardiana di quei primi sonetti e canzoni» e aggiunge: «[ho ritrovato] da solo nella mia stanzetta a Trieste, così beatamente remota da ogni influenza d'arte, e quando nessuno ancora aveva parlato a me di buoni e di cattivi autori, il filo d'oro della tradizione italiana». I dieci sonetti delle *Poesie dell'adolescenza* (1900-03) hanno schemi rimici non sempre attestati nei *Rerum vulgarium fragmenta*, ma moltissime tessere lessicali petrarchesche; non ci sono anomalie di struttura o di rima nei quattro sonetti di *Poesie fiorentine* (1905-07), mentre nei *Versi militari* (1907-08; cfr. Girardi, 1984a) la struttura è terremotata dai molti e forti *enjambements*, le rime sono più di cinque, prevalgono le rime baciate.

Ma arrivato a questo punto Saba si ferma e torna alla tradizione: in *Autobiografia* (1924) i quindici sonetti ripeteranno lo schema canonico ABAB ABAB CDE CDE (con tre eccezioni, il primo, l'ottavo e il quindicesimo: cioè il primo, quello centrale e l'ultimo); i quindici sonetti dei *Prigioni* (1924) avranno l'altrettanto canonico schema ABBA ABBA CDE CDE.

Partito dal progetto di scrivere un'altra corona di sonetti (ancora quindici) intitolata *Il mio paradiso*, Saba realizzerà solo un *Sonetto di paradiso*, divenuto poi la prima poesia di *Cuor morituro* (1925-30), che (con l'eccezione del tardo sonetto *Epigrafe*, non destinato alla stampa) rimarrà l'ultimo sonetto del *Canzoniere*.

All'interno della tradizione

Se, allontanandoci dal pur emblematico ambito del sonetto, diamo uno sguardo d'insieme al *Canzoniere*, la metrica di Saba ci appare – almeno fino alla svolta di *Parole* – tradizionale nelle forme, per l'adozione di terza rima, madrigale (con schema ABA CBC DED FEF GHG H, nella *Serena disperazione*: cfr. Capovilla, 1982, pp. 226-8) e canzone (*Il fanciullo e il bersagliere*, *Tre vie* e *Il fanciullo appassionato*, tutte in *Trieste e una donna*), e per la preferenza accordata a sonetto e canzonetta (con variazioni anche originali: la serie di *Fanciulle* presenta quartine di endecasillabi e settenari a rima incrociata, con schema probabilmente inedito AbbA CddC EffE GhhG; cfr. Girardi, 2005, p. 205).

Anche il verso rimane saldamente dentro la tradizione: è quasi sempre imparisillabo e mai travalica la misura canonica dell'endecasillabo, se non per fare due incursioni (e neppure accolte nell'edizione definitiva) nel pure tradizionale martelliano; molto presente – e anche questo in ossequio alla tradizione – la rima, che si inserisce perfino negli sciolti (pensiamo alle *Fughe*).

Simmetrie, circolarità, equilibrio sottendono del resto l'intera produzione poetica sabiana, al di qua e al di là di *Parole*. La sua bravura architettonica è stata più volte evidenziata dalla critica (Girardi, 1984a, 2001, 2005; Folena, Tioli, 1991; Brugnolo, 1995), sia nelle singole poesie che nella macrostruttura, poiché intere raccolte sono costruite secondo simmetrie perfette (*Preludio e Canzonette*, *Preludio e Fughe*, le "corone" di sonetti...).

La novità di *Parole*

In un quadro così solidamente tradizionale, l'unica fase di vera "infrazione" alla norma è – come si accennava – ***Parole*** (1933-34), il punto di **massima tangenza con la poesia "nuova"** novecentesca: qui si verifica, anche a livello metrico, quell'«illimpidimento della forma» di cui parla lo stesso Saba in *Storia e cronistoria del* Canzoniere, che comporta varie novità, peraltro non rivoluzionarie, quali la tendenza a una certa brevità nello schema, la frequenza del trisillabo, la frammentazione sintattico-interpuntiva del verso, la rarefazione e l'impreziosimento della rima, una insolita (per Saba) predilezione per la parola sdrucciola e una cura particolarmente attenta dell'aspetto fonico-timbrico (Lavezzi, 2008c).

La "poesia di tre strofe"

Forma metrica insieme tradizionale e peculiare di Saba è la "poesia di tre strofe", perfettamente adeguata alle esigenze narrative della sintassi del poeta (Girardi, 1984a, p. 37). Per analogia di struttura, richiama alla memoria la canzone libera leopardiana (si pensi in particolare al *Passero solitario* e alla *Quiete dopo la tempesta*), ma nuovo è l'impiego di altri versi (oltre a endecasillabi e settenari) e nuovo è anche l'uso sistematico di una **forma tripartita** che compare nei *Canti* solo in maniera episodica (ivi, p. 43). Presente in modo massiccio in *Coi miei occhi* (quarantacinque poesie su cinquanta), questa forma percorrerà tutto il *Canzoniere*, fino a una delle ultime liriche scritte dal poeta, *Ritratto di Marisa* (in *Sei poesie della vecchiaia*: tre strofe di cinque, sette, sei versi, endecasillabi con l'inserzione di due quinari e un trisillabo): presenza costante, dunque, in cinquant'anni di produzione poetica, e quantitativamente imponente, poiché riguarda in tutto centodiciannove liriche (su un totale di quattrocentoventisei: tante ne conta il *Canzoniere* definitivo nell'edizione postuma del 1965). Le due tipologie più frequenti di questa forma (studiata dettagliatamente da Rebagliati, 2008-09, che qui seguiamo) sono la **simmetria perfetta fra le tre strofe** e l'**equivalenza tra prima e terza strofa**, che sono meno estese della strofa centrale; nel primo gruppo si va dalle tre strofe di ventisei versi ciascuna dell'*Ultima tenerezza* (in *Trieste e una donna*) ai tre distici di *Amorosa spina*. III e di *Caro luogo* (in *Ultime cose*). Nel secondo gruppo, la declinazione è molto varia, dalla grande sproporzione numerica fra la strofa centrale e le periferiche (quattro + diciannove + quattro versi in *Nuovi versi alla Lina* V e X, di *Trieste e una donna*, o due + ventitre + due in *Il carretto del gelato*, del *Piccolo Berto*), alla quasi equivalenza (tre + quattro + tre in *Ritratto*, di *Ultime cose*, o in *A un giovane comunista*, di *Quasi un racconto*) al raddoppiamento della strofa centrale rispetto alle due periferiche, come in due poesie di *Trieste e una donna* (*La malinconia amorosa*: otto + sedici + otto; *Il pomeriggio*: cinque + dieci + cinque), in una di *Parole* (*Felicità*: tre + sei + tre) e una di *Uccelli* (*Merlo*: quattro + otto + quattro). L'analisi diacronica di questa forma metrica consente di delineare un itinerario evolutivo, dalla ricca orchestrazione testuale con moduli speculari e ciclicità rimiche di *Trieste e una donna* alla "**scarnificazione essenziale**" inaugurata da *Parole*: si passa da un netto disegno tripartito a uno più "sfumato", che ricorre a sottili espedienti di struttura interstrofica. Emblematica della prima maniera è ad esempio la notissima *Città vecchia* e per la seconda possiamo scegliere *Felicità*, per l'evidenza delle rime baciate in legame *capcaudado* che assolvono alla funzione di connessione interstrofica (*malinconia* : *poesia*; *felicità* : *bontà*):

Città vecchia

Spesso, per ritornare alla mia casa
prendo un'oscura via di città vecchia.
Giallo in qualche pozzanghera si specchia
qualche fanale, e affollata è la strada.

Qui tra la gente che viene che va
dall'osteria alla casa o al lupanare,
dove son merci ed uomini il detrito
di un gran porto di mare,
io ritrovo, passando, l'infinito
nell'umiltà.
Qui prostituta e marinaio, il vecchio
che bestemmia, la femmina che bega,
il dragone che siede alla bottega
del friggitore,
la tumultuante giovane impazzita
d'amore,

sono tutte creature della vita
e del dolore;
s'agita in esse, come in me, il Signore.

Qui degli umili sento in compagnia
il mio pensiero farsi
più puro dove più turpe è la via.

Tono prosastico e spessore retorico sono accostati nella prima quartina, che parte da un moto centripeto (il ritorno alla propria casa, di sera) e nel suo tracciato rimico incrociato sembra prefigurare l'"intrico" umano incontrato nella strada e tratteggiato nel dettaglio nella strofa centrale, dove l'io poetico è sprofondato nel cuore della città: qui i personaggi che formano il microcosmo dell'"umiltà" si presentano in intreccio chiastico (*prostituta* / *marinaio* : *vecchio* / *femmina*) o in coppia (*dragone* / *giovane*), per essere poi riassunti nell'onnicomprensivo *tutte*, in cui si identifica il poeta. La lapidaria riflessione della terzina finale consegue alla riflessione conclusiva della strofa centrale, ma riprende anche, specularmente, la quartina iniziale (cfr. Rebagliati, 2008-09, pp. 76-8).
In *Felicità*, Saba "riassume" la storia del suo dolore:

La giovanezza cupida di pesi
porge spontanea al carico le spalle.
Non regge. Piange di malincon**ia**.

Vagabondaggio, evasione, poes**ia**,
cari prodigi sul tardi! Sul tardi
l'aria si affina ed i passi si fanno
leggeri.
Oggi è il meglio di ieri,
se non è ancora la felici**tà**.

Assumeremo un giorno la bon**tà**
del suo volto, vedremo alcuno sciogliere
come un fumo il suo inutile dolore.

Qui «la parola testimonia, colla sua lievità, della meta raggiunta, o quasi raggiunta» (così *Storia e cronistoria del* Canzoniere) e il poeta consegue, con la **raffinata tramatura ritmica dei versi**, una vera "lievità" anche metrica: i vv. 1 e 2 hanno parola sdrucciola sotto accento rispettivamente di 4ª (*cupida*) e 6ª (*carico*); il v. 3 è volutamente "faticoso", con molti accenti (su 2ª, 4ª, 6ª, 8ª) e con una bipartizione (ternario + ottonario) suggerita dal punto. I vv. 4, 5, 6 sono tutti dattilici, con accenti di 1ª, 4ª e 7ª, così da creare una sorta di aggetto ritmico verso il trisillabo tematicamente centrale (v. 7), che ne prolunga il ritmo dattilico; inoltre, il verso è anche strutturalmente centrale, poiché la poesia è di complessivi dodici versi. Il

v. 8 (settenario in rima con *leggeri*) segna la graduale ripresa verso la misura endecasillabica: il v. 9 è endecasillabo tronco con una sinalefe, un accento debole sulla quarta e quello principale sulla decima (è dunque un endecasillabo "breve"), che per la rima *felicità* : *bontà* sembra rimbalzare al v. 10 (accentato su quarta e sesta, quindi con ritmo identico a quello dei primi due versi) per approdare poi agli ultimi due, con uguale cadenza di terza e sesta. L'impressione è insomma di una **grande cantabilità**, nella quale sembra sciogliersi il dolore (Lavezzi, 2008c, pp. 92-3).

Giuseppe Ungaretti

1.3. Dopo la frantumazione in versicoli della metrica della sua prima raccolta, Ungaretti riscopre i **metri della tradizione italiana**, sia in sede teorica (la *Difesa dell'endecasillabo* è del 1927) che sul piano concreto del fare poesia: è il momento del passaggio dalla metrica innovativa dell'*Allegria* a quella tradizionale del *Sentimento del tempo*. È importante anche l'esercizio di traduzione dei sonetti di Góngora, nel 1931, così come lo sarà la versione dei sonetti di Shakespeare (1944). Ma alla forma sonetto Ungaretti come poeta in proprio rimane estraneo, producendo al più un "criptosonetto" (Mengaldo, 1989a, p. 51), *Tutto ho perduto* (nel *Dolore*), che alla forma allude per la presenza di due quartine e due terzine, ma con ordine sconvolto (terzina + quartina + terzina + quartina). Vera e propria adesione a una forma chiusa si ha quindi solo con la sestina *Recitativo di Palinuro*, scritta nel 1947 (poi in *La Terra promessa*), anche se più che a Dante o Petrarca, Ungaretti guarda a Ezra Pound, la cui *Sestina: Altaforte* (pubblicata in *Personae*, 1909) aveva avuto grande risonanza europea.

Il sonetto "alto"

1.4. La ripresa "alta" del sonetto nel Novecento coincide con il **"neo-petrarchismo" degli anni trenta e quaranta**, da ultimo ben indagato da Pastore (1999) e da Tonelli (2000), il primo dei quali prende l'avvio da una preliminare puntualizzazione sull'ambiguità della nozione di petrarchismo in epoca fascista: «parte disimpegno e regressione, parte ostentazione del proprio disimpegno da quella specifica realtà storica e culturale; cioè ostentazione della non condivisione» (Pastore, 1999, p. 77). A partire dalla fine degli anni trenta, il sonetto acquista cioè, presso alcuni dei maggiori poeti del tempo, una **valenza "storico-politica"**, quasi fosse una «forma letteraria metaforicamente contrastiva, e dunque caricata di particolare dignità stilistica e formale, nei confronti della storia, e della tragedia degli anni della guerra» (ivi, p. 88).

Mario Luzi

A proposito di *Avvento notturno* (1940), che comprende l'unico sonetto presente nella sua opera poetica (*Città lombarda*), Mario Luzi ha scritto: «è una poesia abbastanza combattuta, data l'ostilità del reale e della società del tempo; quindi una poesia che si vuole quasi contrapporre con tutti i suoi strumenti ed affermarsi come tale: quasi impenetrabile alle evenienze, alle occorrenze casuali del tempo» (Luzi, 1994, p. 94).

Giorgio Caproni

1.5. In termini simili alla riflessione di Luzi si esprime Giorgio Caproni, alludendo alla «quasi forsennata disperazione» da lui sofferta negli anni 1944-54, quando nell'altrettanto disperata tensione metrica cercava «un qualsiasi *tetto* all'intima dissoluzione non tanto della [sua] privata persona, ma di tutto un mondo d'istituzioni e di miti sopravvissuti ma ormai svuotati e sbugiardati», e quindi di tutta una generazione che vedeva concludersi la propria giovinezza «nello sfacelo dell'ultimo conflitto mondiale» (*Nota* a *Il "Terzo libro" e altre cose*, 1968). Esemplari in questo senso gli undici sonetti intitolati *I lamenti*, contenuti nella sezione *Gli anni tedeschi* (1943-45) del *Passaggio d'Enea* (1956), dove il **tragico contenuto civile** è calato in una forma che – rispettando di norma lo schema rimico – compatta i quattordici versi, a base endecasillabica, annullando la tradizionale distinzione fra le quattro parti del sonetto. Con i precedenti diciotto *Sonetti dell'anniversario* (editi in *Cronistoria*, 1943), Caproni aveva costruito un piccolo straziato canzoniere per Olga Franzoni, la fidanzata morta, nel quale la forma si faceva difesa nei confronti non di una tragedia pubblica ma di un dramma privato.

La stagione delle canzonette

Il nome di Caproni è fra i maggiori che occorrono in un discorso, sia pur sintentico e non esaustivo come il nostro, sulle forme chiuse nella poesia del Novecento; un chiaro diagramma del suo *iter* poetico è tracciato da Mengaldo (1998b), che qui seguiamo. Le quattro raccolte iniziali (*Come un'allegoria*, 1936; *Ballo a Fontanigorda*, 1938; *Finzioni*, 1941; *Cronistoria*, 1943) sono dominate da **schemi di canzonetta**, nella tradizione di Metastasio e Chiabrera, che si presentano "iperdeterminate", quasi "a vista" e al contempo sfuggenti, corrose da autentiche cascate di *enjambements*, a volte spinti fino all'ultimo verso, in funzione di chiusa, come accade in *A Rina* (*Ballo a Fontanigorda*):

Nell'aria di settembre (aria
d'innocenza sul chiareggiato
colle) sopra le zolle
ruvide mi sono care
le case a colori grezzi
del tuo paese natale.

Scherzano battendo l'ale
candide sui tetti a fiore
giunti, le colombelle
nuove.

Mentre commuove
dei voli l'aria il giro
tondo, nel cielo ai tocchi
festevoli delle campane
è il lindore dei tuoi virginei
occhi.

Qui è presente un altro importante elemento di corrosione, costituito dai **versi "a gradino"**, collocati spesso tra una strofetta e l'altra, a minare anch'essi (come l'*enjambement*) l'equilibrio fra continuo e discontinuo così forte nella canzonetta. Il rapporto delicato e di volta in volta rinnovato nei suoi diversi equilibri fra i due principi metrici fondamentali (il continuo e il discontinuo, appunto) ha un'esemplificazione chiarissima in un testo che Mengaldo (1998b, p. 171) definisce «altrettanto celebre che bello, insieme settecentesco e "popolare"», *Sono donne che sanno* (in *Finzioni*):

> Sono donne che sanno
> così bene di mare
>
> che all'arietta che fanno
> a te accanto al passare
>
> senti sulla tua pelle
> fresco aprirsi di vele
>
> e alle labbra d'arselle
> deliziose querele.

Sintatticamente, questi otto settenari formano un solo periodo, e quindi sembrerebbero destinati a essere compattati in un unico periodo metrico; invece, sono geometricamente divisi in quattro distici, con forti legami sintattici (in ancora più forte frizione, dunque, con i tagli "metrici") tra il primo e il secondo e tra il secondo e il terzo. A livello fonico, si noti almeno la coppia quasi identica di rime (in *-elle* ed *-ele*) che suggerisce a Mengaldo (1998b, p. 172) la suggestiva immagine del «rotolio d'onde marine» e la conferma della «vocazione di incisore sonoro» propria di Caproni.

La stagione dei sonetti

Dopo la stagione delle canzonette, sopraggiunge quella dei sonetti – cui si accennava sopra – fra *Cronistoria* e *Il passaggio d'Enea*, con l'"invenzione" del **sonetto monoblocco**, senza segmentazione strofica e quindi con rinnovo del contrasto fra l'iperdeterminazione formale del metro più antico e fisso della nostra tradizione letteraria e la sua corrosione, che avviene nelle forme già viste per la canzonetta, con in più un forte *pathos* metrico-sintattico (inversioni, frequenza di esclamative e interrogative ecc.).

Il sonetto caproniano è un metro chiuso in tutte le accezioni, con un senso di oppressione e di mancanza d'aria trasmesso dal «comprimere in un solo blocco privo di pause, e quindi di "respiro" metrico, le tradizionali quartine e terzine» (Girardi, 1996, p. 190), come è evidente ad esempio in *Alba*, poesia iniziale del *Passaggio d'Enea*:

> Amore mio, nei vapori d'un bar
> all'alba, amore mio che inverno
> lungo e che brivido attenderti! Qua

dove il marmo nel sangue è gelo, e sa
di rifresco anche l'occhio, ora nell'ermo
rumore oltre la brina io quale tram
odo, che apre e richiude in eterno
le deserte sue porte?... Amore, io ho fermo
il polso: e se il bicchiere entro il fragore
sottile ha un tremitìo tra i denti, è forse
di tali ruote un'eco. Ma tu, amore,
non dirmi, ora che in vece tua già il sole
sgorga, non dirmi che da quelle porte
qui, col tuo passo, già attendo la morte.

Annullata la partizione strofica, la demarcazione tra le quartine e le terzine non è neppure sintattica (pause forti sono all'interno dei vv. 3, 8, 11), ma solo affidata alle rime, perfette o imperfette: ABAA BABB CDC CDD.

Le "stanze"

Il passaggio d'Enea è una raccolta metricamente molto ricca e variata, e innovativa per la presenza delle "**stanze**", una **forma** rifacentesi alle *stanzas* inglesi (ad esempio, Shelley) e alle *stances* francesi ma sostanzialmente **estranea alla tradizione italiana**, se si escludono le montaliane *Stanze* e *Nuove stanze*: la prima di quattro strofe di dieci versi endecasillabi, con l'eccezione di tre settenari, la seconda di quattro strofe di otto versi, endecasillabi con l'inserzione di tre settenari e tre quinari. Formate da sedici endecasillabi, le "stanze" sono divisibili in quattro quartine a rime (spesso sostituite da assonanze) alternate. Ecco la prima delle dodici *Stanze della funicolare* (nelle quali gli ultimi due versi recano in punta sempre *ora* – in un caso *sola* – e *alt*):

Una funicolare dove porta,
amici, nella notte? Le pareti
preme una lampada elettrica, morta
nei vapori dei fiati – premon cheti
rombi velati di polvere e d'olio
lo scorrevole cavo. E come vibra,
come profondamente vibra ai vetri,
anneriti dal tunnel, quella pigra
corda inflessibile che via trascina
de profundis gli utenti e li ha in balìa
nei sobbalzi di feltro! È una banchina
bianca, o la tomba, che su in galleria
ora tenue traluce mentre odora
già l'aria d'alba? È l'aperto, ed è là
che procede la corda – non è l'ora
questa, nel buio, di chiedere l'alt.

Litania

Se le "stanze" garantiscono una distensione narrativa prima impossibile, in altre parole «decomprimono quanto nei sonetti era compresso» (Mengaldo, 1998b, p. 176), la raccolta è conclusa dal metro meno narrativo possibile, cioè la ripetizione ossessiva di *Litania* (quarantaquattro quartine, per lo più di settenari e ottonari, chiuse da una strofa di sei versi; le rime sono tutte baciate):

Genova mia città intera.
Geranio. Polveriera.
Genova di ferro e aria,
mia lavagna, arenaria.

Genova città pulita.
Brezza e luce in salita.
Genova verticale,
vertigine, aria, scale.

Genova nera e bianca.
Cacumine, distanza.
Genova dove non vivo,
mio nome, sostantivo.

Genova mio rimario.
Puerizia. Sillabario.
Genova mia tradita,
rimorso di tutta la vita.

Genova in comitiva.
Giubilo. Anima viva.
Genova di solitudine,
straducole, ebrietudine.

Genova di limone.
Di specchio. Di cannone.
Genova da intravedere,
mattoni, ghiaia, scogliere.
[...]

Ancora la canzonetta

Nel *Seme del piangere* (1959) l'adozione della canzonetta è perfettamente congruente alla ricostruzione della biografia della madre giovane, in quanto si configura, sul piano della forma, come «stilizzazione di ciò che nel contenuto è la favola – ancor più che mnestica, onirica», con l'aggiunta di una riproduzione iconica, nella trama dei versi agili e scorrevoli, del corpo sottile ed elegante della giovane Anna Picchi (Mengaldo, 1998b, p. 180). Il testo d'apertura (*Preghiera*: tre strofe di otto + otto + quattro versi, a base endecasillabica, con rime prevalentemente baciate) è una canzonetta di stampo stilnovistico, con un preciso richiamo tematico-strutturale alla famosa ballata di Cavalcanti *Perch'i' no spero di tornar giammai*:

Anima mia, leggera
va' a Livorno, ti prego.

E con la tua candela
timida, di nottetempo
fa' un giro; e, se n'hai il tempo,
perlustra e scruta, e scrivi
se per caso Anna Picchi
è ancor viva tra i vivi.

Proprio quest'oggi torno,
deluso, da Livorno.
Ma tu, tanto più netta,
di me, la camicetta
ricorderai, e il rubino
di sangue, sul serpentino
d'oro che lei portava
sul petto, dove s'appannava.

Anima mia, sii brava
e va' in cerca di lei.
Tu sai cosa darei
se la incontrassi per strada.

La rima

Non ci soffermiamo qui sull'importante funzione della rima nella poesia caproniana, ma vogliamo ricordare, con una bella definizione di Giovanni Raboni, la «strascicata e trascinante dolcezza nevrotica» della voce poetica di Caproni (Raboni, 1977, p. 137) ottenuta attraverso l'**uso ora palese ora dissimulato di rime**, assonanze, consonanze, spesso con apparente elementare semplicità; proprio tra i *Versi livornesi* troviamo una sorta di meta-canzonetta che riflette sulla rima in rapporto alla descrizione della madre (*Per lei*):

Per lei voglio rime chiare,
usuali: in -are.
Rime magari vietate,
ma aperte: ventilate.
Rime coi suoni fini
(di mare) dei suoi orecchini.
O che abbiano, coralline,
le tinte delle sue collanine.
Rime che a distanza
(Annina era così schietta)
conservino l'eleganza
povera, ma altrettanto netta.
Rime che non siano labili,
anche se orecchiabili.
Rime non crepuscolari,
ma verdi, elementari.

E questa è la quartina (*Iscrizione*) che chiude i *Versi livornesi*, con un omaggio dell'autore al carissimo Saba e alla sua celeberrima, antica e difficile rima in *-ore*:

Freschi come i bicchieri
furono i suoi pensieri.
Per lei torni in onore
la rima in cuore e amore.

L'ultima stagione

Da *Il muro della terra* (1975) inizia la terza e ultima stagione di Caproni, formalmente caratterizzata da un «disgregamento e dimagrimento formale» che si presenterà con ancor maggiore evidenza nelle raccolte successive, fino alle soglie dell'afasia, con grande rilievo dato alla figura della ripetizione e alla parentesi, che «ha sempre più la funzione di ribadire una parola-concetto, non senza sogghigni d'ironia»; la sua cifra metrica si conferma essere la decostruzione, nella metrica libera come in quella tradizionale, poiché, come si è visto, i sonetti sono in realtà dei "controsonetti" o comunque forme in cui lo schema tradizionale è appena ravvisabile e la canzonetta è di continuo frenata e inceppata in quella che dovrebbe essere la sua caratteristica principale, cioè la fluidità (Mengaldo, 1998b, pp. 185-6 e 192).

Alfonso Gatto

1.6. Caratterizzata dalla **coesistenza di metri liberi** (comprensivi di prose poetiche nel primo libro, *Isola*, del 1932) **e forme tradizionali** è la produzione poetica di Alfonso Gatto, al quale si deve riconoscere tanto competenza tecnica quanto un senso istintivo del ritmo e della modulazione musicale del verso (Menichetti, 2007, p. 27). Dalla tradizione provengono il sonetto, la canzonetta di settenari e la tendenza alle partiture strofiche, soprattutto quartine, quasi sempre rimate.

Il sonetto

L'influenza del petrarchismo degli anni trenta soggiace al libro d'esordio, che si apre con un progressivo avvicinamento alla forma sonetto, evidente nei primi tre testi in versi (tutti endecasillabi): il primo (*Notte*) è formato da due quartine a rima alterna (ABAB ABAB), il secondo (*Il giogo*) da due quartine e una terzina (ABAB CDCD EFE), il terzo (*Amore*) da un regolare sonetto ABAB ABAB CDE CDE (Pastore, 1999, p. 91).

Nelle raccolte successive il sonetto si nasconde, accorciandosi nella doppia quartina o dilatandosi in testure nelle quali è comunque riconoscibile la partizione sintattica della forma; Gatto lo ritiene probabilmente non coerente con la sua poetica di quegli anni (il progetto di "Campo di Marte"), così come negli anni dell'immediato dopoguerra lo sentirà estraneo alla vena "recitativa" imposta alla sua poesia dallo stretto rapporto poesia-realtà (Pastore, 1999, pp. 92-3). Ai sonetti regolari Gatto tornerà solo molti anni dopo, con quelli (alcuni "elisabettiani") inseriti nelle *Rime di viaggio per la terra dipinta* (1969).

Con le di poco successive *Poesie d'amore* (1973) siamo ormai nel secondo tempo, vicino al manierismo, della presenza del sonetto nella poesia di Gatto, che lo adotterà anche in *Desinenze* (1977): quattro sonetti regolari per misura endecasillabica e per rime (*Allèle*, *Reverteris*, *Magìa*, *Efebo*), uno "elisabettiano" (*La donna gialla*) e uno minore (*Dialoghetto*, in settenari).

La costante e particolare **attenzione** di Gatto **al livello fonico** (soprattutto alla rima, elemento essenziale della sua poesia) condiziona il livello semantico, anzi a volte il poeta sembra usare metri tradizionali o tendenti al tradizionale quasi a compensare, o addirittura tenere a freno, la sua straripante inventiva tematica ed espressiva (Menichetti, 2007, p. 28). Rilevante è inoltre la sistematica «asincronia, con *enjambement* gettati anche da strofa a strofa, tra la regolarità delle partiture metriche (tipicamente il sonetto o sue varianti) e la durata della frase sintattica e musicale» (Mengaldo, 1978, p. 610). Lo si vede bene nel sonetto *Desiderio di laguna* (in *Isola*), di endecasillabi rimati ABAB ABAB CDE EDC:

Golfo, scirocco d'albatri svogliati,
chiudi la vita tarda che s'impiuma
di bianco, nel silenzio ove aggrappati
reggono i moli. Immobile che fuma

naviga il Tempo, mentre dagli arcuati
limiti il golfo cala nella bruma.
Umida resistenza: ed i saziati
tonfi dell'eco in ciottoli raggruma

l'acqua, in musi cretosi del suo fondo.
Spunta – ma sfugge l'ansia e già s'oblia
vago in estasi il tempo e s'addormenta –

morbido desiderio che mi tenta,
ebete velo, la malinconia
come origine pallida del mondo.

La canzonetta

La canzonetta è spesso di settenari, talvolta tronchi in ultima sede, proprio come un'aria di melodramma, cui allude anche il titolo di *Aria d'estate*, nella sezione *La memoria felice* (1937-39); e si veda pure, in *Arie e ricordi* (1940-41), *Aria di settembre*:

Così persuasa al giorno
che sente di morire
sul suo nuovo ritorno
tramonta la città.

Riportami nel cuore
lo sgomento dei morti,
il mare freddo, l'odore
d'autunno che verrà.

Anche il mare si spoglia
di pietre alle rotaie,
confonde malavoglia
di cielo alla città.

Se ricordo la nuca
del mio vecchio bambino
alle mani caduca
mi resta la pietà

nella carezza vuota
del vento sull'arena.
La sua morte remota
tramonta sulla città.

Come nota Menichetti (2007, p. 27, nota 1), l'ultimo verso è ipermetro per il parallelismo con il v. 4, mentre il v. 7, che ha otto sillabe, ne perde una per anasinalefe (tra *morti* del verso precedente e *il*). Altri esempi di anasinalefe nel primo Gatto ne confermano il rigore tecnico e l'ossequio alla tradizione (qui, quella recente pascoliana).
Ma nelle sue canzonette la misura dei versi può variare: è in quartine di ottonari a rime alterne *Povertà come la sera* (in *La memoria felice*), chiusa da un verso sciolto isolato, pure ottonario, mentre è in quattro quartine di quinari seguite da un distico *Canzoncina* (in *Desinenze*); distici, quartine e versi isolati si mescolano in *Canzonetta* (in *La forza degli occhi*, 1954), dove si ha anche una non consueta eterometria (dal quinario al decasillabo):

Le ragazze moderne
non sono eterne.

Oh, che bella novità,
ma dànno fresco alla città.

L'una nell'altra
l'altra nell'una

chi si fa scaltra
non ha fortuna.

Oh, che bella sciocchezza,
ma insieme fanno la giovinezza.

Il rosso le veste di blu
l'azzurro le veste di rosa,
un poeta non sa più
quale scegliere per sposa.

Sceglierà la più bella?

Nessuna è tutta brutta
nessuna è tutta bella.

Sceglierà la più caduca,
sceglierà la passeggera
della fresca primavera
col nastrino sulla nuca.

Altri metri

Degne di nota sono almeno due incursioni in ambiti metrici meno frequentati: il *Mottetto per un veliero* (strofa di otto endecasillabi rimati AABBCCDD) nelle *Rime di viaggio per la terra dipinta* e una poesia in esametri, *Sultana* (nella silloge di prose e poesie *La spiaggia dei poveri*, 1944), per la quale cfr. cap. 4, par. 4.1.2. I versi lunghi di *Alba a Sorrento* (in *Morto ai paesi*, 1937) sono senza dubbio versi doppi, che rimandano ai **distici di Gozzano** per la rima incrociata interna che contrassegna i tre distici accorpati nella prima strofa, e il distico, cui si aggiungono tre versi con mutata disposizione rimica, della seconda strofa:

Al freddo stretto i lim*oni* movevano la luna d'alba
prossima ad esalare scialba nel cielo dei port*oni*.
Sulla finestra a gr*ate*, tra i rami d'arancio
portava il vento uno slancio di polle ros*ate*:
i gerani smorti dal g*elo* trepidavano d'aria
sotto l'arcata solitaria illuminata dal ci*elo*.

Ai monti pallidi d'*ali* sorgevano voci remote,
per strada le ruote dei primi carri, i fan*ali*
tenui nel vetro dell'aria, trasparenza del verde
fresco delle persi**ane**; lungo i canc*elli*
il sole era un caldo c**ane** addormentato tra i mon*elli*.

I distici gozzaniani

1.7. I distici gozzaniani (approssimativamente doppi settenari in *Le due strade* e doppi novenari in *L'amica di nonna Speranza*) influenzano con buona probabilità anche i due "distici elegiaci" montaliani di *Bibe a Ponte all'Asse* (nelle *Occasioni*, 1939):

B**i**be, **o**spite li*eve*, la br*una* tua regin**e**tta di S**a**ba
m**e**sce sorr**i**si e R*ùfina* di quatt**o**rdici gr**a**di.

Si v**e**de in b**a**sso ril**u**c*ere* la t**e**rra fra gli **à**ceri r**a**di
e un b**i**mbo c**u**rva la c**a**nna sul g**o**mito della Gr*eve*.

L'evidente affinità tematica con *L'ostessa di Gaby* di Carducci (*Rime e ritmi*: «Ecco le bianche case. La giovine ostessa alla soglia / ride, saluta e mesce lo scintillante vino») si unisce a un'affinità metrica, ma nella forma di un «ripescaggio a distanza, che presuppone una frattura storica consumata e si atteggia quasi di necessità a "ironia", o parodia»: Montale allude allo schema classico per la fitta presenza di parole sdrucciole e per la distribuzione degli ictus (sei nei versi dispari, cinque nei pari), ma al contempo lo contraddice inserendo rime, sia pure imperfette, esterne o interne (Mengaldo, 1989a, pp. 33-4).

Ermetismo e sonetto

1.8. La prima, e più propria, stagione ermetica coincide con un periodo di grande fortuna del sonetto: ai nomi di Caproni e Gatto possiamo aggiungerne altri, quali Parronchi, Bigongiari, Bertolucci, Fallacara e – come abbiamo visto – lo stesso Luzi. Spesso i sonetti si legano in sequenze e corone, come accade per i quindici *Sonetti d'amore a Emilia secondo l'imitazione dal Petrarca e da John Donne*, datati 1944, che Carlo Betocchi lasciò inediti fino al 1980, quando decise di pubblicarli nella raccolta *Il sale del canto (1934-1977)*.

Ungaretti e Montale

Più che di continuità, si dovrebbe però parlare qui di recupero che viene dopo una frattura, un vuoto di interesse per il sonetto da parte dei nomi più importanti della lirica nuova: Ungaretti, Cardarelli, Montale, Quasimodo. In verità Ungaretti e Montale promuovono «un'astuta e altera concorrenza alla sonetteria dei più giovani», rispettivamente con il criptosonetto *Tutto ho perduto* (nel *Dolore*: cfr. *supra*, par. 1.3 e *infra*, par. 2.1.9) e con i quattro sonetti "elisabettiani" di *Finisterre* (Mengaldo, 1989a, p. 51). I quali ultimi però forse possono essere letti anch'essi alla luce dell'assunzione del **sonetto come forma solida**, strumento di difesa dei valori minacciati dalla tragica contingenza storica. *Nel sonno*, *Gli orecchini*, *La frangia dei capelli*, *Il ventaglio* sono tutti endecasillabici, con schema ABABCDCDEFEFGG (*La frangia* invece ABBACDDCEFFEGG) e tutti posti nella sezione iniziale della *Bufera*, appunto *Finisterre* (1943), l'unico luogo della sua poesia per cui Montale ha parlato di petrarchismo. Ma un petrarchismo da intendersi anche in senso lato: approfondendo esplicitamente il legame con Petrarca e con l'alta civiltà letteraria di cui Petrarca è simbolo, Montale «carica la propria poesia di una più profonda "memoria" storica, non per stanco conservatorismo di letterato ma per un moto di recupero e di difesa dei valori della cultura e della civiltà mortalmente minacciati» (Mengaldo, 1966, p. 21, nota 17). Cultura e civiltà non solo italiane ma europee: per questo Montale adotta non il sonetto ma uno *pseudosonetto*, il sonetto elisabettiano, vale a dire la forma del sonetto "esportata" in Europa, dunque forma tipicamente italiana ma anche "europea" (Lavezzi, 2001, p. 182).

Il sonetto elisabettiano

Nel Novecento, la variante "elisabettiana" del sonetto è presente in molti autori, ma è particolarmente cara a Edoardo Cacciatore, che vi rimane fedele dalla *Restituzione* (1955) fino alla *Puntura dell'assillo. Cinquanta ed un sonetto* (1986), sempre garantendo la circolarità della struttura attraverso una serie di connettori intratestuali (cfr. Tonelli, 2000, pp. 114-5 e 120-1).

Franco Fortini

1.9. Uno degli esempi più alti dell'uso del sonetto inteso come forma letteraria non privata ma civile è il *Sonetto* di Fortini sulla tragedia della *shoah* (*Sempre dunque così gemeranno le porte*, in *Foglio di via e altri versi*, 1946), dove la forma cerca di "arginare" l'orrore dell'olocausto; materia civile e sonetto saranno ancora da lui uniti nel *Sonetto dei sette cinesi*, in *L'ospite ingrato* (1985), e in *Composita solvantur* (1994), in relazione alla guerra del Golfo del 1991. Proprio in quest'ultima raccolta l'autore «punta a esibire parodicamente l'ossatura di una metrica canonica – il sonetto, la canzonetta, il distico in doppi settenari – per veicolare la cancellazione del reale, la finzione che domina l'universo massmediatico» (Lorenzini, 1999, p. 127). Al nome di Fortini è legato anche uno dei più importanti recuperi novecenteschi della sestina, la *Sestina a Firenze*, datata in calce 1948-57 (in *Poesia e errore*, 1959, e poi in *Una volta per sempre*, 1978), nella quale (come vedremo *infra*, par. 2.3.3) l'autore allude a entrambi i poli della tradizione della forma, Dante e Petrarca. E, più in generale, con la sua «riscrittura straniata» non solo del sonetto e della **sestina**, ma anche dell'ottava e del madrigale, Fortini «rappresenta senz'altro una delle autorizzazioni a procedere – anche suo malgrado – per il nuovo manierismo neometrico, che nasce e via via dilaga in Italia a partire dagli anni ottanta» (Afribo, 2007, p. 16).

Attualità del sonetto "civile"

Il **sonetto con valore "civile"** continua il suo cammino addirittura al di là della soglia secolare, se è adottato ad esempio da Roberto Rossi Precerutti (*New York, 11 settembre*) in relazione all'attacco alle Torri gemelle, nella collettiva *New York Anthology*, edita in "Poesia" nel novembre 2001:

Ora questa folgorante stagione
abolisca i suoi doni il buio prema
la voce d'acque nuziali ove trema
più perfetta una mancanza il bastione

d'aria consumi il rosso gonfalone
sopra lo scheletro dei cavi gemano
scintille dementi mentre si strema
il giorno al nero spesso che compone

nel fondo degli specchi quel respiro
di spalancata fiamma – ora vi adorna,
sguardi strappati, e voi, vedove stele,

tappeto indicibile il cieco giro
del sangue, se ogni morta offerta torna
alla luce, incorona il vuoto, celebra.

Valerio Magrelli lo assume come "forma" di una tragedia non storica ma esistenziale di particolare attualità come la solitudine, nel dittico *Ecce video*, da *Poesie (1980-1992) e altre poesie* (1996), da cui riportiamo il primo sonetto:

In memoriam E. H.
ritrovato nel suo appartamento
nove mesi dopo il decesso
seduto davanti alla TV

Morì fissando il suo Televisore
la sfera di cristallo del presente,

guardava il Niente e ne vedeva il cuore,
cercava il Cuore e non vedeva niente.

Chi sfidò il lezzo del buio malfermo
si accorse che veniva dall'Illeso,
non dal Morto, ma dal Morente Schermo,
non dal Corpo, bensì dal Video acceso.

Carogna divorata dagli insetti,
il Monitor frinisce e brilla breve
senza più palinsesti e albaparietti.

La Sua vita larvale svanì lieve
(goal, quiz, clip, news, spot, film, blob, flash, scoop, E. T.),
circonfusa di niente, effetto neve.

La neoavanguardia

1.9.1. Il rapporto della neoavanguardia con le forme chiuse è – come ovvio – antagonistico e polemico: nei poeti del Gruppo 63 (Giuliani, Pagliarani, Porta, Sanguineti) la metrica è in genere libera, o molto libera, ma non disdegna il confronto e lo scontro con alcune forme tradizionali, che ne escono stravolte, con **allusività parodica**. Addirittura alla regola della sestina, la forma più chiusa e rigida della nostra tradizione, si ispirano i principi di strutturazione di *Tape Mark 1* di Nanni Balestrini («poesia elettronica» scritta nel 1961, ora in *Poesie pratiche. 1954-1969*, 1976), prodotta con l'aiuto di un "calcolatore elettronico" (l'antenato del computer), al quale erano state date le seguenti istruzioni: «effettuare combinazioni di dieci elementi, sui quindici dati, senza permutazioni e ripetizioni; costruire catene di elementi tenendo conto dei codici di testa e di coda; evitare la contiguità di elementi presi dallo stesso brano; suddividere le catene di dieci elementi in sei versi, ciascuno composto da quattro unità metriche». Questa è la prima strofa:

La testa premuta sulla spalla, trenta volte
più luminoso del sole io contemplo il loro ritorno,
finché non mosse le dita lentamente e mentre la moltitudine
delle cose accade, alla sommità della nuvola
esse tornano tutte alla loro radice e assumono
la ben nota forma di fungo cercando di afferrare.

Balestrini "gioca" anche con la forma sonetto, ponendo il sottotitolo *49 sonetti* – che si rivela parzialmente fuorviante – alla sua raccolta *Ipocalisse* (1986), datata «Provenza 1980-1983»: sono poesie composte da versi brevissimi, non legati da rima, dai quali è completamente assente la punteggiatura e nei quali l'unico elemento di regolarità è il numero dei versi (appunto quattordici). La Provenza rimanda ovviamente a Petrarca, presente anche in modo culto e criptato: i sette "sonetti" della quinta sezione, intitolata *Finisterre*, recano tutti nell'*incipit* la parola "mano" (in tre casi al plurale), con riferimento sia a Petrarca che al petrarchismo (*La bella mano* di Giusto de' Conti è per l'appunto il primo canzoniere petrarchistico). Volutamente fuorviante è anche il titolo *Sonetto* sotto cui Antonio Porta (in *Cara*, 1969) riunisce due componimenti, ciascuno dei quali non è ripartito in quartine e terzine, ma in strofe con schema bloccato, fissato da parallelismi meccanici e arbitrari che contrastano con i **contenuti frantumati e casuali** (Lorenzini, 1999, p. 125). Riportiamo il primo:

come li incontra sulla finestra
non uccide domanda
subito e prima
si alza.

come scende le scale di pietra
non urla dice
allora e adesso
si volta.

come sale le scale di pietra
non stride dice
come se
come è vero.

come li stringe contro
non fugge risponde
una volta e basta
ride.

Edoardo Sanguineti

1.9.2. Con Sanguineti, entriamo in un campo vasto e fecondo di ludicità esibita, sia nell'ambito del sonetto (con vari criptosonetti, emisonetti ecc., in cui si infilano acrostici, tautogrammi e giochi vari al limite dell'enigmistica) sia in quello della sestina, rivisitata con molta ironia in *Canzonetta pietrosa* (datata «luglio 1982» e pubblicata in *Novissimum Testamentum*, 1986), dove "pietrosa" allude a Dante ma anche, e soprattutto, ai Rolling Stones, le "pietre rotolanti" allora in *tour* in Italia (cfr. *infra*, par. 2.3.5).

È a partire dalla **fine degli anni settanta** che Sanguineti (che del sonetto aveva curato, vent'anni prima, una rigorosa antologia insieme con il suo maestro universitario Giovanni Getto: Getto, Sanguineti, 1957) si serve del metro (sonetto, sestina, ottava...) per effettuare «spericolate pratiche di travestimento», mettendo in atto un'ironia formale che «si sbarazza delle forme e dei metri mentre li chiama, compita, in rassegna, a futura memoria» (Lorenzini, 1999, pp. 126-7). Chiarissimi in proposito sono i vv. 142-145 di *Novissimum Testamentum*:

e così amore finisce in romanza,
e si chiude in canzone e in cantilena:

amore muore in strambotto e in rispetto,
spira in stornello, in elegia, in sonetto.

Conclusivamente illuminante ci pare quanto Sanguineti ha dichiarato in una recente intervista (cfr. Gezzi, 2003, p. 63):

Quando si usano procedimenti metrici, ci sono due modi di adottarli: uno è di crederli ancora naturali alla lingua e alla tradizione, come se nel mondo non fosse successo niente; l'altro è di usarli in maniera straniata. Come nella musica si possono usare le combinazioni tonali a patto di intenderle come uno dei tanti modi in cui si esprime una visione che ormai è atonale, così io posso scrivere un sonetto, ma dev'esser chiaro che mi sto servendo di una citazione: io sono pieno di endecasillabi, ma questi endecasillabi vengono il più possibile dissimulati, mortificati, incastrati con altri. Come non utilizzare questo tesoro di esperienza? Però occorre utilizzarlo non come natura, ma come storia.

L'*Ipersonetto* di Zanzotto e dintorni

1.10. Il 1978 è una data capitale nella storia del sonetto – e dunque delle forme chiuse – nel secondo Novecento: viene pubblicata la raccolta *Il Galateo in bosco* di Andrea Zanzotto, che ha come nucleo centrale l'*Ipersonetto*: è una specie di sonetto al quadrato, formato – secondo la definizione dell'autore, che sembra alludere a un **acrostico "strutturale"** – «da 14 sonetti che tengono ognuno il posto di un verso in un sonetto. Più una premessa e una postilla». La struttura metrica e sintattica (periodare logico, rime, ritmo endecasillabico) è salda, anche se movimentata da un parossistico "gioco" dei significanti (Dal Bianco, Villalta, 1999, pp. 1592-3), e un probabile precedente dell'idea dell'*Ipersonetto* è individuabile nei quattordici sonetti "elisabettiani" di Pasolini intitolati *Sonetto primaverile* (scritti nel 1953 e pubblicati nel 1960). Un altro modello andrà forse cercato in uno dei libri metricamente più interessanti di tutta la lirica italiana, cioè gli *Amorum libri* di Boiardo, che iniziano con un nucleo di quattordici sonetti reso compatto anche dall'acrostico (*Antonia Caprara*) ricomponibile leggendo di seguito le lettere iniziali di ciascun sonetto e riproposto (più normalmente, attraverso le lettere iniziali di ciascun verso) nell'ultimo dei quattordici sonetti.

Un *prosimetrum* di Tommaso Landolfi

Quattordici sono anche i sonetti di un singolare *prosimetrum* di poco precedente l'*Ipersonetto*, il *Breve canzoniere* di Tommaso Landolfi (1971), che, alla maniera della dantesca *Vita nuova*, inserisce in un breve romanzo d'amore quattordici sonetti (più uno finale, un «fuoriprogramma»), dedicati alla protagonista ma anche sottoposti al suo giudizio e quindi da lei chiosati con ironia talora pungente e con attenzione tecnica.

Il perdurante *revival* del sonetto

1.10.0. L'*Ipersonetto* apre la strada a un *revival* del sonetto che caratterizza la metrica degli ultimi vent'anni del secolo XX, unitamente alla **ripresa manieristica di** altre **forme chiuse** (in particolare sestina e terzina), sul cui senso i metricologi si sono interrogati, arrivando a conclusioni diverse:

Guido Guglielmi (2001, p. 23) vede nel rapporto attuale tra norma e deviazione dalla norma l'inverso rispetto al tradizionale, in quanto «l'ordine diventa un caso del disordine»; Gabriele Frasca (fortemente interessato al neometricismo anche come autore, come vedremo) interpreta il ritorno alle forme tradizionali – ma adornianamente "fluide" – degli anni ottanta come una sorta di compensazione alla maggiore apertura linguistica propria dei poeti della generazione dei "media elettrici" (Frasca, 2001). Andrea Cortellessa si concentra invece sul nuovo concetto di parodia, da intendersi non come carnevalizzazione (alla maniera di Bachtin) ma come impiego di forme parodiche in funzione non parodica (seguendo Tynjanov): in questa direzione si porrebbe appunto il recupero delle forme chiuse (Cortellessa, 2001).
È ovvio infatti che la fine delle ideologie e l'omologazione porti all'anacronismo di un semplice dileggio dell'istituzione veicolato dal recupero di forme tradizionali, per il motivo banale ma vero che l'istituzione non esiste più: è piuttosto «una mutazione di ampio raggio, connessa col mutare della percezione del tempo e dello spazio, a penetrare anche nelle strutture, interessando alcune nuove modalità di forma chiusa» (Lorenzini, 1999, p. 132).
Il **neometricismo** è un fenomeno **generazionalmente trasversale** e interessa poeti maturi e poeti più giovani: tra i primi, consideriamo Giovanni Raboni e Giovanni Giudici.

Giovanni Raboni

1.10.1. Raboni vira in modo deciso verso la forma chiusa a un certo punto della sua attività poetica, intorno alla metà degli anni ottanta (cfr. Mazzoni, 1997, pp. 141-2):

> mi sono convinto che lo stesso lavoro di liberazione metrica che attraversa tutto il secolo si sia a sua volta un po' esaurito. Il ritorno alla prigione metrica significa fare un passo indietro per ritrovare uno slancio di libertà anche formale. [...] Il sonetto [...] è diventato il modo in cui oggi penso la poesia. D'altra parte, quasi contemporaneamente ho cominciato a lavorare contro il sonetto. I miei sonetti rispettano lo schema ma allo stesso tempo cercano di disfarlo, di metterlo in discussione, per esempio con un gioco di accenti, di rime sulle particelle e sulle congiunzioni.

Si noti che il poeta usa l'espressione «slancio di libertà anche formale», non «autenticità», aggiungendo che il rispetto dello schema si congiunge a una demolizione interna affidata ad accenti e rime in posizioni deboli: la costruzione comporta cioè la volontà di integrare nella scrittura sorvegliata tutti gli elementi destabilizzanti che connotano il presente. Conseguentemente, **il recupero della forma chiusa risulta tutt'altro che nostalgico**; «esso è invece una scelta di campo, un tentativo di prendere posizione contro chi crede possibile una creatività sottratta a procedure fondative o a verifiche teoriche, e intanto continua a considerare acriticamente la poesia un valore assoluto», perché «solo se quella gabbia formale sarà esposta alle pressioni dell'attrito, della deformazione, della dissonanza acquisterà, in un contesto contemporaneo, il carattere di progetto» (Lorenzini, 1999, p. 131).

L'avvicinamento di Raboni alle forme chiuse è progressivo e il recupero degli istituti metrici tradizionali segue un itinerario che parte dallo sperimentalismo ora ludico ora virtuosisticamente esibito frequente nelle quartine di *Versi guerrieri e amorosi* (1990):

Il sole o noi due soli, non ricordo,
sul bordo chiaro dell'oscuramento
al sordo appuntamento
delle bici sospinte a fari spenti

e non averti, per tortura, in mano
bensì futura e solo nella mente
se dura assurda e vana
la preistoria dei bombardamenti.

Si arriva poi allo stile più posato dei sonetti di *Ogni terzo pensiero* (1993) per approdare infine a *Quare tristis* (1998), che segna «il momento più intenso e "riappropriativo" del progressivo recupero delle forme "tradizionali" da parte del poeta milanese» (Frasca, 2001, p. 44). Dalla raccolta del 1993 scegliamo un sonetto in cui è particolarmente evidente il sottile lavoro di accenti e rime sugli elementi secondari della frase:

Essere... essere, sì, intimi, nel cuore,
nel midollo, con chi è noi, con chi
d'altro noi siamo – forse è tutto qui
il segreto, è così che si fa onore

alla vita se è solo per ardore
che le duecentosei ossa non si
dissaldano innanzi tempo, se è di
estraneità alla vita che si muore,

con minima pena, come lasciamo
una casa senza fuoco. E forse, ossa
dimenticate, una provvida mente

ci penserà, due amanti! e nuovamente
vivi traslocheremo dalla fossa
all'apparirci, all'esserci che siamo.

Raboni sperimenta anche la forma sestina, nella terza sezione dei *Versi guerrieri e amorosi* (*Reliquie arnaldine*), che si apre con una "traduzione" (*Voglia che in cuore m'entra*) della sestina di Arnaut Daniel (cfr. *infra*, par. 2.3.4).

Giovanni Giudici

1.10.2. Anche per Giovanni Giudici (la fisionomia metrica del quale è puntualmente disegnata da Zucco, 2000, che qui seguiamo) c'è un momento di snodo che porta a una forte adesione al recupero della metrica tradizionale e che si colloca all'interno della prima raccolta, *La vita in versi* (1965): nelle prime tre sezioni predomina l'uso dell'endecasillabo di tradizione novecentesca (quindi con ipometrie e ipermetrie e alternanza con versi lunghi), è frequente il ricorso alla rima e, a livello strofico, testi liberi si alternano con testi vincolati solo alla misura della strofa (mentre la collocazione delle rime è libera) e con testi con rima strutturante (in prevalenza quartine). Nella sezione conclusiva del libro, invece, si alternano strofe a sequenza libera e strofe di misura obbligata, dai quattro ai tredici versi, compresa quella eptastica (*Port-Royal*), destinata al più lungo futuro nell'opera di Giudici, che dichiarerà, in un'intervista del 1982 (citata da Zucco, 2000, p. 1371):

Io ho bisogno dell'orario, ho bisogno della famiglia, ho bisogno di cornice, come certe volte ho bisogno delle strofe: uso molto spesso una strofa di sette versi; se all'inizio mi è venuta una strofa di sette versi, poi sviluppo tutte le altre, identiche. Ho bisogno di una regola fissa, anche per trasgredirla. Questo io lo chiamerei un effetto di catechismo. Ho bisogno di regole da rispettare, per poterle far fesse, *to cheat them*, come si dice in inglese.

In *Autobiologia* (1969), la gran parte dei testi ha **struttura isostrofica**, e fra quelli composti da strofe di lunghezza diversa molti testi brevi alludono a metri tradizionali, ad esempio la terzina incatenata, cui rimanda la struttura rimica di *L'amore che mia madre*, I:

L'amore che mia madre amò tutta la *vita*
non fu mio padre – ma un uomo
col quale era sparita fingendo di morire.

Per questo ritornava al termine della sua *vita*
a me che non volevo vederla finire.

Il sonetto può comparire in forma elisabettiana (tre quartine + un distico: *In un giardino pubblico*) o scorciata; ad esempio *Il fresco a Milano* consta di una quartina e due terzine, esattamente come, nella raccolta successiva *O beatrice* (dove in gran parte la metrica è libera), *Asilo*:

Voi come state – io
bene, non vedo l'ora di rivedervi.
Qui non è il manicomio ma dicono una casa di riposo
per i deboli di nervi.

È vero che non c'è il mare.
È vero che parlano diverso.
Forse è per questo che sono sempre melanconico.

Ma sta zitta, cara mamma, che quasi mi ci sono abituato.
Tutte le sere giochiamo a tombola.
Il giorno giochiamo sul prato.

Rima strutturante

La rima ha funzione strutturante in alcuni componimenti isostrofici, a partire dai quattordici distici baciati (con variazione a quartina nei vv. 19-22) della poesia eponima, dall'andamento litanico, in cui Giudici «riscrive con lieve eleganza (e ammirazione, e affetto)» *Litania* di Caproni (Girardi, 1999, p. 225):

O beatrice senza manto
senza cielo né canto.

Beatrice tutta di terra
attraversata in guerra.

Beatrice costruttrice
della mia distruzione felice.

Beatrice ultimo gioco.
Beatrice salto nel fuoco.

Beatrice da sempre nata.
Beatrice stella designata.

[...]

O beatrice di lacrime.
Beatrice furtiva bestiola.

O beatrice infinita.
Beatrice nella tagliola.

Beatrice pietosa
filia et mater mea gloriosa.

Beatrice che si spezza
per troppo di tenerezza.

O beatrice mia apprensiva.
O beatrice viva.

Nel *Male dei creditori* (1977) si rafforza la presenza di strofe di ugual misura, in prevalenza tetrastiche, che torneranno in modo rilevante anche in *Lume dei tuoi misteri* (1984; qui compaiono anche sesta rima e ottava toscana).

Le *cobbole*

Metricamente decisiva è la raccolta *Salutz* (1986), che consta di testi di quattordici versi di misura diversa (dal trisillabo al doppio settenario) per definire i quali sono stati proposti vari nomi, da *cobbole* a lasse a *coblas*, stanze, strofe, sonetti, cantate (cfr. Zucco, 2000, pp. 1588-9); ecco il primo di questi testi:

Minne Midons
E ogni altra cura lasciata
Esploro volumi
Alcuno che racconti:
È successo anche a me –
Dove la mente prigioniera stagni
Vostra o di chi non so
O che voi non sapete
Verso quali pensieri a quali mète
Mai mi svagassi anch'io
Su quella ferma strada
Dove c'incontra (narrano) lo sguardo
Che tutto e insieme vede
Chiamato Dio

A proposito di questa **forma di difficile definizione**, Grignani (1987, p. 137) nota che «le rime molto frequenti e di solida resa fonica echeggiano il sonetto, la ballata e perfino l'ottava epica, pescando nella topica amorosa che va dallo Stilnovo al Tasso». Alla strofa impiegata da Giudici nella traduzione da Onegin rimanda invece con decisione Zucco (2000; ma esprime riserve Francucci, 2002): quattordici versi (non endecasillabi) rimati ABABCDCDEFFEGG. Scrive Giudici a proposito della sua traduzione, nel 1999 (citato da Francucci, 2002, p. 50):

Mi si dava l'insperata occasione di scrivere versi italiani di misura poco consueta per la cultura poetica italiana contemporanea e di doverli costringere nell'inesorabile gabbia di strofe di quattordici versi con una serie ritmica di ben sette diverse terminazioni.

Sette rime hanno spesso anche i testi di *Salutz*, in questo quindi lontani dalle tradizionali cinque rime del sonetto, ma accostabili ai sonetti di Mallarmé (ad esempio *Chansons bas*) e, intertestualmente, a una delle poesie di *Quanto spera di campare Giovanni* (1993), intitolata rematicamente *Sonnet noir*, in endecasillabi e rime (due imperfette), ma in numero appunto di sette (ABAB CDCD EFG EFG; cfr. Francucci, 2002, p. 52):

Questa mitezza mia che non disvuota
Il mare dell'insania che mi sfida
A navigarti balba lingua ignota
Accarezzando il sogno che mi uccida

Questa mutezza faticato schermo
Al sempre mio sperando disperare
Essere purgatorio dov'è inferno
Esser mutato quel che torna uguale

Quando più nera è la nerezza mia
E serpe di bugia la verità
Alle mie labbra non creduto reo

Quando supplizio è ruota che disvia
La supplicata resa in empietà
E me stefano in perfido giudeo.

La «moderata libertà metrica» (Zucco, 2000, p. 1699) che caratterizza *Quanto spera di campare Giovanni* privilegia la misura endecasillabica e settenaria e prevede molti testi in cui la rima ha funzione strutturante (oltre al sonetto, quartine e terzine).

Il neometricismo dell'ultimo trentennio

1.11. Se la veloce rassegna che precede, così come le rapide analisi singole delle forme chiuse più importanti che occuperanno il paragrafo seguente, sono tutt'altro che esaustive, il rischio (anzi la certezza) di omissioni è ancor più forte nel momento in cui si passi a dare un'occhiata a 360 gradi sul panorama neometrico dell'ultimo trentennio, affollatissimo e ancora – come è ovvio – quasi per niente sedimentato. Abbiamo dunque deciso di fare un drastico taglio e di privilegiare due nomi (**Patrizia Valduga** e **Gabriele Frasca**), seguendo il canone, minimo e provvisorio ma condivisibile, di Afribo (2007) che, dovendo antologizzare la *Poesia contemporanea dal 1980 a oggi*, sceglie otto nomi: oltre ai due succitati, Magrelli, Pusterla, Fiori, Dal Bianco, Anedda, Benedetti. Mentre gli altri appartengono quasi esclusivamente al campo della metrica libera, Valduga e Frasca, rispettivamente con *Medicamenta* (1982) e *Rame* (1984), «aprono ufficialmente la *vague* neometrica», in cui l'esibito manierismo delle forme metriche antiche «vuole saldarsi alla nuova temperie postmoderna» (Afribo, 2007, p. 17).

L'antologia-manifesto *Parola plurale*

Il nome di Frasca porta poi con sé una serie di altri nomi, tutti presenti nella folta antologia-manifesto *Parola plurale* edita da Sossella nel 2005: Tommaso Ottonieri, Marcello Frixione, Lorenzo Durante, Giuliano Mesa, Lello Voce e i "genovesi" Marco Berisso, Guido Caserza, Paolo Gentiluomo... L'elenco non è completo, naturalmente, ma si tenga sempre presente che la galassia neometrica è molto ampia, e con continui incrementi, come dimostra da ultimo l'uscita recentissima, sullo scorcio del 2009, per l'editore napoletano d'If, di *Will-24 sonetti* ("elisabettiani") di Marco Simonelli, dedicati alla figura dell'"amico" di Shakespeare.

Patrizia Valduga

1.11.1. Certamente l'*Ipersonetto* del conterraneo Zanzotto non è estraneo alla scelta poetica di Patrizia Valduga, che nel 1995 così sintetizza il proprio *iter* lirico: «tutti i versi che ho scritto, da vent'anni a questa parte, sono in forma chiusa: sonetti, madrigali, sestine, ottave, terzine dantesche, distici, serventese classico e, ultimamente, quartine» (citazione da Afribo, 2007, p. 64). Operazione sommamente manieristica, che comporta anche, nella scelta delle forme metriche, la predilezione per «l'"anticanone", la tradizione poetica minore, marginale, con una particolare attenzione rivolta a generi "comici"» come il sonetto caudato e il sirventese classico (Grosser, 2008-09, p. 26). Anche all'interno delle forme più consuete come il sonetto sono scelti gli individui più anomali e di tradizione periferica: oltre alla presenza del già citato **sonetto caudato**, registriamo un trionfo di **rime difficili**, aspre, equivoche, identiche, rime che diventano parole-rima, serie di rime fonicamente affini. Un susseguirsi stordente di **sdrucciole** (e una bisdrucciola al v. 9: *sgominami*) coincidenti con imperativi erotici compone la struttura di uno dei più noti sonetti di *Medicamenta*:

Vieni, entra e coglimi, saggiami provami...
comprimimi discioglimi tormentami...
infiammami programmami rinnovami.
Accelera... rallenta... disorientami.

Cuocimi bollimi addentami... covami.
Poi fondimi e confondimi... spaventami...
nuocimi, perdimi e trovami, giovami.
Scovami... ardimi bruciami arroventami.

Stringimi e allentami, calami e aumentami.
Domani, sgominami poi sgomentami...
dissociami divorami... comprovami.

Legami annegami e infine annientami.
Addormentami e ancora entra... riprovami.
Incoronami. Eternami. Inargentami.

Manieristico è l'uso della rima nel primo testo di *Notti incolori* (sempre in *Medicamenta*), dove alla normale trama rimica dell'ottava (ABABABCC) si aggiungono la quasi sovrapponibilità della rima A (in *-ato*) con la B (in *-atto*) e l'inserzione di alcune rime interne:

Cadeva il giorno e cadeva l'am*ato*
in tal mio aggu*ato*. L'avevo d'un tratto
incaten*ato* al letto, inchiavard*ato*.
Ma che ho fatto? chiedeva, Ma che ho fatto?
Tu del mio cuore non ti sei cur*ato*.
Dal giorno astratto, da questo disfatto,
alenava nel buio Te ne v**ai**?
Né cuore avr**ai** di curartene orm**ai**.

Nelle ottave di *Requiem* (1994), invece, incentrate sulla malattia e morte del padre della poetessa, il tema doloroso porta a un'attenuazione del manierismo, che si sposta sul piano numerologico (le ottave sono ventotto come ventotto sono stati i giorni d'ospedale del padre, spiega la Valduga in una *Nota*).

Totale è la regolarità metrica, anche qui a contrasto con la tematica erotica di **ardito barocchismo**, delle due sestine *Al poco giorno la troppa mia notte* e *Tristemente il mio giorno tempra il tempo* (in *Medicamenta e altri medicamenta*, 1989), delle terzine incatenate della *Tentazione* (1985), dei

distici di endecasillabi rimati del monologo teatrale *Donna di dolori*, della terzina di Cecco d'Ascoli ripresa in *Corsia degli incurabili* (il cui metro la Valduga dichiara essere quello del serventese classico: definizione applicabile a varie forme, come sappiamo).
In *Cento quartine* (1997) e in *Quartine. Seconda centuria* (2001) la struttura è quella per distici a rima alterna, con sole dieci eccezioni, in sette delle quali la rima è identica; nella quartina 97 la rima identica si spinge all'oltranza della coincidenza dei rimanti:

> Per tutti i giorni, amore, dell'amore:
> l'uno nell'altra, fusi, per amore,
> trasfusi l'uno all'altra, per amore,
> trasumanati, amore, nell'amore.

Gabriele Frasca

1.11.2. Altissimi sono i **vertici di virtuosismo** toccati da Gabriele Frasca, che, a partire da *Rame* (1984) fino a *Lime* (1995) e a *Rive* (2001), si impegna su tutti i fronti metrici chiusi: in sonetti, quartine, terzine, strofe varie derivanti da incastri di strofe tradizionali, l'equilibrio e l'ordine strutturali sono scardinati e stravolti dall'inserzione di elementi "bassi" e dall'oltranza della ripetizione. Ma «il punto di fusione del neometricismo fraschiano è, e non poteva essere altrimenti, la sestina, non semplicemente ripresa ma complicata oltre misura»; da qui la presenza, in *Rame*, sia di una "ipersestina" (quasi una risposta all'*Ipersonetto* zanzottiano) sia (nella seconda edizione della raccolta, del 1999) di una "**dissestina**", posta in fondo al libro (addirittura dopo l'indice), «con una mossa che imita la *ghost-track* tipica della discografia rockettara» (Afribo, 2007, p. 89; cfr. *infra*, par. 2.3.4).
Della sestina, il Frasca studioso e docente di letteratura ha anche minuziosamente ricostruito la storia attraverso la tradizione lirica italiana (Frasca, 1992), a partire dall'archetipo provenzale, la sestina di Arnaut Daniel *Lo ferm voler*. E ancora: *Il fermo volere* è il titolo di un suo romanzo, edito nel 1987 (Corpo 10, Milano) e poi ristampato in una nuova versione multimediale, con fumetti e musiche (Edizioni d'If, Napoli 2004).
Tradizionali sono in Frasca sia i sonetti che le quartine (prevalentemente a rima incrociata), mentre è molto libera la ripresa della **ballata cavalcantiana** nella penultima sezione di *Rive*, *Fenomeni in fiera*, composta da ventisei testi di misura variabile, il primo e l'ultimo dei quali condividono (quasi al modo di una "ripresa" e di una "replicazione") una quartina, rispettivamente iniziale e finale, con opportune variazioni:

> tutti che vengono al circo dei mostri
> dove si ride alle deformità
> tutti che vengono al circo dei mostri
> nessuno ride quando se ne va
> [...]

tutti che vengono al circo dei mostri
dove si ride alle deformità
ma è questa vita 'sto circo di mostri
non v'è chi rida quando se ne va

mentre gli altri ventiquattro testi hanno la funzione di stanze della ballata, con l'ultimo verso, tronco, in rima con l'ultimo della ripresa (Grosser, 2008-09, p. 28).

Molto interessanti sono le poesie costruite sul principio della ***retrogradatio cruciata***, applicata non solo alla strofa di sei versi, ma anche a quella di tre (ABC/CAB/BCA: in *3*, nella raccolta *Lime*), quattro (*Rimastichi*, nella stessa raccolta) e addirittura nove. La nona sezione di *Rive*, intitolata appunto *9*, è composta infatti da nove strofe ciascuna di nove novenari dattilici, in cui le parole rima si susseguono seguendo l'ordine della *retrogradatio* (ABCDEFGHI – IAHBGCFDE – EIDAFHCBG – GEBICDHAF – FGAEHBDIC – CFIGDABEH – HCEFBIAGD – DHGCAEIFB – BDFHIGECA):

c'è un nome che dice del poco
che ancora più dentro rimane
a farsi la spugna che preme
comprime e impressa s'esprime
versando residui nel dopo
che cantano il vuoto che intaglia
nel punto che s'agita il varco
graffiato nel cuore quel vano
che un tempo fu almeno di sfoglia

c'è l'ordine o solo la sfoglia
con cui preservammo quel poco
di oggetti lasciati nel vano
da quanto tenace rimane
di polvere intrusa nel varco
a rodere quello che preme
nel corpo che intanto s'intaglia
i segni coi quali si esprime
nell'oggi la firma del dopo
[...].

Il senso profondo della poetica di Frasca è affidato da Afribo a un'immagine suggestiva: «come l'immagine dello schermo se vista troppo da vicino si polverizza in una miriade di *pixel*, la traccia di ogni schema metrico, e con essa l'ordine del discorso, è come se scomparisse per eccesso di tracce e segnali». Al contrasto fra ripetizione e variazione, fra «iperesattezza formale del testo e sua dissoluzione», vanno connessi i temi fondamentali della poesia di Frasca, in primo luogo il **tema dello scorrere del tempo**: «il meccanismo retrogrado della terzina è il giusto analogo formale di una temporalità sentita come inesorabile ritorno dell'identico e lima altrettanto inesorabile e usurante» (Afribo, 2007, pp. 90-1).

1.12. Ma non è alla sestina, e neppure al sonetto, che va il più alto indice di sopravvivenza fra i metri tradizionali, bensì a una «forma semplice quasi archetipica» come la quartina (Mengaldo, 1989a, p. 51), che nella prima metà del XX secolo gode di una fortuna vastissima, nella poesia in lingua ma anche in quella dialettale: nelle canzonette di Virgilio Giotti e di Delio Tessa la cantabilità del metro è contraddetta, dall'interno, da pause interiettive e da *enjambements*, mentre in quelle di Biagio Marin, ad esempio, la versificazione è molto più fluida. La **fortuna** continua ininterrotta **lungo tutto il secolo**: è del 2000 la raccolta *Gente di corsa*, di Tiziano Rossi, che consta di duecentodieci quartine.

La quartina

Proprio per le sue caratteristiche di cantabilità e facilità di memorizzazione la quartina è frequentissima anche in ambiti più popolari, come i canti religiosi, ad esempio quelli dedicati al culto mariano:

> È l'ora che pia
> la squilla fedel
> le note c'invia
> dell'ave del ciel
> [...]

o le canzoni di musica leggera:

> Son tornate a fiorire le rose
> alle dolci carezze del sol,
> le farfalle s'inseguon festose
> nell'azzurro con trepido vol!...
> [...]

Si sarà riconosciuto l'inizio di una delle prime canzoni italiane, *Come le rose* (G. Lama, A. Genise, 1918); ma ritroviamo la quartina, ad esempio, anche nella ben più tarda e impegnata *Canzone dei dodici mesi* (1972) di Francesco Guccini:

> [...]
> Ben venga maggio e il gonfalone amico,
> ben venga primavera,
> il nuovo amore getti via l'antico
> nell'ombra della sera.
> [...]

Non stupisce che sia un metro facile come la quartina a trovare accoglienza nella canzone di musica leggera (più o meno alta), che non disdegna l'utilizzo di altri indici di metricità semplici e di impatto immediato. Pensiamo ad esempio al gioco divertito sull'iterazione delle sdrucciole condotto da Paolo Conte in *Non sense* (1987):

Indici di metricità nelle canzoni di musica leggera

[...]
Ancheggiano mannequins fanatiche,
ancheggiano, si sporgono e poi sbandano,
come consuetudine e beatitudine,
forse fuori margine,
fiancheggiando un argine...
[...]

o al ritornello della più recente e sanremese *Sincerità* di Arisa (2009):

Sincerità
Adesso è tutto così semplice
con te che sei l'unico complice
di questa storia magica
Sincerità
Un elemento imprescindibile
per una relazione stabile.
[...]

La raffinata *Il corvo Joe* (2005) di Francesco Bianconi, dei Baustelle, il cui testo reca in esergo la prima terzina del terzo canto dell'*Inferno*, ha serie di versi sdruccioli, a partire dall'inizio:

I barboni mi guardano
mentre mastico la lucertola
anche oggi è domenica
tutta d'oro la gente luccica
mentre osserva le anatre
inventandosi la felicità
[...].

Metrica libera o metrica regolare?

1.13. Abbandonato il terreno "parapoetico" della canzone, torniamo alla poesia in senso proprio e, prima di passare alla trattazione del percorso novecentesco delle principali forme chiuse, suggeriamo, con un po' di provocazione, un'avvertenza che vale per il capitolo che qui si chiude e per quello che segue, presa in prestito da una lucida riflessione di Francucci (2002, p. 39). Avvertenza che è anche un invito: ad accettare "nel profondo" l'idea della **trasformazione del codice metrico tradizionale**, e quindi a non considerare gli innumerevoli slittamenti cui vanno incontro le forme metriche tradizionali come una serie di piccole infrazioni, ma a cominciare a porli nel contesto di un nuovo funzionamento della macchina; con la consapevolezza però – e questo è il punto decisivo – che questa macchina «non è quella della metrica libera, o selvaggia, o non-metrica, ma proprio quella della gloriosa metrica regolare».

2. Le forme metriche

2.1. Il sonetto

2.1.1. Il «breve e amplissimo carme» dell'"artiere" Carducci (che così lo definisce, rivolgendosi *Al sonetto*, nelle *Rime nuove*) diventa un "metasonetto" intitolato *Il sonetto d'oro* (in *Intermezzo*) nelle mani dell'abilissimo artefice D'Annunzio: D'Annunzio

Otto e sei verghe d'oro, o Musa, io batto
su l'incude col fervido martello
ed ognuna di lor piego ad anello
e pongo su 'l cuscino di scarlatto.

Poi, con più grave pazienza, in atto
d'un mastro orafo antico su un gioiello
regale, ognuna a punta di cesello
(m'è Benvenuto nel pensiero!) io tratto.

Le gemmee rime sprizzano barbagli
d'iride, chiuse nei castoni d'oro,
su 'l nobil drappo ov'è trapunto il Gallo.

Impetuosamente io su i fermagli
de l'ultima terzina ancor lavoro;
e mi stride ne l'impeto il metallo.

D'Annunzio ricorre largamente al sonetto in particolare nella *Chimera*, nel *Poema paradisiaco* e in *Elettra*, dove la sezione *Le città del silenzio* consta di cinquantasei sonetti, in maggioranza con lo schema ABBA ABBA CDE CDE. Hanno tutti questo schema (ma la rima è spesso sostituita dall'assonanza: tratto tipico della metrica alcionia) i diciotto sonetti di *Alcyone*, concentrati nelle sezioni terza (i nove sonetti della *Corona di Glauco*), quarta e quinta, cioè le sezioni caratterizzate dalla metrica classicistico-arcaizzante.

Nell'ultimo sonetto della *Corona di Glauco*, la struttura interna è del tutto scardinata, quasi a rispecchiare formalmente il tema più dionisiaco che petrarchesco:

Ah, chi mi chiama? Ah, chi m'afferra? Un tirso
io sono, un tirso crinito di fronda,
squassato da una forza furibonda.
Mi scapiglio, mi scalzo, mi discingo.

Trascinami alla nube o nell'abisso!
Sii tu dio, sii tu mostro, eccomi pronta.
Centauro, son la tua cavalla bionda.
Fammi pregna di te. Schiumo, nitrisco.

Tritone, son la tua femmina azzurra:
salsa com'alga è la mia lingua; entrambe
le gambe squamma sonora mi serra.

Chi mi chiama? La bùccina notturna?
il nitrito del tessalo? il tonante
Pan? Son nuda. Ardo, gelo. Ah, chi m'afferra?

Le rime sono spesso sostituite da assonanze, la sintassi è franta da un'esclamativa e ben sette interrogative (con parallelismo inizio-fine). Il rimando antifrastico a Petrarca è esplicito nell'ultimo verso, con l'antinomia «Ardo, gelo» (cfr. *Rerum vulgarium fragmenta*, 134, 2: «e temo, et spero; et ardo, et son un ghiaccio»).

Il sonetto tra Otto e Novecento

2.1.2. Come abbiamo visto, in Pascoli il sonetto è legato al periodo iniziale della sua poesia, e presenta anche forme anomale, come il sonetto caudato e il sonetto minore, con versi settenari o ottonari. Il sonetto minore gode di una certa fortuna a cavallo tra Otto e Novecento, anche e soprattutto fra i poeti "medi", dai quali scegliamo qualche esempio particolarmente interessante, a partire da questo **sonetto di settenari** di Arturo Graf (*Quella sera*, nelle *Rime della selva*, 1906) che sembra anticipare tema e situazione dell'"osso" montaliano *Tentava la vostra mano la tastiera*:

La sua piccola mano,
così bianca e leggiera,
correa sulla tastiera
dell'affiochito piano.

E un canto sovrumano
tremava nella sera,
simile a una preghiera
udita di lontano.

In un angolo oscuro,
acquattato io sedevo,
stretto fra l'uscio e il muro.

E così per trastullo,
piangevo, oh, Dio, piangevo
come un vecchio fanciullo.

Ha sottotitolo *Scherzo* questo sonetto di bisillabi su sette rime di Gustavo Botta (*Alla luna*, 1904): «Luna, / bella / nella / bruna // sera, / sgombra / l'ombra / nera. // Spandi / raggi / blandi // sui / faggi / bui».

Il sonetto classico

Classicamente atteggiato, con lo stilema tradizionalmente prezioso dell'accento ribattuto in sesta e settima sillaba presente in ben nove versi (tre dei quali anche con sinalefe) è invece il sonetto di Ceccardo Roccatagliata Ceccardi molto apprezzato da Montale, *Corrispondenze* (in *Sonetti e poemi*, 1910):

Chiara felicità de la riviera
quando il melo si **fà** m**à**gro d'argenti,
e scorre, con la v**è**rde^**à**nima ai venti,
pe' greppi solatii la Primavera!

Sol la rovere p**à**r, **ù**mida, ostenti
la spoglia al seren**à**r t**è**pido: fiera
che Maggio sol le vïoli la nera
ombra coi radïosi abbracciamenti.

Anche la speme in c**ò**r **è**sita: come
fanciulla che le imp**ò**ste^**à**pra e stillanti
da' lavacri al matt**ì**n t**è**rga le chiome,

e canti, e segua al pian nel chiaro lume
uscir da l'Apu**à**ne^**À**lpi fumanti
con un lento stup**ò**r, c**è**rulo, un fiume.

I sonetti delle *Fiale* di Govoni presentano il maggior tasso di innovazione sia nelle rime (pensiamo, ad esempio, alla serie di rime esotiche della sezione delle *Fiale* intitolata *Ventagli giapponesi*: *musmè*, *netzkè*, *Timbuctù*, *gimè*; *bambù*, *Kirosighè*...), sia, soprattutto, in una diffusa irregolarità e eccezionalità dell'endecasillabo, nel quale si alternano continuamente una scansione «iperpoetica», la quale «dà pertinenza metrica a elementi deboli della parola o della catena sintattica (dieresi, anche su meri segni grafici, *ictus* su tempi morti)», e un'altra «slombata e tendenzialmente prosastica» (Mengaldo, 1983a, p. 152). Per lo schema rimico, Govoni si mantiene nell'ambito dell'ortodossia, anomala nell'**area poetica simbolista-liberty** (cui appartengono ad esempio i sopra citati Graf e Botta), dove predomina invece una certa inquietudine nell'uso del vitalissimo sonetto, sia per la struttura che per la misura versale, su impulso anche dei modelli francesi (ivi, pp. 143-4). Govoni

Gozzano può essere antitradizionale nelle rime (*sublimi* : *concimi*, in *I sonetti del ritorno*, III), ma è ortodosso nella struttura; raccogliendo la suggestione dei metasonetti di Carducci, D'Annunzio e Graf (*Il sonetto*, nelle *Danaidi*, 1897) declina egli pure – alla sua maniera – un *Elogio del sonetto*: Gozzano

[...]
O forma esatta più che ogni altra mai,
prodigio di parole indistruttibile,
come i vecchi gioielli ereditari!

Il gioiello regale di D'Annunzio e la chiara gemma di Graf («Come il sottile intagliator la chiara / gemma sfaccetta, onde ne' vitrei seni / fiammeggi e rida una gioconda gara / d'iridi accese e d'agili baleni; // tu sfaccetta il sonetto [...]») sono trasformati «in un più famigliare "vecchio gioiello ereditario", ancora caro e prezioso, ma sbiadito, contrastante con il fulgente rutilare di quelli» (Marazzini, 1981, p. 191).

Corazzini

2.1.3. Davvero **innovativi** sono invece i **sonetti di Corazzini** (cinquantasette, su un totale di centoventi componimenti; molti sono raccolti in corone), che ne sovverte la struttura frantumando la sintassi e accumulando *enjambements*, così che il sonetto può ridursi a una serie di frammenti. Esemplare in questo senso *La leggenda delle stelle* (1904):

Il mare: muto. Senza vele. Senza
rondini, il cielo. Solo, nelle grigie
acque, lo scoglio dalla trista effigie,
immenso. Immoto. Sacro alla potenza

del Tridentier Nettuno. Alto, in presenza,
il sole. Lungi dalle cime bigie
dello scoglio le umane cupidigie,
nessuno. Affretta il sol sua dipartenza

triste, dietro si lascia oscuri veli.
Cala sopra lo scoglio. Orribilmente
si frange all'urto. Il cielo, di scintille

è pieno. Sono mille, più di mille
che vanno e stanno. È notte. Alta. Silente.
Dormi bimbo, di stelle ardono i cieli!

In un altro sonetto di Corazzini, *Giardini*:

O piccoli giardini addormentati
in un sonno di pace e di dolcezze,
o piccoli custodi rassegnati
di sussurri, di baci e di carezze;

o ritrovi di sogni immacolati,
di desideri puri e di tristezze
infinite, *o giardini* ove gli alati
cantori sanno di notturne ebbrezze,

o quanto v'amo! I sogni che rinserra
il mio core, fioriscono, *o giardini*,
lungo i viali, ne le vostre aiuole.

Io v'amo, io v'amo, o fecondati al sole
di primavera in languidi mattini,
o giardini, sorrisi de la terra!

enjambements, ripetizioni, esclamazioni indeboliscono la struttura, che regge appena grazie all'anafora delle invocazioni, senza quella coesione che ci si aspetterebbe in una forma chiusa (Marazzini, 1981, p. 197).

La corona di sonetti

Nei primi anni del XX secolo incontra molta fortuna la corona di sonetti, spesso di tema erotico, sul modello delle dodici *Adultere* dell'*Intermezzo* di D'Annunzio: dal *Vas luxuriae* di Govoni (in appendice alle *Fiale*) ai *So-*

netti fallici all'androgine di Ricciotto Canudo (1906-07). Come strofa di poema, il sonetto è impiegato massicciamente da Francesco Chiesa (*Calliope*, 1903-07: duecentoventi sonetti) e ancora, quasi vent'anni dopo, da Francesco Pastonchi (*Il Randagio*, 1921: trecentosessantacinque sonetti).

2.1.4. La linea dell'eversione avviata da Corazzini prosegue poi con Campana (cfr. Marazzini, 1981, pp. 199-201), che nei *Canti orfici* presenta almeno tre liriche ascrivibili approssimativamente alla categoria del sonetto, ma in funzione negativa e sarcastica – sul piano formale come su quello tematico – a partire dal titolo: *Sonetto di Vittoria Colonna*, *Sonetto perfido e focoso* e *Poesia facile*. Il primo è antipetrarchistico nel tema (un fosco delitto passionale) e nello schema, caudato, ABBA CDBC EFE GAG A:

Campana e Rebora

Il bel paggetto dal corpo ondulato
è andato nella stanza che rinchiuse
in un velario di luce le sue fuse
forme di bronzo e un gemito attardato

gentile e grave e ricco cuor d'amante
si offerse vivo alle carezze ignude...
Poi nella notte lentamente schiuse
il suo segreto pel mio cuor tremante

oppresso dall'amore e dal mistero
il suo atroce segreto di fanciullo
partì dalle sue labbra lento e nero:

l'uccisi con un colpo alla mammella
nella notte: rimorso e catturato
alzai la testa e ricercai la stella

avvelenata sotto cui son nato.

Originale all'interno della tradizione si mantiene Rebora quando inserisce tre sonetti nei *Frammenti lirici* (XVI, XXXII, XL); il più interessante sembra essere il XXXII, per la particolare **concatenazione ritmico-semantica circolare** (su cui cfr. Marazzini, 1981, p. 194; Giovannetti, 1986), ma anche per la presenza dell'accento principale sulla quarta sillaba in tutti i versi (tranne 11-12), con conseguente ritmo "martellato":

Mentre scalpello in rintronata usanza
a colpo a colpo il tràmite dei giorni,
senza fiducia vivo di speranza
che fecondata questa età mi torni;

o se tenace mino con baldanza
per altri un varco e per me, tra gli scorni
fallendo io piombo giù, e una distanza
m'isola cieca dentro aspri contorni;

o se gioioso su dal covo afflitto
la santità del mondo nel contrasto
mi sveli il maggior vero che l'avvince,

al tornar nelle genti io son sconfitto;
ripiglio i colpi, gemo sotto il basto:
Cristo ha ragione e Machiavelli vince.

Umberto Saba

2.1.5. L'ascendenza petrarchesca delle prime prove nel genere sonetto di Umberto Saba è particolarmente evidente in una delle *Poesie dell'adolescenza* (1900-03), *Nella sera della domenica di Pasqua*, che è quasi un centone:

Solo e pensoso dalla spiaggia i *lenti*
passi rivolgo alla casa lontana.
È la sera di Pasqua. Una campana
piange dal borgo sui passati eventi.

L'aure son miti, son tranquilli i venti
crepuscolari; una *dolcezza* arcana
piove dal ciel sulla progenie umana,
le passïoni sue fa meno ardenti.

Oblïando, io penso alle leggende
di Fausto, che a quest'ora era inseguito
dall'avversario, un docile barbone.

E mi par di vederlo, sbigottito
fra i campi, dove *ombrosa umida* scende
la *notte*, e lungi muore una canzone.

Sono vere e proprie citazioni i rimandi a *Rerum vulgarium fragmenta*, 35, 1-2 («Solo et pensoso i più deserti campi / vo mesurando a passi tardi et lenti», con anche calco ritmico: accenti di 4ª, 6ª, 8ª, 10ª) e 192, 3 («vedi ben quanta in lei dolcezza piove»); ma è palese anche il ricordo del celebre sonetto 54 di Della Casa («O sonno, o de la queta, umida, ombrosa / notte placido figlio»; *umida* è sotto il medesimo accento, ribattuto, di 7ª).
I sonetti più interessanti, **ai limiti dell'eversione**, sono quelli dei ***Versi militari*** (1907-08), sia per la sintassi movimentata da *enjambements* rilevanti per numero e forza sia per i numerosi schemi rimici anomali, come nel secondo di *Durante una tattica* (nel *Canzoniere* 1921; poi, con titolo cambiato, *Durante una marcia*):

Pure a me non dispiace ancor quest'urto
soldatesco, quel cielo arroventato;
i colloqui col mio vicino armato.
Gli chiedo: A casa ove il lavoro frutta;

a casa, dove certo hai la tua tutta
bella, ci andresti, ma così aggravato,

a piedi, con lo zaino affardellato,
vivendo d'elemosina e di furto?

Egli mi guarda, e mi lascia parlare:
«Non è al paese che frutta il lavoro,
ma più giù, nell'Americhe lontane;

dove c'è tanto pane e tanto oro,
tanto vino per chi sa lavorare».
In America sì vorrebbe andare.

La struttura del sonetto consente qui di garantire l'articolazione "poetica" di materiali lessicali e tematici che, di per se stessi, sono molto più vicini alla prosa. Come si è detto sopra (cfr. par. 1.2), il ritorno all'ordine sarà sancito da due corone di sonetti regolari, *Autobiografia* e *I Prigioni*; con l'altrettanto canonico *Sonetto di paradiso*, che apre *Cuor morituro*, Saba termina la sua frequentazione di questa forma metrica, con una sorta di chiusura circolare, cui allude in *Storia e cronistoria*, quando scrive che il *Sonetto di paradiso* «indica un ritorno ai temi cari alla sua adolescenza; sono le stesse cose vedute, invece che all'aurora, al tramonto».

I poeti minori

2.1.6. Nei primi decenni del secolo il sonetto conosce un periodo di grande fortuna grazie soprattutto a poeti minori o minimi, esclusi dal canone novecentesco ma molto conosciuti e letti dai contemporanei. Per fare un esempio, quasi a caso: sono oggi poco conosciuti o francamente ignoti molti degli autori dei novantasette sonetti (su un totale di trecentottantasette componimenti) compresi nell'antologia *Dai nostri poeti viventi* (Lumachi, Firenze 1903). Vasta notorietà ai suoi tempi ebbe il già citato poema di Francesco Pastonchi (*Il Randagio*, 1921) composto da ben trecentosessantacinque sonetti, con evidente calco numerico (escluso il sonetto proemiale) del *Canzoniere* petrarchesco. La forma sonetto era stata invece del tutto bandita da una celebre antologia uscita l'anno precedente sotto l'egida del gusto frammentista: *Poeti d'oggi*, curata da Papini e Pancrazi e pubblicata da Vallecchi.

Alfonso Gatto

2.1.7. Alfonso Gatto esemplifica bene la **varietà dei modi di adozione della forma sonetto** nel Novecento, dal progressivo avvicinamento testimoniato dai primi tre testi di *Isola* (per i quali cfr. *supra*, par. 1.6) al suo camuffamento, e infine al recupero della regolarità. La forma è nascosta, e l'intento è dunque parodico, nel dittico *Santa Chiara* / *Donna di maggio* di *Isola* (Giovannetti, 2001a, pp. 116-7) in cui – se consideriamo non la prima edizione del 1932 ma la *ne varietur* del 1961 – il primo testo ha quattordici versi raggruppati in cinque + cinque + quattro, mentre il secondo ripartisce i versi (pure in numero di quattordici) in due quartine e due terzine; qui la forma sonetto è quindi esteriormente perfetta, ma messa in crisi dall'anisosillabismo dei versi (da quinario a novenario) e dall'assenza di rime, con l'unica eccezione del ritorno circolare di *maggio* in apertura e in chiusura:

Donna di maggio
tuffata in odore
la marina ilare ride
nel vento che ti sgola.

Un nome chiami
è rosso d'una veste
tra luce ed ombra
rapida alla sera.

Ed al tuo sangue
al tuo dispetto in bocca
il vento sceglie i fiori.

Improvvìsi le gote
avvolta nella tua carne,
nella freschezza di maggio.

Alla regolarità del sonetto Gatto tornerà solo molti anni dopo, nel 1969, con i sei sonetti, estranei al tema amoroso, inseriti nelle *Rime di viaggio per la terra dipinta* (cento poesie parallele ad altrettante tempere dipinte dallo stesso autore). Qui la misura endecasillabica è rispettata e gli schemi rimici sono tradizionali; la sintassi però tende a travalicare la partizione metrica per costruire un'architettura ampia, che definiremmo luminosa (in armonia con il prevalente interesse coloristico di queste poesie), abbracciando in un caso l'intero sonetto (*La pergola*):

I primi freddi e l'ultimo tepore
dell'ottobre marino, la canaria
nel suo scialle di brividi ne muore
teneramente, quasi fatta d'aria

e di luce e di nulla, solitaria
cerula voce del posteggiatore
al suo filo di grazia, ma la varia
tristezza del suo volgere all'amore

il sollievo dell'anima è nel vento
di prima sera, ancora chiaro: porta
al largo la memoria ch'ebbe un volto,

un nome che ritorna dall'ascolto,
invocata distanza, luna sorta
dal nulla agli occhi dell'incantamento.

Il sonetto "civile" di Caproni

2.1.8. A emblema della valenza "storico-politica" acquisita dal sonetto a partire dalla fine degli anni trenta e presso alcuni dei maggiori poeti del tempo, assumiamo innanzi tutto gli undici sonetti di Caproni intitolati *I lamenti*; nel *Lamento* V così si rievoca una veglia presso le salme di alcuni partigiani, in una casa di montagna:

> Quali lacrime calde nelle stanze?
> Sui pavimenti di pietra una piaga
> solenne è la memoria. E quale vaga
> tromba – quale dolc**è**zza^**è**rra di tante
> stragi segrete, e nel petto propaga
> l'armonioso sfacelo?... No, speranze
> più certe son troncate sulle stanche
> bocche dei morti. E non cada, non cada
> con la polvere e gli aghi nelle bocche
> dei morti una parola. La ferita
> inferta, non risalderà la notte
> sulle stanze squassate: è dura vita
> che non vive nell'urlo in cui altra notte
> geme – in cui vive intatta un'altra vita.

I versi sono tutti endecasillabi; il v. 4 ha accento ribattuto di 6^a e 7^a con sinalefe, rimarcato dall'assonanza *dolcezza* : *erra* (nello stesso verso assuonano anche, con le medesime vocali ma invertite, *quale* e *tante*; sulle vocali chiare *a* ed *e* già insiste l'*incipit*, con *lacrime*, *calde*, *stanze*), e la musicalità rende più aspra la frizione con la tematica tragica: le *lacrime calde* appartengono alla sfera semantica di *stragi*, *sfacelo*, *squassate*, *urlo*.

Il sonetto "monoblocco"

Ma l'elemento formale più rilevante è il compattarsi dei quattordici versi (dilatati a sedici nel sonetto IX) in un blocco unico. È il sonetto "monoblocco", peculiare della stagione "alta" dei sonetti di Caproni (*Anniversario* e, appunto, *I lamenti*), caratterizzato principalmente da: **annullamento dei bianchi tipografici interstrofici**, saldatura tra le strofe realizzata non per giustapposizione ma per "scivolamento" di una strofa nella successiva, un unico lungo periodo che si svolge attraverso più strofe, con i conseguenti fenomeni accumulativi e prolettici, frequenti e forti *enjambements*, anche "a cascata", attrito fra ritmo e sintassi (Scarpa, 2004, p. 43).

Il sonetto "civile" di Fortini

Nel *Sonetto* di Fortini sullo sterminio degli ebrei:

> Sempre dunque così gemeranno le porte
> divaricate in pianto. Rotano eterni i fumi
> dei roghi e giù s'ingorga la coorte
> d'uomini scimmie, di femmine implumi.
>
> Con loro, amici! Sono questi i fiumi
> da cui credemmo salvare la sorte.
> Ma se le torce stridono e vacillano i lumi
> qualcuno dentro il buio canta più forte.

Non la battaglia bianca d'arcangeli cristiani
clama l'inno che tu alla notte rubi
sempre più cieca; ma noi, gli ultimi, i vivi.

A coro alto scendiamo, le mani strette alle mani
intrepidi, le grotte vane: Anùbi
enorme erra, testa di cane, ai trivi.

lo schema delle rime viene da Petrarca (lo schema ABAB BABA CDE CDE è quello di *Rerum vulgarium fragmenta*, 260) ma attraverso Foscolo (cfr. Marazzini, 1981, pp. 202-3), ben presente anche a livello lessicale, con la vera e propria citazione dell'*incipit*: «[...] Gemeranno gli antri / secreti, e tutta narrerà la tomba / Ilio raso due volte e due risorto» (*Dei Sepolcri*, 283-285; la forma *gemeranno* è un *hapax* nella lingua poetica italiana). Appartiene a un altro tempo, in tutti i sensi, ma è interessante il pure "civile" e fortiniano *Sonetto dei sette cinesi* (in *L'ospite ingrato*, 1985):

Una volta il poeta di Augsburg ebbe a dire
che alla parete della stanza aveva appeso
l'Uomo Del Dubbio, una stampa cinese.
L'immagine chiedeva: come agire?

Ho una foto alla parete. Vent'anni fa
nel mio obiettivo guardarono sette operai cinesi.
Guardano diffidenti o ironici o sospesi.
Sanno che non scrivo per loro. Io

so che non sono vissuti per me.
Eppure il loro dubbio qualche volta mi ha chiesto
più candide parole o atti più credibili.

A loro chiedo aiuto perché siano visibili
contraddizioni e identità fra noi.
Se un senso esiste, è questo.

Uso episodico del sonetto

2.1.9. Di uso occasionale del sonetto si può parlare per altri tre poeti, tutti metricamente lontani, in diverso modo, da questa forma: Ungaretti, Luzi, Bertolucci. Il primo è autore di un "criptosonetto" (così lo definisce Mengaldo, 1989a, p. 51; cfr. *supra*, par. 1.3), scritto dopo la morte del fratello Costantino (1936, poi nel *Dolore*), e forse allusivo al **legame tra la forma epicedio e il sonetto** tradizionalmente sancito da Foscolo con *Un dì, s'io non andrò sempre fuggendo*, in morte del fratello Giovanni:

Tutto ho perduto dell'infanzia
e non potrò mai più
smemorarmi in un grido.

L'infanzia ho sotterrato
nel fondo delle notti

e ora, spada invisibile,
mi separa da tutto.

Di me rammento che esultavo amandoti,
ed eccomi perduto
in infinito delle notti.

Disperazione che incessante aumenta
la vita non mi è più,
arrestata in fondo alla gola,
che una roccia di gridi.

Luzi si lega invece alla funzione di difesa civile della forma per il suo unico sonetto, *Città lombarda* (in *Avvento notturno*, 1940; cfr. *supra*, par. 1.4) regolare nella misura endecasillabica e nelle rime (ABAB BAAB CDC DCD):

Chiara città che affondi in uno specchio,
questo al di là dell'anima che muore
in ogni gesto il gelido apparecchio
delle tue mura accende e le tue gore.

E che altro rimane che il dolore
non rendesse perfetto? Nel rispecchio
degli opali pesanti indugia il vecchio
orror della mia vita, a malincuore

dietro eterni cristalli occhi di mica
irraggiano una funebre interezza,
dalle pallide arene e dall'ortica

la notte esulta, erosa dalla brezza
pencolante una luna si districa
dai vertici, né il tuo gelo si spezza.

Bertolucci scrive una *Prova di sonetto* (in *Lettera da casa*, 1951, regolarmente endecasillabico e con schema rimico ABAB ABAB CDE CED), in cui la scelta metrica viene fatta come «aggancio al passato, accettazione del linguaggio "speciale" per parlare con un altro poeta», poiché si tratta «di un colloquio particolare, da poeta a poeta, tra addetti ai lavori, e forse soprattutto di un atto di *pietas* letteraria, che richiama quello fraterno di Catullo e di Foscolo, cui riporta nell'ultimo verso il termine *muto*» (Marazzini, 1981, p. 204):

Al sole che declina questo giorno
d'alte nubi, poeta derelitto,
imporpora soave il disadorno,
umile marmo ove il tuo nome è scritto.

La città che si muove a te dattorno
quetamente felice lo sconfitto

tuo nome ignora, persa nel ritorno
del mese che il cucù saluta afflitto

dalla pianura verde e nera poi
che il primo temporale s'è perduto
di là dall'Appennino che rischiara.

Ma il tumulto pacifico che noi
nella sera moviamo, la tua amara
ombra conforti ed il tuo cuore muto.

Sonetti di versoliberisti

2.1.10. Lungo tutto il secolo, la forma sonetto compare anche in poeti che appartengono totalmente al versante della metrica libera, come fosse uno schema archetipico che non è possibile allontanare del tutto. Così è per una poesia di Alda Merini (in *Tu sei Pietro*, 1961), con struttura cinque + quattro + tre + tre, dove l'"eccedenza" della prima strofa è compensata dalla presenza di due settenari, in un contesto tutto endecasillabico:

Come posso perciò trasfigurare
il mio volto di donna
se una mano carnale mi blandisce
nella notte e nel giorno
e mi umilia di inutili accensioni?

Se non vuoi che mi immerga dentro un fango
di realtà fatta più strenua luce,
Dio della forza gettami nel grembo
oro e staffili per le mie preghiere...

In penitenza vivo divorata
da una magica febbre, ma Tu solo
sai come viva santamente il vate.

Dentro la Tua pietà rendimi UNA
perché è a Te che io tendo dalla vita
prima che conoscessi questi inferni.

E così è anche, ad esempio, per una lirica di Dario Bellezza (in *Io*, 1983), con struttura strofica "dislocata" (quattro + tre + tre + quattro):

Non sono capace di solenni peccati:
guardo chi mi sconvolge il sangue,
non pago più. Resto con la mia
voce strozzata in gola a contemplare.

Sono diventato così: a guardare
sembro un messaggero che non porta pena,
piaga d'amore che non rimargina.

Non sarò più uomo né ibrido
cercatore d'avventure, emanazioni
celesti, infantili angeli di vittoria:

nei miei pensieri quando entrerà
tutto il nulla di cui sono capace
allora sarò sazio, felice e tenero
portatore di luce e di buio.

È solo un'**approssimazione alla forma** *Quasi un sonetto* di Nelo Risi (in *Dentro la sostanza*, 1965), che con il sonetto canonico sembra condividere solo il numero di versi (quattordici), che sono però eterometrici (dal senario al verso di quindici sillabe) e senza alcuna partizione forte, strofica o sintattica, né legame di rima:

Ma ci pensi, Cara,
quant'energia si sgrana
sotto i colpi di picca
e di pala e le diverse prove
d'ambiguità e baldanza centellinate per anni
dalla vita che celebra e in un glu si corona
senza poi tanti riguardi (glu glu
di colomba senz'ali) in una gran bevuta
elisir di cicuta fino alla feccia?
Da quattro abbòndanti decenni io sono
e nessuno mi ha unto cresimato o assolto
per questa smania violenta che ho addosso
di agire e volere in virtù della sola
ragione unicamente credere...

Sonetti criptati e regolari in Zanzotto

2.1.11. Prima dell'epocale *Ipersonetto* (per cui cfr. *supra*, par. 1.10), il sonetto era già entrato nel *corpus* poetico di Zanzotto, ma in forma criptata: Dal Bianco e Villalta (1999) definiscono "criptosonetti" tre poesie di *Dietro il paesaggio* (1951) e una di *Elegia e altri versi* (1954), intitolata *Contro monte*, dove **la struttura del sonetto è davvero molto nascosta**, poiché consta di quattordici versi eterometrici in serie continua, non rimati (e il distico finale di endecasillabi sembra alludere al sonetto elisabettiano). È invece un sonetto regolare *Notificazione di presenza sui Colli Euganei* (in *IX Ecloghe*, 1962):

Se la fede, la calma d'uno sguardo
come un nimbo, se spazi di serene
ore domando, mentre qui m'attardo
sul crinale che i passi miei sostiene,

se deprecando vado le catene
e il sortilegio annoso e il filtro e il dardo
onde per entro le più occulte vene
in opposti tormenti *agghiaccio et ardo*,

i vostri intimi fuochi e l'acque folli
di fervori e di geli avviso, o colli
in sì gran parte specchi a me conformi.

Ah, domata qual voi l'agra natura,
pari alla vostra il ciel mi dia ventura
e in armonie pur io possa compormi.

Qui l'unica apparente anomalia (la disposizione chiastica delle rime alternate nella fronte) è in realtà autorizzata da *Rerum vulgarium fragmenta*, 279 (Dal Bianco, Villalta, 1999, p. 1480). L'*incipit* ricalca quello di *Rerum vulgarium fragmenta*, 224 (sonetto *S'una fede amorosa, un cor non finto*), e la dittologia oppositiva *agghiaccio et ardo* (uno dei più vistosi *senhal* petrarcheschi) del v. 8 rimanda al primo verso della seconda terzina dello stesso sonetto di Petrarca: «s'*arder* da lunge et *agghiacciar* da presso».

Il sonetto come "figura archetipale"

Il sonetto ha un ruolo importante anche nella riflessione critica e teorica di Zanzotto, il quale lo ha definito «figura archetipale» (Zanzotto, 1991, p. 312):

> I pochi sonetti [di Foscolo], quasi rubati all'immenso mare arcadico e all'immenso mare petrarchesco stanno come segno di una forma che somiglia alla lapide, di sepolcro e non. Il sonetto è vecchissimo ma è anche misteriosamente "al di là" del tempo, figura archetipale [...]. Il sonetto è qualche cosa di più del sonetto. È il componimento "definitivo" con la sua *pointe* che decide tutto eppure dichiara spazi intorno a sé.

Ed è molto interessante in proposito anche la *Postilla* dell'*Ipersonetto*:

> Inutile inoltrarsi nell'inchiesta sul perché ci si ritrovi a scrivere, a scambiarsi sonetti anche oggi. Evidenti motivi di obbrobrio si assommano a minacciose intimazioni di necessità che proprio per quella indiziatissima strada si ostinano a venire avanti. [...] questa figura presenta anche una sua irriducibilità da frammento di una cristallografia o petrografia del profondo non mai esplicata del tutto, da segno e disegno mandalico assolutamente eterodosso, ma sicuramente autorizzato e autorevole, col suo dinamico *telescopage* di allusioni, a perdita d'occhio.

Il suggerimento di un contatto fra il sonetto e il **simbolismo geometrico del *mandala*** (una circonferenza circoscritta a un quadrato diviso in quattro da due diagonali) sembra perfino anticipare l'orientamento dominante negli ultimi anni fra gli studiosi in merito alla dibattuta e ancora irrisolta questione dell'origine del sonetto, spostatasi dal campo delle derivazioni da forme metriche preesistenti a quello dei modelli numerici e simbolici a cui si sarebbe ispirato il suo inventore (tra i quali è anche il *mandala* indiano).

Sanguineti caposcuola del neometricismo

2.1.12. Nel neometricismo dominante a partire dagli anni ottanta (cfr. *supra*, par. 1.11) un ruolo del tutto particolare, di beffardo caposcuola, è assunto da Edoardo Sanguineti. Nella sezione finale di *Segnalibro* (1982), il primo dei molti pseudo-sonetti è datato 1978 e ha titolo *Sottosonetto*:

vittime designate segna un segno
(un disegno) di sogno: (un raro ranae
et hominis impasto): anfibio regno
di bestie intrappolate, queste vane

varici varie e vaste: il pasto è pregno
di un rospo da rocchetto: ne rimane
(rotta è l'alta colonna, e l'alto ingegno
è un filo, un fumo) un fiato: (un marzapane):

rotta è l'alta colonna: (e rosso è il topo
che mi rode): (un fantasma): una chimera
da fromboliere e da formaggi, e mia:

falcato, acuto, il dente umano (dopo
una forte acqua) mi morde: è una vera
batraco, Valeriano, miomachia:

Gli endecasillabi e lo schema di rime sono regolari, ma il contenuto è semanticamente frantumatissimo e macina al suo interno l'emistichio iniziale del sonetto petrarchesco 269 (*Rotta è l'alta colonna e 'l verde lauro*), iterato ai vv. 7 e 9 (prima in compagnia del pure petrarchesco *alto ingegno*, poi di un meno aulico *rosso topo*).
In *Il gatto lupesco. Poesie 1982-2001* (2002) troviamo tra l'altro un *Emisubsonetto* (due terzine ABA CBC + una quartina DEED; letto dal basso lo schema è regolare, con omissione della prima quartina: ABBA CDC EDE), *Cinque semisonetti* (una quartina + una terzina) e un *Acrobistico* (con rime esclusivamente tronche, che coinvolgono per lo più parole straniere):

rifugio è il doppio coeur, che a me fa il crac,
ovvero è il beau boulevard, che ha nome Go:
un Jonas, sbalenato da un cognac,
bienveillamment si espone al bleu Roubaud:

acqua in un pugno, abyssant patatrac,
una ragazza strilla: «io che ne so
di seni e di semafori di Bach,
rectangles périmétrés che non dirò?»:

o amore, amore, più mésange di un Jacques,
un Faust di fête foraine ci piange in «Ach!»:
boutiquière fatta cube è un pagherò:

al fu ministro Paul-Henri-Charles Spaak
una ventriloqua va, sur vélo,
da un Vernier strapropulsa, un ex-Hugo:

Guido Oldani

È formalmente un "**emisonetto**" **rovesciato** quello che Guido Oldani adotta in *La betoniera* (2005) in undici delle dodici liriche di cui si compone il libro: sette endecasillabi, il terzo dei quali è sempre chiuso da un punto fermo, a riprodurre lo schema terzina + quartina; trascriviamo l'ultima (*La lavatrice*):

la centrifuga gira come un mondo
e i suoi abitanti sono gli indumenti
riposti dalla coppia dei congiunti.
si avvinghiano bagnati in un groviglio
i rispettivi panni in capriola,
sono rimasti questi i soli amanti,
quegli altri se si afferrano è alla gola.

Giovanni Orelli e Alessandro Fo

Sono invece regolari nella struttura ma ammettono versi superiori all'endecasillabo i sessanta sonetti raccolti da Giovanni Orelli in *Né timo né maggiorana* (1995); sono eccentrici sul piano tematico i sonetti "ortolani" pubblicati da Alessandro Fo in *Piccole poesie per banconote* (2001), fra i quali *Potenza delle zucchine*, definito dall'autore "controsonetto" e composto da due terzine e due quartine:

Ogni volta che incontro le zucchine
(ed, ostinate, pare che ne escano
senza pietà commestibili, pure,

anche davanti ai divieti a verdure
che verzicando sui banchi ci adescano
e invece son radioattive e barbine)

il cuore mi si stringe: in un assioma
di tempi («belli»? dicono così)
che sono «andati», nei pressi di Roma, e
con l'esse strascicata quasi in *sci*,

di viscere trattando in allusione
– poiché, per quanti problemi ne riescano,
tacerne resta buona educazione –:
«Le zucchine rinfrescano, rinfrescano!»

Marco Berisso

La **linea dominante** negli ultimi anni del recupero della forma sonetto, di volta in volta più o meno dissimulata (senza partizioni strofiche, con forte scarto tra punteggiatura e sintassi, con schema rimico irregolare o assente ecc.), è sicuramente quella **ironica e antifrastica**.
Una ironica commistione di echi letterari, dal Gozzano dell'esergo ai sonetti autobiografici di Alfieri e Foscolo, è offerta da Marco Berisso (già appartenente al Gruppo 93) in *Allo specchio (passati i trent'anni)*, dalla raccolta *Annali* (2002):

...ed ecco la trentina
inquietante, torbida d'istinti
moribondi...

(guido gozzano)

e quello certamente deve essere
io, ma irriconoscibile davvero,

quella faccia allo specchio, e quelle strette
fessure degli occhi alla ricerca

di qualche somiglianza coi ricordi,
mentre sta indaffarato ad elencare
le rughe sulla fronte ed ogni crepa
sulla pelle essiccata, quello è io

sicuramente, e forse adesso io
dovrei parlargli, chiedergli notizie
su come se la passa, su che cosa

sta combinando adesso, e invece resto
a spiarlo, mentre col dito lento
si affanna, io, a conteggiarsi il tempo

Al sonetto ricorre più di una volta perfino un narratore "cannibale" come Aldo Nove, che chiude *Fuoco su Babilonia!* (2003) con *Su me stesso*: Aldo Nove

Ho aperto una palestra di vocali
e consonanti dieci anni fa;
ho investito tempo e capitali
in questa avvilente attività.

Non ho neppure l'autorizzazione
(nel mio settore non ce n'è bisogno):
un po' di malattia, d'ispirazione
dovrebbero bastare. Poi, con sogno

d'imperitura fama ricordarsi
di chiudere il negozio, fino a quando
l'odore di cadavere, catarsi

finale di chi sta transumando
trapasserà alle antologie. Spararsi
nell'aldilà le pose, sogghignando.

L'immagine della «palestra di vocali e consonanti» è forse l'estrema e irriverente propaggine delle «rime sparse» petrarchesche, a segnare una continuità stravolta ma viva nella più diffusa e longeva forma metrica della tradizione italiana.

2.1.13. Il carattere sintetico e provvisorio di queste linee di storia del sonetto novecentesco, insito nella natura manualistica del volume, è indotto anche naturalmente dalla **mancanza di una mappa dettagliata e sistematica** dell'uso di questa forma in Italia nel XX secolo. Una lacuna che sta per essere colmata dall'imminente *Repertorio metrico del sonetto novecentesco*, cui attendono alcuni studiosi padovani allievi di Mengaldo, che ci darà finalmente «un *corpus* estensivo di testi accreditato a fare da base Una mappa provvisoria ad uno studio complessivo del fenomeno e della sua morfologia» (Roggia, 2002, p. 285).

2.2. La canzone

Il rigore di Pasolini

2.2.1. La canzone tradizionale petrarchesca ha un unico seguace rigoroso nel Novecento: Pier Paolo Pasolini, sia nella poesia in dialetto che in quella in lingua. Lo schema della *Cansion* inclusa nell'appendice (1950-53) della *Meglio gioventù* (1954) riprende quello delle tre canzoni petrarchesche dette "degli occhi", 71, 72, 73 (*Perché la vita è breve*; *Gentil mia donna, i' veggio*; *Poi che per mio destino*): aBC bAC, CDEeDfDFF; la *Cansion* consta di sole tre strofe + il congedo, che ha dimensione e struttura (aBCcBDD) diverse dal modello petrarchesco (ABB). Uno schema analogo tornerà nelle cinque *Poesie incivili* comprese nella *Religione del mio tempo*, 1961 (*La reazione stilistica*, *Al sole*, *Frammento alla morte*, *La rabbia*, *Il glicine*), ma con molte approssimazioni: infrazioni al numero fisso di versi per stanza (quindici), eterometria, rime anche fortemente imperfette, schema rimico delle varie stanze non perfettamente coincidente (cfr. Brugnolo, 1983, pp. 44-5).

Gozzano

2.2.2. Tra le riprese libere della forma canzone la gozzaniana *Paolo e Virginia* consta di dieci stanze (fronte + sirma indivisa) ciascuna di diciassette versi (sedici nella nona), dove si ripetono uguali la fronte ABC ABC e il verso di chiave *c* (che è sempre un settenario, come in Petrarca), mentre l'identità della sirma nelle varie stanze è solo parziale.

Saba

Alcune canzoni di Saba si avvicinano a uno schema petrarchesco, ma nessuna è perfettamente coincidente: *Il fanciullo e il bersagliere*, *Tre vie*, *Il fanciullo appassionato* (in *Trieste e una donna*) e *Nino* (in *Poesie scritte durante la guerra*). *Il fanciullo e il bersagliere* (espunta dall'edizione definitiva del *Canzoniere*) consta di tre strofe ciascuna di nove versi, con schema ABcCBDDEA; *Il fanciullo appassionato* ha tre strofe formate ciascuna da undici endecasillabi e un settenario in ultima sede, con schema ABBCDACEEDFf (dunque con *combinatio* finale); *Nino* consta di sei strofe endecasillabiche di undici versi ciascuna, con schema rimico coincidente per i primi cinque versi (ABACC).

Il caso più interessante è rappresentato da *Tre vie*, formata da tre strofe di diciassette versi ciascuna, con uguale schema (scontata la sporadica sostituzione della rima con l'assonanza) composto da fronte ABA CBC DED FEF e sirma GGFHH; è come se la terzina fosse sottesa alla canzone e ne forzasse la struttura: Girardi (1984a, p. 39) parla di **stanze indivise «scomponibili in quattro terzine** incatenate a due a due dalla rima interna, più una strofa pentastica incatenata alla rima esterna F»; alla *combinatio* finale è dato molto rilievo, con sottolineature semantiche e retoriche che trasformano questo artificio metrico (non sempre presente nelle canzoni petrarchesche) nella tipica "chiusa" sabiana. Si veda ad esempio come alla fine della prima strofa si concentrino un forte *enjambement* (che rimanda al verbo *penare* del penultimo verso della seconda strofa), un'antitesi e un chiasmo:

C'è a Trieste una via dove mi specchio
nei lunghi giorni di chiusa tristezza:
si chiama Via del Lazzaretto Vecchio.
Tra case come ospizi antiche uguali,
ha una nota, una sola, d'allegrezza:
il mare in fondo alle sue laterali.
Odorata di droghe e di catrame
dai magazzini desolati a fronte,
fa commercio di reti, di cordame
per le navi: un negozio ha per insegna
una bandiera; nell'interno, volte
contro il passante, che raro le degna
d'uno sguardo, coi volti esangui e proni
sui colori di tutte le nazioni,
le lavoranti scontano la pena
della vita: innocenti prigioniere
cuciono tetre le allegre bandiere.

A Trieste ove son tristezze molte,
e bellezze di cielo e di contrada,
c'è un'erta che si chiama Via del Monte.
Incomincia con una sinagoga,
e termina ad un chiostro; a mezza strada
ha una cappella; indi la nera foga
della vita scoprire puoi da un prato,
e il mare con le navi e il promontorio,
e la folla e le tende del mercato.
Pure, a fianco dell'erta, è un camposanto
abbandonato, ove nessun mortorio
entra, non si sotterra più, per quanto
io mi ricordi: il vecchio cimitero
degli ebrei, così caro al mio pensiero,
se vi penso i miei vecchi, dopo tanto
penare e mercatare, là sepolti,
simili tutti d'animo e di volti.

Via del Monte è la via dei santi affetti,
ma la via della gioia e dell'amore
è sempre Via Domenico Rossetti.
Questa verde contrada suburbana,
che perde dì per dì del suo colore,
che è sempre più città, meno campagna,

serba il fascino ancora dei suoi belli
anni, delle sue prime ville sperse,
dei suoi radi filari d'alberelli.
Chi la passeggia in queste ultime sere
d'estate, quando tutte sono aperte
le finestre, e ciascuna è un belvedere,
dove agucchiando o leggendo si aspetta,
pensa che forse qui la sua diletta
rifiorirebbe all'antico piacere
di vivere, di amare lui, lui solo;
e a più rosea salute il suo figliolo.

Ma qui si innesta il discorso sulla "poesia di tre strofe" di Saba, che può anche partire dalla canzone, ma ci porta altrove (come abbiamo visto *supra*, par. 1.2).

Luzi

Bausi e Martelli (1993, pp. 293-4) indicano un esempio particolarmente rilevante di ripresa novecentesca della canzone nella *Serenata di piazza D'Azeglio*, composta da Mario Luzi nel 1934 e inserita l'anno seguente nella sua raccolta d'esordio, *La barca*. Il meccanismo su cui è costruita la lirica è quello della canzone a stanze *unissonans*: in ciascuna delle cinque strofe esastiche abbiamo ottonari in prima, quarta e sesta sede, decasillabi in seconda e quinta sede e un quinario in terza:

Il fantasioso viale
voga nella sua nuvola verde,
e già la stella
dall'ali più silenziose
divide la sua luce fanciulla
tra i sitibondi emisferi.

Odi tu dubbia corrente
della muscosa acqua serale
l'antico scalmo
dei bronzi nel liscio grembo,
la levigata prora del giorno
s'incaglia nelle foreste.
[...]

Le "stanze" di Montale

Certo si può parlare di canzone anche altre volte e a proposito di altri autori, ad esempio per ***Stanze* e *Nuove stanze* di Montale**, ma qui il termine andrà inteso in senso diverso: il discorso cioè si complica, e di molto, sia per l'inserirsi di modelli stranieri sia perché non dobbiamo dimenticare la fondamentale mediazione della canzone libera di Leopardi, che tra l'altro, «magari intrecciata a quella della *strofe lunga* dannunziana – e del madrigale rinascimentale – spiega il perdurare delle sollecitazioni del gran metro, in primo luogo a un'ampiezza ben organata dell'enunciazione poetica» (Mengaldo, 1989a, p. 53).

2.3. La sestina

2.3.1. Il recupero della forma sestina a fine Ottocento parte da Carducci, con *Notte di maggio* (1885; poi in *Rime nuove*, 1887): la tradizione dantesca e petrarchesca è rispettata, le parole rima sono sostantivi (*notte*, *stelle*, *onde*, *verde*, *colli*, *luna*; solo *verde* ha in un caso valore aggettivale) e bisillabi piani; la *retrogradatio cruciata* vale anche nel congedo, per cui le parole rima vi sono disposte secondo l'ordine iniziale ABCDEF (come in Petrarca, *Rerum vulgarium fragmenta*, 142, 214, 237, 239, 332). Carducci

Nessuna sestina è in Pascoli, due invece ne pubblica D'Annunzio, nell'*Isotteo* e nel *Poema paradisiaco*: la *Sestina della lontananza* condivide con la sestina 237 di Petrarca due parole rima (*sera*, *luna*) e ne riprende in modo evidentissimo l'ultima strofa e il congedo; così Petrarca: D'Annunzio

> *Deh or foss'io col vago de la luna*
> *adormentato* in qua' che verdi boschi,
> et questa ch'anzi vespro a me fa sera,
> con essa et con Amor in quella piaggia
> sola venisse a starsi ivi una notte;
> e 'l dì si stesse e 'l sol sempre ne l'onde.
>
> Sovra dure onde, al lume de la luna
> *canzon nata di notte* in mezzo i boschi,
> ricca piaggia vedrai deman da sera.

E così D'Annunzio:

> O donna ch'anzi vespro a me fai sera,
> cui Laura è suora ne le rime d'oro,
> *deh foss'io, come il vago de la Luna,*
> *addormentato*, e alfin tra le tue braccia
> mi risvegliassi e bevere il tuo fiato
> potessi ancora, in letto alto di rose!
>
> Tu la Bella vedrai diman da sera
> e a lei ricingerai le chiome d'oro,
> *canzon, nata di notte* senza Luna.

La sestina ricomparirà in D'Annunzio, elaborata in forma più personale, nel *Poema paradisiaco*, con le tre occorrenze dei *Suspiria de profundis*, che registrano tre forti infrazioni alla norma petrarchesca (ma già dantesca): la presenza, tra le parole rima, di trisillabi (I: *riposo*, *dormire*; II: *romore*, *Ascolta*, *silenzio*, *respiro*, *lontano*; III: *dolore*) che in tre casi sono anche voci verbali: *dormire*, *respiro* (nell'ultima strofa; nelle altre è sostantivo), *Ascolta* (imperativo). Inoltre, nelle sestine petrarchesche ogni strofa è conclusa da un punto fermo, mentre in D'Annunzio talvolta il periodo si prolunga nella strofa seguente. In particolare, nella seconda sestina si instaura un **sistema iterativo** nel quale si perde la musicalità della *retrogradatio cruciata*, ovvero il rilievo delle parole rima; nel congedo addirittura mancano tre parole rima, e lo stesso accadrà nella terza sestina, dove però il principio iterativo diventa programmaticamente strofico, e nell'ultima strofa gli unici termini che non raddoppiano sono proprio le parole rima (Frasca, 1992, pp. 373 e 376):

> *Ah tu non sai, ah tu non sai* che fiamma!
> perché mi guardi tu? Guardi tu il male
> divorarmi? Io ti *veggo* alta su 'l cielo,
> simile a un *giglio*. Io non ti *vidi* mai
> così pallida, mai su 'l mio dolore
> così pallida. Un *giglio* ne la notte...

Antonio Della Porta

Nell'ultimo decennio dell'Ottocento si concentra una consistente produzione di sestine da parte di un poeta minore abruzzese, Antonio Della Porta, autore di ben ventitre sestine, sedici delle quali formano un vero e proprio canzoniere di argomento amoroso (*Le sestine*, 1890).

La sestina di Ungaretti

2.3.2. Dopo la *Sestina di una notte d'estate* di Adolfo De Bosis (in *Amori ac silentio e le rime sparse*, 1914) dobbiamo attendere la sola vera adesione a una forma chiusa da parte di Ungaretti: la sestina *Recitativo di Palinuro*, scritta nel 1947 (poi in *La Terra promessa*), dove l'**influenza della sestina di Pound** sembra provata dal clima "dantesco" dei versi (Pound scrive *Altaforte* per "riabilitare" Bertran de Born dalla condanna dantesca di *Inferno*, XXVIII) e anche dal fatto che la sestina di Ungaretti è un recitativo, quindi – poundianamente – una *persona* (sia in Pound che in Ungaretti è il personaggio a parlare). Si aggiunga l'influenza di Virgilio, che concorre a creare un **clima dantesco**: non il Dante lirico, ma appunto quello "drammatico" della *Commedia*, che dà voce ai suoi personaggi perché possano raccontare la propria storia o la propria morte (ad esempio, Ulisse). La scansione del discorso verso per verso conferisce il tradizionale risalto alle parole rima (*furia*, *sonno*, *onde*, *pace*, *emblema*, *mortale*; cfr. Frasca, 1992, pp. 380-1).

La *Sestina a Firenze* di Fortini

2.3.3. Negli stessi anni, Franco Fortini lavora a quello che sarà uno dei più importanti recuperi novecenteschi della sestina: la *Sestina a Firenze*, datata in calce 1948-57 (edita in *Poesia e errore*, 1959, e poi ritoccata fino alla definitiva edizione in *Una volta per sempre*, 1978), nella quale l'autore allude a entrambi i poli della tradizione della forma (Dante e Petrarca).

> Sempre all'inverno delle torri un **fiore**
> si posa appena aprile apre la *terra*
> con il suo giunco d'aria e agita *argento*
> al riso desolato delle sale

alle armi dei chiostri. Un fiore d'ERBA
d'aliti cauti anima le pietre.

Sterili strenue adolescenti pietre
più del variare dei nuvoli in **fiore**
e della virtù avara d'ogni ERBA
che corse le stagioni della *terra*
foste scienza per me d'amaro sale
impenetrabili torri d'*argento*

e innanzi a voi negli inverni d'*argento*
volli eguagliare entro di me le pietre
essere asciutto scintillìo di sale
pensiero e forma limpida di **fiore**
senza peso né ombra sulla *terra*
senza perire più come fa l'ERBA.

Ma ora è la virtù breve dell'ERBA
quanto mi resta invece, il breve *argento*
degli steli che odorano la *terra*
sui carri del tramonto. Alle tue pietre,
città amara, mi guidi, ora che il **fiore**
eterno al gelo delle torri sale.

Ritorno, in cima alla memoria sale,
e ne sorrido, quel tempo: ero ERBA
e sono, che dissolto al sole il **fiore**
sibili rade sillabe d'*argento*
al vento inaridito delle pietre
e pieghi in pace all'ombra della *terra*.

Dunque verso quell'ombra alla mia *terra*
vengo da sempre e alle deserte sale
dei templi e delle logge dove il **fiore**
di Firenze scolora antico e l'ERBA
parla dei morti fra i marmi d'*argento*.
Ma per questa mia pace ultima, pietre,

se il vento sale e il sereno alle pietre,
se aprile grida *argento*, abbia la *terra*
sempre chi l'ERBA e il tempo intenda e il **fiore**.

Dalla sestina dantesca *Al poco giorno e al gran cerchio d'ombra* Fortini prende le due parole rima *erba* e *pietre* (*pietra* in Dante), mentre *fiore* e *terra* provengono da due sestine petrarchesche (239 e 22); sono invece estranee alla tradizione le altre due parole rima, *argento* e *sale* (usato come rima equivoca: è sostantivo plurale nelle stanze prima, terza e sesta, voce del verbo *salire* nella quarta e nella quinta, e sostantivo singolare nella seconda). Le rigide regole della forma sono trasgredite solo nei **forti *enjambements*** che legano la seconda alla terza stanza e l'ultima stanza al congedo e, soprattutto, in una infrazione alla *retrogradatio cruciata* nell'ultima stanza, dove lo schema delle rime dovrebbe essere BDFECA ed è invece BDAECF: sono cioè scambiate le posizioni delle rime A (*fiore*) ed F (*pietre*), con conseguente *mise en relief* semantica delle pietre delle torri di Firenze, quindi del rapporto tra memoria privata, che occupa le strofe precedenti, e memoria storica («l'erba / parla dei morti fra i marmi d'argento»). L'infrazione metrica sottolinea cioè lo **snodo semantico fondamentale** della poesia.

Rinnovato interesse teorico e storico

2.3.4. Il recupero della sestina da parte di molti poeti a partire dagli anni ottanta si lega anche a un rinnovato interesse sia per le riflessioni teoriche e storiche su questa forma (cfr. in particolare Frasca, 1992) sia per la sestina di Arnaut Daniel, che conosce ben tre traduzioni in pochi anni, ad opera di Giovanni Raboni (*Voglia che in cuore m'entra*, nella sezione *Sestina e sette temi da Arnaut Daniel*, nella raccolta *Canzonette mortali*, 1980; poi nella sezione *Reliquie arnaldine*, in *Versi guerrieri e amorosi*, 1990), Gabriele Frasca (*La ferma voglia che nel cuore m'entra*, in "Il piccolo Hans", 45, 1985) e Fernando Bandini (in Arnaut Daniel, *Sirventese e canzoni*, Torino 2000).

Rinnovata vitalità della sestina

Della vitalità della forma sestina nell'attività poetica degli ultimi decenni danno conto sia Frasca (1992) che Cortellessa (1996): dalle sestine di tema oltranzisticamente erotico di Patrizia Valduga (*Al poco giorno la troppa mia notte* e *Tristemente il mio giorno tempra il tempo*, entrambe in *Medicamenta e altri medicamenta*, 1989), a quelle con struttura "alla francese" (cioè con le parole rima rimate fra loro: *treno*, *stento*, *meno*, *vento*, *sereno*, *divertimento*) e tema "ferroviario" che chiudono il libretto di Alessandro Fo, Carlo Vecce, Claudio Vela *Coblas. Il mistero delle sei stanze* (1987), alla "ipersestina" di Frasca (*poesie da tavola*, in *Rame*, 1984 e 1999), da lui definita «una sestina al quadrato: quarantadue stanze, con l'ultima parola rima che si perde a ogni giro di boa»; le prime sei stanze hanno regolare *retrogradatio cruciata*, poi riprende l'ordine seguito nell'ultima stanza, ma con la sostituzione dell'ultima parola rima. Da quel momento torna in vigore la *retrogradatio*, fino al successivo "giro di boa".

La *dissestina* che chiude l'edizione 1999 di *Rame* è una sestina in cui tornano identici in ogni strofa gli interi versi (non le sole parole rima, che perdipiù qui rimano fra loro a tre a tre), con **un'addizione di ripetitività imposta a un congegno già rigidamente ripetitivo**: ne risulta «un *loop* ossessivo, un congegno rotto che si ripete, una *dissestina*, appunto», che non a caso nell'*incipit* cita e dissacra gli attacchi solenni della tradizione epica (Afribo, 2007, p. 98):

> non le parole canto ma quei pezzi
> nel disarticolarsi delle cose
> con il lavoro ottuso degli attrezzi

per dirti fermo in poche strette pose
fra i cocci in cui frantumi e che disprezzi
mentre trascorri strade scivolose
mentre trascorri strade scivolose
non le parole canto ma quei pezzi
fra i cocci in cui frantumi e che disprezzi
nel disarticolarsi delle cose
per dirti fermo in poche strette pose
con il lavoro ottuso degli attrezzi
con il lavoro ottuso degli attrezzi
mentre trascorri strade scivolose
per dirti fermo in poche strette pose
non le parole canto ma quei pezzi
nel disarticolarsi delle cose
fra i cocci in cui frantumi e che disprezzi
fra i cocci in cui frantumi e che disprezzi
con il lavoro ottuso degli attrezzi
nel disarticolarsi delle cose
mentre trascorri strade scivolose
non le parole canto ma quei pezzi
per dirti fermo in poche strette pose
per dirti fermo in poche strette pose
fra i cocci in cui frantumi e che disprezzi
non le parole canto ma quei pezzi
con il lavoro ottuso degli attrezzi
mentre trascorri strade scivolose
nel disarticolarsi delle cose
nel disarticolarsi delle cose
per dirti fermo in poche strette pose
mentre trascorri strade scivolose
fra i cocci in cui frantumi e che disprezzi
con il lavoro ottuso degli attrezzi
non le parole canto ma quei pezzi
perché se in pezzi vivono le cose
solo agli attrezzi devono le pose
che tu disprezzi e dici scivolose.

Dante e Rolling Stones

2.3.5. Molto libera è la rivisitazione ironica della sestina fatta da Edoardo Sanguineti in *Canzonetta pietrosa* (datata luglio 1982 e pubblicata in *Novissimum Testamentum*, 1986), dove *pietrosa* allude a Dante ma anche, e soprattutto, ai Rolling Stones, le "pietre rotolanti" allora in *tour* in Italia (e dove forse non manca un riferimento, pertinente, all'autore più trasgressivo della nostra letteratura antica, Cecco Angiolieri, e al suo celebre "manifesto" poetico: «S'i' fosse fuoco, arderei 'l mondo / [...] / s'i' fosse acqua, i' l'annegherei»):

che vecchia pietra, vecchio amore, è il tempo,
e che Rullo che Rotola di Roccia!
respiro pietre che bruciano l'acqua,
e brucio pietre che bevono l'aria,
e bevo pietre che respira il fuoco:
pietra che gridi con voce di pietra,
che verde muschio, vecchio amore, è il tempo!

che verde fuoco, e che verde acqua, è l'aria,
e che Ramo di Rose è che mi Ride!
rotolo un'acqua che mi soffia il fuoco,
rotolo un fuoco che mi bagna l'aria,
rotolo un'aria che mi incendia l'acqua:
pietra che canti con voce di muschio,
che verde pietra, verde amore, è il tempo!

oh, Rolling Stones, mio incendio, mia tempesta,
mio diluvio che rotoli nel tempo:
mangio il fuoco e le pietre, e mordo l'aria:
che Morte Molle, in un Mare di Muschio!

È evidente come qui il rimando alla sestina sia stravolto, ma comunque saldo nella sua rigorosa originalità: tre strofe rispettivamente di sette, sette, quattro endecasillabi prosodicamente regolari; delle parole rima della prima strofa (*tempo* è in *coupe* sia al primo che all'ultimo verso), quattro tornano nella seconda, nella quale *aria* è in *coupe* due volte; una (*acqua*) è all'interno del terzo verso; *muschio*, apparentemente irrelato, è in rima al mezzo con l'ultimo verso della prima strofa. Fanno a sé e sono irrelati i versi in seconda posizione, ma sostitutiva della identità della parola finale parrebbe essere l'allitterazione della *r* che li accomuna (ogni parola di entrambi inizia per *r*: è l'artificio, particolarmente caro a Sanguineti, del tautogramma). La terza strofa (il "congedo") riprende tutte le parole rima, tranne *acqua*, la quale però può essere "letta" nei due sostantivi semanticamente sostitutivi *diluvio* e *tempesta*, che inoltre "contiene" un'altra delle parole rima, *tempo*, seguendo con originalità quanto la forma sestina ammette nel congedo: una parola rima può essere sostituita da un'altra parola che la contenga (Lavezzi, 2001, pp. 189-91).

Oltre il Novecento

2.3.6. La fortuna della sestina prosegue nel **nuovo secolo**: ne sono prova ad esempio, oltre alle molte sestine pubblicate in rete, la *Sesta rima dello schiavo prigione* di Fabio Pusterla (in *Folla sommersa*, 2004) e la sestina che Alessandro Fo inserisce in *Corpuscolo* (2004), dove il tema "umile" è introdotto dal titolo, *El portava i scarp del tenis*, riconoscibilissima citazione dalla fortunata canzone di Enzo Jannacci dove il protagonista era un *barbùn* (così come qui è un *profesùr*, quasi altrettanto povero). Il **registro ironico** è marcato da alcune citazioni colte, quali i *guazzi* del v. 10, memori dei *gelati guazzi* di *Inferno*, XXXII, 72, o l'attacco della quinta strofa («E il profesùr ripensò la sua vita»), che rimanda a un celebre snodo del *Cinque maggio* manzoniano (vv. 25 ss.: «e ripensò le mobili / tende, e i percossi valli, / e il lampo de' manipoli, / e l'onda dei cavalli [...]»):

Il profesùr vide un paio di scarpe
passeggiando una sera in un paese
nella giornata ch'è metà dei passi
della stagione estiva e di sua vita.
Col cuore in ansia vagliò fra sé il prezzo:
la qualità; e le sue poche lire.

«Centocinquanta, è il prezzo, mila lire».
Ma gli apparivan, le splendide scarpe,
perfette: sì da non avere in prezzo
nevi né guazzi d'inverno al paese
dove la sorte gli assegnò sua vita
(e, qualche volta, tentare alti passi).

Parla un amico, e gli dice: «Non passi
senza profitto l'occasione; le lire
che ti pretende il costo della vita
sono investite nelle belle scarpe».
Poi mostra che l'artista di paese
ha adibito un cuoio di gran prezzo;

e come – e come ciò non abbia prezzo –
la doppia cucitura a mano passi
la suola *Olympic* di Trento, paese
di piogge e nevi non da poche lire,
sì che la guardia ch'è sotto le scarpe
sia in prima linea a campare la vita.

E il profesùr ripensò la sua vita:
il giorno dopo giorno; ed il suo prezzo;
la gran necessità di quelle scarpe;
e però anche di non fare passi
più lunghi delle corte gambe-lire,
già sulla via del ritorno al paese

dei guasti all'automobile, al paese
delle bollette, dell'affitto alla vita.
Ma cosa sono la vita, le lire!
Vogliamo un bene? e paghiamone il prezzo!
«La buona idea – disse l'artista – passi:
son destinate già a Crema, le scarpe».

Andrete accanto al mio paese, scarpe,
breve cometa a mia vita; le lire,
doppiato il prezzo, terranno altri passi.

È con regolare *retrogradatio*, ma in settenari (tranne il congedo, in endecasillabi), la sestina di Valerio Magrelli *Si riparano personal* (in *Disturbi del sistema binario*, 2006), che si configura come un'ironica bonaria invettiva che il letterato utente incompetente di computer lancia al tecnico, pure incompetente:

> Tu non sai fare nulla
> e anche il nulla fai male
> riducendomi a ostaggio
> della tua falsa scienza,
> massimo incompetente
> d'una minima tecnica.
>
> Che penso della tecnica?
> Non posso dirne nulla
> in quanto incompetente,
> benché esperto del male
> che viene dalla scienza
> passiva dell'ostaggio.
>
> E se parlo da ostaggio
> è perché questa tecnica,
> fingendosi una scienza,
> mi consegna al suo nulla,
> nel reame di un male
> il cui re è incompetente.
>
> Ma più che incompetente,
> carnefice: il suo ostaggio
> sta abbandonato al male
> per placare una tecnica
> efferata che nulla
> sazia, sadica scienza.
>
> Io non odio la scienza
> bensì l'incompetente
> che taglia e spaccia il nulla,
> lui stesso ignaro ostaggio
> assuefatto alla tecnica
> come il tossico al male.
>
> Perciò auguro il male
> a chi, privo di scienza,
> mi incatena alla tecnica
> pensando, incompetente,
> di trattarmi da ostaggio
> senza che obietti nulla.
>
> Invece, contro il male, contro il nulla
> di una scienza affidata (*mala tecnica*
> *currunt*) a incompetenti, io scrivo!, ostaggio.

2.4. La terzina

Pascoli e Pasolini

2.4.1. Abbiamo visto che l'esperienza della terzina è fondamentale per la metrica di Giovanni Pascoli (cap. 2, par. 4.4). All'esperienza pascoliana si rifà direttamente, piuttosto che a Dante, il Pasolini delle *Ceneri di Gramsci* (1957), dove il metro è usato con una certa libertà sia nella misura versale sia nel gioco tra rime e assonanze (e di questo si dirà nel cap. 4, parr. 1.1.1 e 3.3.1).

Gozzano e Saba

La ripartizione delle terzine nei *Poemetti*, in strofe uguali con l'aggiunta di un verso isolato (in rima con il verso centrale dell'ultima terzina), è ripresa, prima che da Pasolini, da poeti crepuscolari, fra i quali lo stesso Gozzano, nella poesia *I colloqui* (cfr. Beccaria, 1975, p. 214, nota 22). Forme metriche derivate dalla terzina (con varie alterazioni nell'incatenamento delle rime) troviamo in altri autori, fra i quali Saba (cfr. Capovilla, 1982, p. 26), che adotta con frequenza il metro sia in *Trieste e una donna* che nella *Serena disperazione*, ad esempio in *Caffè Tergeste* (ABA, CBC, DED, FEF, GHG H):

Caffè Tergeste, ai tuoi tavoli bianchi
ripete l'ubbriaco il suo delirio;
ed io scrivo i miei più allegri canti.

Caffè di ladri, di baldracche covo,
io soffersi ai tuoi tavoli il martirio,
lo soffersi a formarmi un cuore nuovo.

Pensavo: Quando bene avrò goduto
la morte, il nulla che in lei mi predico,
che mi ripagherà d'esser vissuto?

Di vantarmi magnanimo non oso;
ma, se il nascere è un fallo, io al mio nemico
sarei, per maggior colpa, più pietoso.

Caffè di plebe, dove un dì celavo
la mia faccia, con gioia oggi ti guardo.
E tu concili l'italo e lo slavo,

a tarda notte lungo il tuo bigliardo.

Gianni D'Elia

Se, come abbiamo visto, recentemente la terzina dantesca è stata ripresa dai neometrici quali Frasca e Valduga, terzine variamente rimate sono riunite a formare la misura del poemetto negli ultimi libri di Gianni D'Elia, che ne fa un metro duttile, adatto tanto alla tematica parentale (*Sulla riva dell'epoca*, 2000, in memoria della sorella Lina) quanto a quella civile, come in *Bassa stagione* (2003), dove è "bassa stagione" sia per i ricordi privati che affiorano sia per le delusioni e le tragedie pubbliche:

[...]
Ha la tragedia un sapore di farsa;
a un decennio di guerre, celesti,
fuori casa, si scava a notte fonda

a New York, straziata, ora che per qualche
errore, gira la ruota, e tutto l'odio
e il male di fede malata, disintegra

il fanatico suicida genocida, riesploso
Orrore e Oriente dentro l'Occidente;
pietà solidale al popolo, non all'Imperatore;

combattere il terrore; ma l'ingiustizia
esistente? Guerra da guerra, sempre,
euramericana gente? Ground Zero, il niente?
[...]

Un'analoga ***vis* polemica** indotta dall'Italia dei nostri giorni è invece affidata dallo stesso D'Elia a cantabili quartine endecasillabiche a rima alterna (con conseguente cozzo fra la violenza dell'invettiva e la musicalità leggera del metro) nella recentissima *La liberazione*, con cui ha preso parte alla antologia "civile" on-line *Calpestare l'oblio. Cento poeti italiani contro la minaccia incostituzionale* (novembre 2009; http://www.lagru.org).

Poeti di ultima generazione

2.4.2. Alla terzina, che partecipa dunque a pieno titolo al recente *revival* delle forme chiuse, non manca neppure l'attenzione di alcuni poeti di penultima e ultima generazione, come Alfonso Maria Petrosino, che attualizza l'ambientazione dantesca infernale nella moderna *Metropolitana* (2005):

Così discesi con le scale mobili
insieme agli altri, giù nel sottosuolo,
uomini ed ombre certe con i lobi
sintonizzati su pensieri omologhi
e intermittenti e i lombi fiacchi e spenti.
In loro compagnia discesi, solo,
un po' precipitando e un po' in ralenti
come fa il tempo. Accanto a me, sul muro,
vidi i segnali per i non vedenti
e qualche crittografico scongiuro,
motti politici e graffianti insulti
e altri graffiti di colore oscuro.
E come al vento accade che sussultino
i petali umidi di un nero ramo
e siano nel buio quasi occulti
agli occhi, così noi ci muovevamo
in gran tumulto, teste affrante e piene
di sonno; intorno a noi il lucore gramo

di un balbettante neon e nuove tenebre.
Osservavo i binari e lentamente
il sangue deragliava nelle vene.
Poi rintronò e il treno con decrescente
furia uscì dal tunnel, frenando, e si
fermò. Si strinse e raddensò la gente.
Con un argenteo sibilo si aprì
la porta e nel vagone della metro
entrammo, silenziosamente; lì
lessi il divieto di voltarsi indietro.

Nel meccanismo della concatenazione, rime perfette si alternano a rime virtuosisticamente imperfette, o ipermetre (del tipo *mobili* : *lobi*), a sottolineare il gioco tra le fonti letterarie e la personale declinazione del tema, dall'immagine della fragilità umana simile a quella delle foglie (dalla Bibbia a Pound) alla sinestesia *argenteo sibilo*, allusiva anche al colore metallico-argenteo delle porte, che emergono dal buio sotterraneo, metamorfosi artificiale della notte, dove argentea, per convenzione e tradizione poetica, è la luna. Per anadiplosi, *argenteo* riprende e "racchiude" la *gente*, parola rima del verso precedente, e protagonista (insieme con l'io del poeta) di un viaggio reso a senso unico dal divieto finale, che – forse memore anche delle *Stanze della funicolare* di Caproni – affonda le sue radici nella classicità, tra il Lete, fiume dell'oblio, e Orfeo che perde la sua Euridice.

2.5. La ballata e il madrigale antichi

Recupero carducciano della ballata

2.5.1. Anche se la priorità della ri-adozione moderna della ballata spetta a Tommaseo, da cui prende avvio l'ampio esame del cammino otto-novecentesco della ballata fatto da Capovilla (1978), che qui seguiamo, la «vera e propria ratifica al ripristino del metro» proviene da **Carducci**, inquadrandosi nel **gusto per le restituzioni erudite** così vivo in lui e da lui trasmesso ai suoi allievi. Il Carducci filologo e studioso certo non è estraneo all'adozione della ballata da parte del Carducci poeta, che ne compose quattro: *Amor mi sforza di dover cantare* e *Luce d'amore che 'l mio cuor saluta* (1857, poi in *Levia gravia*, 1867) e le due comprese in *Rime nuove*, *Rosa e fanciulla* (1864) e *Ballata dolorosa* (1886). Le prime due, incastonate negli sciolti dei *Poeti di parte bianca*, si fingono eseguite una da Sennuccio del Bene, l'altra da Gualfredo Ubertini e, coerentemente, sono vicine a schemi danteschi e cavalcantiani: la prima ha schema Y(y_5)Z.AB,AB;BZ (+ dodici stanze), la seconda YZZ.AB,AB;BZ (+ undici stanze).
Rosa e fanciulla (con schema YYzz.AB,AB;cCZ + tre stanze) è da considerarsi non come un calco, ma come una ricostruzione originale, perché nessuna ballata antica ha la ripresa formata da due distici baciati. *Ballata dolorosa*, la più nota delle quattro, desume il suo schema da un preciso modello stilnovistico, alcune ballate di Lapo Gianni (ZYYZ.ABC,ABC;CDDZ);

lo schema è particolarmente rilevante, perché molto vicino alla struttura del sonetto:

Una pallida faccia e un velo nero
spesso mi fa pensoso de la morte;
ma non in frotta io cerco le tue porte,
quando piange il novembre, o cimitero.

Cimitero m'è il mondo allor che il sole
ne la serenità di maggio splende
e l'aura fresca move l'acque e i rami,
e un desio dolce spiran le vïole
e ne le rose un dolce ardor s'accende
e gli uccelli tra 'l verde fan richiami:
quando più par che tutto 'l mondo s'ami
e le fanciulle in danza apron le braccia,
veggo tra 'l sole e me sola una faccia,
pallida faccia velata di nero.

Il madrigale antico

2.5.2. Parallelo al recupero di fine Ottocento della ballata è quello del madrigale antico, ricostruito da Capovilla (1982) partendo dalla carducciana *Vignetta*, composta fra il 1884 e il 1886 e poi inserita in *Rime nuove*:

La stagion lieta e l'abito gentile
ancor sorride a la memoria in cima
e il verde colle ov'io la vidi prima.

Brillava a l'aere e a l'acque il novo aprile,
piegavan sotto il fiato di ponente
le fronde a tremolar soavemente.

Ed ella per la tenera foresta
bionda cantava al sole in bianca vesta.

La ballata dopo Carducci

2.5.3. Ma torniamo alla ballata. L'allievo prediletto di Carducci, Severino Ferrari, scrisse quattordici ballate, «che si segnalano sul piano metrico per alcune particolarità già comuni alla poesia popolare e musicale» (Capovilla, 1978, p. 111), e un altro allievo, Giovanni Marradi, pubblicò cinquanta *Ballate moderne* nel 1895. Attraverso altre occorrenze minori, arriviamo a D'Annunzio e Pascoli, per i quali rimandiamo a quanto detto a proposito delle loro ballate nel cap. 2, parr. 3 e 4.
Corazzini è autore di cinque ballate, quattro delle quali adottano lo schema più diffuso nell'Ottocento (ZYYZ.ABC,ABC; CDDC), tutte «variamente intonate ad un generico preziosismo d'antiquariato, nel solco delle lussuose ballate dannunziane» (Capovilla, 1978, p. 136). Gozzano ne ha scritta solo una, intitolata *La ballata dell'Uno*, in ottonari e di intonazione scherzosa, con schema zyyz.ab,ab; bccz (+ sette stanze + congedo yz).

Riapparizioni sotto traccia

2.5.4. Dopo poche altre attestazioni (Fausto Maria Martini, Nino Oxilia), la storia della ballata nel Novecento si arresta, per riaffacciarsi qua e là in vesti camuffate, ad esempio in *Amiçi, un fià de schèi* di Noventa, in cui la struttura ballatistica espleta «una funzione ordinativa e musicale» (Capovilla, 1978, pp. 142-3):

> Amiçi,
> un fià de schèi,
> par tirar 'vanti,
> no' xe miga massa.
>
> E una doneta,
> che riçeva
> i nostri basi,
> co' quel gusto,
> che ghe serve
> par donarli,
> no' xé miga massa.
>
> Ma un fià de vin,
> amiçi,
> co' no' ghe xé né schèi né amor,
> o anca se i ghe xé,
> un fià de vin bevùo tra amiçi,
> un fià de vin,
> e ancora un fià de vin, amiçi,
> no' xé miga massa.

Oppure si ripropone in questa **struttura paraballatistica** del Saba più tardo (sempre individuata da Capovilla, 1978, pp. 144-5), in *L'ornitologo pietoso* (*Uccelli*, 1948):

> Raccolse un ornitologo pietoso
> un espulso dal nido. Come l'ebbe
> in mano vide ch'era un rosignuolo.
>
> In salvo lo portò con il timore
> gli mancasse per via. Gli fece, a un fondo
> di fiasco, un nido; ritrovò quel gramo
> l'imbeccata e il calore. Fu allevarlo
> cura non lieve, ed il dispendio certo
> di molte uova di formiche. E ai giorni
> sereni, ai primi gorgheggi, l'esperto
> in un boschetto libertà gli dava.
> «Più – diceva al perduto, e lo guardava
> a terra e in ramo cercarsi – il tuo grazie
> udrò sommesso». E si sentì più solo.

Qui è individuabile l'intelaiatura della ballata antica: quattordici versi, dei quali i primi tre isolati, con la rima a legare l'ultimo verso della "ripresa" e l'ultimo della poesia (più altri elementi criptati, meno evidenti).
Meno certa pare l'individuazione della ballata nella filigrana di *A Liuba che parte*, secondo la pur affascinante scomposizione di Avalle (cfr. cap. 4, par. 1.1.1) e ancora più problematica la lettura di uno schema madrigalistico (invero molto fluido) nelle poesie di autori assai lontani dalle forme chiuse: Capovilla (1982, pp. 227-8) individua un'ombra di madrigale nell'unica presenza strofica tradizionale del canzoniere di Sandro Penna, *Falsa primavera* (settenari con schema aba cdc efef) e, con molta cautela, anche nel mottetto montaliano *Il ramarro, se scocca...* (con schema tre + tre + quattro + tre: l'ultimo terzetto sarebbe da considerarsi soprannumerario).

Bibliografia

Sui metri chiusi nel Novecento, in generale: AFRIBO (2007), FRASCA (1999, 2001), GIOVANNUZZI (2003), GRIGNANI (2001), GROSSER (2008-09), LAVEZZI (2001), LORENZINI (1999), MENGALDO (1989a), MESA (1996-2001).

Su Saba: BRUGNOLO (1995), CONTINI (1934), FOLENA, TIOLI (1991), GAVAGNIN (2001), GIRARDI (1984a, 1987a, 1993, 2005, 2006), LAVEZZI (2008c), MAC CORMICK (1975), MILANINI (1981), MONTALE (1926), PINCHERA (1985), REBAGLIATI (2008-09).

Sul sonetto: *Antropologia del sonetto* (2000), BELTRAMI (2003b), BILLI (2000), BORDIN (1993), MARAZZINI (1981), PASTORE (1996, 1999), ROGGIA (2002), TONELLI (2000).

Sulla sestina: CORTELLESSA (1996), FRASCA (1992), SCARAMUCCIA (1997).

Sulla terzina: BERTONE (1986), SITI (1972b).

Sulla ballata: AVALLE (1968), CAPOVILLA (1978).

Sul madrigale: CAPOVILLA (1982).

4
Il verso libero

0. Premesse tipologiche

Una nozione controversa

Il teorico francese Benoît de Cornulier non moltissimi anni fa poteva parlare di verso libero come di una forma impossibile da definire, da cogliere nelle sue reali caratteristiche («cet insaisissable qu'est le vers libre», «quella realtà sfuggente che è il verso libero», Cornulier, 1982, p. 38 nota). Abbiamo del resto visto (cfr. cap. 1, par. 1.3.2) che in Italia un **conflitto delle interpretazioni** attraversa l'orizzonte critico. Se le posizioni di Mengaldo (1983a, 1989a) e Pietropaoli (1994, 1999) privilegiano definizioni secondo le quali il verso libero – in sintesi – «naturalmente consiste nel rifiuto di ogni schema ritmo-metrico precostituito» (Pietropaoli, 1994, p. 284), altre posizioni (Giovannetti, 1994; Bertoni, 1995) sono più sfumate e attente al divenire storico del fenomeno, in particolare alla complessa discontinuità otto-novecentesca, all'esperienza dei simbolismi italiano ed europeo.
La precisazione è utile perché, a ben vedere, solo una **visione** in qualche modo **"fenomenologica" e allargata del verso libero** consente di svolgere osservazioni intorno ai diversi tipi di liberazione metrica. In particolare, coloro che credono all'esistenza di un'area intermedia detta «metrica liberata» escludono dall'ambito primario una parte dei numerosi fenomeni storici giudicati pertinenti, ovviamente riducendo di molto il novero delle forme da censire.
Vero è che, almeno in qualche caso, la questione è soprattutto terminologica: la si giudichi verso libero o metrica liberata, la *strofe lunga* di D'Annunzio (si propone l'esempio certo più importante e delicato) chiede innanzi tutto un'esatta valutazione della sua morfologia e insieme della sua genesi nonché della poetica dell'autore (che cosa pensava di fare D'Annunzio quando scriveva quei versi?). Riprendendo le idee di Tomaševskij (1929, p. 203), qui già peraltro utilizzate, fondamentale è chiarire il **profilo oggettivo del verso**, la sua forma "vera". Le etichette vengono – o dovrebbero venire – dopo. Anche per questa ragione, sarà nostra cura introdurre nella presente trattazione costanti riferimenti a ipotesi interpretative diverse da quelle esposte, cercando di rendere chiaro il contenuto della terminologia via via adottata.

Proposte tipologiche

Malgrado questi disaccordi, alcune tipologie di verso libero sono state in effetti descritte. Uno dei riferimenti forse più interessanti è Brioschi, Di Girolamo (1984), che distingue sei forme primarie:
a) la polimetria, che si realizza quando «*i*l componimento fa impiego di diversi tipi metrici [tradizionali] che si succedono senza regolarità (endecasillabo, settenario, novenario, ottonario ecc.)» (ivi, p. 128);
b) l'anisosillabismo, quando viene variata una misura di base: l'endecasillabo di Pasolini con le sue ipo- e ipermetrie; l'otto-novenario, ad esempio, di Montale;
c) il riadattamento della metrica barbara, vale a dire la deformazione di versi come il pentametro e (soprattutto) l'esametro carducciani entro contesti aperti;
d) il verso accentuativo, in cui non agisce il classico ictus dei metri italiani, «ma l'accento primario delle parole o di microgruppi fonetici» (ivi, p. 130);
e) il verso-frase, per definizione lungo, in cui l'unità metrica tende a coincidere con un'unità sintattica;
f) il verso lineare, che costituisce una realtà residuale estranea alle cinque voci precedenti; qui, l'elemento *visivo* svolge un ruolo fondamentale, in assenza di altre norme.
L'utilità dello schema risiede nel **compromesso tra realtà diacronica e «tipologia» astratta**: polimetria e anisosillabismo sono fatti storicamente molto importanti (nel senso che caratterizzano la metrica italiana, di fatto sin dalle sue origini) e come tali vanno valorizzati; all'opposto, è utile prendere atto che esiste una nebulosa di fenomeni (i versi quasi solo grafici) entro la quale, semmai, si dovranno introdurre ulteriori distinzioni. Inoltre, il fatto che i problemi rimici e strofici *non* siano presi in considerazione è una semplificazione utile, perché consente di isolare alcuni principi costitutivi invarianti, che possono sì essere modificati da altri fattori, ma mantengono senza dubbio una notevole autonomia.
Assai più articolata è la proposta di De Rosa e Sangirardi (1996, pp. 310-44) – in parte coincidente con quella di Beltrami (1996) –, che valorizza alcune proposte di Mengaldo intorno al nome della *cosa* (si parla infatti anche di «metrica libera») e alla ritmicità dei versi. La scelta è del resto quella di distinguere, da un lato, versi che si caratterizzano ancora per una **residua forma di sillabismo** (I tipologia) e dall'altro (II tipologia) versi che sono contraddistinti soprattutto dal profilo ritmico. E dunque:

I TIPOLOGIA

a) polimetria (come in Brioschi, Di Girolamo);
b) anisosillabismo (come in Brioschi, Di Girolamo);
c) verso lungo composto, derivante per lo più dall'esametro e dall'alessandrino; una sua sottospecie è:
c1) il verso lungo "liberato", vale a dire il tredecasillabo, non presente nella tradizione italiana, ma nel Novecento a volte trattato come forma isosillabica, cioè alla stregua di una misura tradizionale;

II TIPOLOGIA

a) verso ritmico, che comprende: 1. tutte le esperienze – ad esempio quella di Palazzeschi o di Pavese – in cui siano usate cellule ritmico-sillabiche costanti in relazione a una concezione ancora tradizionale di ictus: gli anfibrachi (– + –) di Palazzeschi e gli anapesti (– – +) di Pavese; 2. i tentativi di metrica accentuativa, che viceversa valorizzano una prosodia, un tipo di accentazione di natura diversa (vicina a quella attiva nelle lingue germaniche o slave);
b) verso ritmico-sintattico, che si separa in: 1. verso-frase e 2. verso sintattico. I due metri di fatto corrispondono rispettivamente ai tipi 5 e 6 di Brioschi e Di Girolamo. Va aggiunto che il cosiddetto verso sintattico è poi studiato nelle sue principali diramazioni, in ambito avanguardistico (Ungaretti compreso) ma anche presso poeti (come ad esempio Sereni) che ne fanno un uso meno condizionato da poetiche polemiche con il passato.

Due altre osservazioni. Da un lato, la critica italiana tiene forse troppo poco presente che il cosiddetto verso-frase nella letteratura mondiale è per lo più chiamato *versetto*, con un evidente richiamo alla Bibbia da cui (attraverso Whitman) tale misura discende. Dall'altro (cfr. ad esempio Beyers, 2001, pp. 135-78), sarebbe spesso utile distinguere tra polimetrie (e, insieme, tipi di anisosillabismo) capaci di evocare una "tradizione" (un «fantasma del metro») e invece forme – polimetriche e anisosillabiche – ormai separate da ogni retaggio. In altri termini: è possibile che in certi contesti anche misure di undici sillabe regolarmente accentate perdano la loro **capacità di alludere all'endecasillabo**; a maggior ragione, qualcosa del genere può essere detto per quello che qui chiamiamo "verso breve", la cui natura "polimetrica" in realtà mette in dominante fattori (come ad esempio il ritmo logaedico) che solo in parte hanno a che fare con il sillabismo. La proposta tipologica qui di seguito avanzata (che rielabora quella di Giovannetti, 1994) cerca di tenere presenti anche queste due ulteriori precisazioni.

1. Tre istituti trasversali

1.0. Questioni liminari

Prima di analizzare i tipi di verso libero che riteniamo invarianti, è però indispensabile affrontare tre istituti metrici, concomitanti con le scelte versali e quindi da esse inscindibili, che caratterizzano trasversalmente la metrica novecentesca. Ovviamente, e prevedibilmente, le prime due voci riguardano la strofa e la rima; la terza voce si occupa di un fenomeno molto ampio ma poco studiato qual è la disposizione grafica del testo, con particolare riguardo ai cosiddetti gradini e ai "bianchi".

Come accennato, ognuno di questi fenomeni agisce variamente nei diversi tipi versali (persino i gradini, nati come "accapo" dell'endecasillabo, nel tempo interessano prima altri tipi di sillabismo e poi sono attivi con particolare forza nella metrica atonale) e contribuisce a definirlo. Ad esempio: la presenza di certe forme di strofismo e di certi tipi di rima è una caratteristica fondante del verso breve; l'assenza di tali fenomeni sembra invece "motivare" il verso lungo whitmaniano o versetto; e nella dimensione dell'atonalità o del verso accentuativo è possibile che la scomparsa dello strofismo concomiti con una residua presenza della rima; e così via. Può essere utile nondimeno esaminare ciascuno di questi **istituti**, soprattutto per rimarcarne la specificità versoliberista che li caratterizza e che ne modifica profondamente la fisionomia.

1.1. La strofa libera e le poesie indivise

Strofismo e verso libero

1.1.0. Nel cap. 1, par. 1.3.2 si è già visto che secondo Mengaldo (1989a, p. 35) esistono **due livelli di strofismo residuale** in ambito versoliberista: un uso apparentemente regolare, ma di fatto solo "per l'occhio", cioè un isostrofismo a cui non necessariamente corrisponde una struttura rimica (cfr. *infra*, par. 1.1.1), e un anisostrofismo materiato di strofe (o lasse) di lunghezza irregolare (cfr. *infra*, par. 1.1.2). All'estremo c'è poi la cosiddetta *stichicità* (Collavini, 1992-93, pp. 10-3), la strofa-zero, la negazione dello stesso principio strofico, realizzata in poesie indivise (cfr. *infra*, par. 1.1.3).

Strofe solo per l'occhio

1.1.1. In una prospettiva strettamente storica, il punto di partenza del primo fenomeno è molto radicale e paradossale, perché costituisce anche un punto di arrivo. Quando nel 1888 Luigi Capuana riunisce in volume con il titolo *Semiritmi* un gruppo di poesie in metro anomalo, la **totale assenza di versi regolari e rime** si accompagna alla semplice "forma" esteriore delle strofe: che *si vedono* ma *non ci sono*. Sonetti, saffiche, terzine, quartine o sestine "anacreontiche", quartine di versi che potrebbero essere endecasillabi ecc. esistono solo per la percezione visiva del lettore e non hanno alcun riscontro nella struttura interna del testo. E si tratta, dicevamo, anche di un punto di arrivo, perché nella poesia recente, più di cento anni dopo Capuana, esperimenti del genere trovano ancora una loro attualizzazione. Si confronti un "sonetto" di Capuana (*Poesia musicale*, II) con uno di Franco Fortini, pubblicato nel 1994 (*Considero errore*, nella raccolta *Composita solvantur*):

Parole, parole!... Oh velo che tutta avvolgi
la libera Idea nuotante nell'infinito!
Oh forma che la neghi! Oh fallace apparenza
che ci dài l'illusione come realtà!

Parole, parole!... Come meglio mentiscono
quanto più sembra che dicano il nudo vero!

Come meno ti rivela, o incoercibile Idea,
chi più vuol stringerti nella determinatezza!

Parole, parole!... Oh, sì! Ma dietro l'ondeggiante
parvenza, che il ritmo persegue ansioso,
più largamente rivelasi l'Infinito.

La sillaba dalla sillaba riceve dilucidazione;
così dalle tue canzoni che più sembra nulla dicano
vena sgorga, o poeta, d'ineffabile poesia.

Considero errore aver creduto che degli eventi
(«meglio non nominarli!» mi soffiano i piccoli dèi!)
di questo '91 non potessi parlare o tacere
se non per gioco, per ironia lacrimante.

I versi comici, i temi comici o ridicoli
mi parvero sola risposta. Come sbagliavo!
Ho guastato quei mesi a limare sonetti,
a cercare rime bizzarre. Ma la verità non perdona.

Chi mai potrà capire che tempo fu quello? Credevo
scendere in un mio crepuscolo. Ahi gente! Invece
altro era, incomprensibile e senza nome. Guardavo

la luna di aprile sullo Eichorn, a mezzanotte,
e la stellina d'oro dello Jungfraujoch, Disneyland.
(Nulla era vero. Voi tutto dovrete inventare).

Pur con le differenze del caso (al non-verso di Capuana si contrappone un sillabismo che spesso tende alla misura dell'esametro; cfr. almeno l'ultima unità, «Nulla era vero. | Voi tutto dovrete inventare», 5 + 9, con un chiaro novenario dattilico; e cfr. anche i vv. 2, 3, 4, 6, 7, 9, 11), il fatto fondamentale è che i due sonetti sono privi di rime e la lunghezza dei versi è discontinua, estranea alla canonica misura dell'endecasillabo.

Ironia e parodia metrica

La modernità è cioè attraversata dalla possibilità di **strumentalizzare forme strofiche codificate**, per farne un uso «ironico» (cfr. Giudici, 1964): la struttura tradizionale è evocata sì, ma per essere messa in crisi. Si può parlare a questo riguardo di *parodia*: etimologicamente di un "canto parallelo", entro il quale da un lato opera un residuo visibile della forma antica e dall'altra un'istanza di diverso tipo, che sostanzialmente coincide con il verso libero. Va però fatta una precisazione. Fenomeni clamorosi come quelli appena visti hanno un'importanza in fondo limitata: Capuana produce una serie di falsi, e certe strutture solo grafiche della poesia d'oggi di fatto appartengono alla cultura del postmoderno. Nel corso del Novecento, l'allusione alle strofe tradizionali troverà una sorta di stabilizzazione intorno a forme viceversa "deboli", come la quartina e la terzina (più raramente il distico).

Quartine in versi liberi

Precedentemente (cfr. cap. 1, par. 1.3.2) abbiamo esaminato le quartine in otto-novenari di Giulio Orsini. È poi ben noto che la strofa tetrastica costituisce il riferimento primario di Montale nei suoi *Ossi* "brevi" (la sezione che dà il titolo alla raccolta *Ossi di seppia*, 1925). E infatti tutti conoscono:

> Forse un mattino andando in un'aria di vetro,
> arida, rivolgendomi, vedrò compirsi il miracolo:
> il nulla alle mie spalle, il vuoto dietro
> di me, con un terrore di ubriaco.
>
> Poi come s'uno schermo, s'accamperanno di gitto
> alberi case colli per l'inganno consueto.
> Ma sarà troppo tardi; ed io me n'andrò zitto
> tra gli uomini che non si voltano, col mio segreto.

Poesia che peraltro rappresenta bene una sorta di "media" novecentesca: l'**endecasillabo** vi svolge un **ruolo nodale** (vv. 3 e 4), pur in presenza di misure irregolari (qui, versi lunghi "composti", che però possono essere alessandrini: v. 1, «Forse un mattino andando | in un'aria di vetro», 7 + 7), e le rime hanno una loro regolarità (per la rima "ipermetra" dei vv. 2 e 4, *miracolo* : *ubriaco*, cfr. 4.1.2.2), secondo lo schema ABAB.
Il modulo può andare incontro, nel Luzi del 1935 (*La barca*), da un lato a un'evidente attenuazione mensurale (citiamo dalla poesia, *Parca-villaggio*, che inaugura la raccolta), quando i versi in gioco sono doppi settenari e endecasillabi e la rima è di fatto assente (ma cfr. le terminazioni sdrucciole ai vv. 3, 4 e 6, che restituiscono l'impressione di una rima ritmica):

A lungo si parlò | di te˅attorno ai fuochi — $7_t + 7$
dopo le devozioni della sera — 11
in queste case grige^ove impassibile — 11_s
il tempo porta e scaccia volti d'uomini. — 11_s

Dopo il discorso cadde | su altri ed i suoi averi, — 7 + 7
furono matrimoni, morti, nascite, — 11_s
il mesto rituale della vita. — 11
Qualcuno, forestiero, | passò di qui^e scomparve. — 7 + 7

dall'altro – nella stessa raccolta a poche pagine di distanza, nel *Canto notturno per le ragazze fiorentine* – a una sorta di radicalizzazione, con versi parecchio irregolari, dal breve (senari, ottonari e novenari) al molto lungo (il v. 5, «Nella sua profondità | si libra il biancore notturno» potrebbe essere un esametro: $8_t + 9$, con secondo emistichio dattilico), ma con la sopravvivenza della rima nei versi pari:

> Lasciate il vostro peso alla terra
> il nome dentro il nostro cuore
> e volate via,
> quaggiù non è vostro l'amore.

Nella sua profondità si libra il biancore notturno,
le ore passano senz'orme
e ovunque una dolce carità
di voi, d'ogni bellezza parla del vostro corpo che dorme,

[...]

Terzine in versi liberi

La quartina, in particolare, almeno nella prima metà del Novecento conserva una notevole efficacia strutturale, alla stregua di una forma a un tempo – e in maniera ben sintomatica – chiusa e aperta. Forse un po' diverso (ma le generalizzazioni sono impossibili) è il ruolo della terzina visiva, che può eccitare in un Emilio Villa (la raccolta è *Oramai* del 1947, la poesia s'intitola *Pezzo 1943: comizio*), svincolato dalle poetiche dell'ermetismo, **effetti** davvero **parodici** di questo genere (vv. 144-152):

[...]

tenendo duro sulla nostra dritta, viene che
si scivola all'ingiù, verso una lista scura,
agli aguzzi lidi, in bili-

co, ma prima ci fa spendere l'anima di dio nei garofa-
nini di Ventimiglia nei chioschi di stazione,
venduti tra gli spruzzi, svenimenti e gridi

e battimani, già passi, già sgualciti, un diecimila
circa, poi ripartire verso una certa quale
qualunque parte d'universo:

[...]

Evidentemente, qui non solo è evitata la rima, ma colpisce che in punta di verso la parole possano essere spezzate dalla *tmesi* (*bili- // co*, *garofa- / nini*), anche se i rimanti in questione non hanno alcun compagno di rima cui indirizzarsi.
Di straordinaria importanza, in questo senso, è l'esperienza delle terzine pseudo-pascoliane o pseudo-dantesche proposte da **Pasolini nelle *Ceneri di Gramsci*** (cfr. Siti, 1972b; Bertone, 1986), dove in effetti è possibile che l'endecasillabo mantenga ancora una certa pertinenza (pur essendo continuamente violato da ipometri e ipermetri) e la rima incatenata presenti numerose irregolarità. Si tratta di un curioso compromesso tra vecchio e nuovo, che peraltro poco ha a che fare con la parodia (citiamo l'attacco della poesia che dà titolo all'opera):

Non è di maggio questa impura˅aria 11
che il buio giardino straniero 9
fa ancora più buio,^o l'abbaglia 9

con cieche schiarite... questo cielo 10

di bave sopra gli attici giallini 11
che in semicerchi immensi fanno velo 11

alle curve del Tevere, ai turchini 11
monti del Lazio... Spande una mortale 11
pace, disamorata | come i nostri destini, 7 + 7

[...]

Le infrazioni rimiche sono qui di poco conto (a differenza di quelle sillabiche), ma nel corso di ogni componimento delle *Ceneri* si fanno via via più numerose.

Strofe per l'occhio e scelte informali

In effetti, l'uso volutamente casuale della strofa isomorfa sarà frequente nel corso degli anni sessanta e settanta nel contesto di **scelte sempre più informali**. Il caso certo di maggiore interesse (cfr. Raboni, 1971a) è quello del Bertolucci di *Viaggio d'inverno*, che può arrivare a produrre testi in cui sembra che la «forma *venga*, per così dire, calata (colata) sulla scrittura in un momento diverso e presumibilmente successivo» (Magro, 2005, p. 230); citiamo da *Discendendo il colle*, II, 5 ss. (1965):

O pomeriggio trasmutato in sera o baci
nell'illuminarsi e perdurare scuro
di vicoli e piazzette, petali
umidi di una polluzione notturna:

questa notte sveglia, la rosa
e le cornamuse dolcemente nasali
che seguirono il sereno e i suoi
lampi, lontane. E fu

il marasma o la sua prova
generale: doveva accadere qui in un
inverno corruttore e languido
così che il sudore improvviso sembrasse naturale.

Come si vede, il rapporto verso-sintassi produce **effetti asimmetrici**, anche e soprattutto in virtù dei fortissimi *enjambements*. Qualcosa del genere avviene del resto, anche se nell'ambito di un poetica avanguardistica, nelle già osservate *Ballate della signorina Richmond* di Balestrini (cfr. cap. 1, par. 2.2.2).

Strofe isomorfe – non tradizionali – in versi liberi

1.1.1.1. Un lungo discorso a parte dovrebbe essere svolto per quelle strofe isomorfe ma *di natura non tradizionale* che rappresentano una caratteristica tipica in particolare dello sperimentalismo dannunziano tra Otto e Novecento: segnatamente nelle *Odi navali* (ma con un sostanziale rispetto dell'isosillabismo), in *Alcyone* ed *Elettra*. È cioè possibile che l'**isostrofismo** sia ottenuto in modo "**innovativo**", cioè inventando strofe non attestate e insieme utilizzando versi non isosillabici (vale a dire liberi). In linea di massima, si possono distinguere tre tipi di realizzazione di tale isomorfismo: strofe rimate secondo uno schema fisso; strofe rimate liberamente; strofe non rimate (ma in questo ambito il ruolo dannunziano è poco importante).

Fra le cosiddette «**grandi strofe**» dannunziane (cfr. Pighi, 1970b; Capovilla, 2006, pp. 187-90), di argomento per lo più politico, ricordiamo almeno *Per la morte di Giovanni Segantini*, del 1899, poi compreso in *Elettra*, dove è realizzato uno schema che in parte riprende quello delle odi di Hugo, in parte si rifà a strutture strofiche neoclassiche (forse una variazione del sistema archilocheo secondo usata in *Primo vere*; cfr. Capovilla, 2006, pp. 158-60):

> Implorazione dei monti, voci del regno alto e santo,
> dolor selvaggio dei vènti combattuti, profondo pianto
> delle sorgenti pure,
> quando l'ombra discesa da un più alto regno benda
> la rupe e il ghiacciaio albeggia solo come un cammino che attenda
> grandi orme venture!

Lo schema è AAbCCb: il verso lungo ormai è libero, cioè è estraneo pressoché del tutto all'esametro (cfr. *infra*, par. 4.1), e anche le unità brevi sono di lunghezza variabile (dal settenario al decasillabo).

Ben più noto è il caso delle **strofe in versi brevi** adottate da D'Annunzio nella *Laus Vitae* (1903), in *Alcyone* (1904) e anche in *Elettra* (1904). Sulla base di unità che vanno dal trisillabo al novenario ed eccezionalmente al decasillabo (cfr. *infra*, parr. 2.1 e 2.2) si definiscono strofe densamente anche se irregolarmente rimate (cfr. *infra*, par. 1.2.2), di lunghezza che varia dai quindici versi di un componimento leggermente anomalo come *Al Re giovine* di *Elettra*, oppure, in *Alcyone*, dai diciassette versi di *Vergilia anceps* ai quarantotto di *Le madri*, e che può in teoria toccare le cento unità, se prendiamo a riferimento *L'onda*. Tuttavia, quest'ultimo è un componimento monostrofico: più esattamente, segmentato in una sequenza di cento versi seguiti da un distico isolato («Musa, cantai la lode / della mia Strofe Lunga»). Tale possibilità di *non* ripetere la strofa (cfr. anche, in *Alcyone*, *L'Alpe sublime*, *Le stirpi canore*, *Intra du' Arni*) mostra come D'Annunzio miri a forzare gli esiti degli organismi metrici che inventa, in quanto strutture che **miracolosamente *si chiudono su se stesse***, e solo in parte svolgono il ruolo di segmentazioni ricorsive del discorso. Vero è tuttavia che nella *Laus Vitae* una misura di ventun versi simile a quelle della strofe lunga (escursione sillabica: dal quinario al decasillabo) è ripetuta costantemente per 400 volte, sino a comporre un vero e proprio poema narrativo di 8.400 versi. E anche qui le rime sono asimmetriche pur se numerose.

Infine, è possibile che un autore come Gian Pietro Lucini, il quale negli anni novanta dell'Ottocento non è lontano dalla poetica di D'Annunzio, possa proporre strutture strofiche per l'occhio sostanzialmente inedite, prive completamente di rima, che l'autore definisce «armonie sinfoniche» (cfr. Lucini, *post* 1888; precisazioni cronologiche in Giovannetti, 1994, pp. 36-42 e 211-23) e che molto in effetti debbono anche al Capuana dei *Semiritmi*. Si legga ad esempio l'avvio della *Solitudine*, risalente al 1892, che è forse uno dei più antichi scritti della serie:

> Forse che voi, romiti, godete la pace serena
> nelli abituri vostri,
> là sopra le nevose alpi? Rude è la natura
> e selvaggia di rupi e di grigi abeti;
> e quando urla, zirla e fischia il vento,
> strane voci vagano
> d'intorno. Freme, vicino alla capanna vostra,
> il torrente spumoso e si frange sui marmi:
> e pure nell'animo vostro fremon ricordi e passioni estinte.

Una strofa di nove versi ripetuta nove volte e composta di versi lunghi aritmici (il primo però è un vero esametro: «Forse che voi, romiti, | godete la pace serena», 7 + 9, con novenario dattilico), interrotti da unità brevi in seconda e sesta posizione.

Strutture tradizionali nascoste

1.1.1.2. Un secondo e ancor più lungo discorso a parte dovrebbe essere fatto per tutte quelle **forme strofiche tradizionali "nascoste" all'interno di strutture libere**. Il caso forse più noto è quello analizzato da d'Arco Silvio Avalle (1968), che in una poesia polimetrica delle *Occasioni* (1939) di Montale, *A Liuba che parte*,

> Non il grillo ma il gatto 7
> del focolare 5
> or ti consiglia, splendido 7_s
> lare della dispersa tua famiglia. 11
> La casa che tu rechi 7
> con te ravvolta, gabbia o cappelliera?, 11
> sovrasta i ciechi tempi come il flutto 11
> arca leggera – e basta al tuo riscatto. 11

ha individuato l'esistenza di una struttura alternativa:

> Non il grillo ma il gatto
> del focolare
> or ti consiglia,
> splendido lare
> della dispersa tua famiglia.
> La casa che tu rechi
> con te ravvolta, gabbia o cappelliera?,
> sovrasta i ciechi
> tempi come il flutto arca leggera –
> e basta al tuo riscatto.

cioè quella di una ballata minima – secondo lo schema x, abab, cdcd, x – nella quale il primo verso è la «ripresa» (rimante con il verso finale) e al centro vi sono due «mutazioni» di quattro versi ognuna.
Montale non è nuovo a simili artifici: già nei quattordici versi di *Vasca*, negli *Ossi di seppia*, era in qualche modo nascosto un sonetto in versi liberi a **rime "dissipate"** $p_8A_{11}S_{11}p_9$, $a_9s_9p_9s_9$; $b_9B_{11}c_{9t}$, $d_8C_{11t}D_{11}$:

Passò sul tremulo vetro
un riso di belladonna fiorita,
di tra le rame urgevano le nuvole,
dal fondo ne r*ï*assommava
la vista fioccosa e sbiadita.
Alcuno di noi tirò^un ciottolo
che ruppe la tesa lucente:
le molli parvenze s'infransero.

Maˇecco, c'èˇaltro che striscia
a fior della spera rifatta liscia:
di erompere non ha virtù,
vuol vivere e non sa come;
se lo guardi si stacca, torna giù:
è nato e morto, e non ha avuto un nome.

D'altra parte, un simile modo di procedere, specificamente in relazione al sonetto, aveva un importante ascendente nella **poesia simbolista** (ad esempio in Lucini) e nell'opera in particolare di Dino Campana: un componimento dei suoi *Canti orfici* (1914), *Immagini del viaggio e della montagna*, si chiude con quarantaquattro versi endecasillabici (una sola l'eccezione), che presentano prima un sonetto mutilato (si veda la serie ABBABAABCDED) e infine culminano con una struttura sostanzialmente perfetta, ABBABAAB CDECDE.
In una fase più avanzata del Novecento un sottile manipolatore, e mistificatore, della tradizione come **Giovanni Giudici** può di fatto concepire la poesia *L'avìco* (*La vita in versi*, 1965)

Dicevano: l'avìco – era *la* Vico
invece, come un'india delleˇAnde
portava in testa un alto cappello tondo,
una zucca tagliata a metà, – nera.
L'avìco – uno sbirro rapace che usciva la sera
– ma la Vico una vecchia zoppa e grande,
dondolava di giorno per via del Pr*ï*one,
agitava il bastone | tutta rauca di vino,
sfinita dagli scherzi | dei marinai in permesso.
Dicevano: è l'avìco, venuto a portarti in prigione
– non la vidi mai da vicino
nella sua faccia di gesso.

in termini di sonetto (cfr. Zucco, 1993, p. 178), mutilato sì di due versi, ma alluso da uno schema iniziale, relativo alle due quartine mascherate, che potremmo così sintetizzare (maiuscole senza numero = endecasillabi): $PA\mathit{A}_{12}$ B_{15}, BAC_{13} (c)D_{7+7}, e che rappresenta lo sfiguramento di ABBA, ABBA. Un'allusione al sonetto è però anche negli ultimi sei versi, con il perfetto schema di terzine a rime replicate C_{13} (c)D_{7+7} E_{7+7},$C_{16}d_9e_8$.

Libere "lasse": strofe discontinue

1.1.2. Ancor più difficile è cercare di realizzare una sintesi intorno alle forme strofiche in versi liberi prive di isomorfismi, anche solo visivi. Dal punto di vista terminologico, andrebbero definite *lasse*, proprio a causa della loro irregolare lunghezza; si preferisce però continuare a usare la parola *strofa*, per segnalare l'omogeneità complessiva dei fenomeni. Come prevedibile, le possibilità di realizzazione sono molteplici, **dalle unità monostiche** (strofe di un solo verso) **a lunghe lasse di decine di versi**.
È però vero che, metodologicamente, sarà utile distinguere per lo meno tre casi: *a*) strofe di diversa lunghezza che variano strutture chiuse tradizionali e simmetriche in qualche modo ancora riconoscibili; *b*) strofe che modificano generi metrici, come in particolare la canzone libera o l'endecasillabo sciolto leopardiani, che hanno alle spalle già un ampio margine di libertà; *c*) strofe, prive di qualsivoglia tradizione, motivate da ragioni sintattiche e testuali.

La "quartina" modificata

Il primo tipo di occorrenza ha una straordinaria importanza in tutto il Novecento, e per certi versi si costituisce nella forma invariante – già osservata – del Montale prima degli *Ossi* brevi e poi dei *Mottetti* delle *Occasioni* (e con notevoli propaggini nella *Bufera*), arrivando quasi senza discontinuità sino ai nostri giorni presso poeti che maggiormente percepiscono la "tradizione del Novecento". La possibilità di manipolare un numero limitato di **strofe dai due agli otto-nove versi**, ma con una concentrazione sulle misure dai tre ai sei, è una specie di *a priori* della poesia contemporanea; che ad esempio spiega l'esistenza di un passo come il seguente, pubblicato nell'aprile 2009 (Umberto Fiori, «*Come vorrei*», in *Voi*):

> Come vorrei obbedirvi,
> zorri e fatine.
> Fare onore alle zeppole, ai coriandoli.
> Lasciarvi, lasciarmi correre.
>
> Ma è troppo pieno
> il bicchiere di spuma.
>
> Laggiù nello specchio, è
> troppo nudo
> quel muso di scimpanzé,
> è troppo grande il costume
> da moschettiere.

Semmai, andrà ricordato che sul versante delle misure più brevi, dai quinari ai novenari, un maestro indiscusso del secondo Novecento è stato Giorgio Caproni. Le sue **strutture a base tetrastica** attingono a certe quartine dell'ode-canzonetta. Si veda il testo della *Ricamatrice*, tratto dal *Seme del piangere* (1959), in cui dominano i settenari ma con le eccezioni a suo luogo indicate:

Com'era acuto l'ago
e agile e fine l'estro!
Raccolta entro quel vago
bianco odore di fresco
lino,ˇoh^il ricamare
abile come la spuma 8
trasparente del mare.

Nel sole era il cantare,
candido, d'un canarino. 8
Vedevi il capo chino
(e acre) strappare 5
coi denti la gugliata
nuova, per ricominciare. 8

Livorno tutta intorno
com'era ventilata!
Come sapeva di mare 8
sapendo il suo lavorare! 8

Canzone libera ed endecasillabo sciolto

Profondamente diverso è il discorso che riguarda le forme non simmetriche esemplate sulla canzone libera e l'endecasillabo sciolto. Intanto, esse determinano un'evidente maggior ampiezza dei testi, con dimensioni che possono avvicinarsi alle cinquanta unità e superarle. Nel dominio della **canzone libera**, tali sono spesso le lunghezze delle poesie di un leopardiano primo-novecentesco come Umberto Saba. Si prenda a esempio *Intermezzo a Lina* (1910 circa), presente nel *Canzoniere*: un totale di sessantun versi divisi in cinque lasse di sei, quindici, diciotto, tredici e nove versi rispettivamente. Oppure si prenda la lunghissima *Fine dell'infanzia* montaliana negli *Ossi*, i cui centonove versi sono divisi in otto strofe, secondo la sequenza 9-13-13-15-18-11-20-10.

Ma il fenomeno diviene assai più trasgressivo con l'**endecasillabo sciolto**: a partire per lo meno da *Pianissimo* (1914) di Camillo Sbarbaro, che certo è il modello di riferimento primario per i particolari sciolti di Eugenio Montale, negli *Ossi di seppia*. Le sue caratteristiche sono: la valorizzazione, appunto, delle strofe-lasse quali unità narrative del poema, che possono raggiungere dimensioni brevi (intorno alla decina di versi in Montale, in Sbarbaro anche molto meno); un impiego non massiccio ma strategico della rima in quanto sostegno alla forma precaria delle lasse; l'endecasillabo "a gradino"; l'inserimento discontinuo (quasi come nel caso delle rime) di versi più brevi. Prendiamo un capolavoro assoluto come *Arsenio* di Montale (negli *Ossi*; il testo è del 1927): le lasse sono 11-12-10-11-15, ognuna delle quali comincia con una parola sdrucciola (*polvere*, *seguilo*, *tremulo*, *precipita*, *stuoie*, non senza una forzatura con *stuo-i-e* trisillabo: ma in punta di verso ciò è possibile nella tradizione italiana, cfr. Mengaldo, 1987, p. 223 nota; Menichetti, 1993, pp. 281-6); il v. 39 è spezzato in due tronconi: «l'acetilene □ finché goccia trepido»; e nella prima lassa compaiono quinari (vv. 7 e 11) e un settenario (v. 9).

Si tratta di un dominio fluido, non privo di sovrapposizioni: **canzone libera e sciolto possono** in effetti **confondersi**, vista la centralità dell'endecasillabo nella prima forma, e la timida polimetria possibile nella seconda. Sergio Bozzola, a proposito di Montale – ma il discorso dovrà essere allargato appunto ad altri autori –, ha parlato della strofa come «luogo di contaminazione tra sistemi metrici eterogenei e tradizionalmente non compatibili» (Bozzola, 1989, p. 39).

Saba e le "poesie di tre strofe"

In Saba si ha poi un'ulteriore ibridazione: nella struttura delle cosiddette «poesie di tre strofe» (cfr. Girardi, 1984a), vale a dire in un numero notevole di componimenti a base endecasillabica (ma con inserimenti di settenari, quinari e anche di novenari e trisillabi, cfr. *infra*, par. 3.0), presenti in particolare in *Coi miei occhi* del 1912, che alludono sì alla **canzone leopardiana**, ma insieme alla forma della **ballata antica** (cfr. Capovilla, 1978). Ciò ad esempio accade in *La fanciulla* (indichiamo le misure non endecasillabiche), di cui si vedano le rime piene, imperfette e quasi rime (*frutta* : *caduto* : *perduto* : *frutto*), che legano le due riprese e la strofa centrale; e si noti anche l'insistenza sul motivo del "vedere":

Chi vede te vede una primavera;
vede un caro arboscello, che non reca
fiori ma frutta. 5

Un giorno ti tagliavano i capelli.
Accanto al tuo carnefice e alla mamma,
stavi ritta e proterva; 7
quasi un aspro fanciul sotto la verga,
a cui le guancie ira e vergogna infiamma,
luccicavano appena i tuoi grandi^occhi;
e credo ti tremassero i ginocchi
dalla pena che avevi. 7
Poi con quale fierezza raccoglievi
quel tesoro caduto; 7
quel magnifico tuo bene perduto,
i tuoi lunghi capelli. 7

E non vedevi, quasi in vivo e corto

fogliame, tondeggiare ora il tuo volto,
come un polposo frutto. 7

Strofe del tutto estemporanee

Per quanto riguarda, infine, gli strofismi privi di tradizione – che potrebbero essere considerati le forme più funzionali al verso libero strettamente inteso – è indubbio che un valore archetipico nel Novecento è costituito dalle unità precarie dell'*Allegria* di Ungaretti. Qui trionfano bianchi tipografici che possono isolare anche singoli versi, come vere e proprie strofe generate dall'episodica emersione di un **impulso logico-sintattico o fonico**. Poniamo (il testo di *Fratelli* è già presente nel *Porto sepolto* 1916):

Di che reggimento siete
fratelli?

Parola tremante
nella notte

Foglia appena nata

Nell'aria spasimante
involontaria rivolta
dell'uomo presente alla sua
fragilità

Fratelli

La seconda e quarta strofa sono motivate anche dalla rima desinenziale con cui cominciano (*tremante* : *spasimante*) e l'ultima parola costituisce una ben anomala strofa a sé.
Opposto negli esiti, ma altrettanto arbitrario è il caso di poeti che usano **versi molto lunghi e non sillabici** e che ne scandiscono graficamente la separazione in blocchi, per ragioni più sintattiche e logiche che non metriche. Si vedano questi versi di Jahier (prime tre strofe), risalenti agli anni dieci del Novecento, ma messi in forma definitiva solo nel 1964:

In questo momento

mentre chiedi chi sei, mentre rigiri tra le mani la vita
giocattolo infranto
in questo momento
respiri il soffio di un forte che muore.

Uomo solo, quante mani ti reggono, in questo momento!

Mentre ti scaldi alla tua elegia
mentre la ricomponi
il tuo pensiero un altro lo esprime
un altro opera la tua azione.
Per un seme abortito
milioni di gemme in questo momento.

[...]

Poesie senza strofe

1.1.3. Curiosamente, l'eredità leopardiana forse maggiore, quella della canzone libera, legittima i luoghi in cui nel Novecento per la prima volta è attaccata frontalmente la concezione stessa di strofa, e si realizza pertanto una poesia *stichica*, indivisa. Giovanni Alfredo Cesareo, nei suoi *Canti sinfoniali* (1890), lavorando su sillabismi evidentemente leopardiani (cfr. *infra*, par. 2.1), teorizza e insieme realizza testi formati da «una sola melopea senza strofi». Nei *Frammenti lirici* (1913) di Clemente Rebora e nei *Prologhi* di Vincenzo Cardarelli (1916), le poesie in cui endecasillabi, settenari e altri tipi di verso si combinano in strutture aperte sono praticamente sempre prive di separazioni strofiche. Vero è che, appunto leopardianamente, il gioco interno delle rime "libere" può rivelare ulteriori vincoli. In Rebora, si arriva a un testo come il *Frammento* LXX, di sessantacinque versi, diviso in tre soli periodi, il primo dei quali, di ben quarantotto versi, nella sua prima metà suggerisce sì una struttura strofica di canzone (Bandini, 1966, pp. 26-8), ma la nasconde nella forma monoblocco del testo secondo la dinamica "allusiva" di cui sopra abbiamo detto (cfr. *supra*, par. 1.1.1).
Nel corso del Novecento il fenomeno ha comunque avuto uno **sviluppo assai contrastato**, anche e magari soprattutto in considerazione del fatto che un maestro come Montale, sino alla *Bufera*, ha privilegiato uno strofismo libero in effetti fortemente allusivo. Se, ovviamente, lasciamo da parte i componimenti brevi e brevissimi (fino alle dieci unità) che anche in senso tradizionale meno abbisognano di divisioni strofiche (si pensi al genere del madrigale rinascimentale) e releghiamo allo sfondo il leopardismo d'inizio secolo, possiamo individuare tre grandi tensioni metriche che attraversano il Novecento e arrivano sino a noi: i componimenti in versetti biblico-whitmaniani o comunque in versi lunghi; le poesie composte di un solo periodo sintattico; i componimenti in versi "atonali" che si avvalgono di grafismi di varia natura.

Il versetto

Per quanto riguarda il primo punto, si rinvia a ciò che verrà detto qui sotto (*infra*, parr. 5 e 7) in relazione sia alla metrica whitmaniana sia a certi versi accentuali. Anche se eccezioni notevoli sono documentate (il già visto Jahier, Bacchelli, il giovane Bassani, che scrive in versi lunghi probabilmente accentuali, utilizzando anche vere e proprie strofe), in generale i versi lunghi non (più) sillabici evitano di praticare partizioni strofiche e definiscono il **testo come un *continuum*** che eventualmente si segmenta in capitoli e che comunque tratta le eventuali strofe per l'occhio alla stregua di semplici "paragrafi", cioè gruppi sintattici omogenei. Come poi ha mostrato Mengaldo (1983a, p. 168), nell'ambito di un verso ancora sillabico, già all'altezza degli *Aborti* (1907) Govoni può realizzare la poesia "proemiale" *Alla Musa* quale un «componimento indiviso [...] di 114 versi di misure variabili».
Al vertice di tendenze del genere, ma con una sua specificità che osserveremo a suo luogo, c'è il verso "srotolato", quasi come da un libro della Torah

(o, più esattamente, come lo *scroll* di carta utilizzato da Jack Kerouac per scrivere *On the Road*), da Amelia Rosselli in particolare nel poemetto *La farfalla* (ufficialmente datato 1958), che si presenta come un'opera divisa in lunghi capitoli e comunque lontanissima dallo strofismo (cfr. *infra*, par. 6.2.2.1).

Poesie monoperiodali

Il secondo punto è valorizzato da personalità poetiche (Montale, Bertolucci, Sereni le più importanti) di assoluta eccellenza: in un numero limitato ma significativo di loro poesie (cfr. Spampinato, 1996; Bozzola, 2006, pp. 83-113), può accadere che **un unico respiro sintattico**, protratto per molti versi, porti con sé, quasi necessariamente, la scomparsa della strofa. *L'anguilla* di Montale, contenuta nella *Bufera*, è il capolavoro indiscusso di questa specie a sé di forma. E comunque è interessante rilevare che il Sereni degli *Strumenti umani* (1965), capace di produrre una poesia indivisa come *L'alibi e il beneficio* (cfr. *infra*, par. 6.3.2), dotata di una struttura sintattica fluidissima e quasi informe (secondo quel «carattere a prima vista contraddittorio della sintassi di Sereni: insieme morbida all'interno, e tutta attenta alle transizioni, dura ai giunti», Mengaldo, 1983b, p. 370), scriva una raccolta in cui le partizioni strofiche svolgono un ruolo marginale. Circa la metà delle poesie degli *Strumenti umani* non presenta divisioni interne e, di fatto, molti dei bianchi tipografici superstiti non hanno un vero rilievo metrico, trattandosi spesso di stacchi sintattici o di tipo testuale (la divisione in "capitoli" e "sezioni", ad esempio). Ciò vuol forse dire che Sereni pensa le sue poesie (o i capitoli delle sue poesie lunghe) come dominate da un *unico* **flusso di pensiero e di associazioni** che, se del caso, possono coincidere con un unico giro sintattico.

Non per caso, Sereni inserisce abbastanza spesso nei suoi componimenti versi "a gradino", che segnalano a un tempo continuità e rottura. Ad esempio, la chiusa di *Nel sonno* (sempre negli *Strumenti umani*) costringe il lettore a prendere atto di un progetto testuale complesso («loro», anaforicamente, rinvia a certe immagini che precedono: i «crolli del cuore» di chi parla, i suoi ricordi di guerra, e insieme le «radure di città», la Milano sventrata), ma anche di **un'intermittenza logica**; e per far questo non è usata una strofa bensì un accapo interno a un endecasillabo:

> Solitudine, solo orgoglio...
>   Geme
> da loro in noi nascosta una ferita
> e le dà voce il vènto della pianura,
> l'impietra nelle lapidi.

Gradini e versi atonali

Anche da quest'ultimo punto di vista, il terzo aspetto appare di grande interesse, giacché poeti canonici del secondo Novecento, quali Zanzotto e Sanguineti, spesso pubblicano testi privi di divisioni ritmiche, ma le sostituiscono – le compensano, si direbbe – con un sistema di fratture e bianchi grafici che movimentano la dizione in modo metricamente rilevante. Se ad esempio leggiamo la conclusione del nono poemetto di *Erotopaegnia* di Edoardo Sanguineti (1960),

> in questo ventre (così allora urlando!) premendo! pressi, allora, gemendo;
> colando, impressi: oh, frangibili (dissi);
> e vidi lei, innescata, grondando, oh!
> (praesentibus testibus vidi); lei vibrata vidi; vibrante; lei appunto;
> pressa.

ci accorgiamo che i due versi rientrati (il terzo e l'ultimo, brevissimo) costituiscono una specie di "sottounità" del verso che li precede, quasi una **versificazione nella versificazione**, che almeno in parte assolve la funzione della strofa novecentesca di tipo – per intenderci – ungarettiano. Ma, appunto, su questi argomenti si dovrà fare (*infra*, par. 1.3) un discorso a parte.

1.2. La rima non strutturante

Funzioni della rima

1.2.0. Istituzionalmente (cfr. ad esempio Beltrami, 1991, pp. 49-53) sono tre le funzioni che vengono riconosciute alla rima: **demarcativa**, **strutturante** e **ritmica**. Anche se il ruolo demarcativo è molto discusso e in effetti tutt'altro che universalmente accettato (cfr. Cornulier, 1981), è vero che entro certi limiti la rima *tende* a segnalare la fine del verso: una certa ripetizione di suoni (in italiano, l'uguaglianza fonica dall'ultima sillaba tonica sino alla fine), annunciata da un precedente rimante, contraddistingue la parte conclusiva di almeno due versi. Strutturante è invece la rima che permette di disegnare unità strofiche. E ritmica – detta anche «associativa» – è la prerogativa relazionale e insieme sonora della rima, capace di arricchire e anzi modificare il ritmo dei versi senza necessariamente produrre una struttura strofica.

Crisi della funzione strutturante

Appare abbastanza scontato che nel Novecento sia la funzione strutturante a entrare in **crisi**, mentre la funzione ritmica assume un'importanza sempre maggiore. In effetti (cfr. De Rosa, Sangirardi, 1996, p. 71), si può persino arrivare a dichiarare che lo stesso valore metrico della rima tende a cambiare: nel momento in cui smette di dare forma a organismi strofici, regredisce al rango di «**figura retorica**», in qualche modo non diversa da un'allitterazione o una paronomasia, quando non – in determinate condizioni – da un generico parallelismo morfologico (si pensi alle cosiddette rime suffissali o desinenziali).

Probabilmente, però, una simile interpretazione non è in grado di render conto della complessità del fenomeno nel corso del Novecento, giacché – come si è detto e si vedrà anche in seguito – la natura per lo più eclettica del verso libero italiano (e internazionale) continua a valorizzare discontinuamente *tutte* le funzioni della rima, pur mettendole in discussione e certo riducendone di molto l'efficacia strutturale.

La rima-zero

1.2.1. Uno dei fenomeni più inquietanti della cultura italiana tra Otto e Novecento, ma con propaggini che arrivano sino ai giorni nostri, è la valorizzazione della *rima-zero* (cfr. in generale Lotman, 1970, pp. 121, 129-30 e *passim*), vale a dire di una rima o molto smorzata o assente, che però svolge un non troppo paradossale **ruolo** costruttivo: **strutturante** appunto.
Il concetto ha del resto anche un valore storico, e non solo in Italia. Basti pensare alla nozione di *verso sciolto*, cioè appunto "sciolto" *dalla* rima, ovvero a quella britannica di *blank verse*, verso "bianco", esemplato (come del resto l'endecasillabo italiano, a partire per lo meno da Trissino) sul modello dell'esametro latino. Lungi dall'essere una mera assenza, in questi casi la rima che non c'è segnala viceversa la *presenza* di una precisa strategia metrica e archeologica: il recupero del passato.
Come ormai sappiamo, alla fine dell'Ottocento italiano l'esperienza della metrica barbara e magari anche le prese di posizione di Domenico Gnoli contro il rigido vincolo della rima (cfr. Gnoli, 1876) diffondono sempre più l'idea che non solo sia possibile **fare poesia lirica senza rima** (qualcosa del genere era stato già detto e praticato nel Settecento), ma che in qualche modo il vero lirismo, il lirismo puro, debba ripartire appunto da quell'artificio-zero. La struttura di alcuni idilli leopardiani, scritti in endecasillabi sciolti, costituisce un riferimento indiscutibile.

Lirismo e (non-)rima

Ora, certo anche per queste ragioni, Vittorio Coletti (1986) alcuni anni fa enunciò una sorta di principio generale, probabilmente tuttora valido anche se con moltissime eccezioni: e cioè che il tasso di lirismo, potremmo quasi dire di serietà, di altezza della pronuncia poetica, è *inversamente proporzionale alla presenza della rima*. Insomma: i lirici "puri" tendono a un **uso** appunto **negativo della rima**. L'esempio paradigmatico in questo senso è offerto da Giuseppe Ungaretti e dalla sua *Allegria*, opera nella quale l'istituto della rima viene quasi completamente bandito (le sopravvivenze di rime si manifestano per lo più come parallelismi morfo-sintattici e come omoteleuti).
Del resto, è probabile che alla valorizzazione lirica della non-rima abbia contribuito anche una poetica del "**discorso assoluto**" di tipo biblico-whitmaniano (cfr. *infra*, par. 5), cioè la prassi del testo in versetti, entro il quale sono i legami logici tra lessemi e sintagmi a farla da padroni. In un poeta come Franco Fortini, la convergenza delle due tradizioni può condurre a esiti memorabili di questo genere (siamo nel 1954, e si tratta di una "strofa" di *Una facile allegoria*, vv. 22-28):

> Lontani dai nostri occhi vivono i boschi
> chiusi con antiche parole, rovine d'altri tempi,
> vivono dove non siamo più noi.
> E i rami respirano le arie diverse
> delle stagioni, ora molli di pelli, ora scaglie,
> al tronco tanto stretti che la burrasca non li crolla
> o fini che li fletta, se vi posa, lo scricciolo.

Quanto più ascetica – silenziosa – è la forma metrica, tanto più alta, sapienziale è la voce che con quella forma parla (analizzeremo successivamente il valore di certe ripetizioni – come *vivono-vivono* al primo e terzo verso – che in qualche modo sostituiscono le rime, cfr. *infra*, par. 5.1).
In anni recentissimi, tale tipo di soluzione ha trovato una realizzazione importante nella **poesia "al femminile"**, ma sempre in versetti, di Antonella Anedda: siamo ormai nel 2007, nella raccolta *Dal balcone del corpo*, e la poesia s'intitola *Frammento. (Giudizio)*:

> Mentre gli storni si radunavano nel cielo della stazione lui si ammalava,
> mentre lei salvava uno scarafaggio facendolo salire su uno stecco
> lui provava la prima fitta alla schiena. Non era solo?
> L'orgasmo arrivava staccato da tutto?
> un anello di fumo dentro il ventre
> e poi su dalla gola nella parte più alta della testa?

1.2.2. Che la pratica della non-rima sia un gesto in qualche modo estremo è confermato dall'esistenza della *parodia strofica* osservata qui sopra (par. 1.1.1): in questi casi, l'evocazione di forme metriche visive, tolte le rime, ha un valore straniante e radicale, che nel primo Novecento non crea vere e proprie tradizioni.

Indebolimenti della rima, suoi sostitutivi

È probabile invece (come è stato a suo tempo messo a fuoco segnatamente in Mengaldo, 1966) che la consuetudine centrale nel Novecento sia piuttosto quella, di origine simbolista, connessa al rifiuto, per dirla con Kahn (1897, p. 33), del «coup de cymbale à la fin du vers, trop prévu», vale a dire della rima troppo sonante (un «colpo di piatti») e troppo prevedibile. Ad essa si sostituiscono, innanzi tutto, una «rima viva auditiva smorzata» (Macrì, 1971, p. 52), fatta di assonanze, quasi rime e rime imperfette, e poi un **dislocamento** di tali sonorità in **posizioni che non** necessariamente **coincidono** con la **fine del verso**, e dunque danno origine a *rime interne*.

Il caso D'Annunzio

Il padre italiano riconosciuto di molte di queste riforme è, notoriamente, D'Annunzio. La sua particolare **sensibilità simbolista** lo induce da un lato a *esibire* sonorità inattese e forti anche in contesti incongrui, dall'altro a sfumare, quasi a *nascondere* il gioco dei richiami fonici convenzionali valorizzandone aspetti timbrici meno evidenti.

Sonorità in contesti anomali

Nel par. 1.1.1.1 abbiamo già visto che in certe «grandi strofe» D'Annunzio usa la rima (ma anche l'assonanza) in un contesto che deve molto alla tradizione barbara e che tuttavia, istituzionalmente, escluderebbe l'impiego della rima. Ma ciò può avvenire anche infrangendo le norme di un genere metrico tradizionalissimo quale l'endecasillabo sciolto. Ad esempio, in *Primo vere*, nella poesia *Solleone* (1880) leggiamo una straordinaria serie di assonanze in *-a-*: *alto* : *Là* : *alfana* : *alberi* : *cicala* (vv. 8, 9, 11, 16, 17), straordinaria – cioè – perché è sempre coinvolta la consonante laterale *l*, e poi perché sono presenti terminazioni sia piane sia tronche sia sdrucciole. Più "rustica" programmaticamente negli effetti è la serie di assonanze e rime identiche di una poesia in "sciolti" di *Alcyone* come *L'opere e i giorni*: *opre* : *cuore* : *piove* : *opre* (vv. 2, 3, 5, 8).

Ma il D'Annunzio più importante in senso novecentesco è soprattutto quello che moltiplica le sonorità in contesti sillabicamente liberi, definendo **un sistema a un tempo smorzato e invasivo**. Seguendo le capitali osservazioni di Mengaldo (1972a), e dando per acquisito un massiccio impiego di assonanze, osserviamo i fenomeni principali, con esempi tratti da *Alcyone*.

Rime imperfette "ipercaratterizzate"

I. Il proliferare di «quasi rime che sfiorano la regolarità e insieme, direi, ne compensano la perdita con ipercaratterizzazioni foniche d'altro tipo» (Mengaldo, 1972a, p. 209): ad esempio, ai vv. 33 e 34 del *Novilunio* la rima imperfetta *sempre* : *settembre* valorizza l'opposizione fonematica sorda/sonora; oppure, e addirittura, l'imperfezione si accompagna alla quasi identità dei rimanti, come nel notissimo *spruzzi* : *sprazzi* al v. 55 dell'*Onda*, ma anche – in modo meno clamoroso – in *fumi* : *confusi*, vv. 16-17 delle *Stirpi canore*. Interessante il caso limite della combinazione *rapace* : *rapisce*, vv. 82-83 dell'*Onda*, che non è rima ma una figura etimologica, e tuttavia è in grado di sostituire funzionalmente l'istituto tradizionale, o comunque con esso confondersi.

Rime sdrucciole

II. Il vario sfruttamento delle rime sdrucciole, in effetti assai frequenti, che possono anche divenire rime ipermetre, esatte e non esatte. Un intero componimento di *Alcyone*, il *Ditirambo II*, è costruito con terminazioni sdrucciole, che non rimano mai fra loro in modo esatto ma realizzano quella che solitamente viene chiamata «rima ritmica». D'altronde, in contesti più liberi (Lavezzi, 2000, p. 150), D'Annunzio compie la scelta diametralmente opposta, quella più difficile: vale a dire persegue la rima sdrucciola esatta. Cfr. nella *Pioggia nel pineto*, *alvèoli* : *mallèoli* (vv. 108 e 113); nelle *Stirpi canore*, *calici* : *salici* (vv. 27 e 33) ecc. Si danno poi *rime ipermetre* (Pinchera, 1999, pp. 297-302 propone la definizione di *rime mascherate*) quando un rimante sdrucciolo viene ripreso da un altro rimante solo nella sua parte tonica, come ad esempio avviene in D'Annunzio nelle *Stirpi canore* con *tumide* : *profumi* (vv. 22 e 25). Come abbiamo visto (cap. 2, par. 4.3.3), è una tecnica, questa, di origine pascoliana, che tuttavia D'Annunzio varia nella sua forma imperfetta, traendone effetti simili a quelli notati nel campo dell'assonanza. Se in un pezzo in forme chiuse (una ballata antica) come *Il fanciullo* abbiamo ad esempio la serie *verdognola* : *suono* : *sogno* (I, 37, 40, 41), nel *Novilunio* abbiamo (vv. 105-106) *chiome* : *umido*, in *Albàsia insolito* : *opale* (vv. 23-24).

Sonorità ravvicinate e misura del verso

III. Tutto ciò, infine, si realizza in un «gusto delle rime esterne o interne in *repercussio* immediata (come direbbe Dante) anche a serie o catena» (Mengaldo, 1972a, p. 210), in modo tale che da ciò possano anche discendere letture alternative delle singole misure metriche. Basta esaminare i notissimi primi sette versi della *Pioggia nel pineto* per verificare il fatto:

> Taci. Su le soglie
> del b**o**sc**o** non **odo**
> parole che dici
> um*ane*; ma **odo**
> parole più nuove
> che parlano gocciole e foglie
> lont*ane*.

La ricchezza fonica e la vicinanza di assonanze e rime non ha bisogno di commenti (si noti in particolare la rima atona *parole* : *gocciole*); quanto alle letture alternative, «ma odo / parole più nuove» e «gocciole e foglie / lontane» costituiscono entrambi versi dattilici – nell'ordine novenario e ottonario – perfettamente coerenti con il contesto (cfr. anche *infra*, par. 3.4).

Dopo D'Annunzio

Il fatto è che questo **sperimentalismo** ha un'influenza diretta su molti poeti del Novecento, in particolare sul **massimo** – senza dubbio – **manipolatore della rima, Eugenio Montale**. Del resto, alle sue spalle, due dannunziani critici, anzi erosivi, come Gozzano (per l'uso di certe rime imperfette: *rive* : *scrivere*, ad esempio nell'*Analfabeta* della *Via del rifugio*, 1907, vv. 85 e 88) e come Rebora (in particolare per l'impiego di assonanze e consonanze analitiche: nell'XI dei *Frammenti lirici*, 1913, sono scomposte le parole *freni* e *eterno*), l'avevano preceduto, anticipando certi suoi esiti.
Seguendo le indicazioni di Beccaria (1975, p. 216, nota) e Pinchera (1999, p. 301), possiamo trovare in Montale, oltre a quelli già visti (si pensi alla rima ipermetra imperfetta con opposizione sorda/sonora *limpida* : *corimbi*, in *«Ripenso il tuo sorriso»* degli *Ossi*, vv. 1 e 3), mascheramenti della rima come il legame assonantico fra tronca e piana, *su* : *consuma* (nelle *Occasioni*, *Il saliscendi*, vv. 6 e 9) o fra sdrucciola e tronca, *falòtico* : *vedrò* (*Ossi*, *Ciò che di me sapeste*, vv. 9 e 12), o anche la quasi rima con corrispondenza fra parte tonica e atona dei rimanti *mùgoli* : *colli* (in *Corrispondenze* delle *Occasioni*, vv. 11-12).

1.2.2.1. Possono essere ricondotti almeno in parte a questa gamma di questioni (un uso indebolito dell'istituto solidamente codificato della rima) alcuni fenomeni che qui si ricordano sinteticamente: l'uso di parole straniere in rima, le rime in tmesi, la contraffazione con accentazione artificiosa di rimanti linguisticamente atoni.

Parole straniere in rima

Quando parole straniere sono indotte a rimare con parole italiane, la sonorità ribadita rivela l'incongruenza degli "oggetti" messi in relazione fra loro, ma anche e forse soprattutto l'**incongruenza della forma** stessa **delle parole**. Il caso più noto e citato sino alla nausea è quello che nel Gozzano della *Signorina Felicita* (*I colloqui*, 1911, vv. 308 e 311) induce a rimare *Nietzsche* con *camicie*. Ma, anche solo prendendo in considerazione *La* *passeggiata* di Palazzeschi, in un contesto versoliberista, troviamo la sequenza discretamente caotica: *Purtaré* : *nouveauté* : *1783* : *43* : *caffè* : *193* : *Massenet* : *matinée* : *cordonier* [*sic*] (*L'incendiario*, 1913, vv. 6, 8, 12, 18, 87, 90, 97, 102, 104), dove evidentemente i numeri devono "suonare" anche sillabicamente, «mimando [...] l'inerzia del parlato borghese» (Beccaria, 1983, p. 202). Il Montale che mette in rima (*Sotto la pioggia* nelle *Occasioni*, 1939, vv. 13 e 18) *compañeros* e *sentiero* fa un passettino più in là, suggerendo la difficile accettabilità di una sonorità ormai divenuta imperfetta. Qualcosa del genere accade per le *rime con tmesi*, che si hanno allorquando davanti alla fine del verso è spezzata una parola per ottenere l'esattezza (o la parvenza) della rima. Abbiamo visto qui sopra (cfr. *supra*, par. 1.1.1) un paio di esempi ad opera di Emilio Villa all'altezza del 1947. In Gozzano, troviamo un curioso esempio di ***rima interna in tmesi***, allorché una coppia di otto-novenari doppi a rima interna (*L'amica di nonna Speranza*, in *La via del rifugio*, 1907, vv. 9-10) deve essere scandita in questo modo (come se fossimo di fronte alla rima *dà* : *perplessità*):

Rime con tmesi

le tele di Massimo d'*À*l zeglio, le min*i*ature,	$9_t + 8$
i dagherrotipi: figure I sognanti in perplessit*à*.	$9 + 8_t$

E in Campana all'inizio di un capolavoro del verso libero come *Genova* dei *Canti orfici* (1914) ai vv. 5 e 7 troviamo la rima *arcana* : [/-mente] *sovrumana*. D'altronde, artifici del genere nel Novecento si istituzionalizzano – ad esempio nella poesia "parlata" di Giovanni Giudici – e oggi non fa alcuna meraviglia leggere una strofetta costruita nel seguente modo (citiamo da Massimo Sannelli, *L'aria*, 2009, l'ottava delle *Rime sacre*), dove il troncone *melo-* assuona con *argento* e con *e* (artificiosamente accentata: vedi qui sotto, in questo stesso paragrafo), ma addirittura, per assonanza solo tonica, con quanto rimane della parola stessa che la contiene, *melo-pea*!

«tu cammini tanto...»:
ora brillerà un arg*ento*
lucido, e l'apice in
ogni movimento, *e*
la notte è sua: m*elo*-
p*ea*, fino ad ora.

Del resto, al dominio della tmesi, ma in assenza di rima, afferiscono sperimentazioni come quella di Nanni Balestrini, che può arrivare a frantumare le parole **in modo non sillabico**; si veda ciò che accade in *Senza lacrime per le rose*, 2 (1969):

la grande
tra
sgression
e ideologica dell'epoc

con
le sue giustificazioni secolari
una realtà spro
fonda di colpo nel passat
a
alle fiamme automobili e co
[...]

Oppure si veda come certi versi lunghissimi di Lello Voce ribadiscano la propria indipendenza dalla sintassi rompendo inopinatamente una parola a fine verso. Quello compreso tra due virgolette è l'esatta forma di *un solo verso* (tratto da *Lai del ragionare esperto*, v. 22, in *Fast blood*, 2002): «di bit e byte tutto un singhiozzo di silicio e sesso di sinapsi frettolose inesperte di click di dit-» [«tonghi»].

Atone tonicizzate a fine verso

Meno estrinseco, forse, è infine un terzo fenomeno in parte già visto, vale a dire la possibilità di promuovere a tonica una parola atona in punta di verso. Un vero e proprio maestro di questo procedimento – che è una forma di mimesi dell'oralità (cfr. *infra*, par. 1.2.4) – è Giovanni Giudici, il quale oltre tutto l'impiega in contesti liberi, come nel seguente caso (*L'assideramento*, da *La vita in versi*, 1965, vv. 50-53):

Crepitava familiare la pioggia – *e*
le voci: qui non è possibile,
a ripetere, qui non c'*è*,
e nemmeno è possibile che sia...

La **forzatura** è qui indubitabile, dato il compagno di rima collocato due versi sotto. E tutto sommato la stessa esecuzione è quasi sicura anche in questo attacco di un componimento di Bertolucci (*26 marzo*, in *Viaggio d'inverno*, 1971, vv. 1-3), dal momento che la possibile pronuncia tronca può essere messa in relazione con la tronca del terzo verso:

L'appartamento è al quinto piano *e*
gli usignoli e i merli dalle piante della clinica –
pini e cipressi neri come antracite e più *giù*
mandorli [...]

Rientra sostanzialmente in questo discorso la possibilità, oggi diffusa soprattutto nel **mondo della canzone** – anche perché di origine melodrammatica –, di far rimare tra loro tronche e sdrucciole attraverso la valorizzazione dell'ictus secondario presente nell'ultima sillaba delle sdrucciole (su tutti questi problemi cfr. Zuliani, 2009a, pp. 7 e 82). In un recente album dei Marlene Kuntz (*Uno*, 2007) la seconda strofa della canzone *Musa* è cantata con questo tipo di terminazioni di verso:

E io amo darlo a t**è**
o amabil**è**

custode degli sguardi ch**è**
ti dedic**ò**
[...]

Il dato curioso è che già Pascoli aveva fatto qualcosa del genere. In *Pietole* (*Nuovi poemetti*, 1909), le diciotto lasse che la compongono, di diciassette endecasillabi sciolti ognuna, sono legate a due a due da rime tronche. Ebbene, la prima coppia di rime è *Po* : *gracidano*, dove è evidente che si deve pronunciare *gracidanò* (il verso è: «[eterna-]mente gracidano, gracidano», con dieci sillabe linguistiche), valorizzando l'ictus secondario della parola, in questo caso bisdrucciola.

1.2.3. Quanto alla funzione di tali forme anche bizzarre di rime variamente modificate e indebolite, va ribadita in primo luogo un'evidente **residua funzione *strutturante*.** Abbiamo infatti visto più volte che l'uso del verso libero non esclude affatto l'esistenza di strofismi motivati anche dall'impiego della rima e dei suoi molti sostitutivi.

Funzione clausolare della rima

Del resto, certi dati statistici in nostro possesso mostrano come ad esempio il ruolo clausolare della rima abbia mantenuto una certa importanza lungo tutto il Novecento. Simmetrie di suoni segnalano cioè la fine di numerosi testi in versi liberi. Secondo Arnaldo Soldani (1989, p. 38), ancora nella *Bufera* di Montale (siamo nel 1956), in cinquantatre poesie su cinquantasei l'ultima parola del testo è coinvolta in una correlazione fonica, e nel 60,7 per cento dei casi (trentaquattro testi) tale correlazione riguarda una vera e propria rima, sia essa esterna o interna.

Semmai, andranno fatte due osservazioni: innanzi tutto che la residua forza strutturante della rima svolge spesso un ruolo di **sostegno alla sintassi**, e insieme che l'imporsi di questo nuovo tipo di funzioni tende a mettere in **crisi** il suo **valore demarcativo**.

Rima solidale con la sintassi

Per quanto riguarda il primo punto, è probabile che il Novecento abbia instaurato un dialogo assiduo con un certo retaggio leopardiano, in particolare con il Leopardi delle canzoni libere. Secondo Bandini (1975, p. XXX, dove si riprende una vecchia intuizione di Rebora):

> nel *Pensiero dominante* e *Amore e morte*, e poi nelle due canzoni funerarie, s'infittisce l'uso della rima e dell'assonanza, ambedue anche al mezzo, fuori da ogni ordito obbediente a tradizionali norme strofiche, come nei grandi idilli. Lo scopo della rima è in Leopardi quello di scandire il movimento e le pause della sintassi.

E ciò vuol dire che la sintassi, potremmo persino dire il *pensiero poetico*, svolge un ruolo costruttivo di concerto con la rima, e nel Novecento può scavare strutture estemporanee e nuove nel corpo del verso libero. Un caso tipico è quello di Rebora, di cui è forse sufficiente leggere lo sforzo virtuosistico con cui è impostato il *Frammento* XXXVI (1913):

Nell'avvampante **sfasciume**,
Tra polvere e péste, al meriggio,
La fusa scint*illa*
D'un démone bigio
Atterga affronta ass*illa*
L'ignava sloia dei rari passanti
La schiavitù croia dei carri pesanti;
Tòrcon gli alberi a respiro
L'ombra e le foglie sui rami e sui tronchi,
I muri abbassano pàlpebre
E spràngan le soglie nell'arido giro
Del losco **sfasciume**.

Se ci riferissimo solo alle rime esterne, potremmo azzardare uno schema XAB*A*BCCDPSDX, che scandisce con chiarezza i due movimenti sintattici (vedi il punto e virgola dopo la rima baciata) di cui si compone l'unico periodo. Non solo: la rima interna fra due parole rarissime (*sloia* : *croia*; la prima è un lombardismo che significa qualcosa come "indolenza", la seconda è un dantismo connotante "durezza") segnala un evidente parallelismo morfologico («dei.... dei»).

Rime interne e versi "altri"

Nel Novecento, un simile procedere è destinato, come abbiamo visto esaminando Montale (cfr. *supra*, par. 1.1.1.2), a definire quasi l'istituzionalizzazione delle rime – e altre figure del suono – interne, in grado di suggerire *strutture versali alternative*, e comunque di ridiscutere, oltre alla funzione demarcativa della rima, l'apparente compattezza del testo nella sua forma primaria. Un esempio non particolarmente clamoroso, ma sintomatico di una **tendenza media**, può essere offerto dall'attacco di *Prima del sole* di Andrea Zanzotto (da *Vocativo*, 1957):

Ancora lo stupore, ˇio me stesso 11
parlo a me stesso e la valle rilevo 11
e i profondi suoi veri. 7
Io stupore che cresce che torna 10
dopo le offese 5
quando ogni oppre*ssione* 6
già è velata pa*ssione* che s'attende 11
quando ogni dorso d'erbe 7
[...]

Pause sintattiche e rime interne consentono di cogliere **un maggior numero di settenari**, che peraltro, secondo il computo di Dal Bianco (1997b, p. 194), sono il verso più frequente nel primo Zanzotto: «ancora lo stupore», «Io stupore che cresce», «già è velata passione». Ciò permette di liberare versi coerenti con il tipo particolare di polimetria praticata dal poeta, in particolare negli anni cinquanta: un novenario trocaico «io me stesso / parlo a me stesso», un ottonario con ictus di 2ª e 4ª, «che torna / dopo le offese»; persino un endecasillabo, accentato in modo anomalo, «che s'attende, / quando ogni dorso d'erbe» (il suo ictus di 5ª non è però infrequente in Zanzotto, cfr. ivi, pp. 24-6).

Crisi della funzione demarcativa della rima

La rima, in questo senso, non predice più nulla quanto all'unità versale, perdendo buona parte del suo valore demarcativo, e svolge un ruolo contrappuntistico in relazione allo scorrere dei versi e agli sviluppi della sintassi. È il caso di insistere su questo secondo punto, se ad esempio è possibile che in anni recenti si pubblichino versi dominati dal seguente intreccio suono-sintassi (si cita una poesia di Milo De Angelis, *Per quell'innato scatto*, in *Biografia sommaria*, 1999):

> Nel superotto girato al ginnasio
> è già lei: la ragazza guerriera
> sempre all'attacco.
> Faceva segnali di fumo, fuochi di bivacco,
> gettava in pattumiera i profumi ottocenteschi.
> Ragazza dei baratri e dei bar, dei giochi
> di destrezza, dei campionati studenteschi
> vinti in scioltezza: nove secondi
> con sei metri di distacco.
> E io, in classe, quando mi accorsi che volava
> («Nove netti sugli ottanta,
> a quindici anni, ragazzi!»)
> l'ho chiamata subito Atalanta.
> Stefania Annovazzi
> si chiamava verame*nte*
> più spesso Stefanella.
> Ma per tutti noi era quella
> divina falcata adolesc*ente*.

Come si vede, *tutti* i **periodi** sono **chiusi da una parola in rima**: l'antico istituto si muove cioè solidarmente con la sintassi.

Rima e oralità

1.2.4. Tale motivazione fonica della sintassi produce, a ben vedere, un esito ambiguo, perché sonorizza qualcosa di silenzioso: cioè la parola "logica", le strutture sintattiche e testuali. In questo modo, la metrica finisce per **imitare l'*oralità* della lingua**. Non c'è dubbio anzi che una parte cospicua degli usi rimici nel contesto del verso libero è evocatrice di *effetti di "voce"*. Ciò è evidente nel vero e proprio padre della metrica libera breve, D'Annunzio (cfr. almeno Bertoni, 1987), e nel corso del Novecento interessa una parte notevole dei versi di Caproni, a partire magari dalle sue prosopopee, cioè da componimenti degli anni cinquanta caratterizzati da un altro tasso di teatralità.

Da Palazzeschi...

E tuttavia l'ascendente novecentesco forse più importante lo troviamo nell'opera di Aldo Palazzeschi, segnatamente in quelle poesie la cui metrica ruota intorno alle misure per lo più brevi di natura giambico-trocaica – sette-ottonari insomma –, ristrette e dilatate secondo i liberi moti "melodici" di una **pronuncia teatralizzata**. La rima, in questo contesto, dà impulso alla voce, ma definisce anche un suo percorso non del tutto prevedibile. Se leggiamo una decina di versi dello *Specchio* (dall'*Incendiario*, 1913) la strategia contrappuntistica appare con una certa evidenza:

> Cosa mi guardi, butto sfacciato d'uno sp*ecchio*?
> Cosa mi guardi? Cosa ti credi
> ch'io abbia paura di te,
> sudicissimo indumento v*ecchio*?
> Un dì o l'altro ti faccio in mille pezzi vedi!
> Sfacciato! Ti credi di prender
> la mia faccia, perché la tua
> ti manca, la mia poverina
> è bianca, ma la tua, che non ài,
> è quella del più sudicio
> stagno v*ecchio*!

Quasi inutile sottolineare che anche qui la rima induce un evidente **effetto di clausola**, marcando sempre la fine dei periodi. Ma ha inoltre la caratteristica di rivelarsi in modo inaspettato, anche a una certa distanza e anche entro il verso, magari in assenza di normali rime esterne (cfr. la coppia *manca* : *bianca*); e non ha alcuna ambizione di essere rara e preziosa (come in D'Annunzio e poi, spesso, in Montale): infatti non teme di presentare forme identiche (*vecchio*, *vedi*). Necessità (rime a fine periodo) e caso (rime distanziate interne, in assenza di rime esterne) producono un effetto di teatralità discorsiva e di oralità, che ovviamente trova un sostegno notevole negli *enjambements* assai disinvolti («prender / la mia faccia», «la tua / ti manca») e nella lunghezza irregolare dei versi, da quelli dilatati (il primo, di quattordici sillabe) ai molto brevi (l'ultimo, quadrisillabo).

.. a Giudici

Nel secondo Novecento, oltre lo stesso Caproni, un indubbio maestro di queste strategie è stato Giovanni Giudici, che peraltro ha lavorato con una tavolozza metrica assai più varia (e, in genere, con un atteggiamento più smaliziato). Come ha mostrato Zucco (1997), in lui la rima interna produce spesso «una pausa imprevista» (p. 231), tanto più notevole in quanto tende ad accompagnarsi all'*enjambement* relativo a parole semanticamente deboli che producono una specie di **"sospensione" oratoria del dettato**. Ad esempio, sulla scia di Zucco (ivi, pp. 245-6) si legga questo tortuosissimo passo tratto dall'*incipit* di *Roma, in quel niente*, dalla *Vita in versi* (1965):

Non mi faceva più male. Improvvisamente all'aperto
mi trovai di una strada, di una piazza – **ma**
era forse una stanza tanto era tiepida l'aria
e silenziosa la mia solitaria
calma. Non mi faceva più male – un tempo io
a tagli di rasoi ad*uso*, a manrovesci
sul m*uso*, agli *u*rli di chi
mi faceva pa*u*ra... [...]

La congiunzione esposta, le rime esterne ravvicinate, le assonanze, le rime interne accordano il testo secondo una logica sonora autonoma, ma hanno anche la funzione di suggerire un modo (*il* modo?) di recitare questi versi, attivando certe pause e certe intonazioni. Più esattamente, sembrano aver incorporato **la voce del poeta**, la sua personalissima pronuncia di un discorso che in molte sue parti può apparire – e in effetti è – prosastico (torneremo su questi temi *infra*, par. 6.3.2).

Sonorità orizzontali

1.2.5. Un capitolo importantissimo – e molto complesso – dei rapporti metrica-suono-discorso nel Novecento dovrebbe essere consacrato, senza dubbio, a quelle forme di *sonorità orizzontale*, estranee agli istituti della metrica, che in Italia soprattutto tra anni sessanta e ottanta del secolo scorso sono state al centro di studi semiologico-strutturali. In particolare Stefano Agosti (1972) ha teorizzato l'esistenza di **trame foniche** che attraversano il testo poetico e gli danno compattezza in modo del tutto indipendente sia dalla logica superficiale del discorso grammaticalmente articolato, sia dagli appuntamenti tradizionali della metrica (verso, rima, strofa ecc.). Va però anche detto che per Agosti e altri teorici del testo poetico tali legami sono qualcosa di **metastorico**: si trovano indifferentemente, poniamo, nella poesia medievale e in quella novecentesca. Certo più correttamente, il più volte ricordato Genette (1969) ha mostrato che gli interventi sul significante "autonomo", separato dalla metrica della tradizione, sono una prerogativa della modernità. La materia è delicatissima, come si vede; e anche per questo ad essa qui si riserveranno solo pochi cenni.

Vero è che uno dei grandi versoliberisti del Novecento italiano, **Giuseppe Ungaretti**, è stato un maestro della **fonicità irrelata**, in netta alternativa agli istituti tradizionali, quale loro "compenso" (cfr. i fondamentali Ossola, 1975; Cambon, 1976, pp. 31-6 e *passim*); e un compenso sin troppo esibito, in qualche caso. Si pensi, in una nota poesia dell'*Allegria* (ma già presente nel *Porto sepolto*, 1916) come *Lindoro di deserto*, a versi che suonano «Dondolo di ali in fumo» o addirittura «Allibisco all'alba». Qui è evidente che il poeta ricerca l'allitterazione (e addirittura la paronomasia, nel secondo caso) in maniera esasperata. È comunque certo che, se ad esempio prendiamo un componimento monostico del *Sentimento del tempo* (1933), *Una colomba*, «D'altri diluvi una colomba ascolto», l'**assolutez-**

za del discorso così instaurato (una poesia di un verso abolisce la relazionalità della metrica) mette in dominante le molte simmetrie del testo, rilevate ad esempio da Sansone (1977). A partire dalla struttura ritmica che, se scandiamo il verso con ictus di 1ª, 4ª e 8ª, «D'**à**ltri dil**ù**vi una col**ò**mba asc**ò**lto», rivela la forma + – | – + – | – | – + – | + –; ma anche in considerazione della disposizione dei suoni, se è vero che agli estremi del verso (prima-seconda e decima-undicesima sillaba) è rilevabile il nesso *lt* (*altri*, *ascolto*) e in posizione intermedia figurano le due *l* di *diluvi* e *colomba*. Indubbiamente, nel Novecento tali strategie sono frequentissime, e appunto risultano più evidenti nei casi in cui la rima vada incontro a effetti di indebolimento. Si prenda a esempio conclusivo, non bisognoso forse di commenti, un testo di Alfonso Gatto come quello qui sotto (*L'Assunta*, tratto dalla raccolta *L'isola*, 1932), che certo deve qualcosa a *Lindoro di deserto*:

> D'i*l*Are A*l*ba il vo*l*to,
> s'estingue in freddi petA*l*i:
> di *l*ieve incarnAto
> pe*l*u*R*ia d'A*R*ia
> A*RR*osi il seno pA*ll*ido e vuoto.

1.3. Gli accapo interni al verso, i bianchi orizzontali

Grafismi e poesia del Novecento

1.3.0. Uno degli argomenti meno conosciuti, cioè meno studiati, della metrica novecentesca riguarda la manipolazione grafica degli spazi, al di là di quanto di tradizionale (lasse e strofe) continua a manifestarsi nella modernità, quale allusione o metamorfosi di antichi istituti. Chiunque sfogli un libro di poesia del Novecento e d'oggi ha modo di confrontarsi con una gran quantità di **artifici grafici e tipografici** (dai bianchi verticali e orizzontali agli accapo anomali, agli inserimenti di disegni ecc.) che rendono la **letteratura contemporanea assai differente da quella classica**. Qui si abbozzerà una classificazione di alcune tecniche presenti nella poesia a dominante *verbale*. Si escludono cioè riferimenti al paroliberismo e alla poesia visiva, che richiedono strumenti di indagine differenti da quelli metrici, vale a dire iconografici o pittorici. In particolare, ci si concentrerà su due artifici: il **verso** cosiddetto "**a gradino**" e il **bianco orizzontale**. Vanno intanto fatte alcune osservazioni generali.

Funzione del "bianco"

Da Mallarmé (cioè dal suo citatissimo *Un coup de dés jamais n'abolira le hasard*, 1897) in poi, è indubbio che i bianchi che circondano la parola in testi spaziati in modo non convenzionale rappresentano veri e propri «spifferi» – per riprendere una caustica definizione di Fortini (1981, pp. 114-5) – attraverso i quali entrano in gioco *convenzioni*, «luoghi comuni» tecnici e insieme ideologici, di un'intera civiltà letteraria. In Italia, il più noto di tutti, certamente, è quello riguardante il silenzio/deserto che circonda le parole ungarettiane: «spazieggiatura della pronuncia», «nuova armonia»

(Bonora, 1947, p. 184), scelta strutturale che, isolando i segni verbali, li assolutizza. Quante volte questi concetti sono stati riproposti dalla critica e hanno creato la leggenda della "parola" ungarettiana e del suo "sillabato"! Più recente e certo un po' più innocente è la retorica che si accompagna al verso di Amelia Rosselli, la cui quasi incomprensibile impaginazione è stata oggetto – come vedremo *infra*, par. 6.2.2.1 – di assidue e con ogni evidenza contraddittorie interpretazioni. Con Manera (2007, p. 139) potremmo forse dire che nella Rosselli «*i*l testo poetico è teso fra due campi di forze: da un lato, è sorretto da una forza interna che lo compatta in "blocco" unitario; dall'altro, è compresso da una forza esterna, lo spazio bianco». Il **bianco**, di nuovo, si fa **elemento strutturale**, ma più in senso *fisico*, come di una solida *cornice* che determina lo spazio esatto dell'opera d'arte, ne impedisce il possibile debordare fuori di sé.

Metrica e macchina da scrivere

Come è stato accennato nel capitolo introduttivo (cfr. cap. 1, par. 2.1.1), il polo materico della Rosselli aiuta a cogliere la metamorfosi a cui anche certi grafismi sono andati incontro nel secondo Novecento, in Italia e non solo. Olson (1950, p. 18) invitava a ricercarli nell'uso – generalizzato presso i poeti per lo meno nel secondo dopoguerra – della **macchina da scrivere**. Riferendosi al nuovo tipo di «respiro» di cui la modernità può godere, l'autore del *Verso proiettivo* ne fornisce la seguente definizione:

> Si tratta del vantaggio della macchina da scrivere che, a causa della sua rigidità e della precisione dei suoi spazi, può indicare, per il poeta, esattamente il respiro, le pause, le sospensioni perfino delle sillabe, gli avvicinamenti perfino di parti di periodi.

E nel corso del saggio sono esemplificate quattro maniere per realizzare siffatto «verso aperto tanto formale quanto quello chiuso» (*ibid.*): il salto di riga; il *découpage*, che "sospende" singole parole; l'uso della barretta; i margini rientrati.

Il gradino come artificio "cinematografico"

Per quanto riguarda in particolare il primo e l'ultimo artificio, è stato notato da Gillo Dorfles (1952, pp. 179-80) che la scomposizione su più piani dell'unità versale (diciamo, un verso a gradino pluristratificato) è un fatto che avvicina la poesia alla condizione generale di asintattismo (pittorico e narrativo) e asincronismo (cinematografico) che caratterizza l'arte moderna. Si tratterebbe cioè della

> ricerca di una particolare inquadratura, di un particolare "montaggio" del verso, sostituito o aggiunto al posto della consueta veste ritmica che da sempre gli era riconosciuta. In tal modo il verso viene ad acquistare una dimensione spaziale oltre che temporale, si sviluppa secondo diverse direzioni, permette di credere che il suo significato intimo sia reso comunicabile da questa sua qualità plastica.

Del resto, la **natura** in senso lato **avanguardistica del gradino** è confermata dal fatto che nel futurismo russo tale artificio, denominato *lesenka* (= "scaletta", cfr. Wachtel, 1998, p. 206), nel corso del Novecento ha prodotto una vera e propria codificazione.

Origini sette-ottocentesche del gradino

1.3.1. Ma – al di là della sua funzione – come è nata questa spazializzazione? Badiamo intanto a quella che rompe il verso dislocandolo su più livelli differenti, tutti però (almeno in teoria) riconducibili alla medesima unità (al medesimo verso, appunto). Come è nato il verso "a gradino" o "a scalino"? Fondamentali per seguirne la storia sono le osservazioni di Zucco (1999). Certa è l'**origine teatrale del fenomeno**, che permette (Menichetti, 1993, pp. 453-4 e 498-9) anche di parlare di «accapo interno». Nel teatro di Vittorio Alfieri, tipicamente, un singolo endecasillabo può frangersi in un certo numero (fino a cinque) di battute pronunciate da diversi personaggi. Ad esempio (dal *Saul*, IV, 2):

> Micol: Signor...
> Saul: Davide ov'è?
> Micol: Nol so...
> Saul: Nol sai?

Forse meno noto è che in **testi narrativi scritti in sciolti** (vale a dire in «novelle romantiche in versi» realizzate secondo una tradizione, in senso lato, foscoliana) compaiono rotture della continuità versale in corrispondenza di battute dialogiche, conformemente appunto a una retorica teatrale. Una delle attestazioni più alte è ravvisabile nella *Tancreda* di Silvio Pellico, pubblicata fra le *Cantiche* nel 1830 ma scritta una decina d'anni prima (vv. 38-42):

> E il dì promesso giunse. Eudo ritorna
> dalle abitate valli; inusitata
> fiamma dardeggian gli occhi del guerriero,
> come negli anni di sua gloria: ei fermo
> ha il sublime proposto.
> – Odi, o fanciulla,
> [...]

Nel corso dell'Ottocento, in particolare nell'*Edmenegarda* di Prati e poi in Aleardi, l'artificio si moltiplica entro poemetti in sciolti, e poi si va estendendo anche a forme diverse (in Boito in una ballata, *Ballatella*, del 1865; nel *Peccato di maggio*, 1883, di D'Annunzio; in certi esametri di Chiarini risalenti al 1879, cfr. Menichetti, 1993, pp. 498-9 e *passim*). Nel frattempo, come ha osservato Zucco (1999), testi del simbolismo francese (da Mallarmé a Laforgue) hanno esemplificato una simile strategia, in particolare nel corpo dell'alessandrino, se del caso "liberato".

Sbarbaro e Montale: gradini nell'endecasillabo

Ed è probabile che il sistema dei gradini montaliani (un esempio già ricordato in *Arsenio*, cfr. *supra*, par. 1.1.2) sia dipendente innanzi tutto dagli esperimenti di Sbarbaro in *Pianissimo* (1914), nel dominio dell'endecasillabo sciolto (a sua volta, Sbarbaro aveva un modello autorevole nel carducciano-simbolista Ceccardo Roccatagliata Ceccardi). Tra l'altro, in Sbarbaro lo **spezzone di verso** isolato può fungere da vera e propria **strofa**, o lassa, come ad esempio succede alla fine del quarto movimento di *Pianissimo*:

> Son come posto fuori della vita,
> una macchina io stesso che obbedisce,
> come il carro e la strada necessario.
>
> Ma non riesco a dolermene.
>
> Cammino
> pei lastrici sonori nella notte.

La funzionalità dell'artificio è, in effetti, molto varia, ma – come succede in quest'ultimo caso – «la sua sede naturale è nei pressi della conclusione della lirica, dove la pausa indotta dal gradino prepara lo scatto emotivo della chiusa» (Zucco, 1999, p. 135).

Caproni: gradini nei versi brevi

Vero è tuttavia che soprattutto nel secondo Novecento, a mano a mano che la scelta metrica in questione si complica e radicalizza, si notano alcune trasformazioni. In primo luogo, in un autore come Caproni, e in relazione al verso breve, l'esasperazione quasi irrazionale dei versi sembra evocare una specie di «aprosodia» (Agamben, 1991, p. 25, e cfr. Mengaldo, 1998b), vale a dire un gratuito, coattivo bisogno di andare accapo e di produrre *enjambements* che finisce quasi per ***negare* la natura orizzontale del verso** e per imporre una verticalizzazione del discorso che «divor*a* completamente il ritmo» (Agamben, 1991, p. 25). Nei primi dieci versi di *Alla Foce, la sera* (dal *Conte di Kevenhüller*, 1986), gli spezzoni di verso – come già in Sbarbaro – appartengono talvolta a strofe differenti e può quindi accadere che la terza strofa sia il bisillabo *bella*, secondo membro del v. 2: di modo che si otterrebbe il risultato paradossale di riconoscere tre strofe in due versi! Per maggior chiarezza si numerano i versi a uno a uno:

> La vedevo alta sul mare. v. 1
>
> Altissima.
>
> Bella. v. 2
>
> All'infinito bella v. 3
> più d'ogni altra stella. v. 4
>
> Bianchissima, mi perforava v. 5
> l'occhio:
> la mente.
>
> Viva. v. 6

Più viva della viva punta v. 7
– acciaiata – d'un ago. v. 8

Ne ignoravo il nome.

Il mare v. 9
mi suggeriva Maria. v. 10

Gradini nei versi atonali

In secondo luogo, è importante un tipo di gradino che interessa in particolare i versi atonali della neoavanguardia (ma anche della poesia di Zanzotto, poniamo) e che costituisce solo una parte di un più generale fenomeno di ristrutturazione delle gerarchie metriche: qualcosa cioè che «si carica [...] della tensione che avrebbe in verticale lo spazio bianco su intera linea, fra strofa e strofa» (Pinchera, 1990, p. 75). In qualche modo, si può insomma parlare di un "**sostitutivo della strofa**" (cfr. *supra*, par. 1.1.3), che però spesso comporta – anche in considerazione di ciò che ha teorizzato Olson – una diversità di intonazione musicale, uno stacco sonoro spesso polemico, comunque una ricerca di dissonanza.
Tra l'altro, in particolare in Pagliarani, il gradino si accompagna a una serie di **versi spostati verso destra**. L'esito può essere quello di "montare" episodi antitetici, con cambio di punto di vista e talvolta anche di voce. Nella citazione qui sotto (dal poemetto *La ragazza Carla* del 1960, I, 6) si comincia con il punto di vista di un personaggio (Carla), poi, spostandosi verso destra, si passa a quello di un secondo personaggio (il cognato), antitetico rispetto al primo:

A Carla suo cognato non le piace
dalla sera del dolce: fidanzato era stato a casa loro
a pranzo, e in fondo, quando c'era il dolce
e tre piatti da dolce e quattro bocche
toccò a Carla pigliarsi la sua parte
in cucina, nel fondo del tegame.

Da questo si capisce che la Carla
l'hanno cresciuta male,
quando mai
s'era vista una festa come quella
l'altr'anno, quindici anni, a carnevale?

a lei tutto il superfluo di affetti e di ricchezza
e la scuola serale

che se nasceva maschio, vuoi vedere
che la vedova lo faceva ragioniere?

Luzi: un gradino che ristruttura?

Nella poesia recente, diciamo dal 1970 in poi, i gradini spesso si mescolano ad altri artifici grafici, come gli allineamenti, assai difficili da descrivere, e forse hanno perso un po' della loro importanza. Stupisce nondimeno osservare come l'ultimo Mario Luzi ne abbia ancora fatto un notevolissimo uso, all'insegna di una pausazione in parte coincidente con quella di Caproni. Ma il novantenne poeta, tecnicamente espertissimo, va forse anche più in là e accoglie il gradino come una **struttura metrica *autonoma*** che non spezza il discorso ma paradossalmente lo struttura. In questo caso (da *Dottrina dell'estremo principiante*, 2004, *Perpetui accadimenti*, 4) il gradino sembra avere il compito di introdurre una quasi costante bipartizione del discorso e di mettere in rilievo rime e assonanze (*pace* : *cuoce*; *giace* : *estate*):

Terra, luce, nerore
                              d'ombre, spaccamento
della glabra cute,
                          però dura e compatta
la crosta, la cotenna,
                              a perdita d'occhio l'assolata.
È, in sé,
ferma,
      sta
in pace,
       cuoce
nella sua sostanza,
                          giace
nella sua estate
                       tutta quanta
la stazione
              delle cose. [...]

1.3.2. Il bianco cosiddetto *orizzontale*, molto frequente nella poesia di ricerca anche negli ultimi anni, è una vera e propria lacuna, un vuoto, che si apre all'interno del testo. Una possibile origine del fenomeno può essere individuata nelle *Risposte alle obiezioni*, collocate in calce al *Manifesto tecnico della letteratura futurista*, del 1912 (11 agosto la data delle "risposte"): nel definire il modo in cui le «parole liberate dalla punteggiatura irradieranno le une sulle altre, incroceranno i loro diversi magnetismi», al punto 7 Marinetti dichiara che «*u*no spazio bianco, più o meno lungo, indicherà al lettore i riposi o i sonni più o meno lunghi dell'intuizione». Le lacune, a ben vedere, segnalano soprattutto **una paragrafazione**, all'interno di blocchetti di "prosa" non altrimenti strutturati, ma restituiscono anche **un'impressione di assenza**:

Il bianco orizzontale

Mezzogiorno 3/4 flauti gemiti solleone **tumbtumb** allarme Gargaresch schiantarsi crepitazione marcia Tintinnìo zaini fucili zoccoli chiodi cannoni criniere ruote cassoni ebrei frittelle pani all'olio cantilene bottegucce zaffate lustreggìo cispa puzzo cannella   muffa flusso e riflusso pepe rissa sudiciume turbine aranci-in-fiore filigrana miseria dadi scacchi carte gelsomino + nocemoscata + rosa arabesco mosaico carogna pungiglioni acciabattìo   mitragliatrici = ghiaia + risacca + rane Tintinnìo zaini fucili cannoni ferraglia atmosfera = piombo + lava + 300 fetori + 50 profumi selciato materasso detriti sterco-di-cavallo carogne flic-flac ammassarsi cammelli asini **tumb-tuuum** [...]

Del resto, Beyers (2001, p. 31) ha notato che in un poeta in versi come Ezra Pound – che ha condizionato molta parte della poesia italiana d'avanguardia e di ricerca, dagli anni cinquanta in poi – l'artificio ha soprattutto la funzione di razionalizzare il ritmo primario. Le parole cioè vengono scandite e rallentate dalla spaziatura; come accade nel LXXIV dei *Cantos* (1948), intorno a un'associazione Pisa-Ugolino-«muda» (anche personale)-crimini di guerra degli Alleati:

Ugolino, the tower there on the tree line
Berlin   dysentery   phosphorus
la vieille de Candide
(Hullo Corporal Casey) double X or bureaucracy?

Bianco orizzontale e cesura

Il punto pare essere proprio questo: vale a dire che il bianco orizzontale può realizzare sull'asse sintagmatico **un legame di qualità** viceversa **verticale**, appunto paradigmatica: operazione, si sarà capito, ambiguamente jakobsoniana, di versificazione (potenziale) *nella* versificazione. Si tratterebbe insomma di qualcosa di non molto lontano dalla *cesura*.
D'altronde, come non ricordare che il verso endecasillabico "epico" di D'Annunzio, nella *Notte di Caprera* (1901), esemplato sul *décasyllabe* della *Chanson de Roland*, segnala gli emistichi appunto con un bianco orizzontale (cfr. cap. 2, par. 4.5.3). Si vedano i primi quattro versi del poemetto:

Donato il regno   al sopraggiunto re,
il Dittatore   silenziosamente
sul far dell'alba   con suoi pochi sen viene
alla marina   dove la nave attende.

Nella poesia fortemente connotata in senso grafico di Andrea Zanzotto, la duplicità del fenomeno è evidente: i vuoti ora marcano una lacuna, ora definiscono una trama ritmica virtuale. Tra l'altro, uno dei primi esempi della tecnica si rileva nell'ottavo "capitolo" di *Possibili prefazi o riprese o conclusioni* di *La beltà*, 1968, dove al numero 9 si legge un canto popolare i cui versi sono separati dai bianchi in questione:

Ma la strada   s'allunga sempre più   capo
facci riposare   ché non ne possiamo più

Bianco orizzontale e sonorità associative

Non solo: in Zanzotto tale pausazione favorisce anche l'***associazione fonica* di parole** e la loro **eventuale ripetizione**. Se ad esempio analizziamo la poesia *Qualcuno c'era*, di *Pasque* (1973), possiamo tentare di individuare queste tre modalità di uso del bianco:

1. Segnalazione di una lacuna:

un po' prigionieri un po'   Ah, e   v. 14

2. Pseudo-versificazione, ritmizzazione:

tra nubi ed erbe   un po' sfollate   fuori   v. 2
fermento di legna   odore in più   v. 4
che il fieno impigliato tra i segni   e udii: v. 33
nitriti guaiti mugugni   nel risvolto nel plicato.   v. 34

3. Associazione-ripetizione:

non li amo non li sono e nessuno li è.   Nessuno   v. 15
nello sfollato nel perso.   Sfocato.   v. 28

Quanto alla prima modalità, non pare in effetti trattarsi di una tecnica così frequente in Zanzotto. Secondo Dal Bianco e Villalta (1999, p. 1517), è piuttosto il segno della **doppia barra verticale** (||) a enfatizzare la presenza di «un disturbo della trasmissione, di un rumore estraneo», come in particolare accade in *Gli sguardi i Fatti e Senhal* (1969). Qui, ad esempio, lo shock, l'entropia, possono essere prima mimati dai disturbi delle doppie barrette e poi recuperati nel ritmo dei bianchi orizzontali, che si associano al gesticolare (euforico?) del gioco della morra (vv. 93-99):

> E non ho confuso il messaggio con un altro? Ho tutto
> confuso confuso
> nello shocking shocking
> non andare || vattene || così avviene
> sono || sei || il duale || e in mezzo
> sèi-qua   sèi la   dùe
> e ùno qua   dùe-là   morra morra

Ben noti, poi, sono i **vuoti "afasici"** che si aprono nelle poesie di Balestrini, in seguito ai montaggi, ai *cut-ups* da lui realizzati. «L'indeterminatezza di questi frammenti nasce dalla tensione fra le parole (che sono nette e precise ma sintatticamente *sospese*) e gli spazi bianchi. Questi ultimi [...] non hanno alcuna funzione simbolica [...]: indicano soltanto lacune, parole irrimediabilmente mancanti [...], fratture nel tessuto poetico»: così Giuliani (1961, pp. 146-7) a commento di questi versi tratti dai *Frammenti del sasso appeso* (1961):

>   e con queste parole (in primo piano
> taceva il mondo intorno   a lui taceva il mondo
>   per renderlo amorfo
>   manipolando il mosaico e
>   la stesura)
>   *rossa e spessa* (viste dal basso)   gli spettatori non videro altro
>   nel ventre riempito dalla neve
> tutte si accesero le luci

Funzione figurativa del bianco orizzontale

Molto d'altro ci sarebbe da dire (cfr. ad esempio Pinchera, 1990, pp. 73-5) sul **valore** anche "**figurativo**" di questo vero e proprio *intarsio* di tronconi sintattici. Tra l'altro, come in parte suggerisce Balestrini (ogni bianco potrebbe essere riempito dal verso "pieno" che gli sta sopra), il vuoto orizzontale talvolta si incrocia con elementi di *verticalità*. Qualcosa del genere accade in *Nella valle del Tescio*, di Edoardo Cacciatore, tratto da *Lo specchio e la trottola* (1960), dove l'artificio si mescola al "classico" gradino:

            carezza   duole
Vento   ed onde in cui il piacere
Ma il vizio dei mirti non giunge fino ai faggi
Voce insinuante
                        sul rullìo di queste gole
Approdi all'eterno e alle pietre i viaggi
Nulla
        pari nemmeno sono a sospiri
[...]

La forma spaziale del dettato ne mette in crisi la **temporalità** e insieme la **pronunciabilità** (qual è il "primo" verso, e come lo si legge?).
Sono paradossi, questi, a cui la poesia italiana dagli anni sessanta in poi ci ha abituati. Anche restando al gioco dei bianchi orizzontali in qualche modo consolidati, oggi si veda come in questa strofa o lassa di Marco Giovenale, *(Cortile)* (in *Altre ombre*, 2004)

I passi fanno il verso a   vanno verso
la memoria, in verticale, (è)   fondo.
Come scende (di re)   *il* ritroso in una
vasca fredda, cade (in) sé   seme a seme
verso la base il giù   di tutto   altorilievo
lo stucco bianco,
il rosone immerso (inciso in) basso
fin da prima della grassa
contusione di tempo – *infanzia*.

siano attive, ai vv. 1 e 4, una modalità associativa (allitterante e paronomastica) e ai vv. 2, 3 e 5 una ritmizzazione: quest'ultima tuttavia appare sempre ambigua per via della parentesi, del corsivo (presente nel testo) e in genere dell'incertezza sintattica, così da attivare il dubbio che il bianco segnali parole mancanti.
Infine, certi versi lunghissimi di Florinda Fusco, ricchi anche di accapo avanguardistici e di dislocazioni grafiche, possono usare il bianco per **sillabare la parola**, per scomporla e poi ricomporla (un po' come aveva fatto Cacciatore, di cui Fusco è attenta studiosa) su due linee differenti (citiamo da *Linee*, 2001; inizio dell'11ª sequenza):

peso e colpi   ossa nervi liquidi

(il raggio della terra è minimo)   incurvamento

le vesti, le ramure, gli strami e la grande forza degli elefanti

ci   a ara   vara   ti   j   ci   a

  tara   vara gesso e   sso   ita

2. Il verso libero breve

2.1. Il verso dannunziano-logaedico e il verso leopardiano

Versi tradizionali brevi e verso libero

2.1.0. Un dato piuttosto evidente riguardante la metrica libera novecentesca è la sua capacità di far lievitare i versi tradizionali cosiddetti brevi, sia parisillabi sia imparisillabi. Ci si riferisce allo spettro che va dal quinario all'endecasillabo (ma con propaggini sino al tredecasillabo), e che tuttavia valorizza con particolare cura da un lato ottonari, novenari e decasillabi, dall'altro il «nesso leopardiano» (Contini, 1968, p. 705) settenario-endecasillabo. Si tratta di un dominio assolutamente centrale, costituito da quelli che Siti (1972a, p. 122) ha definito «versi novecenteschi», anche perché è proprio qui che è possibile riconoscere la **prima forma istituzionalizzata di verso libero**. Al suo interno, anche seguendo alcuni spunti di Macrì (1980-82), individuiamo due tensioni principali.

Dattili e logaedi

2.1.1. La prima è di **natura dattilica**, o **dattilico-logaedica**, legata a numerose sperimentazioni otto-novecentesche, fra cui quelle pascoliane e dannunziane sono le più influenti. Va a questo proposito ricordato (cfr. Pazzaglia, 1972; Capovilla, 1989; Mengaldo, 1990; Moroni, 1995) che nella seconda metà dell'Ottocento (con il decisivo apporto di Tommaseo) viene prima reso fruibile un metro come il novenario dattilico (con ictus di 2ª e 5ª: – + – – + – – + –), lungamente rimasto ai margini del sistema poetico, poi sono utilizzati (in particolare da Pascoli) sia il novenario giambico (ictus su sedi pari: – + – + – + – + –) sia il novenario trocaico (ictus di [1ª], 3ª, 5ª o di [1ª], 3ª, 6ª: + – + – + – – + –, + – + – – + – + –). Non solo: in Pascoli ricorrono anche forme di isoritmia non isosillabica nel momento in cui è ad esempio possibile che il novenario dattilico si alterni al decasillabo anapestico (– – + – – + – – + –) in virtù della loro omogeneità ternaria; oppure (cfr. l'ode *Ad Antonio Fratti*, 1897) che novenario e ottonario dattilici siano ritenuti equivalenti (+ – – + – – + – corrisponde cioè a – + – – + – – + –). Decisivo è peraltro un fenomeno, valorizzato da Moroni (1995, pp. 143 ss.; ma cfr. anche Capovilla, 2006, pp. 161-93): cioè che il lavoro fatto da Pascoli intorno al novenario, in particolare dattilico e trocaico, ambisce a mimare "neoclassicamente" strutture greche antiche: sia i metri dattilo-epitriti sia i metri logaedici. Se però i primi sono caratteristici della raccolta *Odi e inni* (1906) e appaiono conformi alla ricerca pindarica «grandiosa» dell'autore, i secondi trovano spazio in ambiti lirici più «volubili e leggeri» (cfr. Zambaldi, 1882, p. 446), vale a dire quelli caratteristici dei *Canti di Castelvecchio* (1903).

Com'è scritto in quasi tutte le antologie scolastiche, i ritmi alternati del *Gelsomino notturno* (risalente al 1901) oppongono l'omogeneità del novenario dattilico (primo e secondo verso di ogni strofa: ad esempio, «E s'**à**prono i fi**ò**ri notturni») a una maggiore discontinuità (terzo e quarto verso) dei novenari trocaici. In essi, è con ogni evidenza voluta l'incertezza dell'attacco (v. 4: «le farf**à**lle crepuscolari», ictus di 3ª; «spl**è**nde un l**ù**me là nella sala», v. 11: ictus di 1ª e 3ª), ma anche la possibilità di un ictus di 5ª («Sono apparse in m**è**zzo ai viburni», v. 3) in alternativa a un ictus di 6ª («va col suo pigol*ì*o di stelle»).

Il "verso libero" della *Laus Vitae* dannunziana

Ora, è probabile che il D'Annunzio che dopo il 1899 sta componendo la *Laus Vitae* in un **metro moderatamente libero** – misure comprese tra il quinario e il decasillabo – sia stato in qualche modo influenzato da Pascoli. È stato argomentato (Giovannetti, 1994, pp. 77-93) che tra 1899 e 1903 D'Annunzio perfeziona i ritmi della sua metrica, dominata dal novenario, valorizzando in particolare l'oscillazione tra dattilo e (dattilo-)trocheo, che si sostituisce a quella – iniziale – fra (dattilo-)trocheo e giambo-trocheo, cioè una scansione binaria incentrata sull'ottonario trocaico (+ – + – + – + –) e il novenario giambico. In questo senso, per la *Laus Vitae* diventa sempre più importante l'ottonario dattilico, in quanto variante del novenario. E D'Annunzio (forse anche in riferimento a Fraccaroli, 1887, pp. 78-81) ha modo di dichiarare pubblicamente, nel 1902, che tale combinazione di versi, in particolare nella sua prima forma (dattilico-trocaica), deve essere ritenuta di natura *logaedica*.

Il *pattern* giambico

2.1.2. La seconda tensione potremmo definirla *giambica*, salvo subito precisare che il fenomeno principale è la **compresenza dell'endecasillabo e del settenario**, a cui naturalmente si combinano altri versi brevi, in primo luogo gli ottonari trocaici, vale dire con ictus su sedi dispari. Fra le molte osservazioni possibili relative a una metrica in mutamento, è il caso di riprendere un'annotazione di Menichetti (1993, pp. 425-6), il quale ha mostrato che nell'inno *Al duca degli Abruzzi e ai suoi compagni* (1901) Pascoli alterna, differenziandoli, ottonari dattilici e ottonari con ictus su sedi dispari: ma questi ultimi versi non suonano tanto come tradizionali ottonari trocaici, ma quali *peoni terzi*, secondo la prosodia – – – + – – – – + – («si rif**ù**gia nel mist**è**ro...», «d'infin**ì**to cimit**è**ro...», vv. 20 e 24). E poi si possono ricordare certi versi di Vittoria Aganoor Pompili risalenti al 1900, citati da Trompeo (1938, p. 243), in cui settenari si alternano a ottonari con ictus di 4ª, cioè dattilici («qual mi vuoi abbimi! è questo / il momento, per questo / l'universo aspettava»: ottonario + due settenari di 3ª).

Il perno dell'endecasillabo

In ogni caso, sin dal 1890 Giovanni Alfredo Cesareo, con i suoi *Canti sinfoniali*, ha mostrato la possibilità, che poi diverrà una sorta di costante novecentesca, di incardinare una polimetria relativamente ampia (dal bisillabo all'alessandrino) intorno al perno dell'endecasillabo, del settenario e in subordine del quinario. Insieme, agli inizi del Novecento, presso critici come Vossler (1903), Colagrosso (1909) o Thovez (1909), cresce sempre più l'idea che **in Leopardi** si sarebbe definita **una forma di espressione** in qualche modo "**naturale**", lontana dalle norme ereditate e in definitiva disponibile a una riattualizzazione moderna. Infine, è all'inizio degli anni quaranta che Contini (1940, p. 374) autorevolmente fissa questi concetti in una formula: «l'autentica rivoluzione metrica non è quella vistosa e *fin de siècle*, ma la più modesta dei romantici (su basi gettate dall'Arcadia); col suo esempio glorioso nell'innovazione leopardiana [...], cioè la riduzione minimale ai soli principî delle unità ritmiche e della rima».
Sul piano propriamente tecnico, è peraltro curioso osservare come sia stato **D'Annunzio** il primo a capire che il possibile **"sistema" dell'endecasillabo** avrebbe costituito un'alternativa ritmica frontale a quello del dattilo-logaedo. Nel 1905 D'Annunzio integra la traduzione della *Figlia di Iorio*, fatta da Georges Hérelle, con un *Commentaire* in francese in cui distingue i due (traduciamo) «grandi ordini di ritmi» impiegati nella sua opera: da un lato «il ritmo giambico dell'endecasillabo», dall'altro «il ritmo dattilico del novenario e del decasillabo»; e se il primo ritmo è «utilizzato nelle scene rituali in cui domina l'emozione religiosa, e in quelle in cui ha tregua il tumulto delle passioni», il secondo realizza «l'espressione viva della violenza, del dolore, del terrore, della pietà». Intorno all'endecasillabo, appunto, si coagula un tipo ben diverso di stile.

2.2. Fortuna del modello dannunziano

2.2.1. È appunto da credere che il modello dannunziano abbia lasciato in eredità al Novecento la possibilità di costruire **partiture anisosillabiche** in cui i versi dal settenario al decasillabo dominano, anche se non è esclusa la ricorrenza di endecasillabi. Questi, però, non devono avere una funzione strutturale decisiva, e anzi spesso compaiono nelle due forme più compatibili con il *pattern* dattilico-logaedico: vale a dire nella variante "dattilica" (ictus di [1ª,] 4ª, 7ª) oppure in quella del doppio senario "ipometro" (quando l'ictus di 5ª mette in rilievo un primo emistichio senario).

Anfibrachi o dattili in serie continua

Va nondimeno detto che esiste una sorta di dannunzianesimo estremizzato, all'inizio del Novecento, che comporta esiti di natura dattilica persino esasperati. Penso alle esperienze tutto sommato simili da un lato di Aldo Palazzeschi, dall'altro di Arturo Onofri. Entrambi adottano forme in cui ricorrono "piedi" di origine dattilica ripetuti in modo monotono. Palazzeschi (cfr. Mengaldo, 1972b; Menichetti, 2001) lavora intorno all'anfibraco (– + –), laddove Onofri è condizionato dal dattilo vero e proprio. I versi di un'area dell'opera di Palazzeschi si presentano come veri e propri **multipli di tre**; nella sua carriera, il poeta ha declinato misure che secondo questa progressione (tre, sei, nove ecc.) arrivano sino alle ventun sillabe. Ad esempio (sono i versi iniziali di *L'orto dei veleni*, del 1905 circa, dall'edizione definitiva delle *Poesie*, 1958):

È cinto da un muro ch'è˅alto tre spanne,	+ – – + – – + – – + –	12
la via lo circonda.	– + – – + –	6
Di fuori si vedon le frutta mature.	– + – – + – – + – – + –	12
Son alberi grandi	– + – – + –	6
che piegano i rami	– + – – + –	6
col peso	– + –	3
possente	– + –	3
dei pomi.	– + –	3
I pomi maturi rilucono al giorno.	– + – – + – – + – – + –	12
Al centro dell'orto v'è un mucchio di sassi,	– + – – + – – + – – + –	12
di pietre ruinate.	– + – – + –	6
V'è sotto, sepolta,		
la vecchia padrona dell'orto.	– + – – + – – + – – + – – + –	15

Come ha osservato Mengaldo (1972a, p. 239), in questi casi la ricorrenza monotona di un **"piede" fa premio** nettamente sulla **fattura del verso** – che peraltro, come si è visto, può essere anche lungo – e che del resto muta incessantemente negli anni (i versi centrali nel 1913 avevano infatti la forma: «Son alberi grandi che piegano i rami / dal peso possente dei pomi», dodecasillabo + novenario; per i versi più lunghi cfr. *infra*, par. 4.4.1). Qualcosa del genere può dirsi per i dattili di Onofri, che vanno dal trisillabo alle quindici sillabe, ma comprendono ottonari, decasillabi, endecasillabi, tredecasillabi e versi di quattordici sillabe, oltre a unità ritmicamente eccentriche. Leggiamo l'attacco di *Grido notturno*, contenuto in *Liriche* (1914):

Notte oceanica, brivido	+ – – + – – + – –	8_s
estasïante di stelle!	– – – + – – + –	8
S'inabissa il mio spasimo; e il livido	– – + – – + – – + – –	10_s
ciel che parea minacciare procelle	+ – – + – – + – – + –	11
si scioglie in un mare d'oblio.	– + – – + – – + –	9
Ma˅io,	– + –	3
o musiche, in voi mi confondo,	– + – – + – – + –	9
se ancora la fievole ascolto mia voce	– + – – + – – + – – + –	12
che affiora dal fondo	– + – – + –	6
silenzio, e ricorre alla tacita foce,	– + – – + – – + – – + –	12
a un tremulo oc<u>ea</u>no di sogno	– + – – + – – + –	9
cui dolorando agogno	+ – – + – + –	7
dal mio deserto atroce.	+ – – + – + –	7

Gli ultimi due versi sono fuori *pattern*, e anche la sineresi in *oceano* (qui sillabato quale trisillabo, mentre la divisione *o-ce-a-no* sarebbe preferibile, cfr. il v. 1: *o-ce-a-ni-ca*) mostra come il gioco di Onofri comporti qualche resistenza e discontinuità, molto maggiore rispetto a Palazzeschi. Vero è che la **costanza del dattilo** è davvero notevole.
Ma, appunto, questi sono casi limite, che indeboliscono la tenuta stessa del verso, secondo quella «vaga e pur insistente cadenza dattilica» che secondo Trompeo (1938, p. 242) era già «nell'aria» alla fine dell'Ottocento. Tanto più che, come avremo modo di vedere brevemente (cfr. *supra*, par. 4.1), è probabile che su questi autori almeno un po' abbia agito il «suono invariato, e perciò uniforme e monotono, dell'esametro pascoliano» (Valgimigli, 1946, p. 32).

Endecasillabo di 5ª come doppio senario ipometro

In realtà, molti aspetti del verso breve di origine "dannunziana" si fondano su accoppiamenti e scontri non del tutto prevedibili. Uno dei più curiosi è dato dalla rifunzionalizzazione "dattilica" dell'**endecasillabo con ictus di 5ª**. Si tratta di un verso (di fatto già presente in Jacopone da Todi come variante anisosillabica del doppio senario: cfr. Ippoliti, 1914) che presenta un primo emistichio senario in grado di colludere ritmicamente con versi di tipo dattilico. Ecco un esempio tratto del poeta futurista Luciano Folgore (*Sulla tolda*, in *I canti del motore*, 1912, vv. 9-12):

[...]	
e i cerchi del mare	senario
si piegano stanchi sull'orizzonte,	endecasillabo di 5ª
fondendo al confine le linee,	novenario dattilico
quasi in un fulvo baciò.	settenario

Il secondo verso riproduce nella sua prima parte il senario che lo precede: «e i cerchi del mare / si piegano stanchi» è un perfetto doppio senario dattilico; il verso successivo all'endecasillabo è il canonico novenario dattilico di 2ª e 5ª. Sul ruolo di questo endecasillabo dovremo tornare (cfr. *infra*, par. 3.2).

Tradizione novecentesca del logaedo

Una sorta di **vulgata novecentista del logaedo** si può individuare nel Quasimodo anni trenta (cfr. Martelli, 1986), spesso attratto dall'endecasillabo, e anche da misure più lunghe, ma interessato soprattutto a una pronuncia in cui i novenari e gli ottonari non devono "cantare" troppo, non devono spiattellare dattili eccessivamente percepibili. La poesia *Verde deriva*, proveniente da *Òboe sommerso* (1932), comincia in questo modo:

Sera: luce addolorata,	ottonario trocaico
pigre campane affondano.	settenario sdrucciolo di 1ª e 4ª
Non dirmi parole: in me tace	novenario dattilico
amore di suoni, e l'ora è mia	decasillabo di 2ª, 5ª e 7ª
come nel tempo dei colloqui	novenario di 1ª e 4ª
con l'aria e con le selve.	settenario di 2ª

Dove, poniamo, è evidente che il quarto verso accenna al ritmo del novenario che lo precede, ma lo infrange con una sillaba in più: «amore di suoni, e l'o[ra è] mia»; e comunque in esso nemmeno s'impone quel ritmo binario su cui ha avvio il componimento.

Un siffatto ***pattern*****, discontinuo** ma non privo d'una sua armonia, trova nel corso del Novecento una larga fortuna presso molti altri autori. È probabile ad esempio che il Bertolucci anni venti-trenta parta anche da qui: si pensi alla progressione iniziale di *Inverno* in *Sirio* (1929), vv. 1-2 e 6-8: «Inverno, gracili sogni / sfioriscono sugli origlieri, / [...] / voci come in un ricordo / d'infanzia, prigioniere del gelo / s'allontanano verso la campagna» (ottonario di 2^a e 4^a, novenario dattilico, ottonario trocaico, decasillabo di 2^a e 6^a, endecasillabo di 3^a e 6^a). Evidenti logaedi leggiamo poi nel *Sentimento del tempo* di Ungaretti (un esempio *infra* nel par. 3.0). Ma qualcosa del genere accade anche nella metrica di traduzione: ecco come Sereni traspone certi versi liberi accentuali di William Carlos Williams (*La strada solitaria*, dalle *Poesie*, 1961):

Finita è la scuola. Fa troppo	novenario dattilico
caldo per andare su e giù.	novenario sdrucciolo di 1^a e 5^a
Per ammazzare il tempo, in bluse chiare,	endecasillabo di 4^a, 6^a e 8^a
vanno su e giù per le strade.	ottonario dattilico
Sono cresciute, recano una fiamma	endecasillabo di 4^a e 6^a
rosa nella mano.	senario di 1^a e 3^a
In bianco da capo a piedi	ottonario di 2^a e 5^a
con pigri obliqui sguardi	settenario di 2^a e 4^a
in tele ariose e gialle	settenario di 2^a e 4^a
nero foulard calze nere	ottonario di 1^a, 4^a e 5^a
sfiorando le bocche golose	novenario dattilico
con cannucce di zucchero rosa	decasillabo anapestico
– un garofano pare in mano a ognuna	endecasillabo di 3^a, 6^a e 8^a
salgono la strada solitaria.	decasillabo di 1^a e 5^a

Il pur presente endecasillabo non "fa gruppo" con il settenario (che si accoppia piuttosto all'ottonario), ma con le **misure quasi-dattiliche** del novenario e del decasillabo, a definire appunto una testura logaedica.

Verso libero breve
e centralità
del settenario

2.2.1.1. Una variante di questa soluzione versale è costituita da un verso breve incardinato, più che sull'otto-novenario, sul **settenario**. Il maestro novecentesco di questa metrica, che si fonda sul *pattern* dell'ode-canzonetta e dell'aria melodrammatica, è sicuramente Giorgio Caproni (un esempio è stato citato *supra*, par. 1.1.2), con un notevole antecedente nel Palazzeschi non dattilico, autore di poesie – poniamo – come *Frate rosso*, dove l'endecasillabo è quasi assente e lo spettro sillabico trisillabo-settenario copre circa il 60 per cento delle misure (poco meno di ottanta su centotrentaquattro versi totali), mentre gli otto-novenari (una quarantina) sono il 30 per cento.

D'altronde, in poeti come Alfonso Gatto, in un ambito in cui è evidente la matrice "melica" del dettato, osserviamo impercettibili variazioni di questo genere (si cita da *Maestrale* di *Isola*, 1932):

Il mare rintrona 6
alle case splendide 6_s
di fragorose acquate. 7
La città si gonfia 6
nel violento candore 7
del vuoto serale: 6
intatta folgora 5_s
nel cielo rapido 5_s
nuvole di canti. 6

dove la misura-base è addirittura il **senario**. Improvvise, microscopiche discontinuità anisosillabiche si osservano poi nel Pasolini friulano delle *Poesie a Casarsa*, 1941-43 (cfr. Brugnolo, 1983), che può variare i suoi settenari con versi eccedenti, ad esempio in *Fevràr*, con un novenario (si cita la seconda strofa):

Strac di zujà ta l'erba,
in tai dis di Fevràr,
i mi sintavi cà, bagnàt (novenario)
dal zèil da l'aria verda.

Oltre Caproni, il *pattern* primario ha molta fortuna nel secondo Novecento. Basta forse ricordare alcuni versi di Paolo Ruffilli, tratti dal poemetto *La camera oscura* del 1987 (vv. 40-62); manteniamo la sottolineatura delle rime che si legge in Giovannetti (2008a, pp. 170-1) per segnalare l'indubbia parentela con le modalità palazzeschiane accennate qui sopra (cfr. *supra*, par. 1.2.4):

L'oggetto che si È 7_t
offerto all'obiettivo, 7
premuto e distacc*ato*. 7
Messo a morte, 4
eppure lì sospeso 7
a tempo indefini*t*o 7
disegn*ato*, per assu**rd**o, 8
nel suo essere prot*e*so. 8
L'atto manc*ato*. 5
(Il charleston di r*aso* 7
con fiori di paill***ett***e 7
e frange di perline 7
sulle gambe nude. 6
Le scarpine décolletÉ 8_t
col nastro. 3

Una mano sul fianco 7
e l'altra a reggere 5_s
i capelli dietro al c**ollo**. 8
Le labbra str***ette***, 5
a cu**O<u>R</u>**E. 3
Firmato, sotto, il b**o<u>rd</u>o**: 7
Wanda Dell'Am**O<u>R</u>**E. 6
Il 2 del 7 del '38.) 9

2.3. Sovrapposizione dei due *patterns*

Il verso breve leopardiano è spesso "contaminato"

2.3.1. Il problema principale, va ribadito, è la funzione dell'endecasillabo e del verso che ad esso storicamente si unisce, il settenario. Se è vero che nel contesto di versi dattilico-logaedici, l'endecasillabo – come abbiamo visto – può in realtà ricorrere, non vi svolge però un vero valore strutturante, e sporadicamente può perdere la propria fisionomia prosodica assumendo le fattezze di un doppio senario ipometro. Naturalmente, ciò implica l'esistenza di un **margine amplissimo di incertezza**, soprattutto in quei contesti in cui figurano numerosi i settenari. Tipicamente, questo sembra essere il caso di Corazzini, che impiega, all'inizio del secolo, versi liberi rimati e brevi. Se nel *Libro per la sera della domenica* (1906) prendiamo una poesia come *Le illusioni*, ci accorgiamo che il progetto ritmico indubbiamente valorizza lo spettro sette-novenario (in particolare negli ultimi undici versi); la centralità dell'endecasillabo è nondimeno palese (vv. 1-15):

Non piangere così! Lascia	ottonario di 2ª e 6ª
che se ne vadano in silenzio	novenario di 4ª
prima che accendano i fanali!	novenario di 1ª e 4ª
Se taluna sopporta a malincuore	endecasillabo di 3ª e 6ª
il suo fardello di stracci,˅aiutala!	endecasillabo sdrucciolo di [2ª], 4ª e 7ª
perché non si soffermi e voglia	novenario di 2ª e 6ª
sedersi sulla soglia!	settenario di 2ª e 4ª
Non ti torcere le mani!	ottonario trocaico
Lascia che se ne vadano	settenario sdrucciolo di 1ª
senza sapere che tu piangerai	endecasillabo dattilico di 1ª, 4ª e 7ª
fino a domani!	quinario di 1ª
Chiudi bene le porte e non udire	endecasillabo di 1ª, 3ª e 6ª
le loro efimere parole!	novenario di 2ª e 4ª
Se ne vanno cantando tutte sole,	endecasillabo di 3ª, 6ª e 8ª
in cerca d'amore.	senario di 2ª

Importanza del novenario giambico

Quanto accomuna questi versi a una **matrice latamente leopardiana** e novecentesca in senso istituzionale (cfr. anche le osservazioni su Ungaretti *infra*, par. 3.1.2) è soprattutto il fatto che il ritmo di endecasillabo e settenario influisce sul profilo anche dei novenari, che infatti qui appaiono

di tipo *giambico*. Va però notato che il terzo verso della seconda strofa, endecasillabo, è dattilico e si oppone quindi ai versi brevi.
Ma è un fenomeno assolutamente normale nella metrica libera a base endecasillabica, e si lega a una sorta di ***interno contrasto* fra il modello leopardiano** e quello **dannunziano**. Il fenomeno è ben percepibile in un poeta come Rebora – leopardiano in modo esplicito –, che fin dai primissimi versi del primo componimento dei *Frammenti lirici* (1913) fa uso di un endecasillabo di difficile scansione, di ottonari dattilici e di un endecasillabo dattilico:

L'egual vita diversa˅urge intorno:	endecasillabo di 2ª, 3ª, 6ª e 8ª
Cerco e non trovo e m'avvio	ottonario dattilico
Nell'incessante suo moto:	ottonario di 4ª, di fatto dattilico
A secondarlo par uso o ventura,	endecasillabo di 4ª e 7ª, dattilico
Ma dentro fa paura.	settenario di 2ª e 4ª, "giambico"

È piuttosto evidente che l'avversativa del quinto verso segnala anche l'aggiustamento del ritmo nella direzione più vicina a quella della canzone libera. In effetti, questo leopardismo metrico molto aspro si presta anche a una forma di **semplificazione**, di ingentilimento. A partire dal 1916, cioè dalla raccolta *Prologhi*, Vincenzo Cardarelli ne è uno dei protagonisti (cfr. Girardi, 1988): in lui endecasillabo e settenario continuano a svolgere un ruolo centrale, insieme comunque a molti versi brevi, in particolare l'ottonario; ma la ritmica del verso non presenta più l'esasperata serie di contrasti, tipica di Rebora, e anche il gioco delle rime si riduce sensibilmente fin quasi a dileguare. Si legga l'attacco di *Amicizia* dall'edizione 1942 delle *Poesie*, in cui appare chiaro (cfr. in particolare lo sfocato ottonario con accento di 2ª e 5ª e il penultimo verso, un endecasillabo con ictus rarefatti) che ogni tipo di opposizione prosodica è ridotto al minimo:

Noi non ci conosciamo. Penso ai giorni	endecasillabo di 1ª, 6ª e 8ª
che, perduti nel tempo, c'incontrammo,	endecasillabo di 1ª, 3ª e 6ª
alla nostra increscìosa intimità.	endecasillabo tronco di 3ª e 6ª
Ci siamo sempre lasciati	ottonario di 2ª e 4ª
senza salutarci,	senario di 1ª
con pentimenti e scuse da lontano.	endecasillabo di 4ª e 6ª
Ci siam rispettati al passo,	ottonario di 2ª e 5ª
bestie caute,	quadrisillabo di 1ª
cacciatori affinati,	settenario di 3ª
a sostenere faticosamente	endecasillabo di 4ª [e 8ª?]
la nostra parte di estranei.	ottonario di 2ª e 4ª

È probabile che il giovane Luzi della *Barca* (1935), prima cioè della sua conversione a un endecasillabo "modernista" o "novecentista" (cfr. *infra*, par. 3.0), abbia preso spunto dalla metrica libera di origine leopardiana. Certo, in lui è evidente un interesse per il verso lungo e nella fisionomia di molte linee è rilevabile una certa sprezzatura, segnatamente nell'uso di accentazioni anomale e di misure "false" – che cioè alludono in particolare all'endecasillabo, senza però realizzarlo. Ecco l'inizio di *L'immensità dell'attimo*:

Quando tra estremeˇ| ombre profonda	5+5 o, senza dial., 9 di 1ª, 4ª e 5ª?
in aperti paesi l'estate	decasillabo anapestico
rapisce il canto agli armenti	novenario di 2ª e 4ª
e la memoria dei pastori e ovunque tace	tredecasillabo di 4ª, 8ª e 10ª
la segreta alacrità delle specie,	endecasillabo di 3ª e 7ª
i nascituri avvallano	settenario di 4ª sdrucciolo
nella dolce volontà delle madri	endecasillabo di 3ª e 7ª
e preme i rami dei colli e le pianure	dodecasillabo di 2ª, 4ª e 7ª
aride il progressivo^esser dei frutti.	endecasillabo di 1ª, 6ª e 7ª

Funzione del tredecasillabo

La presenza proprio del **tredecasillabo** è in effetti importante, e tutto sommato coerente con questo tipo di metricità. Sin dall'inizio del Novecento (cfr. Mengaldo, 1983a), Corrado Govoni aveva praticato la piena compatibilità contestuale del tredecasillabo rispetto alla misura canonica di dieci posizioni metriche. È quindi quasi fisiologico che una metricità libera a fondamento endecasillabico produca effetti del genere. Un versoliberista dell'ermetismo come Leonardo Sinisgalli (che definiva «reticolati» i versi della sua poesia, irregolari per **scarti sillabici minimi**: cfr. Giovannetti, in corso di stampa) esemplifica bene questo principio. Leggiamo l'attacco della quinta delle *18 poesie* (1936):

I fanciulli battono | le monete rosse	tredecasillabo, $6_s + 6$
contro il muro. (Cadono distanti	decasillabo di 3ª e 5ª
per terra con dolce rumore). | Gridano	endecasillabo sdrucciolo di 5ª: $9 + 2_s$
a squarciagola in un fuoco di guerra.	endecasillabo di 4ª e 7ª

Ma forse è in Franco Fortini che la matrice persistentemente leopardiana del procedimento mantiene tutta la sua evidenza, anche se in un contesto molto mutato. Il tredecasillabo e misure anche superiori diventano una sorta di complemento naturale dell'endecasillabo e della polimetria ad esso subordinata, innestata sul settenario. Qualcosa del genere accade in *Altra arte poetica* di *Poesia ed errore* (1959):

Esiste, nella poesia, | una possibilità	9 di 2ª e 4ª + 8_t (di 4ª?)
che, se una volta ha ferito	8 di 1ª e 4ª
chi la scrive o la legge, non darà	11_t di 3ª e 6ª
più requie, come un motivo	8 di 2ª e 4ª
semi modulato semi tradito	11 di 1ª, 5ª e 7ª
può tormentare una memoria.^ E ˇio che scrivo	13 di 1ª, 4ª, 8ª e 10ª
so ch'è un senso diverso	7 di 1ª e 3ª
che può darsi all'identico,	7_s di 3ª
so che qui ferma dentro il verso resta	11 di 1ª, 4ª, 6ª e 8ª

la parola che senti o leggi	9 di 3^a e 6^a
e insieme vola via	7 di 2^a e 4^a
dove tu non sei più, dove neppure	11 di 3^a, 6^a e 7^a
pensi di poter giungere, e cominciano	11_s di 1^a, (5^a?) e 6^a
altre montagne, invece, | pianure ansiose, fiumi	7 di 1^a e 4^a + 7 di 2^a e 4^a
come hai visti vïaggiando | dagli aerei tremanti,	8 (?) di 1^a e 3^a + 7 di 3^a
città impetuose qui, sotto le immobili	11_s di 2^a, 4^a, 6^a e 7^a
parole scritte tue.	7 di 2^a e 4^a

In casi come questi (a parte ovviamente la possibilità di leggere certe unità in modo accentuale, cfr. *infra*, par. 7), si ha quasi l'impressione che l'antico *pattern* cominci ad assumere **un profilo almeno in parte *visivo***: riprendendo un'osservazione di Menichetti (2000, p. 388), anche la relazione ottica fra versi svolge un certo ruolo, e può persino illuderci che il v. 1 e il v. 3 siano equivalenti, che i due doppi settenari dei vv. 14-15 (uno forse eccedente, almeno se si introduce la sillabazione qui indicata con il segno di dieresi, conforme all'esecuzione standard: cfr. Menichetti, 1993, pp. 268-70) siano fungibili con il v. 16, un perfetto, elegante endecasillabo.

Inevitabile crisi del sillabismo

Il fatto è che, come abbiamo visto (cfr. cap. 1, par. 2.2.3, proprio in relazione al modello leopardiano), una parte della metrica secondo-novecentesca ha un fondamento *virtuale*, obliquo, allusivo; conta meno per quello che in effetti fa, che non per quello che *sembra fare*. Ma per cogliere la reale portata del fenomeno, dovremo prima esaminare (cfr. *infra*, par. 3) le vicende dell'**endecasillabo novecentesco**, che dal filtro montaliano e insieme ungarettiano esce in effetti modificato, nella sensibilità dei poeti, e certo anche dei lettori.

Verso libero breve e poesia dialettale

Vero è che il verso libero "leopardiano" ha avuto una tenuta straordinaria nel corso del Novecento e si è propagginato anche nella poesia dialettale. Esaminiamo *Mbàreche mi vó'* di Albino Pierro, una poesia del 1975, che presenta una testura rimica raffinatissima:

Mbàreche mi vó',	senario tronco di 1^a
e già mi sònnese, 'a notte.	ottonario di 2^a e 4^a
Ié pure,	trisillabo
accumminze a trimè nd' 'a site,	novenario di 3^a e 6^a
e mi mpàure.	quaternario
Mi iunnére dasupr'a tti,	novenario tronco di 3^a e 6^a
e tutte quante t'i suchére, u sagne,	endecasillabo di 2^a, 4^a e 8^a
nda na vìppeta schitte e senza fiète,	endecasillabo di 3^a, 6^a e 8^a
com'a chi mbrièche ci s'ammùssete	decasillabo sdrucciolo di 3^a e 5^a
a na vutte iacchète	settenario di 3^a
e uèreta natè nd'u vine russe,	endecasillabo di 2^a, 6^a e 8^a
cchi ci murì.	quinario tronco di 1^a

Basti dire che se scandissimo come piano il quartultimo verso (**ammussète*), otterremmo un regolare endecasillabo rimante in modo perfetto con il verso che segue (cioè con *iacchète*), e che nell'attuale forma la sdrucciola in questione, *ammùssete*, rima in modo ipermetro (cfr. *supra*, par. 1.2.2) con il penultimo verso, cioè con *russe*.

3. Esperienze di confine: l'endecasillabo fra "restaurazione" e sopravvivenze della metrica libera

3.0. Il problema della "restaurazione" metrica

Uno dei problemi fondamentali – anzi, verrebbe da dire, *il* problema principale della metrica novecentesca – è costituito da quel processo di restaurazione che, a partire segnatamente dagli *Ossi di seppia* di Montale e, in genere, dall'Ungaretti anni venti, **sembra rimettere in auge forme di metrica isosillabica**, o per lo meno anisosillabica in accezione debole. In tutte le storie letterarie, anche quelle per la scuola, si parla a tal proposito di un vero e proprio *ritorno all'ordine*.

Una ristrutturazione?

Abbiamo però visto che uno dei più autorevoli studiosi della metrica montaliana (Bozzola, 2005; cfr. cap. 1, par. 2.2.1) in anni recenti ha suggerito di cogliere in ciò non tanto una restaurazione, quanto una ***ristrutturazione***, anche per rapporto a un interessante concetto espresso da Lonardi (1974b, p. 32), e cioè che «già nelle prime prove montaliane» è ravvisabile un peculiare «moto interno», generato dall'«imperfezione degli schemi formali, e insieme *dalla* necessità proclamata di questi ultimi», da una «fenomenologia [...] del quasi-perfetto»: in definitiva dall'allusione costante al sistema di convenzioni ereditate e insieme all'*impossibilità di restaurarlo definitivamente*.

Qualcosa del genere, ma su un registro del tutto diverso, può essere detto per la moderata polimetria a base endecasillabica praticata da Ungaretti in *Sentimento del tempo*. Anche qui, certi lettori più attenti (come per esempio Contini, 1968, p. 796, che ha parlato di una «più tradizionale metrica» comunque «*in fieri*») hanno relativizzato l'autentico peso del recupero tradizionale fatto dal poeta, tra l'altro cogliendo l'anisosillabismo di talune scelte metriche: ad esempio il fatto che in certi contesti di *Sentimento del tempo* l'ottonario può sostituirsi al novenario e in modo non del tutto estemporaneo. Si ha cioè la sensazione che la nozione di ristrutturazione possa valere, fatte molte e debite distinzioni, anche per Ungaretti.

Ovviamente, lo stesso non può essere affermato per Saba: forme di polimetria sono in lui bensì visibili, ma non mettono mai a repentaglio la tenuta strutturale dell'endecasillabo o di altri versi assunti a dominante.

Inedite polimetrie

E tuttavia, proprio quest'ultima osservazione deve indurci a cogliere una sorta di costante che ha agito nella metrica italiana – diciamo – nel medio periodo e di cui oggi forse non ci rendiamo conto. Ci riferiamo cioè alle unità versali che *si sono rese via via compatibili* con l'endecasillabo entro un *sistema polimetrico non versoliberista*. E quando si dice «**sistema polimetrico non**

versoliberista» ci si riferisce a quel tipo di legame che nella tradizione italiana rendeva fungibile endecasillabo e settenario e anche, marginalmente, quinario. Le "macedonie" di versi liberi che si impongono nel Novecento (cfr. *supra*, par. 2.3) hanno fatto saltare quei vincoli istituzionali.

Ora, è invece piuttosto istruttivo osservare che, a partire proprio dalla metrica di Saba e poi in quelle di Ungaretti e Montale, avviene la **progressiva acclimatazione** di misure che nella polimetria tradizionale non erano accettate. Quasi tutte, poi, hanno il ritmo in senso lato giambico che caratterizza la coppia originaria. Infatti, si tratta di versi imparisillabi, se del caso doppi, che si affiancano agli imparisillabi invarianti. Volendo stilare una cronologia molto approssimativa, si può forse scommettere sulla seguente successione:

1. **novenario-endecasillabo**: marginalmente in Saba (1912, in *Coi miei occhi*; cfr. Girardi, 1984a, pp. 40-1), sistematicamente in Ungaretti a partire dalle poesie (anni venti) di *Sentimento del tempo*;
2. **tredecasillabo-endecasillabo**: attestato nel Montale degli *Ossi*, dopo l'uso massiccio fatto da Govoni nel primo decennio del secolo, ma in contesti versoliberisti (o all'opposto, quanto al solo tredecasillabo, isosillabici);
3. **alessandrino-endecasillabo**: ben documentato a partire dal Montale degli *Ossi* (cfr. Antonello, 1991), con una chiara codificazione nel Luzi anni quaranta;
4. **trisillabo-endecasillabo**, saltuariamente presente in poesie anni venti di Ungaretti (più frequente nelle poesie di *Sentimento del tempo* a partire però dagli anni quaranta), secondo Lavezzi (2008c) documentato in Saba dopo il 1925 e comunque in modo sistematico in *Parole* (1934); tuttavia, viene usato sporadicamente (Girardi, 1984a, p. 41) già ai tempi di *Coi miei occhi*.

Il tema, ovviamente, è delicatissimo e ne vedremo subito le sfumature e, direi, persino le aporie. Ma è indubitabile che una sorta di *tensione riformista* attraversa gli anni venti-quaranta del secolo scorso. In questo modo, da un lato è affermata la centralità dell'endecasillabo, dall'altro è consentito a versi tradizionalmente incompatibili di affiancarglisi entro contesti che – quasi in modo istituzionale – non devono essere ritenuti versoliberisti ma, appunto, solo polimetrici. Da un certo punto di vista – ma la questione è soprattutto nominale – il sintagma «**verso liberato**» di Mengaldo (1983a, 1989a) potrebbe essere applicato a simili esperienze.

Il punto è che, fatta eccezione – come detto – per Saba e in parte per un certo Luzi, sono frequentissimi testi in cui anomalie anche cospicue mettono a repentaglio il polimetro così instaurato. Esaminiamo questi versi di Ungaretti (*Lido*, datato 1925, in *Sentimento del tempo*):

L'anima dissuade l'aspetto	9 di 1ª e 5ª, ma, con *dis-su-a-de*, 10
Di gracili arbusti sul ciglio	9 di 2ª e 5ª, dattilico
D'insidiosi bisbigli.	7 di 3ª

Conca lucente che all'anima ignara	11 di 1^a, 4^a e 7^a, dattilico
Il muto sgomento rovini	9 dattilico
E porti la salma vana	8 di 2^a e 5^a
Alla foce dell'astro, freddo,	9 di 3^a e 6^a
Anima ignara che torni dall'acqua	11 di 1^a, 4^a e 7^a, dattilico
E ridente ritrovi	7 di 3^a
L'oscuro,	3
Finisce l'anno in quel tremito.	8_s di 2^a e 4^a

Evidentemente, si tratta di misure **dattilico-logaediche**, che anzi appaiono sbilanciate in direzione del dattilo "puro". In Ungaretti, e in modo non del tutto eccezionale, la polimetria ereditata sconfina nel verso libero, quasi senza soluzione di continuità. Analogamente in Montale, anche a prescindere dal problema spinosissimo dei suoi spesso irrazionali versi lunghi (cfr. *infra*, par. 4.2.2), l'endecasillabo e le sue "dipendenze" possono essere messi in crisi in molti modi. Si citano i primi tre versi di *Siria* e i primi quattro di *«Hai dato il mio nome...»*, tratti volutamente dalla *Bufera* (1956), la raccolta cioè che secondo la vulgata critica normalizzerebbe il verso montaliano in direzione indiscutibilmente endecasillabica:

Dicevano gli antichi che la poesia	13 di 2^a e 6^a
è scala a Dio. Forse non è così	11_t di 2^a, 4^a, 5^a e 8^a
se mi leggi. Ma il giornoˇio lo seppi	11 di 3^a, 6^a e 8^a
Hai dato il mio nome a un albero? Non è poco;	13 di 2^a, 5^a e 7^a
pure non mi rassegno | a restar ombra o tronco	13, o 7 (1^a) + 7(3^a e 4^a)
di un abbandono nel suburbio.^Io^il tuo	11 (?) di 4^a e 8^a
l'ho dato al fiume, a un lungo incendio, al crudo	11 di 2^a, 4^a, 6^a e 8^a

Endecasillabi problematici

Come si vede, in un caso (terzo verso del primo esempio) la parola *io* è in dialefe e viene prosodicamente rafforzata da ictus; in un altro caso (terzo verso del secondo esempio), la stessa parola è al centro di due sinalefi che coinvolgono ben cinque vocali e rendono atono il pronome. Ovviamente, non si può escludere un'esecuzione di questo genere: «di un abbandono nel suburbio.ˇIo ˇil tuo», che produrrebbe un tredecasillabo coerente con il contesto; vero è che sinalefi di questo genere non sono affatto anomale in Montale, in particolare nel corpo di endecasillabi: «per me, per i miei vivi com'io^invece» (*Proda di Versilia*, 2) e «So che un raggio di sole (di Dio?)^ ancora» (v. 1 del primo dei *Madrigali privati*). Il punto è che, specie in presenza di tredecasillabi, l'**incertezza mensurale** che discende da certe scelte destabilizza il *pattern* assunto (in particolare, appunto, l'endecasillabo).
Del resto, anche un tipo di verso frequentatissimo degli *Ossi*, come è quello esemplificato dal ben noto v. 4 dei *Limoni*, «Io, per me, amo le strade | che riescono agli erbosi», è interpretato da Antonello (1991, p. 169) con la dialefe «meˇamo» e la sineresi *riescono*, ottenendo la misura 8 + 7; mentre

Menichetti (1993, p. 213) per normalizzarlo in doppio settenario suggerisce la sinalefe «me^amo» e lo stesso tipo di sineresi. Curiosamente, però, Montale altrove (cfr. almeno Antonello, 1991, p. 32) aveva scritto *rìescono* per segnalare lo stacco vocalico, e non è affatto escluso che questo sia un doppio ottonario!

Verso libero come dominante

Si possono insomma fare due considerazioni. La prima è che l'interpretazione di queste innovazioni è bensì condizionata, contemporaneamente, dalla metrica tradizionale e da quella versoliberista, ma anche che lo **sfondo dominante** è garantito dalla **libertà metrica**. Potremmo dire che questa è la norma, almeno fino agli anni sessanta del Novecento, e quella – la tradizione – è l'eccezione. Non si riuscirebbe altrimenti a spiegare perché il poeta, Ungaretti, che ha con maggior enfasi proclamato la "naturalità" metastorica dell'endecasillabo, abbia potuto praticarlo con tante aperture sia alla sua irregolarità sia alla sua rapportabilità a misure estranee a ogni polimetria "riformata".

È dunque da credere che dal punto di vista istituzionale anche le esperienze meno sfrangiate come quella di Saba (con la sua, nondimeno, «*gaucherie* claudicante e sbandata, tutt'altro che scevra di grazia e di finezza», Montale, 1926, pp. 200-1) debbano essere lette come precarie *enclaves* interne al sistema complessivo del verso libero. E l'indubbia coerenza neometrica che instaurano non dovrebbe nemmeno impedirci di valorizzarne gli altrettanto indubbi indebolimenti anisosillabici, le moderatissime polimetrie (l'emersione in particolare, inizialmente non strutturata, di trisillabi e novenari).

L'endecasillabo cambia

La seconda considerazione riguarda la vera e propria crisi della forma principe della metrica italiana, l'endecasillabo. Se intorno ad esso ruotano per lo meno due istituti novecenteschi – un certo tipo di verso libero, una nuova legalità riformata –, è inevitabile che la sua fisionomia vada incontro a una serie di trasformazioni ed esca stravolta da questo maneggio. Proprio per questa ragione si è ritenuto utile dedicare le pagine successive in particolare all'esame delle **"nuove" forme**, moderniste e se del caso postmoderne, dell'**endecasillabo**. Una breve trattazione sarà infine dedicata agli endecasillabi **celati** entro strutture metriche libere.

3.1. Endecasillabi ipermetri e ipometri

3.1.1. La forma più evidente di trasformazione dell'endecasillabo si manifesta, in modo persino troppo clamoroso, allorché se ne mette in crisi il sillabismo invariante. Banalmente: il fatto che un endecasillabo abbia sempre undici sillabe computate secondo i canoni consueti. Sono cioè possibili, in modo peraltro estemporaneo, **variazioni anisosillabiche** della misura di base entro contesti regolati che permettono di riconoscere il verso contestualmente dominante.

Endecasillabi ipermetri e ipometri secondo Mengaldo

Mengaldo (1989a, pp. 44-5) ha indicato i **criteri** fondamentali per decidere se e come un verso calante o eccedente debba essere considerato endecasillabo o debba essere ascritto a un altro riferimento versale. Il primo criterio è di tipo «**contestuale**» e il secondo è detto «**immanente**»: è cioè necessaria la «presenza, nel testo in causa e nel contesto più ampio dell'opera, di una precisa pratica dell'endecasillabo canonico, di cui quel falso endecasillabo possa considerarsi variante sintagmatica», e insieme che all'interno dei falsi endecasillabi sia riconoscibile il «ritmo dei canonici» (ivi, p. 44).
Va comunque precisato che tali criteri – impeccabili entro poesie a chiara dominante isosillabica – funzionano con molta fatica nel contesto del verso libero. Linee calanti o crescenti, in una trama anisosillabica, agiscono come **misure alternative a quelle della tradizione**, e la variazione – seppur quasi impercettibile – è valorizzata come tale. Certo, sono possibili formazioni di compromesso, ovvero situazioni metriche in cui la pressione di un riferimento istituzionale controbilancia le spinte centrifughe. Ciò, tipicamente, avviene nelle metriche libere di tipo leopardiano, in cui la ritmicità dell'endecasillabo (e del settenario) almeno un po' travolge certi versi dotati di profili non incompatibili con quelli dell'endecasillabo. A proposito di taluni di questi fenomeni, Girardi (1988, p. 124) ha parlato di «frammenti prosastici endecacompatibili». Proviamo a osservare come possono configurarsi versi riconducibili a questa definizione (citiamo la conclusione d'una poesia di Cardarelli, *Saluto di stagione*, da *Prologhi*, 1916):

Ai punti estremi alle stagioni violente	dodici sillabe, con ictus di 2ª, 4ª e 8ª
come sotto il frantoio dei pericoli	endecasillabo sdrucciolo di 1ª, 3ª e 6ª
dove ogni inquietudine si schianta	dieci sillabe con ictus di 1ª e 5ª
prendo le sole decisioni buone	endecasillabo di 1ª, 4ª e 8ª
la mia fuggiasca ǀ fecondità	doppio quinario tronco, ictus di 4ª
ritrovo.	trisillabo

È indubbio che il primo verso ha un profilo coerente con l'endecasillabo (si veda l'ictus di 4ª), e tuttavia ciò vale assai meno per la quinta linea, la cui identità di doppio quinario appare irriducibile. A metà strada si colloca il terzo verso, facilmente normalizzabile in endecasillabo (cfr. la dieresi *inquïetudine*), anche se ciò significa ottenere una misura di 5ª.

Rispetto dell'evidenza sillabica

L'ipotesi insomma più economica è quella che chiede di rispettare le anomalie sillabiche evitando riduzionismi e semplificazioni. Eventuali successive riduzioni, comunque, non dovrebbero mai indurci a trascurare la natura "libera" di testi scritti con evidenti variazioni anisosillabiche: se non altro perché è proprio nel *contrappunto* tra **forme eterogenee di sillabismo** che risiede la natura di fatto primaria del verso libero.
Vero è che, come in qualche caso esplicitamente dichiarato (cfr. ad esempio Barbierato, 1989, pp. 68-9, nota), una delle prassi oggi dominanti nella lettura degli anisosillabismi a base endecasillabica è quella che spinge verso una loro normalizzazione.

Gli anomali endecasillabi di *Sentimento del tempo*

3.1.2. Esemplifichiamo operativamente il concetto, dando una veloce occhiata all'endecasillabo ungarettiano in *Sentimento del tempo*, edizione *ne varietur* (com'è noto, ci sono differenze enormi tra le prime edizioni dell'opera e quella definitiva). Non sono rari i versi in cui l'incontro di vocali rende impossibile decidere se si tratti di endecasillabi o di (contestualmente equivalenti) novenari: ad esempio in *Sera*, «Nel fumo ora odo grilli e rane», v. 5, che fra l'altro si trova in mezzo tra un endecasillabo e un novenario, possiamo isolare *ora* con due dialefi e avere un endecasillabo, «Nel fumo˅ora˅odo grilli e rane», o fare la scelta opposta e praticare la sinalefe per ottenere un novenario, «Nel fumo^ora^odo grilli e rane»; e in *Silenzio in Liguria*, v. 8, «Dolce sbocciata dalle anche ilari», identico discorso deve essere fatto per gli incontri vocalici che circondano la parola *anche*.
Il fatto è che le **figure metriche** vengono praticate dall'Ungaretti di *Sentimento del tempo* **in modo** piuttosto **irrazionale**. Se da un lato sono possibili vere e proprie sineresi, come «Pipistrelli dai ruderi del t<u>ea</u>tro» (*Ultimo quarto*, v. 7), oppure come «Fr<u>ia</u>bile sulle tue basi spettrali» (*1914-1915*, v. 2), dall'altro si danno dieresi problematiche come «Anima, non saprò maï calmarti?» (*Caino*, v. 20) e «Anima da fïonda e da terrori» (*Dannazione*, v. 4). In siffatto contesto, che in un caso almeno sia certo un ipermetro è cosa che non stupisce: «Di remote età, udrò più sciogliersi, chiari» (*Ricordo d'Affrica*, v. 3), anche perché è notevole la sinalefe «età,^udrò» e non può escludersi che il verso sia un vero e proprio tredecasillabo.
Siamo insomma di fronte a **un endecasillabo per certi versi fluido**, dall'identità instabile, facile a confondersi con il novenario. Geneticamente, in relazione a questo particolare fenomeno, è stato suggerito (Baldacci, 1985, p. 18) che una simile percezione sfocata del sillabismo ereditato possa avere avuto a che fare con certi versi usati nella strofa alcaica carducciana, dove il cosiddetto endecasillabo alcaico (realizzato in italiano spesso con un doppio quinario piano/sdrucciolo) convive con l'enneasillabo e il decasillabo (resi per lo più, rispettivamente, con novenario e decasillabo italiani).

Dagli anni venti e trenta in poi: una tradizione di endecasillabi incerti

3.1.3. Vero è che a partire dagli anni venti e trenta, con una continuità che arriva fino ai giorni nostri, si fanno sempre più frequenti trame di endecasillabi indiscutibili (anche compaginati in forme chiuse) saltuariamente interrotte da ipermetri e ipometri. Quello qui sotto citato (Mario Luzi, *La barca*, da *All'Arno*, 1935) è forse un caso limite:

Sulla sponda che frena il tuo pallore	endecasillabo di (1ª,) 3ª, 6ª e 8ª
cercando nel tuo passo profondo	dieci sillabe con ictus di 2ª e 6ª
la forza che ti fa sempre discendere	endecasillabo sdrucciolo di 2ª, 6ª e 7ª
noi sentivamo | tremare in cuore	doppio quinario, ictus di 1ª, 4ª e 7ª
la nostra purezza, senza credervi	dieci sillabe sdr. di 2ª, 5ª e 7ª
più, come un povero velato da un sogno	dodici sillabe con ictus di 1ª, 4ª e 8ª
sorride di quella | sfuggente carezza.	doppio senario dattilico (2ª, 5ª e 8ª)

perché il ritmo dell'endecasillabo finisce per perdersi; e infatti in conclusione a dominare è il dattilo (o anfibraco) del doppio senario.
Del resto, se analizziamo il sillabismo della prima poesia di *Dietro il paesaggio* (1951), *Arse il motore* (ma la sua stesura risale al 1940-41), di Andrea Zanzotto, ci troviamo di fronte a un'analoga **dissoluzione del ritmo**, sino all'instaurarsi del dattilo; le quartine rimettono in discussione il sillabismo, secondo un percorso di questo tipo (si citano i primi quattro e gli ultimi sei versi):

Arse il motore a lungo sulla via	endecasillabo di 1^a, 4^a, 6^a e 8^a
il suo sangue selvaggio ed atterrì	endecasillabo tronco di 3^a e 6^a
fanciulli. Or basso trema all'agonia	endecasillabo di 2^a, 4^a e 6^a
del fiume verso i moli ed i mari.	dieci sillabe con ictus di 2^a, 4^a e 6^a
[...]	
O ruote e carriˇalti come luna	endecasillabo di 2^a, 4^a, 6^a e 8^a
luna argento di sotterranei ceselli	dodici sillabe con ictus di 1^a, 3^a e 8^a
voci oscure come le mie ceneri	dieci sillabe sdr. di 1^a, 3^a e 5^a
e strade ch'io vidi precipizi,	dieci sillabe con ictus di 2^a e 5^a
viaggiai solo in un pugno,ˇin un seme	endecasillabo (?) con ictus di 2^a e 6^a
di morte, colpito da un dio.	novenario dattilico

Ripetiamo: sono casi limite. La norma che si vorrebbe mettere in rilievo è, ad esempio, quella che lascia libero Montale d'inserire in *Carnevale di Gerti* (*Le occasioni*, 1939) **ipermetri** come «mordano quadri di zucchero alle tue mani» (v. 22) o come il conclusivo «torna alle primavere che non fioriscono» (v. 68), in un contesto di tradizionali endecasillabi sciolti. Secondo Menichetti (1993, p. 151), le parole sdrucciole all'interno del verso spesso spiegano certe ipermetrie montaliane; ma nel v. 22, che contiene la sdrucciola *zucchero*, di sillabe ce ne sono ben tredici (*supra*, nel par. 3.2 diremo qualcosa sul contesto particolare in cui il v. 68 si inserisce).
Del resto, in un poeta considerato tradizionalista e quasi "senza tempo" come Sandro Penna, secondo Raboni (1981, p. 168; cfr. anche Raboni, 1970), proprio le rare infrazioni «acquistano per l'orecchio del lettore una fortissima risonanza, suggerendo effetti [...] straordinariamente intensi». Basta forse esaminare il terzo verso della seguente breve serie, tratta dalle *Poesie* del 1939:

Il sole che ha brunito questo corpo	endecasillabo di 2^a, 6^a e 8^a
di giovinetto cede la sua forza.	endecasillabo di 4^a e 6^a
Ma resta al bacio tenueˇancora	dieci sillabe con ictus di 2^a, 4^a e 6^a
il giovinetto immobile: già sogno...	endecasillabo di 4^a e 6^a

Facendo poi un salto in avanti di un decennio abbondante, e arrivando agli inizi dei cinquanta, è di notevole importanza l'esperienza di Attilio Bertolucci, nato versoliberista e sostenitore della necessità "fisiologica" della metrica libera (cfr. Bertolucci, 1951-66). In una poesia con strofe di regolari endecasillabi e anzi caratterizzate da un gioco di rime *capcaudadas* (ABCCD, DEFFG, G[...] ecc.), almeno tre versi hanno bisogno di funamboliche dialefi o dieresi per raggiungere la misura dell'endecasillabo (*Il poeta e la sua città*, 1951, in *Lettera da casa*):

invernate, al br*ï*o di nuvolose	v. 14, endecasillabo di 3ª e 5ª
un ponticello˅offre il suo corroso	v. 23, endecasillabo di 4ª, 6ª e 8ª
Felice gente di˅oggi e di˅ieri	v. 33, endecasillabo di 2ª, 4ª e 7ª

Ma soprattutto andrà notato che l'importante poemetto *La capanna indiana* (1951) presenta un avvio del genere:

Dietro la casa s'alza nella nebbia	endecasillabo di 1ª, 4ª, 6ª e 8ª
di novembre il suo culmine indeciso:	endecasillabo di 3ª e 6ª
una semplice costruzione rurale	dodici sillabe con ictus di 3ª e 8ª
ai limiti dei campi, una graziosa	endecasillabo di 2ª e 6ª
parvenza sulla bruma che dirada,	endecasillabo di 2ª e 6ª
si direbbe una capanna ind*ï*ana.	endecasillabo di 3ª e 7ª
Qui dove gli attrezzi da lavoro	dieci sillabe con ictus di 2ª e 5ª
[...]	

dove la dieresi del penultimo verso, pur del tutto lecita, suona comunque un po' forzata in un **endecasillabo aritmico** (e si noti viceversa *graziosa*, senza dieresi, al v. 4).

3.2. Endecasillabi di 5ª

3.2.1. Questi fenomeni, i cui ulteriori sviluppi esamineremo tra poco, acquistano un rilievo tanto maggiore in quanto si accompagnano all'attestazione nel tempo sempre più massiccia di endecasillabi anomali – veri e propri non-endecasillabi – di 5ª.

Storicità dell'endecasillabo di 5ª

Il tema è estremamente complesso, perché l'endecasillabo di 5ª non è estraneo alla **poesia italiana delle origini** e agli stessi **Dante e Petrarca** (forse per influsso della cesura lirica *a maiore* del *décasyllabe* provenzale: cfr. Beltrami, 1991, p. 77), ma di fatto scompare dalla nostra tradizione fino alle soglie del Novecento, quando viene «ri-legalizzato» (Mengaldo, 1989a, p. 43) da Pascoli. Si veda in particolare in una serie di **strofe saffiche** contenute nel poemetto *Solon* dei *Poemi conviviali* (1904). L'intento del poeta, naturalmente, è quello di restituire l'esattezza della scansione antica dell'endecasillabo saffico, con ictus fissi sulla prima, quinta e ottava, pur in presenza di una rima per definizione "non classica" e di qualche forzatura (cfr. il v. 2):

Spl**è**nde al plenil**ù**nïo l'**ò**rto; il melo
tr**è**ma appena d'**ù**n tremol**ì**o d'argento...
N**è**i lontani m**ò**nti col**ò**r di cielo
sibila il vento.

Per permettere, a modi di percezione metrica certo non più sensibili alla prosodia antica dell'endecasillabo, di capire quanto questi versi "suonino" (o "suonassero") male, ricordiamo il giudizio di Valgimigli (1952, p. 12), secondo il quale davanti a tale ritmo «il nostro orecchio repugna».

Endecasillabo di 5ª e verso libero

Nel Novecento, del resto, l'endecasillabo con ictus di 5ª tende a ricorrere appunto in contesti in cui vacilla la tenuta anche sillabica del metro ereditato. Un'attestazione, però molto incerta, si avrebbe nel v. 22 della dannunziana *Sera fiesolana* di *Alcyone* (la poesia è del 1899: «su i gelsi e su gli **ò**lmi˘ e su le viti») appunto in un contesto in cui la misura in questione si alterna a ipermetri e a ipometri (cfr. Gavazzeni, 1980, pp. 24-5). Incerto anche «per l'anima m**ì**a, per l'anima vostra», v. 379 dell'atto I della sempre dannunziana *Figlia di Iorio* (1904), che infatti potrebbe essere un doppio senario.

In prospettiva novecentesca l'endecasillabo con ictus di 5ª rappresenta innanzi tutto **una specie di misura-ponte**: un verso che è se stesso e insieme qualcosa d'altro. Già Mengaldo (1989a, p. 43) aveva additato la forma, diciamo, 9 + 2, in cui la prima parte del verso è un novenario dattilico (ictus di 2ª), come ad esempio accade nell'ungarettiano «Le br**à**ccia ti s**à**nno legg**è**ra, | vieni» (*Sentimento del tempo*, 1933, *Dove la luce*, v. 3). E avevamo già visto (cfr. *supra*, par. 2.2.1) che in un contesto versoliberista la sua collusione con il doppio senario è stata fin dalle origini una possibilità aperta. Qualcosa del genere si verifica anche nel Campana di *Genova* (1914; citiamo dalla quinta parte, vv. 87-94):

Al porto il battello si posa	novenario dattilico
Nel crepuscolo che brilla	ottonario trocaico
Negli alberi quieti | di frutti di luce,	doppio senario
Nel p<u>ae</u>saggio mitico	senario sdrucciolo di 3ª?
Di navi nel seno dell'infinito	endecasillabo di 2ª e 5ª
Ne la sera	quadrisillabo
Calida di felicità, lucente	endecasillabo di 1ª e 8ª
In un grande in un grande velario	decasillabo anapestico

Il quartultimo verso è con ogni evidenza un senario doppio privo di una sillaba nella seconda parte («Di navi nel seno | dell'infinito»), omogeneo alla misura perfetta in terza posizione, e anche al senario – però dubbio – che lo precede.

Endecasillabo di 5ª e forme isosillabiche

L'impressione comunque è che nel corso del Novecento l'endecasillabo in questione agisca anche nel corpo delle forme isosillabiche, creando gli **effetti di compromesso** che qui c'interessano. Restando al finale di *Carnevale di Gerti* montaliano, è il caso di ricordare che l'ipermetro clausolare sopra ricordato (par. 3.1.3) è preceduto dai versi: «torna alla via d**ò**ve con te intristisco, / quella che addit*ò*^un piombo raggelato / alle mie, alle tue sere», i primi due dei quali (in particolare il secondo) hanno ictus di 5ª. In entrambi i casi, l'infrazione è almeno in parte equilibrata dalla contiguità di ictus canonici: nel primo, la percussione su *via* neutralizza quasi del tutto l'impatto dell'ictus su *dove*; nel secondo, l'ictus di *piombo* si limita invece ad attenuare l'accento anomalo.

Come è stato mostrato da Mario Martelli (1986, p. 99), in Quasimodo l'ictus di 5ª svolge un ruolo importante già negli endecasillabi in serie delle *Nuove poesie* del 1940, con la possibilità di far cadere gli ictus sulla prima e ottava sede («tr**è**mano sul fi**ù**me. E la pi**ò**ggia insiste»; *La dolce collina*, v. 2), sulla terza e settima («s'affid**à**va il m**ì**o del**ù**so ritorno», ivi, v. 11) o anche sulla seconda e ottava («l'aspr**è**zza, la v**ì**nta pie*tà* cristiana»; ivi, v. 12). Del resto, nelle traduzioni di Quasimodo dal latino (cfr. Arrigoni, 2005-06, p. 35) è possibile che il v. 5 del primo carme di Catullo fra il 1955 e il 1965 passi dalla forma «fin da quando t**ù**, s**ò**lo fra gli Italici», dove l'ictus di 5^a su *tu* è in effetti molto debole, alla forma «fin da quando,ˇ**ù**nico fra gli Italici», in un contesto in cui, invece, *unico* sotto ictus di 5^a è esaltato dalla dialefe che lo precede e dall'ampia valle di sillabe atone che gli tiene dietro.

In Magro (2005, p. 47) sono analizzati i tredici versi di *Da "Laodamia"* di Attilio Bertolucci (1948, in *Lettera da casa*), apparentemente endecasillabi assonanzati in sequenza continua, a **variare** insomma il **modello dello sciolto**; e tuttavia (a parte le ipermetrie) colpisce che l'attacco comporti una serie di asprezze – di ineleganze – rispetto alla tradizione:

Lascia che io riposi in margine a questa	endecasillabo di 1^a, 5^a e 7^a
strada, e il cotone del cielo si muova	endecasillabo di 1^a, 4^a e 7^a
sul mio capo con lenta pazïenza.	endecasillabo di 3^a e 6^a

Anche se, a ben vedere (e Magro sceglie questa strada), il terzo verso suona più come un decasillabo "manzoniano" di 3^a e 6^a. Certo, che una serie di endecasillabi possa cominciare con una misura di 5^a è un'infrazione tanto forte da rendere inevitabile – in qualche modo – il successivo procedere per misure dattiliche e anapestiche.

Nell'edizione 1980 degli *Esercizi* di traduzione di Giovanna Bemporad, i primi sette versi della versione da *Soupir* di Mallarmé suonano così:

L'anima mia, calma sorella, sale	11 di 1^a, 4^a, 5^a e 8^a
verso la tua fronte, dove un autunno	11 di 1^a, 5^a e 7^a
sogna, cosparso di macchie rossastre,	11 di 1^a, 4^a e 7^a = 2 + 9 datt.
e verso il cielo errante del tuo occhio	11 di 2^a, 4^a e 6^a
d'angelo sale, come in un giardino	11 di 1^a, 4^a e 6^a
malinconico un bianco getto d'acqua	11 di 3^a, 6^a e 8^a
fedele sospira | verso l'Azzurro!	11 di 2^a, 5^a e 7^a = doppio senario ipometro

A volere estremizzare un po' il discorso, visti i rapporti di forza (tre endecasillabi di 5^a e un endecasillabo dattilico su sette versi), si potrebbe persino dire che le forme anomale qui sono la norma e le altre costituiscono l'eccezione.

3.3. Endecasillabi postmoderni?

3.3.1. Il problema, tuttavia, è assai più ampio. È intanto indubbio che, a partire per lo meno dai versi falsi di Pasolini delle *Ceneri di Gramsci* (1957), diviene in qualche modo sistematica la pratica di linee che ormai soltanto **alludono all'endecasillabo**, senza aver più il dovere di realizzarlo in modo compiuto. Anzi, non esagera Siti (1972b, p. 40) quando dichiara che in questo Pasolini «Quando il verso metricamente perfetto si ripresenta, sembra il ritrovamento fortunato di un ritmo lieto al di là dell'istituzione, nascente *da* e *per* l'umiliazione che costituisce, essa piuttosto, l'equilibrio metrico del componimento».

Cosa resta dell'endecasillabo istituzionale?

Il punto – a pensarci bene – è che quel verso "umiliato" si chiama ancora endecasillabo. Svolge la funzione di un endecasillabo (si compagina in strofe che alludono alla terzina di Pascoli e di Dante), ma non ha se non saltuariamente undici sillabe metriche. Propongo di chiamare "**endecasillabo postmoderno**" questo tipo di misura paradossale, frutto in qualche caso di sprezzature evidentissime, ma posto anche al centro di progetti metrici coerenti.

Parlando di metrica accentuale, osserveremo (cfr. *infra*, par. 7.1.1) che Fortini, influenzato senza dubbio anche dalle prove pasoliniane, scrive un componimento come *La poesia delle rose*, del 1962 (su cui cfr. Fortini, 1981, pp. 113-4), la quale si compone di versi che dell'endecasillabo mantengono una generica trama accentuale, tanto più che si compaginano in strofe di otto versi: vere e proprie ottave non rimate. Basta leggere l'attacco della terza parte:

Ah che per essa contro il tempo immensa	endecasillabo di 1^a, 4^a 6^a e 8^a
inumana bocca, | liberante corpo	doppio senario
che anche del tuo si crea˅e dibatte	decasillabo di 4^a e 6^a
solo hai questa lingua | di gloria vile,	endecasillabo di 1^a, 3^a, 5^a e 8^a = doppio senario ipometro
[...]	

Anche qui, endecasillabo di 5^a e doppio senario colludono. Ma, ripetiamo, l'autore di questi versi aveva in mente una prosodia che solo in parte ha a che fare con le strutture dell'endecasillabo (comunque chiare al v. 1, ma anche al v. 3, pur se ipometro).

Endecasillabi anomali per incuria

Certo, esiste anche un ***côté* approssimativo** di questo fenomeno, vale a dire autori che sbagliano l'endecasillabo forse *senza rendersene* quasi (o per nulla) *conto*, anche perché ne offrono una prosodia elementarissima. Ad esempio, le misure endecasillabiche di Patrizia Cavalli esibiscono con grande monotonia l'accento di 4^a (scelta che di per sé mortifica il modulo canonico), e insieme indulgono a sillabismi non del tutto controllati (si cita da *Sempre aperto teatro*, 1999, l'inizio e la conclusione di *Se esco*):

Se esco vestita ubbidiente alla stagione	dodici sillabe di 1ª, 4ª e 7ª
– il giorno prima c'era un freddo orrendo –	endecasillabo di 2ª, 4ª, 6ª e 8ª
e chiuso pacco pesante mi trasporto	dodici sillabe, ictus di 2ª, 4ª e 7ª
alle mie tante insipide faccende	endecasillabo di 4ª e 6ª
[...]	
tutta scaldata da questo fermo sole	dodici sillabe di 1ª, 4ª, 7ª e 9ª
che posso fare? corro a cercarti,	dieci sillabe, ictus di 2ª, 4ª e 6ª
ho questa scusa, ti devo festeggiare.	dodici sillabe, ictus di 2ª, 4ª e 7ª
(Ma˅io verrei di corsa anche se piove)	endecasillabo di 2ª, 4ª, 6ª e 7ª

Endecasillabo "alluso"

Nell'opera poetica di Cesare Viviani (cfr. Giovannetti, 2005, p. 114), infine, sembra agire il modello di un endecasillabo consapevolmente solo "alluso". A inizio di poesia sono spesso collocate misure ambigue che conferiscono al testo una cadenza approssimativamente endecasillabica. Se ad esempio prendiamo l'ultima raccolta del poeta (*Credere all'invisibile*, 2009), ci accorgiamo che il primo componimento presenta un perfetto endecasillabo incipitario, ma che nei testi successivi si verificano molte infrazioni, nella stessa posizione. Elenchiamo i primi sette attacchi del libro:

Arriva un tempo in cui finisce il tempo	11 di 2ª, 4ª, 6ª e 8ª
La luce del giorno supera la vita	12 sillabe, ictus di 2ª, 5ª e 7ª
Oh della divinità si può dire che sta	13 sillabe tr. e ictus di 1ª, 7ª e 10ª
L'ira, fatta di cupe nubi	9 di 1ª, 3ª e 6ª
Vegetazione dell'aria, o di altri mondi	12 sillabe, ictus di 4ª, 7ª e 9ª
Ma perché prëoccuparsi del vero	11 di 3ª e 7ª
Amore della materia.^Amore dei corpi	13 sillabe, ictus di 2ª, 7ª e 9ª

Si potrebbe azzardare quest'ipotesi: vale a dire che, fuori da poetiche neometriche in accezione forte (capaci di recuperare integralmente le norme tradizionali), l'**odierna percezione dell'endecasillabo** comporta una sua **valorizzazione anche visiva**, e che questa autorizza una gestione sillabicamente elastica (dalle nove-dieci alle quattordici sillabe).

3.4. Versi sotto i versi

Regolarità nascoste

3.4.1. Un'ultima osservazione – che svilupperemo assai sinteticamente – riguarda fenomeni di fatto opposti a quelli appena esaminati: la possibilità di scoprire endecasillabi *regolari* nel corpo di testi viceversa versoliberisti. Si tratta di endecasillabi in senso generico *intraversali*, usando la terminologia di Mengaldo (1989a, p. 46), entro i quali (Menichetti, 1993, p. 151) si possono distinguere fenomeni «**trans-versali**» e «**subversali**». I primi riguardano versi collocati a cavallo di altri versi, i secondi versi interni a unità lunghe.

Unità trans-versali

Si danno unità trans-versali capaci di produrre endecasillabo tipicamente nel D'Annunzio laudistico. Già Gargano (1903) aveva notato che certi versi della *Laus Vitae*, segnatamente i vv. 463-470 del cap. XVIII, rivelano le seguenti misure a cavallo:

[E la materia sacra	
della stirpe,] l'imperitura	endecasillabo
sostanza progenitrice	
dei sangui, [l'originaria	
virtù della gente] [era innanzi	endecasillabo
a noi˅affocata]	novenario
come il masso del ferro	
che posto sarà su l'incude.	

Come peraltro precisa lo stesso Mengaldo (1989a, p. 45), leggermente diverso è il tipo di trans-versalità forse più noto e studiato nel Novecento. A partire dagli anni trenta, in effetti, soprattutto le linee brevissime dell'*Allegria* ungarettiana sono state lette con una particolare attenzione alle **misure metriche che il poeta** vi **ha** – in parte volutamente – **nascosto**, spezzandole su più linee. De Robertis, in un suo famoso saggio (1945, p. 415) ha mostrato ad esempio che nel testo in versicoli di *Casa mia* (in *L'allegria*, 1942):

Sorpresa
dopo tanto
d'un amore

Credevo di averlo sparpagliato
per il mondo

i primi tre versi producono un regolare endecasillabo di 2ª e 6ª:

Sorpresa dopo tanto d'un amore.

In anni più recenti Zucco (in corso di stampa) ha mostrato che persino certi versi di Cesare Viviani scritti in una lingua privata totalmente immaginaria non solo si compongono di misure largamente regolari ma possono frangere l'endecasillabo in modo perfettamente ungarettiano (citiamo da *ono*, contenuto nella raccolta *Cori non io*, 1994 – ma sono versi degli anni settanta):

Evi samanta ra conèllo cògera
anticamòna píssoli
banti semontenòte
fimi
cerèri to
lepoveròte.

Gli ultimi tre versi letti di seguito, «fimi cerèri to lepoveròte», formano un endecasillabo con ictus di 1ª, 4ª e forse 6ª.

Unità subversali

Il discorso riguardante le misure subversali verrà in effetti ripreso nel prossimo paragrafo (*infra*, par. 4.2), perché almeno in parte coincide con il problema dei *versi composti*. Basti vedere come (secondo Scarpa, 2003, pp. 28-9) linee apparentemente **atonali** quali quelle di Zanzotto possono in realtà fondarsi su un uso dell'**endecasillabo "incassato"**. Citiamo dalla *Beltà* (1968), *La perfezione della neve*, vv. 11-14:

Ma come ci soffolce, I quanta è l'ubertà nivale	settenario + ottonario
come vale: a valle del mattino a valle	dodici sillabe
a monte della luce plurifonte.	endecasillabo
Mi sono messo di mezzo I a questo movimento-[mancamento I radiale	ottonario + endecasillabo + trisillabo

4. Versi lunghi sillabici: doppi, composti, nuovi

4.0. Premesse sulla "composizione"

Nel Novecento italiano hanno uno spicco fin da subito notevole **versi eccedenti la misura dell'endecasillabo**, che per lo più nascono dalla sommatoria di unità più brevi: possono essere versi *doppi* (due misure della medesima lunghezza) oppure versi *composti* (due, o anche più, unità di differente estensione). D'altronde, sono possibili misure, come il dodecasillabo e soprattutto il **tredecasillabo**, che non necessariamente presentano suddivisioni interne.

Eredità della metrica barbara?

Come è stato più volte affermato, non senza forzature (cfr. ad esempio Gargiulo, 1943; Pinchera, 1966; ma persino Lucini, 1907, pp. 87-9; fondamentali le precisazioni di Mengaldo, 1989a, p. 32), un ruolo di un certo peso in questa direzione è stato svolto dalla metrica barbara e in particolare dall'*esametro*. Si tratta infatti di un verso composto che presenta una **morfologia estremamente varia** (una quindicina di tipi ritmici diversi) e che realizza una specie particolare di anisosillabismo. Del resto, la sua forma (e quella del congenere pentametro) in un contesto polimetrico può essere confusa con la struttura del verso alessandrino, un doppio settenario: cioè la misura classica della metrica francese, che fra Ottocento e Novecento influisce profondamente sui poeti italiani (a partire da Marinetti, che del resto scrive poesia in versi di fatto solo in francese). Anche per questa ragione è fondamentale prendere le mosse dal problema del "falso esametro" novecentesco, per cercar poi di sbrogliare la matassa dei vari tipi di verso composto (o doppio) e giungere infine a una descrizione di alcuni dei profili prosodici dei "**nuovi versi lunghi**" del Novecento e della contemporaneità.

4.1. Esametri: dall'archeologia al falso

Sei modi per fare gli esametri barbari?

4.1.1. I diversi tentativi che, fra Ottocento e Novecento, hanno mirato a restituire la metrica classica in forme moderne hanno senza dubbio moltiplicato i riferimenti sillabici e hanno definito un ambito massimamente confuso, suscettibile di fraintendimenti. Si pensi (cfr. almeno Vergara, 1978; Capovilla, 2006, pp. 93-8, che individua il "sesto metodo" nel Pascoli tardo artefice di esametri, costruiti combinando endecasillabi) che sono almeno sei i modi di realizzare la metrica barbara, e che il solo Pascoli pratica tre sistemi differenti. Non è questa la sede per scendere nel dettaglio delle realizzazioni; è sufficiente ricordare, ai fini del nostro discorso, due questioni specifiche, in particolare per quanto riguarda l'esametro.

Esametro carducciano

I. Carducci concepisce il suo esametro alla stregua di **un verso *asinarteto*** (cfr. Di Girolamo, 1976, p. 49) in cui si affiancano misure indipendenti fra loro (settenario + novenario, ottonario + novenario, settenario + ottonario ecc.), purché nel secondo membro sia realizzato un "piede" dattilico corrispondente al quinto piede del dattilo latino. Ad esempio (dalle *Odi barbare*, *All'aurora*, rispettivamente vv. 9 e 43):

corre da i paschi baldo ǀ vèr' l'alte flu**è**nti il poledro	settenario + novenario; dattilo: «*è*nti^il-pol»
piàcquerti su l'Imetto ǀ i lesti cacciat**ò**ri mortali	settenario + decasillabo; dattilo: «t*ò*ri-mor»

Esametro pascoliano

II. L'esametro pascoliano, invece, è una **misura unitaria**, ***sinarteta*** (e poco importa che possa essere puramente ritmica oppure quantitativa), in cui gli eventuali versi italiani individuati *non* dovrebbero essere valorizzati come tali. Per Pascoli le cesure interne che contano sono quelle "originali" latine. Un esempio di verso tipico, con indicazione degli accenti pertinenti (dalla traduzione dell'*Odissea*, XVII, 290):

T**à**li par**ò**le a quel m**ò**do parl**à**vano l'**ù**no con l'altro

La scansione dattilica è continua e regolare: + – – + – – + – – + – – + – – + –, e una forma del genere sarebbe compatibile con il sistema carducciano, se si prendesse per buona la scomposizione: «Tali parole a quel modo ǀ parlavano l'uno con l'altro», che divide il verso in ottonario + novenario. Ma non è affatto compatibile con il modello delle *Odi barbare* quest'altro verso (*Odissea*, IX, 455):

Ni**ù**no, cui gi*à* non cred'**i**o sia tutt**ò**ra sfugg**ì**to alla morte

che sembra comporsi di un ottonario e un decasillabo: «Niuno cui già non cred'io ǀ sia tuttora sfuggito alla morte». Cosa tuttavia impossibile, perché il numero massimo di sillabe di un esametro è diciassette. Appunto: ormai per Pascoli i versi italiani eventualmente contenuti nell'esametro *non* hanno più **alcuna pertinenza**.

Falsi esametri in D'Annunzio

Non solo: in D'Annunzio sono documentate forme di verso lungo, **falsamente esametriche**, composte di settenario + ottonario (o doppio quinario), che contribuiscono a rendere ambigua la forma di misure di retaggio antico. Si tratta di versi probabilmente "epodici", il cui ritmo comunque non è dattilico e anzi si orienta verso il giambo (un settenario giambico e un ottonario trocaico, se letti di seguito, possono generare la sequenza – + – + – + – | + – + – + – + –). Cfr., rispettivamente, da *Pel battesimo di due paranze* e *In memoriam* (entrambi contenuti nelle *Odi navali*, 1893; si tratta degli *incipit*):

Sacerdote canuto | da la fronte alta e serena,	7 + 8 troc.
dal braccio ancor possente,	7
tuˇ uomo de la gleba | come i padri tuoi, gagliardo	7 + 8 troc.
a la vanga e al bidente	7
come i padri, nutrito | come i padri ne l'antica	7 + 8 troc.
fede di nostra gente;	7

Quale sarà il mio canto | oggi per questa tomba cheˇamo?	7 + (5 + 5)
Come alzerò il mio canto | io per la grandeˇanima austera	7 + (5 + 5)
ch'è disparita?	5
E con quale profumo | questa serena tomba cheˇamo	7 + (5 + 5)
profumeròˇio dunque | oggi che in terra la primavera	7 + (5 + 5)
è rifiorita?	5

Esametri "sbagliati" in contesti tradizionali

4.1.2. Ora, è da credere che da queste divaricate ricerche sia derivata la notevolissima pratica dell'esametro a morfologie vaga, se non proprio sbagliata, che attraversa il Novecento, collocandosi ai confini del verso libero e spesso anzi nutrendolo di spinte, diciamo, irrazionali. A fondamento esametrico, esasperatamente dattilico, è ad esempio il **doppio ottonario praticato da Thovez** nel *Poema dell'adolescenza* (1901); e tuttavia irregolarità ritmiche e un uso indipendente dei due emistichi producono versi come i seguenti (dall'inizio di *Sul ponte*; analizziamo solo i due versi anomali):

Io stava a mezzo del ponte | guardando ne l'**àcque** calme	5° p. *non* datt.: «*à*cque», + –
spegnersi il rosso fulgore | di quel tramonto d'autunno.	
Come una bruma rossastra | velava già le bassure	
scendenti al fiume, e le rive. | E la città rimaneva	
nel piano, a dietro, invisibile; | solo l'altissima cupola	$8_s + 8_s$

Notevole nel quinto verso il fatto che, così realizzato, il presunto esametro finisce per contenere **diciotto sillabe**, cioè una di troppo rispetto al massimo consentito nell'esametro classico.

Più curioso e destabilizzante è il caso di una poetessa molto apprezzata da Dino Campana, Luisa Giaconi; nelle sue poesie in versi lunghi – anche organizzate in strofe non rimate o solo assonanzate – è probabile che l'esametro venga sistematicamente **frainteso**, poiché l'emistichio dattilico – lungo – *precede* quello a ritmo libero – breve. Si vedano i primi quattro versi di *Tebaide* (1899, in volume nel 1909):

Sei dunque tu, silenzïosa | terra l'òasi immensa	9 datt. + 7
che a lungo implorarono i sogni | più meravigliosi?	9 datt. + 6
Sei dunque tu il Tempio supremo | dai taciti riti	9 datt. + 6 datt.
cui ne l'ora dei tedii˅amari | il mio spirito venne?	10 anap. + 7

Eccezionalmente, al v. 3 è possibile la realizzazione del "quindicisillabo" totalmente dattilico con cesura reversibile 6 + 9 («Sei dunque tu il Tempio | supremo dai taciti riti»: – + – – + – | – + – – + – – + –), cui accenneremo più avanti.

Un discorso a parte andrebbe fatto (cfr. comunque da ultimo Capovilla, 2006, p. 103) per l'uso isosillabico dell'**esametro leonino** (cioè rimato) realizzato da D'Annunzio in *Villa d'Este* delle *Elegie romane* (1892: distici di esametri sempre 7 + 9 con novenario dattilico e schema $(a_7)B_{7+9}(b_7)A_{7+9}$), che porta Gozzano in una poesia come *L'amica di nonna Speranza* della *Via del rifugio* (1907) a regolarizzare ulteriormente la forma neoclassica trasformandola in un doppio novenario a rima interna (secondo lo schema $(a_9)B_{9+9}(b_9)A_{9+9}$; si tenga però presente che i novenari possono ridursi a ottonari).

Esametri "sbagliati" in contesti ambigui

Il vero filone novecentesco dell'esametro "sbagliato" si identifica tuttavia con un uso per lo più estemporaneo della forma, in contesti del tutto o in buona parte irregolari (cfr. *infra*, par. 4.2). Qui, **linee esametriche** anche **irrazionali** si confondono nella congerie di versi lunghi non estranei spesso all'alessandrino. Ci sono nondimeno alcune esperienze ambigue interessanti, a partire dal Montale degli *Ossi*, che in *Epigramma* sembra quasi essersi ricordato dei versi ribaltati della Giaconi (cfr. cap. 1, par. 1.3.3). Negli anni quaranta, poi, Alfonso Gatto nella raccolta *La spiaggia dei poveri* può pubblicare esametri di questo tipo (la poesia è *Sultana*):

Chiamava la donna morta | a lettere grandi il suo nome,	8 + 9
l'argento è funebre | e l'oro si spegne nel mare.	5_s + 9
Chiamava la donna morta | un faro di nebbia, il vapore	8 + 9
la pioggia in furia | e nel vento l'imposta che batte.	5 + 10

Il costante incontro vocalico fra i due emistichi potrebbe suggerire la presenza di versi sinarteti: tanto più che se ne possono realizzare interpretazioni alternative (il v. 1 è anche cesurabile come 6 + 10: «Chiamava la donna | morta a lettere grandi il suo nome»).

Esametri compone anche Pasolini in **dialetto friulano**, con la misura 6 + 9, dove però prevalgono membri tronchi (cfr. «pì fonda tai ors | pì fina ta l'aria dai ciamps», in *Di otòbar*, v. 2, del periodo 1943-49) ed è forzato, in punta di verso, il riferimento istituzionale, giacché si realizzerebbe in questo modo un piede finale di una sola sillaba (+ invece di + –). Esametri compone infine, in una **condizione** di fatto **postmoderna**, Toti Scialoja, nel suo *In forma di esametri* (apparso sul "Verri" del settembre-dicembre 1994), che si rifà esplicitamente agli esametri «omerico-pascoliani», ma li fraintende come versi composti, asinarteti, 8 + 9. In più, non sempre realizza il dattilo del quinto piede, così che sono possibili esiti come «camminava a passi tardi | e lenti con lo schioppo in spalla», «puntava il fucile lustro | sotto le acquate del libeccio», dove il novenario ha un ritmo giambico; e il primo emistichio, comunque, può anche essere costituito da un settenario sdrucciolo, come in «gli stivali affondavano | nel diffondersi della spiaggia» (rispettivamente, vv. 2, 10 e 7 della *Malinconia*).

4.2. Versi liberi composti

Il verso libero composto di Lucini...

4.2.1. È in area pre-futurista e futurista che si assiste al rimescolamento versoliberista di molti dei fattori cui abbiamo accennato. L'autore più studiato, in questo ambito, è Lucini, la cui metrica libera (cfr. in particolare Collavini, 1992-93, pp. 116-59) presenta sensibili elementi di discontinuità diacronica, soprattutto in relazione alla rima e all'uso dell'*enjambement*, e tuttavia denuncia una coerenza mensurale stupefacente. In definitiva, Lucini dal 1895 circa fino alla morte varia anisosillabicamente il settenario e l'endecasillabo; apprezza in particolare il **doppio settenario** o alessandrino, nonché il verso lungo, forse falso esametrico, **7 + 11**, peraltro leggibile talvolta come 11 + 7 (va ricordato che il secentista Bernardino Baldi aveva proposto tale misura come realizzazione italiana dell'esametro, prevedendone anche la lettura rovesciata, cfr. Carducci, 1881, pp. 453-62).
Un esempio tratto dalla conclusione di *Lai a Melisanda contessa di Tripoli* (1902, poi nel volume *Revolverate* del 1909):

«[...]	
le sabbie del deserto | soffici e dorate	7 + 6
son stese e preparate,	7
cimitero igienico, | al carnajo di prossime battaglie,	6_s + 11
lenzuolo ultimo, rovente e cortese.	11, di 2ª, 3ª e 7ª
Baciami, Melisanda;	7
amor non si nasconde, | non è reticente,	7 + 6
bellissima Regina di Cirene, | dell'Africa romana;	11 + 7
amore ignora disparità | di clima e di religione.	10_t + 8
Oh, finalmente!	5
acconsenti al mio bacio | eroico, Signora».	7 + 7

Dove reversibile è almeno il quartultimo verso, che può essere cesurato anche 7 + 11, «bellissima Regina | di Cirene, dell'Africa romana». Come si vede (solo il quinario fa eccezione), tutti i versi sono riducibili al settenario e all'endecasillabo variati di una sillaba, nella forma del decasillabo, del senario o dell'ottonario.

.. e dei futuristi

Non troppo diversa da questa è la metrica libera di Marinetti, tradotto in italiano dal suo segretario Decio Cinti. Prevedibilmente, aumentano i versi afferenti all'alessandrino, cioè al doppio settenario, e certamente vi è una maggiore escursione sillabica, dato che versi molto brevi possono convivere con misure ultraesametriche (oltre le diciassette sillabe). Per dare anche solo un'idea della **strategia marinettiana**, citiamo un passo poco libero (una specie di polimetria) e uno viceversa all'apparenza più sregolato (da *Nei dominii di mio padre, il Vulcano*, in *L'aeroplano del Papa*, 1914):

<table>
<tr><td>Non vedo più che rocce | da tutte le parti,</td><td>7 + 6</td></tr>
<tr><td>paesaggi di granito e d'ardesia,</td><td>11, di 3^a e 7^a: «pa-e»</td></tr>
<tr><td>massi fumanti, con fori rossastri</td><td>11, ictus di 1^a, 4^a e 7^a</td></tr>
<tr><td>o pensose finestre che guardano!</td><td>10_s</td></tr>
<tr><td>E^ora sono villaggi africani,</td><td>10</td></tr>
<tr><td>fulminati dal sole!</td><td>7</td></tr>
<tr><td>Ma i fumi, orde di negri, | dànno l'assalto,</td><td>7 + 5</td></tr>
<tr><td>appiccando fuoco dovunque,</td><td>9</td></tr>
<tr><td>sotto grigiastre e panciute</td><td>8</td></tr>
<tr><td>nuvole di zanzare!...</td><td>7</td></tr>
<tr><td>Maledetto bastione | roccioso, che strapiombi</td><td>7 + 7</td></tr>
<tr><td>su quell'abisso dove la putredine | fiorisce verde-dorata!</td><td>11_s + 8, 20 in totale</td></tr>
<tr><td>Per poco non mi s'èˇinfranta l'ala, | per poco non sono
[caduto</td><td>11 + 9, 20 in totale</td></tr>
<tr><td>sui sinistri gonfiori | di quell'immonda poltiglia</td><td>7 + 8</td></tr>
<tr><td>fatta di tutti i cadaveri</td><td>8_s</td></tr>
<tr><td>d'un esercito arabo | rovesciato giù dalle mura!...</td><td>6_s + 9</td></tr>
</table>

Negli ultimi versi va però profilandosi un ritmo esametrico, e infatti terzultima e ultima linea sono esametri carducciani.

Analogamente, in Paolo Buzzi (che è anche il teorico del verso libero futurista, istituto presto abbandonato però a favore delle parole in libertà: cfr. Buzzi, 1908) il **fantasma dell'alessandrino** si accompagna spesso a quello **dell'esametro**, pur in presenza di una complessiva maggiore attenzione a *non* ricadere nei ritmi del passato. Cito da *A Claude Debussy*, contenuta nella raccolta *Aeroplani* del 1909:

<table>
<tr><td>La nostra mente è come | un fastigio di torre</td><td>7 + 7, ma 13 sillabe</td></tr>
<tr><td>con pire ardenti contra un sinistro mare.</td><td>12, di 2^a, 4^a, 6^a e 9^a</td></tr>
<tr><td>Qualche nave è là, | sempre, fulgida che giunge:</td><td>6_t + 8, 13 sillabe</td></tr>
<tr><td>qualch'altra squallida | come l'ombra d'un corpo chiaro;</td><td>5_s + 9</td></tr>
<tr><td>tutte fantasime, navi | chissà donde salpate,</td><td>8 + 7</td></tr>
<tr><td>equipaggiate di spetri, | velate di pelli di donna</td><td>8 + 9, esametro</td></tr>
</table>

o di sudarii, vanesse o smerinti, | farfalle d'aurora o di [crepuscolo,	$11 + 10_s$
la luce – ecco – le chiama! | Vengon volutt*ü*ose	7 + 7
all'ardore, all'amore. | Il faro freme e gonfia	7 + 7
l'anima della fiamma^ebbra di fame.	11 di 1ª, 6ª e 7ª

Non è affatto sicuro, peraltro, che al terzultimo verso il milanese Buzzi avesse davvero nell'orecchio quel tipo di dieresi (cfr. Menichetti, 1993, pp. 239-41). In particolare, colpisce il numero relativamente alto di versi tradizionali che vanno progressivamente aumentando, ad assecondare la *climax* enfatica del testo.

Del resto, in ambito futurista si dà persino il caso di un Enrico Cavacchioli, che scrive la poesia *I re* (la raccolta è *Cavalcando il sole* del 1914) utilizzando **misure quasi soltanto esametriche**, almeno nella prima parte del testo (che è lungo centotrentaquattro versi). Entro la lassa iniziale fa eccezione una sola linea, la seconda:

Quando la notte si chiuse | nell'ampio mantello dell'ombra	8 + 9
come il ladrone | che teme l'incontro della luna,	5 + 10
e le case bendate | di sonno sostarono mute	7 + 9
e non ebbero il cuore, | più, di fissarsi, nemmeno	7 + 8
con gli occhi illuminati | delle finestre lontane,	7 + 8
cavalcata di Re | comparve fra gli alberi ignudi	$7_t + 9$
scalpitando. Ed il mare | valicò la sua corsa mugghiante	7 + 10
lungo la strada snodata, | nostalgicamente snodata	8 + 9
nel desiderio di luce | di un chiaro mattino solare.	8 + 9

Alcune invarianti del verso libero composto

4.2.2. Anche senza enfatizzare troppo l'eredità del futurismo, è indubbio che molte delle acquisizioni appena osservate si diffondono nel Novecento italiano immediatamente successivo. A partire da Montale e lungo poi l'esperienza ermetica sino di fatto agli anni cinquanta, il verso lungo sillabico tende a presentare le seguenti **caratteristiche invarianti**:

- modifica anisosillabicamente **versi asinarteti** (doppi o composti) come il doppio settenario e l'esametro "carducciano";
- documenta frequentemente l'**endecasillabo**, perfetto o variato (ipometro cioè o ipermetro), se del caso anche in ambito subversale, nel senso che l'endecasillabo può essere parte di un verso più lungo;
- propone **versi ambigui**, assenti dalla tradizione italiana, in particolare i **tredecasillabi**, che costituiscono di fatto la convergenza dell'endecasillabo (ipermetro) e dell'alessandrino (insomma un verso che può essere 7 + 6 o 6 + 7). Tanto più che il doppio settenario italiano – le cui regole sono assai più lasche di quelle dell'alessandrino francese – permette che il secondo emistichio cominci per vocale e quindi che versi come il già visto (in Buzzi) «La nostra mente è come | un fastigio di torre» possa essere letto alla stregua di un verso non composto, sinarteto, «La nostra mente è come^un fastigio di torre», cioè appunto come un tredecasillabo;

- anche a causa di fatti come quello appena visto, e – si direbbe – per la natura stessa del verso lungo composto, sono legittimate ***letture multiple*** **della stessa linea versale**, le cui componenti non sono sempre "oggettivamente" riconoscibili.

Simili criteri consentono, credo, di comprendere la forma di molti versi lunghi montaliani; ad esempio di interpretare le prime dieci unità della seconda parte di *Notizie dall'Amiata* (*Le occasioni*, 1939):

E tu seguissi | le fragili architetture	tredecasillabo 5 + 8 (esametro?)
annerite dal tempo e dal carbone,	endecasillabo di 3ª e 6ª
i cortili quadrati che hanno nel mezzo	12 sillabe, endecasillabo ipermetro
il pozzo profondissimo; tu seguissi	12 sillabe, endecasillabo ipermetro
il volo infagottato degli uccelli	endecasillabo di 2ª, 6ª e 8ª
notturni e in fondo al borro l'alluccioliò	12 sillabe, endecasillabo ipermetro
della Galassia, | la fascia d'ogni tormento.	tredecasillabo 5 + 8 (esametro?)
Ma il passo che risuona | a lungo nell'oscuro	7 + 7, ma tredecasill. con sinalefe «risuona^a»
è di chi va solitario^e^altro non vede	12 endecasill. iperm., ma 13 senza una sinal.
che questo cadere | di ˇarchi, di ˇombre e di pieghe.	5 + 9, esam., ma anche tredecasill. senza dialefi

Inevitabili le letture plurali

Ci sono, come si vede, molti dubbi. Più sotto esamineremo in breve le caratteristiche latamente esametriche del tredecasillabo 5 + 8, che era stato valorizzato da Thovez; e l'ultimo verso è quasi un caso disperato, vista la divaricazione troppo netta delle interpretazioni possibili. Quanto però davvero colpisce è l'accanimento con cui Montale valorizza quel «lenzuolo metrico» (Barbierato, 1989, p. 81) che per lui è il **tredecasillabo**: nella sua opera, spesso preannuncia l'endecasillabo (qui cfr. inoltre l'endecasillabo intraversale sdrucciolo «che hanno nel mezzo / il pozzo profondissimo»), ma possiede anche un **notevole autonomia**.

In certi casi nascono interpretazioni del tutto discordanti. Ecco ad esempio come Menichetti (2000, p. 398) analizza alcuni versi di *A cuci e scuci*, 9, di Carlo Betocchi (in *Un passo, un altro passo*, 1967); è d'altronde dello stesso critico (Menichetti, 1993, p. 152) l'osservazione secondo la quale tale «materia in parte è opinabile»:

Alla pari di me, tettoˇavvampato | dal caldo,	11 + 3
e dei miei limiti brevi,ˇe breve | percorso,	11 + 3

tu tra la doccia ed il culmine, irsuto | mio tetto,	11 + 3
lento t'arrampichi, persisti, resti: | e lasci	11 + 3
che parli il cielo, | di là da te, per te.	$5 + 7_t$

È possibile un'analisi affatto differente, se si valorizzano alcune pause sintattiche suscettibili di dividere il verso in due parti asimmetriche e si sottolineano le evidenti scansioni dattiliche degli "emistichi" più lunghi («**tè**tto avvamp**à**to dal caldo» è un ottonario dattilico). Ne discende un ritmo esametrico, indiscutibile nel primo verso e poi destinato a svanire:

Alla pari di me, | tetto avvampato dal caldo,	$7_t + 8$: esametro
e dei miei limiti brevi, | e breve percorso,	8 + 6: esametro "rovesciato"
tu tra la doccia ed il culmine, | irsuto mio tetto,	$8_s + 6$: esametro "rovesciato"
lento t'arrampichi, | persisti, resti: e lasci	$5_s + 7$
che parli il cielo, | di là da te, per te.	$5 + 7_t$

4.3. Il tredecasillabo

Il tredecasillabo come endecasillabo dilatato

4.3.1. Come abbiamo visto molte volte (cfr. anche *supra*, par. 2.3.1), uno dei versi sillabici lunghi in effetti più frequente, e in qualche modo "oggettivo", è il tredecasillabo. A differenza della tradizione spagnola e almeno in parte francese (parla già di un verso di tredici sillabe Souza, 1892, p. 288), in Italia questo verso prima del Novecento non aveva quasi alcuna attestazione, se si eccettua il tentativo di un «nuovo verso heroico», a ritmo giambico esapodico, realizzato da Francesco Patrizi di Cherso con il suo *L'Eridano*, nel 1557 (cfr. Carducci, 1881, pp. 443-50). Comincia a essere praticato con sistematicità da **Corrado Govoni** (Mengaldo, 1983a), già nel 1903 (in *Armonia in grigio et in silenzio*), di fatto come un vero e proprio sostituto dell'endecasillabo, al punto che può essere precocemente utilizzato in forme chiuse, alla stregua insomma di un verso regolare. Anche prosodicamente, è probabile che la sua forma primaria sia ben **compatibile con l'endecasillabo**, di cui costituirebbe un mero prolungamento. Si legga il sonetto *Metamorfosi*, da *Fuochi d'artifizio* (1905):

Re della pampa^ | ebbi sul petto il tatuaggio,	5 + 9, ictus di 1ª, 4ª, 5ª e 8ª
e il capo irsuto | delle penne degli uccelli:	5+8, ictus di 2ª, 4ª e 8ª
nelle foreste vergini | vissi selvaggio	$7_s + 5$, ictus di (1ª,) 4ª, 6ª e 9ª
con le belve, vestito | di chiazzate pelli.	7 + 6, ictus di 3ª, 6ª e 10ª
Filibustiere audace, | per un solo oltraggio	7 + 6, ictus di 4ª, 6ª e 10ª
mandai a picco | centinaia di vascelli	5 + 8, ictus di 2ª, 4ª e 8ª
predilessi il monotono | vagabondaggio	$7_s + 5$, ictus di 3ª e 6ª
nei deserti su gli elefanti^| e sui cammelli.	9 + 5, ictus di 3ª e 8ª
Feci il fachiro^| in mezzo a un'isola in Malesia,	5 + 9, ictus di 1ª, 4ª, 6ª e 8ª
incantando col suono | i rettili e in poche^ore	7 + 7, ictus di 3ª, 6ª e 8ª
facendo nascere | da un seme in vaso un fiore.	$5_s + 7$, ictus di 2ª, 4ª, 8ª e 10ª

A la porta della mia casa | in Polinesia — 9 + 5, ictus di 3^a e 8^a
tenevo appese | venti teste per trofèo. — 5 + 8, ictus 2^a, 4^a, 6^a e 8^a
E fui cannibale | di bianchi nel Bornèo. — 5_s + 7, ictus di 2^a, 4^a e 8^a

Nessuno dei versi presenta un ritmo incompatibile con quello classico dell'endecasillabo tradizionale: non ha forte rilievo l'ictus di 5^a (nel primo verso è in contraccento), e anche i due vv., 8 e 11, con ictus di 3^a e 8^a (debole l'accento di 5^a), finiscono per riprodurre una forma attestata, anche se poco classica, del metro di riferimento (cfr. Menichetti, 1993, p. 408). Vero nondimeno è che – lo abbiamo già osservato – esistono versi come il decimo che possono essere letti alla stregua di doppi settenari, peraltro regolari. Nel corso del Novecento, il tredecasillabo usato in modo isosillabico è caratteristico in particolare della poesia di **Edoardo Cacciatore**, che lo compagina sia in forme canoniche sia in forme di grande complessità da lui estemporaneamente escogitate; se del caso, realizza complicatissimi polimetri regolati, comprendenti per lo più versi imparisillabi, come ad esempio accade in una poesia di *Lo specchio e la trottola* (1960), *Frammezzo la folla*, che risponde a questo curioso schema: $A_{13}\,b_{9}C_{11}\,D_{11}e_{5}d_{5+5}c_{10}\,b_{9}E_{11}A_{13}$.

Il tredecasillabo anapestico

4.3.1.1. Ora, questo tipo di tredecasillabo – potremmo chiamarlo "giambico" – non deve essere confuso con il tredecasillabo di Pavese (in realtà anticipato ampiamente ai primi del Novecento, ad esempio da Onofri: «e mi pàr ch'ogni còsa riflèssa mi sia», v. 19, di *Interludietto*, in *Liriche*, 1914), che ha **profilo** costantemente **anapestico** (cfr. Di Girolamo, 1976, pp. 183-96) e può dilatarsi alle dimensioni di sedici e diciannove sillabe mantenendo invariato il proprio ritmo. Come si è visto (cfr. *supra*, par. 2.2.1), analogamente al caso degli anfibrachi palazzeschiani, in questi casi l'isoritmia fa premio sull'isosillabismo, e insomma il verso vero e proprio si indebolisce molto. Vero è che sequenze di tredecasillabi regolari sono frequenti in Pavese, e sono regolati dalle norme prosodiche consuete, prevedendo anche la possibilità del "gradino" (citiamo da *La notte* di *Lavorare stanca*, edizione 1943; un'anomalia ritmica al v. 4):

Ma la notte ventosa, la limpida notte — – – + – – + – – + – – + –
che il ricordo sfiorava soltanto, è remota, — – – + – – + – – + – – + –
è un ricordo. Perduta una calma stupita — – – + – – + – – + – – + –
fatta anch'essa di foglie e di nulla. Non resta, — + – + – – + – – + – – + –
di quel tempo di là dai ricordi, che un vago — – – + – – + – – + – – + –
ricordare.
                Talvolta ritorna nel giorno — – – + – – + – – + – – + –
[...]

Il tredecasillabo 5 + 8 (8 + 5)

4.3.1.2. Ancora diversa, anche se confondibile con il tipo "giambico", è un'altra forma di tredecasillabo che era stata escogitata da Enrico Thovez intorno al 1893 (cfr. Thovez, 1939, p. 358). La sua fisionomia primaria consente la **reversibilità della cesurazione** 5 + 8 in 8 + 5, come ad esempio accade in «Oh quando penso | che un altro con le promesse», quinario + ottonario, che può essere cesurato anche come «Oh quando penso che un altro | con le promesse», ottonario + quinario; mentre il ritmo ha una fisionomia dattilica discontinua, + – – + – – + – + – – + –, se ad esempio scandiamo in questo modo: «**Ò**h quando p**è**nso | che un **à**ltro c**ò**n le promesse» (si cita da *Singhiozzi* del *Poema dell'adolescenza*, v. 5).

4.3.1.3. Infine, segnaliamo che secondo Gallino (1999, p. 58) tredecasillabi con ictus di 4ª e 8ª, come ad esempio «saprebbe vincere l'angoscia de l'attesa», «Anche l'amore ha le sue nobili vendette» (in *Dialoghi d'esteta* di Romolo Quaglino, 1899) esemplificherebbero il ritmo del peone quarto (– – – + : – – – + – – – + – – – + –), con scansioni del tipo: «Anche l'am**ò**re ha le sue n**ò**bili vend**è**tte».

Tredecasillabo con ritmo di peone quarto

4.4. Altre forme ricorrenti di versi lunghi sillabici

4.4.1. In effetti, a fianco del tredecasillabo sono attestate altre "invenzioni" di versi lunghi sillabici non canonici, utilizzati in contesti soprattutto (ma non necessariamente) anisosillabici. Ne elenchiamo qui in estrema sintesi solo le forme invarianti più interessanti (escludendo ovviamente i versi doppi normalmente cesurati). Il punto di domanda segnala le interpretazioni che richiederebbero una discussione; la scansione è di norma indicata per i ritmi non binari.

Dodecasillabo

a. dattilico
- privo di cesura, in realtà anfibrachico; in Onofri, «se anc**ò**ra la fi**è**vole asc**ò**lto mia voce» (cfr. *supra*, par. 2.2.1); in Gabriele Frasca, *molli*, v. 1, in *Rive* (2001): «dic**è**va ci av**è**va una fr**è**tta del cazzo»;
- con cesura, ma primo membro tronco, così da produrre un endecasillabo con ictus di 5ª; in Biagio Marin (citato in Zucco, 2008, p. 14): «Son s**ò**l setembr**ì**n | che'l m**ò**ndo l'incanta».

b. trocaico
- privo di cesura (?): in Carducci, *Notte d'estate*, v. 1, in *Nuove odi barbare*, 1882: «Quando il tremulo splendore de la luna» (ma cfr. qui sotto «ritmo di peone terzo»).
- cesurato al mezzo, in Diego Angeli, *Sopra una gavotta antica*, v. 5 (in "Il Marzocco", agosto 1897): «Mi avevate detto | di venire un giorno».

c. con ritmo di peone terzo (– – + –; Menichetti, 2001), cioè con ictus di 3ª e 7ª; in Carducci, *Notte d'estate* (?), v. 2: «si diff**ò**nde giù pe' b**ò**schi, quando i fiori»; forse più chiaramente in Palazzeschi, *Vedute del Paradiso*, v. 26, in *L'incendiario*, 1913: «pure in f**ò**rma di tri**à**ngolo tre vecchie».

d. con scansione 5 + 7, a volte reversibile in 7 + 5, quasi certamente non pentametrica, perché non compaginata con l'esametro, in Chiarini-Mazzoni, *Di Sofocle*, I, 7, in *Esperimenti metrici* (1882): «Quanti hanno vita | tutti pervade. E in vero» (anche: «Quanti hanno vita tutti | pervade. E in vero», 7 + 5).

Verso di quattordici sillabe

a. dattilico, in Onofri, *Ideale e reale*, 6, 3, in *Poemi tragici* (1908): «pr**è**sso il giac**ì**glio di l**ù**i... e gli s**è**mbra rifletta».

Verso di quindici sillabe

a. anfibrachico: in Palazzeschi: «V'è s**ò**tto, sep**ò**lta, la v**è**cchia padr**ò**na dell'orto» (cfr. *supra*, par. 2.2.1); in Antonio Porta, *Movimenti (1965-1966)*, IX, 1, in *Cara*: «le z**à**mpe di pi**è**tra por**ò**sa la cr**è**sta le labbra» (spesso sono possibili sia la cesura 6 + 9 sia quella 9 + 6, cfr. *supra*, par. 4.1.2: Giaconi, *Tebaide*, 1899).

b. "giambico":
I. con cesura 7 + 8, e secondo emistichio trocaico: in D'Annunzio: «Sacerdote canuto | da la fronte alta e serena» (cfr. *supra*, par. 4.1.1); molto comune in canzoni e canzonette, ad esempio in E. A. Mario, *La leggenda del Piave* (1918), v. 1: «Il Piave mormorava | calmo e placido al passaggio»;
II. con cesura libera (sinarteto): in Govoni, *Crepuscolo*, v. 4, in *Gli aborti* (1907): «Mettersi al collo una di quelle funebri cravatte».

Verso di sedici sillabe

a. anapestico, in Pavese, *Dopo*, v. 1, in *Lavorare stanca*, edizione 1943: «La coll**ì**na è dist**è**sa e la pi**ò**ggia l'impr**è**gna in silenzio».

Verso di diciassette sillabe

a. dattilico, in Onofri, *Ideale e reale*, 6, 15, in *Poemi tragici*, 1908: «d**ù**bita un **à**ttimo, c**è**rca un senti**è**ro, lo tr**ò**va, e s'intride».

b. "giambico":
I. con cesura 7 + 10 (doppio quinario), in D'Annunzio: «Quale sarà il mio canto | oggi per questa tomba che˅amo» (cfr. *supra*, par. 4.1.1).
II. con cesura libera (sinarteto), in Govoni, *Dove stanno bene gli uccelli*, v. 8, in *Gli aborti*, 1907: «Le upupe singhiozzanti in cima ai pioppi, le notti d'estate».

Verso di diciotto sillabe

anfibrachico: Palazzeschi, in *A Palazzo Oro Ror*, v. 14, in *L'incendiario*, 1913: «disc**è**ndon le d**à**me sil**è**nti ravv**ò**lte nei r**ì**cchi broccati».

Verso di diciannove sillabe

a. anapestico: Pavese, *Atlantic Oil*, v. 32, in *Lavorare stanca*, 1936: «e berr**à** del suo v**ì**no, torchi**à**to le s**è**re d'aut**ù**nno in cantina».

b. "giambico" con cesura libera (sinarteto), in Govoni, *Le tristezze*, v. 4, in *Gli aborti*, 1907: «Udir battere la pioggia sulle gronde, nelle notti autunnali».

Verso di ventun sillabe

a. anfibrachico, in Palazzeschi, *La voce dell'oro*, v. 11, in *Poesie*, edizione Vallecchi 1925: «Da secoli e secoli tanti nessuno tagliò quella macchia paurosa».

b. "giambico" con cesura libera (sinarteto), in Govoni, *Le tristezze*, v. 30, in *Gli aborti*, 1907: «I mattutini che si batton sui sagrati nella settimana santa».

5. Il versetto: quando il discorso genera il verso

5.0. Difficoltà di un verso facile

Whitman nel Novecento italiano

Nel 1964, in un saggio sulla poesia di Jahier che poi entrerà a far parte del volume *Aritmie*, Attilio Bertolucci (1964, p. 1102) a proposito di Walt Whitman ha affermato che al suo «respiro ritmico ci si va accostando anche nella poesia italiana della generazione di mezzo, stanca d'aver troppo obbedito al metronomo dell'endecasillabo». Esisterebbe cioè secondo Bertolucci una tensione metrica evolutiva, di lungo periodo, che avrebbe nelle poesie di *Foglie d'erba* (*Leaves of Grass*, edite dal 1855 al 1892) un saldissimo riferimento. Le caratteristiche di quest'opera sono tuttavia piuttosto contraddittorie. Beyers (2001, pp. 39 ss.) ha osservato ad esempio che la proposta metrica whitmaniana si presenta da un lato come **conservatrice** (perché utilizza in maniera "ingenua" strutture, retoriche e oratorie, ereditate), ma dall'altro lato anche come radicalmente **innovatrice**: la sua tendenza inclusiva, incorporante, è capace di assorbire la prosa del mondo – quella giornalistica innanzi tutto –, definendo una specie di *forma totale*. In effetti, come è stato lucidamente visto dall'italiano Pasquale Jannaccone (1898), è probabile che il verso di Whitman costituisca un momento di *svolta epocale* nell'ambito della metrica contemporanea, su scala internazionale.

Anche per queste contraddizioni (ma non solo per quelle), in Italia i versi definibili come biblici o whitmaniani, i versi modellati dalla sintassi e in genere dal discorso, **sono per lo più giudicati rozzi**, sostanzialmente privi di ogni vera dignità metrica. Ad esempio, se prendiamo in considerazione i primi nove versi di una poesia abbastanza recente di Giovanna Sicari (*Bello e liscio*, in *Decisioni*, 1986),

> Bello e liscio il mio bambino di cartapesta
> nella notte raffreddata a cavallo di una strega.

Bella e liscia la carovana del mio inferno fondo di premura.
Avaro e labile il dessert dei bottoni e tastiere.
Il fulmine dopo l'arrivo.
Bella e triste la soffitta tramata dopo il conflitto.
Il sapore di un dolce tedesco si annida nel palato
come il latte, la china e la carne tenera.
Non è accesa la notte dopo i saluti parsimoniosi.

Versi troppo rozzi?

è assai probabile che l'unica analisi metrica azzardabile dalla critica sia quella di "contare" le sillabe e cercare le rime (in effetti il primo verso è un tredecasillabo e il quinto un novenario dattilico; tra il v. 1 e il v. 2 c'è un legame fonico assonante *cartapesta*: *strega* ecc.), per poi escludere che tali operazioni abbiano una vera pertinenza. Ogni indice metrico convenzionale o non compare o ricorre in modo del tutto discontinuo; addirittura, a volte è negata la possibilità (secondo Agamben fondativa del verso e quindi della stessa poesia, cfr. cap. 1, par. 1.2.3) di praticare l'*enjambement*: ai vv. 3, 4, 5, 6 e 9 il verso coincide con il periodo.

Una metrica del discorso

Eppure, questi versi esibiscono in modo evidentissimo una forma di *metrica del discorso*, di metrica "semantica", tutt'altro che spregevole. In particolare, colpisce le presenza di **varie specie di ripetizione** e soprattutto di **anafora**, che in effetti "danno forma" al testo, lo giustificano ritmicamente. Basti pensare che la sequenza «Bello e liscio» / «Bella e liscia» / «Bella e triste» aboliscono l'uso del verbo reggente ricorrendo a una sintassi, appunto, nominale, e danno impulso anche ai vv. 5 e 6, nonché implicitamente ai vv. 7 e 8, finché il «non» dell'ultimo verso introduce un evidente stacco (la separazione della mamma dal bambino, che deve restare solo al buio).

5.1. Tipi di parallelismo

Il parallelismo plasma il versetto

5.1.1. Tali parallelismi hanno costituito (cfr. Hrušovskij, 2007, p. 598) la «forza» paradossale del metro poetico attivo nel linguaggio biblico, poi trasferitosi nelle *Foglie d'erba* di Whitman: la sua «impurità» rispetto a ogni tradizione classicistica, e insieme «la relazione intima, quasi inseparabile, tra gli aspetti semantici, sintattici e accentuali» della sua lingua. La **prosodia** di questi versi **dipende dal** loro ***contenuto***, perfettamente all'opposto di quanto ci attendiamo che avvenga in un testo poetico in cui agisca una metrica positivamente fondata. Qui, appunto, il *primum* del significato *fonda il significante, il ritmo*, dà loro forma, li modella.
Utilizzando i non molti riferimenti utili pubblicati in lingua italiana (cfr. Jannaccone, 1898; Mattevi, 1972; Zucco, 2006; Giovannetti, 2008a, pp. 178-84; ma cfr. anche, per l'area tedesca, Kohl, 1990), possiamo individuare almeno i due tipi primari di parallelismo logico che, insieme a una forma di ripetizione, costituiscono i tre fondamenti più certi della metrica bi-

blico-whitmaniana; ad essi si accompagna poi un'ulteriore forma di parallelismo (punto 4 del seguente elenco) dallo statuto tuttavia più incerto:

Parallelismo sinonimico

1. Il parallelismo sinonimico (o *sinonimo*) si realizza quando due o più versi esprimono con parole diverse un **contenuto** di fatto **identico**. In Piero Jahier, si cita dal primo *Con me* (1915), vv. 70-72 e 76-77:

Il solo amico che ho avuto
gli ho messo nel petto un fortissimo cuore –
La più bella anima gli ho inventato
[...]
Con quell'anima gli misuravo la vita;
lo travolgevo a vivere secondo quel cuore,
[...]

Dopo il verso introduttivo, gli altri si accoppiano in virtù appunto della ripetizione del medesimo concetto: «gli ho messo nel petto un fortissimo cuore» esprime il contenuto di «La più bella anima gli ho inventato»; *anima* e *cuore* sono sinonimi anche nei due versi successivamente citati, caratterizzati da un senso assai simile.

Parallelismo antitetico

2. Il parallelismo antitetico oppone semanticamente i versi; la **congiunzione avversativa** «ma» ne è il segnale più frequente. Esemplare è la poesia *Attesa* (1917), sempre di Jahier, dove un «Ma» coincidente con un intero verso spezza la poesia in due parti simmetricamente contrapposte:

Tutti i canarini trillavano in tutte le case
tutti gli affissi spremevan colore
[...]
e tutti gli orologi si accordavano per far sapere
l'ora che saresti venuta alla stazione!

Ma
tutti i canarini tacciono in tutte le case
tutti gli affissi spengon colore
[...]
e tutti gli orologi che hanno accordato
e tutti gli orologi che hanno suonato
l'ora che non puoi più venire.

Anafora ed epifora

3. L'anafora, e in subordine l'epifora, in quanto **ripetizioni esposte**, determinano secondo Jannaccone (1898, pp. 64-7) vere e proprie *rime* che egli definisce *psichiche*. I versi possono in questo modo unirsi in gruppi, alla stregua di strofe appunto rimate. Sempre in Jahier, si cita dall'inizio di *Con me*, V (1915):

per vivere dovevi sperimentare
per vivere dovevi essere ingannata

ora che hai fatto tutta l'esperienza
ora che sei pronta
ora che ti protegge tutta la diffidenza
e resta più solo da vivere, anima formata

o potersi sciogliere nell'innocenza
o dinuovo poter essere ingannata!

Parallelismo grammaticale (e parallelismo sintetico)

4. Secondo Jannaccone, è inoltre possibile un'ulteriore forma di parallelismo logico, che in parte è anche una ripetizione: si tratta del parallelismo grammaticale (Mattevi, 1972, parla di parallelismo sintetico, intendendo però qualcosa di diverso), garantito dalla ripetizione di **strutture morfosintattiche** che finiscono per "marcare" positivamente i singoli versi. L'attacco del quarto *Con me* jahieriano (1915) offre l'esempio di due parallelismi di questo genere:

O inenarrabile sosta dell'anima!
Cima della vita intravista nuda nel cielo leggero!
Sillaba di rivelazione anticipata!:
– *Alzati ancora – quanto sei lontano!*
– *Accostati – e leggerai una parola chiara!* –

Le due apposizioni ai vv. 2 e 3 con analogo costrutto morfologico («Cima della», «Sillaba di») sono "in rima" fra loro; e lo stesso accade per i due imperativi («*Alzati*» e «*Accostati*») ai vv. 4 e 5.

Tipi di parallelismo alternati

5.1.1.1. Si sarà forse notato, inoltre, che i vv. 2 e 3 dell'ultimo esempio rafforzano il parallelismo grammaticale con un parallelismo sinonimico piuttosto sensibile (le due apposizioni dell'anima che «sosta» tendono al medesimo obiettivo: qualcosa che appare nel «cielo» ed è «rivelazione»). Secondo Jannaccone, in effetti, i vari **parallelismi si alternano** nella poesia di Whitman dando origine a *intrecci* anche complessi. In Jahier, per fare un esempio molto breve, tratto dall'attacco del secondo *Con me* (1915),

Vogliono sempre impedirmi di essere triste;
ma se è la mia sola gioia essere triste:
    cresce solo piangendo
questa gemma d'albero che volete asciugare.

il parallelismo antitetico contrappone il primo al secondo verso, ma quest'ultimo (vedi almeno il legame «triste» / «piangendo») si lega a sua volta, per sinonimia, con il terzo. Non solo: il quarto verso riprende sempre sinonimicamente il primo («impedirmi di essere triste» corrisponde ad «asciugare», cioè "impedire di piangere"). La struttura è di tipo chiastico, qualcosa come ABBA; e comunque la tenuta simmetrica della "strofa" o "lassa" è affatto indubitabile.

5.2. Un po' di storia

5.2.1. Le origini bibliche di questo sistema espressivo hanno fatto sì – neanche troppo bizzarramente – che aspetti della metrica whitmaniana siano attivi in Italia ben prima che, nel nono decennio del XIX secolo, Whitman cominci a raggiungere una certa popolarità grazie soprattutto alle traduzioni di Luigi Gamberale per l'editore Sonzogno. La cosa era stata segnalata da Giovanni Pascoli (1900, pp. 954-5) nel suo saggio sulla metrica neoclassica, *A Giuseppe Chiarini*, con un **tono di disprezzo** verso questa tecnica che è quasi superfluo sottolineare:

Pascoli contro il versetto

Walt Whitman dedusse i suoi *versicles* dalla Bibbia [...]. Tempo prima del Whitman, in Italia usava questo genere di composizione e di metrica: il salmo. Si dicevano le più comuni cose del mondo, in tono solenne, con piccoli periodi: si metteva un asterisco a mezzo, e s'andava a capo dopo il fine: il salmo era fatto.

Non del tutto ignoto, ad esempio, è il caso dei *Salmi* pubblicati nel 1846 dal barone Giuseppe Manno, che possono avere la seguente fisionomia, perfettamente omologa a quanto abbiamo sopra visto (rime psichiche – anafore – e parallelismi grammaticali sono evidentissimi):

Allorché fermava Iddio nei celesti spazi il suo padiglione al sole;
Allorché lanciava nell'etere il meraviglioso nostro globo, e segnavagli i gradi dell'annuale sua orbita;
Allorché premea egli col dito il polo da noi più discosto, ed inclinava sotto alle stelle australi l'asse della terra:
Perché dal maggior astro si volgesse obliquo lo sguardo or all'una or all'altra delle terrestri zone;
La stagione melanconica del solar disfavore, questa stagione ei destinava alla quiete.

Ma è con il Novecento, evidentemente, che certe forme si costruiscono la loro **tradizione**. Nodo primario di uno, almeno, dei filoni biblico-whitmaniani è la stessa teoria e pratica del verso libero elaborata da Gustave Kahn (e peraltro subito ripresa da Jannaccone, 1898, p. 116), in particolare in rapporto a quello che Kahn (1897, p. 30) chiama *accent d'impulsion*, accento d'impulsione (o impulsivo). Si tratta di un fenomeno legato alla lingua parlata che – traduciamo – «dirige l'armonia del verso principale della strofa, o di un verso iniziale», e che si trasmette all'intero componimento, in qualche modo costringendo tutti i versi a «modellar*si* sui valori di questo verso quali li ha fissati l'accento d'impulsione». Tanto più che – come abbiamo visto, cfr. cap. 1, par. 2.1.1 – nella teoria di Kahn il verso è **sintatticamente autonomo**, contiene una parte compiuta di discorso: esattamente come accade nel modello biblico.

Gustave Kahn e i futuristi: l'accento d'impulsione

Non è forse un caso che proprio il riferimento all'accento d'impulsione entri a far parte della teoria futurista italiana del verso libero come è stata esposta da Buzzi, il quale di fatto riprende alla lettera le parole di Kahn.

Buzzi (1908, p. 44) parla infatti, tra l'altro, di un «accento oratorio» che «nella declamazione dirige tutta una strofe e vi fissa la misura dei valori uditivi. [...]. E gli altri versi [...] devono modellarsi sui valori di questo primo». D'altronde, nell'antologia *Poeti futuristi* del 1912 tracce dei parallelismi whitmaniani sono evidentissime (Cavacchioli con il suo componimento *Tempo di tamburo* finisce persino per echeggiare i *Drum-Taps* di Whitman). Basti leggere l'attacco dell'*Inno alla poesia nuova* di Paolo Buzzi:

Prima di te, uomo, furono le ombre,	
prima di te le ombre navigarono le onde	rima psichica (anafora)
che non hanno più storia	
perché non hanno più profilo.	par. gramm. e rima psich.
Se ti **addietri** a numerar gli anelli della catena	
che ti allaccia all'ossa de' morti e de' stramorti	par. sin. con il 1° per.
non fai che perdere il filo tenace della vita.	
Canta, uomo, con la bocca spalancata	rima psich. con il 1° v.
sul vento **dinnanzi**.	par. antit. con il 5° v.

Versetto e prosa

È tuttavia con il valdese Piero Jahier, e in parte anche con il cattolico Giovanni Boine, che simili forme trovano una **codificazione piuttosto duratura** capace in qualche modo di condizionare il Novecento italiano. Inizialmente, è chiaro che il verso, anche come entità visiva, conta meno delle *relazioni* fra unità espressive, che infatti possono essere dei "**commi**" **prosastici**, cioè dei *capoversi* di fatto assimilati al modello del versetto. Ad esempio, il *Ritratto dell'uomo più libero* di Jahier (1914) comincia con brevi paragrafi di questo tipo:

> Chi è salito più in alto? – Perché io voglio scendere quanto è salito.
>
> Servito a lungo nella fucina, mi è mancato al raccoglimento il fragore delle sue cento ruote, schiaffeggiate di trasmissioni.

Queste *prose*, nel 1964, quando Jahier rivede le sue poesie per un'edizione complessiva presso l'editore Vallecchi, assumono la seguente piena fisionomia versale (e strofica):

Chi è salito più in alto?
Perché io voglio scendere
quanto è salito

Servito a lungo nella fucina
mi è mancato al raccoglimento
il fragore delle sue cento ruote
schiaffeggiate di trasmissioni.

Difficilissimo da definire ma almeno in parte interno a questo discorso è il Giovanni Boine poeta (cfr. Bertone, 1987) che tratta parallelisticamente molti dei suoi testi in prosa suddivisi in brevi capoversi, ma li accompagna a una vera e propria sovrabbondanza di rime, oltre che di ritmi versali – come si può notare dall'esempio qui sotto riportato, anche senza che ci sia bisogno di segnalare sistematicamente tutti i suoni ribattuti (citiamo da *Rifugio*, che fa parte dei *Frantumi*, risalenti al 1915):

– La storia-gorgheggio del tuo lucher*ino*, verde e giall*ino*, che appeso al muro, i passeri chiama di là dal giard*ino*, così innamorato così desolato della sua prigionia,

– val bene, oh val bene la triste storia che non ricordo più!

– Il tuo quadrifoglio nel suo vasett*ino*, così delicato così coronato di fulvo e verd*ino*, che chiude a sera l'ali di farfalla sul gambo lungo e spoglio,

– val bene il nero con loglio che ormai non strappo più.

È sin troppo evidente, qui, che il parallelismo sinonimico rafforzato da quello grammaticale disegna lo schema ABAB. Semmai, si potrebbe azzardare l'ipotesi che le tante rime in *-ino* valgano meno come suoni che non come *suffissi* deputati a sottolineare i valori, le connotazioni del "piccolo", di ciò che è "minuscolo". Si tratterebbe insomma di **fenomeni *semantici*** in prima battuta e fonici solo in seconda – in perfetta conformità ai principi della maniera whitmaniana.

Verso whitmaniano e neorealismo

5.2.2. Nel corso del Novecento, una forma di **stabilizzazione** di questo verso, tanto irregolare sillabicamente quanto prevedibile semanticamente, si ha forse nell'immediato secondo dopoguerra quando – anche per influsso di Jahier, il cui *Con me e con gli alpini* viene ristampato da Einaudi nel 1943 in un'atmosfera ormai resistenziale – si diffonde la cosiddetta *poesia neorealista*. La presenza in essa di una **metrica "approssimativa"** è individuata con parole per l'ennesima volta negative da Walter Siti (1980, p. 54), che infatti parla di «un verso lungo [...], che rinuncia ad ogni rigore e pare allungarsi soltanto con l'intento di contenere lo sviluppo di costruzioni sintattiche piuttosto pesanti; un verso lungo totalmente subordinato alla sintassi». Anche se l'esempio riprovevole proposto dallo stesso Siti (tratto dalla raccolta *Rapporto* di Gino Baglio, 1952, citato ivi, p. 55):

Il tifone farà traboccare le sue immagini
come le sabbie a Nieuport;
l'esasperante tempesta prendendolo per mano
lo spingerà in qualche luogo abbandonato

mostra un perfetto parallelismo grammaticale tra primo e quarto verso («farà traboccare» – «spingerà»).

Nella stessa pagina, poi, Siti richiama indirettamente la nozione di «**metrica da traduzione**» con cui spesso si designa tale versificazione informale. Il riferimento primario è con ogni evidenza a Franco Fortini che, ristampando nel 1967 la raccolta *Foglio di via* (1946), ricorda certe sue poesie (le due intitolate a *Varsavia*) che avrebbe scritto «pensa*ndole* come traduzioni da un inesistente originale polacco [...]. Era lo "stile da traduzione" che avrebbe poi [appunto nel neorealismo] imperversato» (Fortini, 1967, p. 7). Il testo di *Varsavia 1939* è, di fatto, un centone di parallelismi biblici:

Noi non crediamo più alle vostre parole	
Né a quelle che ci furono care una volta	parallelismo grammaticale
Il nostro cuore l'ha roso la fame	
Il sangue l'han bevuto le baionette.	parallelismo sinonimico
Noi non crediamo più ai dolori alle gioie	rima psichica sul v. 1
Ch'erano solo nostre ed erano sterili	
La nostra vita è in mano dei fratelli	par. gramm./r. psich. sul v. 3
E la speranza in chi possiamo amare.	
Noi non crediamo più agli dèi lontani	rima psichica sul v. 1
Né agli idoli e agli spettri che ci abitano	rima psichica sul v. 2
La nostra fede è la croce della terra	par. ant. su tutto il testo
Dov'è crocefisso il figliuolo dell'uomo.	

Semmai, qui si può cogliere meglio quel tipo di **parallelismo** detto **sintetico** (nella retorica classica si parlerebbe di *subiunctio*, cfr. Mattevi, 1972, p. 81), che motiva in particolare i vv. 6 e 12, deputati a *integrare e sviluppare* quanto contenuto nelle unità precedenti.

Il versetto contraddice la narrazione?

Il tema non è affatto secondario, perché proprio con i poeti neorealisti emerge con chiarezza quanto in parte era già percepibile in Jahier. Il ritmo biblico-whitmaniano è, a ben vedere, sostanzialmente *regressivo*, nella misura in cui costringe il discorso a ritornare sempre su se stesso, a ricapitolarsi. Certo, le antitesi hanno la funzione di rompere tale continuità, ma anch'esse vivono di una relazione *anaforica*, cioè costringono il lettore a fare i conti con quanto le precede, con una semantica assai poco dinamica, ruotante intorno a un senso definito una volta per tutte. Quando entrano in gioco motivi *propulsivi*, questo tipo di soluzione ritmica appare inadeguato: e che cosa c'è di più sbilanciato in avanti, di più propulsivo appunto, di un'intenzione *narrativa*? Nel momento in cui il neorealismo poetico cerca di *raccontare*, è evidente **la nascita di una contraddizione**.

Una delle situazioni forse tipiche è quella che si può rilevare in alcuni testi di Leonardo Sinisgalli, in cui un racconto perde la sua storicità e diventa *leggenda*. In una poesia come *Epigrafe* contenuta nei *Nuovi campi elisi* (1947), tre delle quattro lasse sono innervate da rime psichiche: «Quando partisti [...]. / Ti misero [...]. // Ti misero nella cassa [...]. // Ti avevano messo dentro la cassa [...]», e i vv. 4-5 sono ripresi alla fine dell'ultima unità in modo chiastico: «andavi in un torrido regno / e ti vestirono di bianco»

→ «venne vestita di bianco / nel torrido regno da cui nessuno è mai tornato». Il racconto della morte della sorella – tale è il tema della poesia – solo in parte implica un'acquisizione di senso, perché è destinato a propiziare la morte di un'*altra bambina*, attraverso un evidente parallelismo – appunto regressivo – di specie narrativa. Qualcosa del genere (una «forma circolare», consolatoria, che contribuisce ad attenuare le contraddizioni) d'altronde si manifesta secondo Siti (1980, pp. 233-50) in uno dei romanzi neorealisti per eccellenza, *L'Agnese va a morire* di Renata Viganò.

Versetti e scritture femminili

5.2.3. Infine, è sintomatico notare come, dagli anni sessanta in poi, mentre continua accesa la polemica contro la natura "informe" di certe scelte in ultima analisi whitmaniane, uno sviluppo di questa tecnica si sia rivelato attivo nelle scritture al femminile. Uno dei libri di poesia meno accettati dalla critica negli anni sessanta e settanta (e oltre) è *Il mondo salvato dai ragazzini* di Elsa Morante (1968); eppure, la consapevolezza di un certo tipo di "tradizione" (che alla Morante arriva anche attraverso la *beat generation*, per la quale Whitman è un padre indiscusso) spiega l'**innovazione retorica**, e quindi metrica, che si percepisce in versi come i seguenti, tratti dal poemetto *La serata a Colono*:

che io me la sentirebbe di riportarcelo che <u>lui</u>
appena si sveglia lui magari se la sente di camminare che abbiamo fatto chilometri e chilometri assieme che <u>noi</u>
[...]
che papà mio mica è un pezzente signò che papà mio <u>lui tiene</u>
la proprietà di sua proprietà che lui è proprietario della robba sua che <u>lui</u>
per il rispetto è meglio d'un maestro e d'un barone che <u>lui</u>
mica è come certi che dipendono che lui della robba sua ne dispone lui che <u>lui</u>
per la sua proprietà [...]

Si potrebbe parlare di *simploche*, visto che anafora ed epifora convivono; ma quanto più importa notare è che il procedimento in questione forza uno degli statuti fondanti del whitmanismo metrico, dal momento che l'epifora non chiude sintatticamente il discorso, anzi lo riapre attraverso intensi *enjambements*.

Certo, in altri casi, la declinazione al femminile delle forme whitmaniane si limita a un'**esasperazione strategica** (ironica, vale a dire) di quanto offre questo retaggio. Una delle poesie d'esordio di Vivian Lamarque, *L'amore mio è buonissimo*, del 1978, è strutturata come una litania e si compone di ventotto lasse, ognuna delle quali è introdotta da «l'amore mio», con qualche variazione grammaticale che addirittura consente di volgere l'anafora in epifora («all'amore mio», «io una volta sono passata dove lavora l'amore mio», «chissà se l'amore mio» ecc.). La natura ironica del procedimento è palmare e, a furia di dire «amore» e «buonissimo», è ovvio che la Lamarque suggerisce il contenuto diametralmente opposto.

Versetti ibridati

Vero è che, se leggiamo una recente poesia di Antonella Anedda (sempre molto abile nel costruire poesie in versi lunghi, se non in prosa, tutte giocate sul ritmo dei significati), *Così arrivano i delitti* (da *Dal balcone del corpo*, 2007),

Il bambino era sveglio | quando hanno arrestato la madre. esametro 7 + 9
Lo hanno portato via. Volevo avvertirti
ma pioveva forte, le luci erano spente.
Mi sono asciugata e rimessa a *dormire*. Così arrivano i delitti:
quando qualcuno sente le grida e poi torna a letto, quando non ha la forza.
Colpa del corpo che ama il piacere, del conforto che scaccia il dolore
e preferisce una coperta e un cuscino all'agire.
Il bambino gridava. | La pioggia copriva la luna. esametro 7 + 9
Dormendo piangevo di pena ma il mio corpo non si alzava.
L'acqua colpiva il tetto, pesava sulle travi
e io *sognando* fuggivo con le orecchie fitte di lana.

non solo scopriamo una fitta trama di parallelismi che di fatto costringe la poesia a ripetersi negli ultimi quattro versi (vi sono ripresi tutti i temi dei primi sette), ma ci rendiamo conto della presenza di ritmi tipici del *verso lungo sillabico*. Nodali sono i perfetti esametri, ai vv. 1 e 8, che sottolineano l'inizio del componimento e il passaggio alla seconda parte: ma dattili si ritrovano al v. 3 («Mi s**ò**no asciug**à**ta e rim**è**ssa a dormire»: dodecasillabo con anfibrachi), al v. 6 («del conf**ò**rto che sc**à**ccia il dolore»: decasillabo di 3ª e 6ª, anapestico), al v. 7 («una cop**è**rta e un cusc**ì**no all'agire»: endecasillabo di 4ª e 7ª) e al v. 9 («dorm**è**ndo piang**è**vo di pena»: novenario di 2ª e 5ª).
Si tratta di **una curiosa contaminazione**, che però forse testimonia anche dell'**"attualità" costruttiva** del metro whitmaniano, della sua capacità di subordinare a sé altre metriche.

6. Il verso lungo antisintattico. Atonalità e informalità nel secondo Novecento

6.0. Un verso solo per l'occhio?

Abbiamo visto nel par. 0 che la nozione di *verso sintattico* proposta in Italia da De Rosa e Sangirardi (1996, pp. 336-44), come quella di *verso lineare* di Brioschi e Di Girolamo (1984, pp. 130-1), hanno il difetto, evidentissimo, di **presentarsi come "residuali"**. Servono cioè a circoscrivere un ambito di esperienze che *non* è stato coperto da altre tradizioni e convenzioni metriche. In particolare, questo tipo di verso, tendenzialmente lungo (ma sia Brioschi e Di Girolamo sia De Rosa e Sangirardi vi comprendono persino le misure brevissime di Ungaretti), ha la caratteristica di *contrapporsi* al **verso-frase**, perché in esso è possibile un vero *enjambement*, una spezzatura del discorso. Si tratta di una definizione molto ampia, perché riguarda *tutte* le esperienze metriche che non sono in grado, per lo meno apparentemente, di motivare la propria – per dirla con Agamben (1996) – *versura*, il proprio andare accapo.

Tuttavia, almeno provvisoriamente, questo ragionamento può essere ripreso e in parte accolto. Il verso whitmaniano, che certo non respinge pregiudizialmente l'*enjambement* (anzi, può persino realizzarne alcuni molto forti, come abbiamo visto *supra*, par. 5.2.3), tuttavia valorizza i *confini sintattici e testuali*, mettendo in dominante le grandi partizioni logiche. Non gli è concesso, vale a dire, di impostare le proprie strutture eludendo estemporaneamente i paletti primari, "naturali", del discorso; dominato dai parallelismi, deve ricalcarne le strutture, anche quando le manipola in modo complesso.

Il verso che ad esso si oppone sceglie appunto una diversa strategia: **rifiuta di adeguarsi** alle trame della **parola organizzata in frase**, e anzi sembra elevare a norma la perfetta *arbitrarietà* delle proprie scelte. Siamo di fronte per lo più a quel tipo di misura che i nemici della metrica moderna spesso evocano per esemplificarne l'inaccettabile informalità, la gratuità delle realizzazioni. Versi che non hanno alcuna intrinseca giustificazione al loro *apparire* tali.

Un verso informale, che però ha una tradizione

Quest'ultimo tipo di atteggiamento non tiene presente un rilievo: dall'inizio del Novecento ad oggi, anche questa non-forma ha sviluppato alcune sue *tradizioni*, e se ne può senza dubbio seguire l'**evoluzione**. Cosa che qui cercheremo di fare, appoggiandoci in particolare al fatto che dagli anni sessanta in poi, in Italia e non solo, ha vigoreggiato una poetica dell'informale e dell'atonalità (evidenti i legami con le arti figurative e la musica) che ha garantito una giustificazione teorica a forme (intese ad apparire) prive di forma.

Utilità di un'etichetta: "verso antisintattico"

Restano tuttavia aperte due questioni preliminari: una legata al nome del tipo di verso, l'altra al suo rapporto con il verso sintattico. Dal punto di vista terminologico, è da credere che la definizione complessiva meno insoddisfacente (appunto) sia quella di verso *antisintattico* suggerita da Gasparov (1989, pp. 307-8), se non altro perché ha un rilievo comparatistico e consente un immediato confronto con esperienze realizzate in altre lingue, e insieme perché mette bene a fuoco lo "scontro" verso-sintassi, in quanto serie che si contrappuntano. La seconda questione riguarda il "primitivismo", l'informe di questi versi. Contrariamente a quanto potrebbe suggerire il senso comune, il verso antisintattico **non è un verso popolare** né è davvero semplice. Per fare due esempi abbastanza noti, il Pasolini da molti deprecato di *Trasumanar e organizzar* (1971) può permettersi di cominciare il secondo dei suoi poemetti sul *Mondo salvato dai ragazzini* di Elsa Morante con la seguente serie di versi dominati dalla massima sprezzatura:

Un momento!
E il Pazzariello – eroe
oggettivo dell'umorismo? (cfr.
puntata precedente).
L'umorismo come carità è la Grazia – dicevo.

Gli accapo arbitrari non sono necessariamente ingenui

Appunto: si noti l'elusione del sillabismo al terzo verso, in presenza di un'inarcatura («cfr. / puntata») che Menichetti (1993, p. 488) giudicherebbe «molto forte». In linea di massima, solo lo scrittore "laureato" compone di questi versi. Il poeta popolare, «nella immediatezza della sua dizione», nel suo «recitativo» quasi spontaneo (Fortini, 1953, p. 7), si esprime più frequentemente in quest'altro modo (citiamo la conclusione di *La città dove viviamo è un gruppo di case*, di Luigi Di Ruscio, in *Non possiamo abituarci a morire*, 1953):

Non possiamo abituarci a crepare
neppure un asino che da noi si racconta l'ha potuto
siamo gente paziente
ma non possiamo abituarci a morire
noi vogliamo vivere
perché la vita ci piace
abbiamo il gusto della vita
con le mani che hanno tirato su tutto.

In versi, cioè, con ogni evidenza dominati dai parallelismi di tipo whitmaniano.

Norme modulatrici

Non si tratta, certo, di una regola rigida (non mancano poeti "popolari" che praticano versi antisintattici assai arrischiati). Il fatto è che entrambi i tipi di verso assecondano un sistema di *norme*, di *convenzioni* in senso lato *tradizionali, modulatrici* (Schaeffer, 1989, pp. 153 ss.); non si tratta insomma di non-versi, bensì di esperienze espressive dotate di una stilizzazione (se del caso, certo, minima o residuale) che il critico ha il compito di collocare entro una *serie* che le sovradetermina e giustifica.

L'osservazione è tanto più importante in quanto tale tipo di verso non è usato solo in ambito strettamente avanguardistico o presso scrittori come Pasolini, che volutamente deprimono la forma, ma viene adottato da poeti, come **Luzi**, **Zanzotto**, **Sereni**, la cui opera è ostile alle parole d'ordine del futurismo e del Gruppo 63 e che – e soprattutto – hanno sempre prodotto **poesie metricamente ricche**. D'altronde, come si vedrà, nelle loro pagine, come peraltro in quelle della neovanguardia e di Amelia Rosselli, la cornice antisintattica favorisce una strategia "ibridante", eclettica: all'interno del verso apparentemente informe possono manifestarsi spinte provenienti da altre specie di verso libero (in particolare da quello sillabico, sia lungo sia breve, ma anche da quello whitmaniano).

6.1. Alcune questioni storiche

6.1.1. I problemi che restano aperti sono nondimeno molti. Intanto, *non* si ritiene di dover prendere in considerazione i veri (e non finti: cfr. *supra*, par. 5.2.2) «**versi da traduzione**». A partire per lo meno da Tommaseo traduttore dei canti popolari illirici e greci (cfr. almeno Collavini, 1992-93, pp. 103-4; Soldani, 2002; Lavezzi, 2004), e forse anche a partire – intorno al 1890 – da certi versi "visivi" di Tennyson ripresi da D'Annunzio nel cap. X del libro III del *Trionfo della morte* (cfr. De Michelis, 1961), si diffonde in Italia il verso cosiddetto «alineare» (Contini, 1940), che si limita a restituire quasi alla lettera i contenuti delle singole linee del testo straniero, non introducendo alcuna norma metrica pertinente alla lingua d'arrivo. Un verso pertanto solo *da vedere*, che molto ha a che fare, naturalmente, anche con quanto Capuana chiamava «semiritmo» (cfr. *supra*, par. 1.1.1) e che si disinteressa a ogni forma codificata. Lo affronteremo nell'*Appendice A*.

Il verso antisintattico si diffonde tardi

E poi, e soprattutto, può colpire la vera e propria *rarità* di questo verso prima che, fra anni cinquanta e sessanta, le poetiche della neoavanguardia tentino di impossessarsene. Quale ne è la ragione? Perché il verso libero apparentemente più "facile", cioè più arbitrario, fatica tanto a imporsi? Fra le molte risposte possibili, ne discutiamo due. La prima è che – come è stato mostrato da Mengaldo studiando Govoni (Mengaldo, 1983a) – le eventuali successive liberazioni del metro conducono non tanto a un verso atonale, ma alla *poesia in prosa*. È stato in effetti suggerito (Scott, 1990, p. 112) che la poesia in prosa in qualche modo "sommerge" il verso, ne costituisce – per usare una terminologia della musica contemporanea – il «**suono bianco**», come insomma se in una **poesia in prosa** simbolista o novecentesca fossero presenti, potenzialmente, *tutti i tipi di verso*.

Il verso antisintattico esteriorizza il soggetto?

La seconda risposta, analogamente di ordine generale, è quella che addita la natura radicalmente *visiva* del verso asintattico originario (su tutti questi temi, fondamentale è Giusti, 2002, che riprende Longree, 1985). A parte il *Colpo di dadi* di Mallarmé, sono il verso libero di Apollinaire in Francia e, in Italia, quello di Soffici a costituire i riferimenti a lungo invarianti. In entrambi i casi, è evidente che le poetiche in gioco, le intenzioni rappresentative degli autori, superano l'***organicismo*** della lunga tradizione romantica e post-romantica (cfr. cap. 1, par. 2.1.1), secondo la quale il verso ha il compito di restituire gli **stati mentali del soggetto**, la sua *interiorità* – nel Novecento ormai percepita, messa in forma dalle spinte congiunte della filosofia bergsoniana e della cinematografia. Con Apollinaire e Soffici, si vuole esprimere non quanto si muove dentro il soggetto, ma qualcosa che sta *davanti a lui*, che viene *visto*, che ha forme riconoscibili; le stesse forme, diciamo, elaborate dai pittori cubisti e futuristi.

Non è lecito, forse, radicalizzare il concetto. Però è vero che nei versi iniziali di *Arcobaleno* di Soffici (citiamo da *BÏF§ZF+18. Simultaneità. Chimismi lirici*, 1917)

> Inzuppa 7 pennelli nel tuo cuore di 36 anni finiti ieri 7 aprile
> E rallumina il viso disfatto delle antiche stagioni
>
> Tu hai cavalcato la vita come le sirene nichelate dei caroselli da fiera
> In giro
> Da una città all'altra di filosofia in delirio
> D'amore in passione di regalità in miseria
> Non c'è chiesa cinematografo redazione o taverna che tu non conosca
> Tu hai dormito nel letto d'ogni famiglia
> Ci sarebbe da fare un carnevale
> Di tutti i dolori
> Dimenticati con l'ombrello nei caffè d'Europa
> Partiti tra il fumo coi fazzoletti negli sleeping-cars diretti al nord al sud

il **nervosismo metrico** che accosta versi lunghissimi e brevissimi in assenza di punteggiatura costituisce un tipo di soluzione in cui la linea che "si vede" fa premio su quella che si ode. Si noti tra l'altro che il soggetto lirico sente il bisogno di trasformarsi in un *tu* per provare a *rappresentarsi dall'esterno, dipingendosi* in un vero e proprio autoritratto dissipato (un po' **cubista** e un po' **futurista**, insomma).
Del resto, sarà nel dominio delle *parole in libertà* che – probabilmente – simili ricerche troveranno il loro inveramento nell'ambito dell'avanguardia storica. Ciò avviene non senza qualche ingenuità, e comunque abbandonando la scommessa di una ricerca che *con la morfo-sintassi e la testualità* caratteristiche della lingua italiana e *con il verso* cerca di realizzare la propria visività. Le parole in libertà non sono cioè analizzabili metricamente (e non ce ne occuperemo) perché estranee alla forma da un lato della prosa convenzionale e dall'altro del verso.

Verso antisintattico e avanguardia

6.1.2. Non per caso, prima degli anni cinquanta, uno dei pochi esempi della tecnica attiva in Soffici è riscontrabile in Emilio Villa, poeta notoriamente vicino alle arti figurative. La sua attenzione alle strofe per l'occhio (cfr. *supra*, par. 1.1.1) può indurlo a frantumare il testo nel seguente modo (citiamo l'*incipit* di *Il bersagliere svegliato morto*, in *Oramai*, 1947):

> C'è chi sogna in sogno i guadi degli specchi, e chi nel sogno,
> e c'è chi mangia in sogno radi
> minestroni d'avena o di tritello con i ceci secchi, e mela
>
> gelata:
>
> però non sapevi dire le cose che so dire io, c'è differenza
> seria, e facile

forse non ti sembra il dire le cose di valore
sull'argomento di un soldato morto, anche

davanti a un gregge di colonnelli repubblicani
in adunata: eppure parli;

parli; e c'è chi misura il terreno e chi il creato,
chi governa la patria desolata dei fenomeni,
senza o durante il buio: rode

allora umiltà la tua umiltà, e requie
la tua requie:
[...]

Il verso "gestico" di Fortini

Versi di questo genere, visto anche il loro contenuto politico-polemico e l'evidente piglio oratorio, forse potrebbero essere ricondotti a una categoria di cui ha più volte parlato – in Italia – Franco Fortini (cfr. Gronda, 1977), ma che ha il suo *auctor* nel tedesco **Bertolt Brecht** (Brecht, 1939): quella del verso *gestuale* o *gestico*. Ecco un esempio tratto da *Un comizio* di Fortini (1967, vv. 239-254):

E questo dico a chi ci accusa
di estremismo verbale e irresponsabile.
Lo dico con l'umiltà che si conviene
a chi paga di parole dove altri paga con la vita. Ma dev'esser detto:
chi vuol combattere quello che è
la boria di quello che è,
la simpatia naturale che il potere ha per il potere,
[...]
facilmente sarà accusato
di profetismo, di astrattezza, di moralismo,
di "avventurismo piccolo-borghese". Non è così che si dice?
Fatelo pure, dunque, se volete e vi nutre.

Si tratta cioè di un verso che interiorizza l'*actio*, l'esecuzione in pubblico, anche e soprattutto nel senso che pensa le sue pause e i suoi accapo come vere e proprie *prese di posizione politiche*, motivate da un *a priori* polemico. In effetti, molto ha in comune con il metro whitmaniano, ma se ne distacca per un di più di "nervosismo", di irrequietezza: si veda l'alternanza di versi lunghissimi e relativamente brevi, e certi *enjambements* "ideologici", come quello che spezza in due – all'inizio e a quattro versi dalla fine – il sintagma «accusare di».
È però da credere che tale **intenzione performativa**, teatralizzante, in effetti ben presente in tanti versi "militanti" (già nel periodo del neorealismo, ad esempio nella poesia di Giorgio Piovano), acquisti il proprio senso più forte tra anni cinquanta e sessanta in coincidenza con lo sviluppo *anche* della neoavanguardia, e più in generale di un complessivo moto di trasformazione che attraversa l'insieme della poesia italiana.

6.2. Il verso "libero" della neoavanguardia

Opposte interpretazioni del verso della neoavanguardia

6.2.1. Sul verso in senso stretto neoavanguardistico, quello insomma che viene reso noto soprattutto a partire dall'antologia *I novissimi* del 1961, sono possibili almeno due interpretazioni metriche, nettamente contrapposte. La prima, in parte legittimata da uno scritto di Alfredo Giuliani allegato fin dalla prima edizione dell'opera, ma antecedente alla sua pubblicazione (Giuliani, 1960), e sostenuta di fatto anche da Edoardo Sanguineti (1961), esalta di questo verso la sostanziale *atonalità* e *informalità*, che sarebbe interna a una tradizione in ultima analisi "novecentesca", e cioè versoliberista. La seconda, implicita in uno scritto di Antonio Porta (1961), sviluppata brillantemente da Antonio Pinchera (1990), è stata poi confermata *ex post* dallo stesso Giuliani nel 2003, secondo una procedura assai curiosa – a ben vedere. E cioè: lungi dall'essere davvero informale, il metro dei *Novissimi* mirerebbe a costituire una *nuova forma di metricità*, in polemica di fatto con la tradizione del verso libero.
In effetti, il Giuliani che, in piena stagione novissima, scrive il saggio *La forma del verso*, presenta il proprio intervento come una ricapitolazione coerente con l'**eredità novecentista** (e addirittura con figure minori come Thovez e Bacchelli poeta, o appartate, quanto a metrica e poesia, come Pavese), di cui vuole rappresentare la punta avanzata. Leggiamo la sua dichiarazione più nota (Giuliani, 1961, pp. 214-5):

> Oggi disponiamo [...] di un verso "dinamico" o "aperto" dominato dalla spinta semantico-strutturale, non legato né dal numero delle sillabe né dall'isocronismo degli accenti: un verso che possiamo chiamare "atonale", dove, cioè, l'accento è *servo* dei moduli che di volta in volta formiamo con la frase; dove le sillabe "deboli" (o *atone*) non vivono ritmicamente a ricasco delle "forti", giacché le une e le altre non sono che giunture, snodi, maglie del discorso.

Una definizione "di rottura"?

La definizione non è felicissima: dire che le sillabe atone non sono dipendenti dalle toniche è un'affermazione estranea a un vero contenuto linguistico, dato che la nozione di atono è ovviamente implicata in quella di tonico e viceversa; non c'è atona senza una relazione con la tonica, l'una per contratto "dipende" dall'altra. In questo modo, comunque, è proclamata la **centralità del discorso**, della frase, secondo una dinamica «semantico-strutturale» lontana sia dal sillabismo sia dalla metrica accentuale. A ben vedere, la teoria di Giuliani sembrerebbe persino condurre nell'alveo della metrica whitmaniana. Vero è che la **nozione di atonalità** e le (imprecise) indicazioni sulla tonicità stanno a indicare una volontà di *rottura* delle gerarchie linguistiche attese; tanto più che verso la fine del suo saggio Giuliani riprende le idee di Olson (1950) e chiede un verso che non si limiti a lavorare per l'occhio, ma assecondi il "respiro", si caratterizzi per la sua *sonorità*.
Non solo: come si è accennato, il ragionamento di Giuliani si è anche prestato ad analisi di tipo **accentuativo**, pur se di specie particolare. Infatti,

il verso dei *Novissimi* – soprattutto nelle pagine di Sanguineti e Porta – spesso rivela la centralità di quelli che Hrušovski (1970) ha chiamato «gruppi semplici», assimilabili ai *cola* greco-latini e contraddistinti – appunto – da una gerarchia di accenti. Ne parleremo perciò *infra*, nel par. 7.

6.2.2. Qui si vuol rendere conto solo dei fattori "liberisti" di questa metrica. Essa deve appunto molto alle intuizioni di Olson; vi agisce infatti la tensione *frammentante e visualizzante* che – come abbiamo accennato nel cap. 1, par. 2.1.2 – è di origine cinematografica ed era stata illustrata negli anni cinquanta da Gillo Dorfles con l'ausilio della nozione di *asintattismo* (cinematograficamente, *asincronismo*) anche sulla scorta dell'opera di Pound.

Frammentazione del verso e sintassi: una contraddizione?

Non c'è dubbio che la disposizione grafica, spesso molto anomala, è il dato che colpisce maggiormente il lettore dei versi neoavanguardisti. Ma è anche vero che certi grafismi si accompagnano a una sintassi *modificata dall'interno* in modo assai diverso dalle primitive parole in libertà del futurismo. Le **voci** che parlano entro la nuova metrica sembrano cioè "assemblare" **stati psichici**, momenti di coscienza eterogenei, che in qualche modo generano il verso; tuttavia le misure antisintattiche problematizzano la fisionomia delle linee inducendo *enjambements*. Esiste un'evidente tensione fra i due momenti: quello della sintassi associativa e quello del metro che "sembra" possedere una sua autonomia, rivelare una regola, tuttavia non convenzionale e anzi in qualche modo irrazionale. Il primo testo della raccolta dei *Novissimi* (Elio Pagliarani, *Narcissus pseudonarcissus*) comincia così:

È un po' come dire che c'è poco da bruciare, oramai v. 1
lo zeppelin è sgonfiato, il fusto è nudo 2
che fa spavento
                io ho avuto tutti i numeri per finir male 3
l'amore vizioso, l'ingegno e più l'ambizione pudica 4
e al momento opportuno un buco nei pantaloni 5
che ci passano due dita
                        allora bruceremo pali di ferro 6
il nostro paese aggiornato, la draga la gru l'idroscalo. 7

Oltre all'uso dei gradini che dinamizzano la linea (cfr. *supra*, par. 1.3), è notevole che il v. 3 e il v. 5 comincino con il medesimo *che* parlato "polivalente", capace di *motivare* il verso, e sono sintomatici del resto gli *enjambements* (vv. 1-2, 2-3, 5-6). Ma soprattutto la modernità neoavanguardistica è garantita dalle **transizioni sintattiche** non modulate dalla punteggiatura né da altri segnali razionalizzanti – a parte quelli grafici – che si leggono ai vv. 3-4 e 6-7: i legami logici sono di non facilissima individuazione e producono un effetto "asintattico".

Quando, come capita in Sanguineti, la **sintassi** si fa **nominale**, l'accostamento di versi e membri logici tende a essere caotico, pur in presenza di una linea metrica apparentemente regolata; si cita dal quindicesimo capitolo di *Laborintus* (1956):

ma complicazione come alienazione come aspra alienazione corollario
alienazione epigrammatico epilogo Laszo drammatico addendo compendiario
entro la proporzione erotica limitativo (carcer voluntarius) lineare
(optimae mortis itinerarium) intellectualis est figura
[...]

E quando, come capita invece in Balestrini, il periodo è franto dal **montaggio** di spezzoni di frasi prelevate da altri contesti, l'effetto è davvero parodico, perché la sostanziale *informalità* del contenuto logico-sintattico si scontra con una *forma*, persino strofica, rassicurante. *De magnalibus Urbis M.* di Nanni Balestrini appare scritto in sestine (prima strofa):

Dionisa Cisqua La Pavana La Chessa
e 120 000 uomini che stanno
sotterrando le acque gli archi distruggendo
(li circonvolge puzzo d'eresia) belando
per un bacio tra i vasi vincerà negli affari
sulla coscia di coccio sterla per natura

Il verso di Amelia Rosselli

6.2.2.1. Il verso di questa specie in assoluto più studiato dalla critica, quello di Amelia Rosselli, rientra perfettamente nelle logiche e anche nelle contraddizioni che stiamo esaminando. A partire dal 1963, con la raccolta *Variazioni belliche*, la poetessa ha pubblicato **versi lunghi antisintattici**, indivisi o disposti in lasse parecchio irregolari (dal monostico alla quindicina di unità), che tuttavia presentano una sorta di regolarità per l'occhio. Il libro comprende comunque un'appendice esplicativa, datata 1962 e intitolata *Spazi metrici*, in cui la poetessa dà una spiegazione, francamente sibillina, dei suoi versi. E in autocommenti, interviste e saggi, negli anni la "poetica" metrica della Rosselli è venuta precisandosi (e, certo, in parte anche confondendosi) progressivamente. Tanto più che in un altro libro da lei pubblicato (*Serie ospedaliera*, 1969) è contenuto un poemetto, *La libellula (Panegirico della libertà)*, di datazione dubbia, ma attribuito dall'autrice al 1958, che sembra persino radicalizzare la tecnica proponendo quei versi lunghi in serie tendenzialmente continue (di fatto assenti le partizioni quasi-strofiche).

Tante possibili interpretazioni

Su questo tipo di metrica è stato affermato di tutto, non escluso che si tratti di un sistema accentuale – tale è l'interpretazione che ne dà Porta (1979, p. 67) – e che persino (La Penna, 2002, p. 256) se ne possa scandire il sillabismo; Carbognin (2003) ne ha contato il numero di parole, classificando le "lunghezze" che ne discendono; alcuni (ad esempio Manera, 2007) hanno puntato sulla sua sonorità, altri (Gardini, 2002; Loreto, 2007) piuttosto sulla sua spazialità, e persino (Loreto, 2004-05) sulla sua natura nonversale, cioè prosastica. E tutti si sono interrogati, esplicitamente o implicitamente, sui caratteri di una composizione, ora definita *quadrato* ora definita *cubo* dalla stessa autrice (quasi che i due termini fossero sinonimi), ora deputata a "fotografare" gli stati mentali del soggetto, ora viceversa intesa a fissare su carta una specie di oggetto fisico, fatto di parole. Allo stesso modo, anche i riferimenti musicali oscillano dal puntillismo postweberniano (Carpita, 2004) alla musica di John Cage (Cairoli, 2003).

Necessità della poetica

Abbiamo già esaminato (nel cap. 1, par. 2.2.3) l'**importanza delle poetiche** nel secondo Novecento, e nulla qui si aggiungerà sui paradossi di un verso che ha bisogno di una glossa (peraltro oscura) per essere metricamente capito. Tanto più che siamo di fronte a un'opera "riuscita", a una poesia di indiscutibile valore estetico. Ci si limiterà pertanto a esemplificare quelli che sembrano essere i non molti punti fermi, nel rispetto critico. Citiamo a questo proposito una quindicina di unità tratte dalla *Libellula* (vv. 468-476 e 489-496):

```
Fluisce tra me e te nel subacqueo un chiarore
che deforma, un chiarore che deforma ogni passata
esperienza e la distorce in un fraseggiare mobile,
distorto, inesperto, espertissimo linguaggio
dell'adolescenza! Difficilissima lingua del povero!
rovente muro del solitario! strappanti intenti
cannibaleschi, oh la serie delle divisioni fuori
del tempo. Dissipa tu se tu vuoi questa debole
vita che non si lagna. Che ci resta. Dissipa
[...]
[...] Dissipa tu la montagna che m'impedisce
di vederti o di avanzare; nulla si può dissipare
che già non si sia sfiaccato. Dissipa tu se tu
vuoi questa mia debole vita che s'incanta ad
ogni passaggio di debole bellezza; dissipa tu
se tu vuoi questo mio incantarsi, - dissipa tu
se tu vuoi la mia eterna ricerca del bello e
del buono e dei parassiti. Dissipa tu se tu puoi
[...]
```

Un verso generato dalla macchina da scrivere

In primo luogo, questo è un verso *grafico*: per essere compreso, deve essere scritto con gli stessi *caratteri da macchina da scrivere* (caratteri non proporzionali, cioè ognuno suscettibile di occupare il medesimo spazio, così come i bianchi tra una parola e l'altra devono essere omogenei) usati dall'autrice. Lei stessa dichiara che la lunghezza del verso è determinata dalla prima linea **in maniera meccanica**, e ad esso si adeguano i versi successivi, una volta che sia stata completata la parola (si noti come i versi più lunghi, o all'opposto più brevi, sono quelli con parole lunghe in punta: la poetessa in questi casi è andata accapo un po' dopo o un po' prima il limite massimo consentito: per la cronaca, la "misura" sembra essere di quarantacinque caratteri, spazi ovviamente compresi).

Jna colata di testo

In secondo luogo, questo verso ospita un *continuum* testuale "costretto" ad adeguarsi alla misura meccanica appena vista. Una precedente stesura delle unità analizzate – uscita sul "Verri" nel giugno 1963 – aveva questa forma (sottolineiamo le parole poi espunte):

```
Fluisce tra me e te nel subacqueo un chiarore
che deforma, un chiarore subacqueo che deforma
ogni passata esperienza e la distorce in un fraseggiare
mobile, distorto, inesperto, espertissimo linguaggio
dell'adolescenza! Difficilissima lingua del povero!
rovente muro del solitario! strappanti intenti
cannibaleschi, o la serie delle divisioni fuori
del tempo, che né tu né io sappiamo raggiungere
salvo fuori della pietà. Ma ciò che tu dici m'appare
in tuo potere, ciò ch'io cerco è fuori e entro
mio potere? Per dir il vero. Dissipa tu se tu
vuoi questa debole vita che non si lagna. Che ci
resta. Dissipa [...]
```

Come si vede, dopo i tagli, i versi hanno riassorbito il testo rimanente, che è "scivolato" dentro i vuoti; si sono quindi creati **connubi verso-parola** precedentemente esclusi.

Enjambements necessari

Questo automatismo mostra, in terzo luogo, la *necessità* di *enjambements* molto forti (si veda in particolare la rottura di sintagmi nominali – «ad / ogni passaggio» – o l'isolamento della congiunzione *e*), che possono enfatizzare le cosiddette parole vuote (congiunzioni, articoli, preposizioni). In *Spazi metrici* la Rosselli aveva teorizzato una sorta di *semantizzazione delle parole vuote*, per lei equivalenti a quelle piene. Tale procedimento ha forse a che fare con la composizione musicale *seriale*, che abolisce le gerarchie interne al sistema tonale. In altri termini, la **casualità del verso** produce sottolineature espressive alternative alla logica primaria del discorso, attribuisce cioè un significato virtuale a ciò che linguisticamente significato non ha.

Sintassi parallelistica

In quarto luogo, la Rosselli fa uso di una sintassi fortemente anaforica e parallelistica, entro la quale le simmetrie primarie (le ripetizioni riprendono due poesie di Montale: l'attacco di *Due nel crepuscolo* della *Bufera* e alcuni versi di *Mediterraneo* – ultimo movimento – in *Ossi di seppia*) sono contrappuntate dalla metrica. A sua volta, però, è probabile che una simile sintassi svolga un **ruolo strutturante** anche nei confronti delle associazioni di immagini che quasi spontaneamente pullulano in questa poesia. Il lettore deve cioè mettere in relazione fra loro tre elementi: l'immagine-contenuto, la sintassi parallelistica che l'ingabbia e il metro che deforma le simmetrie sintattiche.

In quinto luogo, e in sintesi, se è vero – come più volte affermato dalla Rosselli – che questo *non è un verso libero*, anzi è un verso che mira addirittura a chiudere perfettamente il testo così come faceva il sonetto tradizionale, è insieme indubbio che la sua **fisionomia** è **piuttosto primitiva**, meccanica. La successiva "concettualizzazione" a cui è stato sottoposto (fra i numerosissimi riferimenti possibili pensiamo anche alle teorie e alle pratiche "neogeometriche" del post-informale, di cui ad esempio parla un Cesare Vivaldi nel "Verri" del giugno 1961) è il sintomo di una *perdita di oggettività* del fatto metrico, di cui avremo modo di parlare (cfr. *infra*, par. 7.2) in rapporto al verso accentuale.

Un verso semplice ma "concettuale"

6.3. Versi atonali di Luzi, Zanzotto, Sereni, Raboni

6.3.1. Fra gli interpreti del verso rosselliano c'è stato anche chi (Fusco, 2008) ha chiesto di prendere a riferimento della valutazione metrica non tanto il singolo verso quanto *l'intero componimento*, il "blocco" di testo. E abbiamo già accennato che dalla Rosselli (cfr. Cortellessa, 2007, p. 36; e cfr. *supra*, par. 1.1.3) *La libellula* è pensata come "rullo" che si svolge un po' come i rotoli della Torah. Anche del verso lungo non sillabico e antisintattico di Mario Luzi, esemplificato a partire dalla raccolta *Nel magma* (1963 e 1966), è stato detto che se ne dovrebbe dare **una lettura unitaria**: «L'unità minima compositiva, l'atomo inscindibile della materia poetica, non è più il verso, ma l'intera composizione. È preminente una struttura generale, globale appunto, che riverbera il proprio equilibrio entro la sede degli aggregati sintattici più elementari» (Salvi, 1967, p. 165).

In effetti, qualcosa del genere Luzi suggerisce quando in esergo a *Nel magma* cita parte dei vv. 47-48 di Orazio, *Satire*, I, 4: «nisi quod pede certo / differt sermoni, sermo merus». Nel contesto oraziano queste parole si riferiscono a quella poesia "prosastica" che differisce dal discorso comune («sermo merus») solo in virtù dell'esistenza di un ritmo ben scandito («pede certo»); una poesia, come appunto quella delle satire, ove la metrica riscatta un discorrere spesso andante (o che tale vuole sembrare). In realtà, Luzi evoca queste parole per farci capire che lui agisce *nel modo diametralmente opposto*. È il *sermo*, se non addirittura la *sermocinatio* (cioè il dialogo tra personaggi), a definire il ritmo primo del suo discorso; non esiste cioè in lui **alcuna norma ritmica preesistente al discorso**, ed è anzi questo a costituire la misura del testo.

Il discorso fonda la metrica del verso di *Nel magma*

Ciò non toglie, tuttavia, che nella pratica della versificazione di Luzi siano possibili per lo meno due fenomeni: l'uso di strutture accentuali (se non proprio di "gruppi semplici") e il ricorso addirittura a versi ereditati come l'endecasillabo. Basta leggere l'attacco di *Presso il Bisenzio*, che può forse essere scandito nel seguente modo se si vogliono mettere in rilievo i culmini intonativi, sempre tre, di ogni unità:

La nebbia ghiacciata | affumica | la gora della concia
e il viottolo | che segue la proda. | Ne escono quattro
non so se visti | o non mai visti | prima, — 11 di 2^a, 4^a e 8^a
pigri nell'andatura, | pigri anche nel fermarsi | fronte a fronte. — settenario + endecasillabo di 1^a, 6^a e 8^a

Ovviamente, ciò finisce per costringere il critico a **moltiplicare i fattori pertinenti**, che a questo punto diventano almeno tre: *a*) un innervamento antisintattico di natura discorsiva (qualcosa cioè di simile al verso "gestico" teorizzato da Fortini sulla scia di Brecht; cfr. *supra*, par. 6.1.2); *b*) una struttura accentuale; *c*) un residuo di memoria metrica tradizionale. (Il punto *b*, forse decisivo, sarà ripreso *infra*, par. 7.2.2.)

Fonicità, grafismi, icone nel verso di Zanzotto

E se dal verso di Luzi passiamo a quello di Zanzotto, in particolare alle forme che si manifestano nella raccolta *La beltà* (1968), l'elenco appena visto può arricchirsi di altre voci: *d*) l'eccitazione a volte parossistica della fonicità (rime, assonanze, allitterazioni, onomatopee ecc.); *e*) una disposizione grafica paragonabile a quella della neoavanguardia, completa di versi rientrati e bianchi (cfr. *supra*, par. 1.3.2); *f*) l'utilizzo di grafismi in qualche modo codificati (soprattutto le barrette verticali, semplici o doppie; cfr. di nuovo *supra*, par. 1.3.2); *g*) l'utilizzo di icone (disegnini, schizzi, cartelli stradali ecc.).

Il paradosso del verso zanzottiano è che una convocazione così massiccia di artifici (in fondo, solo lo strofismo pare essere da lui sacrificato) rende formale ciò che nel profondo è radicalmente *informale*. Dove quasi ogni norma può essere evocata, è anche evidente che *nessuna norma* agisce più come tale, ma può produrre solo **effetti locali**. Prendiamo a esempio una poesia come *Diffidare gola, corpo, movimenti, teatro*, contenuta in *Fosfeni* (1983). Lunga novantanove versi, è divisa in due parti, rispettivamente di trentacinque e sessantaquattro unità; non tutte le misure hanno una fisionomia razionalizzabile perché una, la 73, si compone di una fila di disegnini soprattutto di alberelli (la cui funzione sembra essere quella di "ammutolire" il testo, pur alludendo a una sua esecuzione "dinamica"), un'altra, la 96, contiene il cartello segnaletico del pericolo d'incendio, e ben tredici linee hanno uno o più bianchi orizzontali. Si contano inoltre sei tipi di rientro della linea versale, da un rientro minimo di quattro battute a un rientro di una decina e oltre, fino a versi posti nella seconda metà del rigo. Vediamo i primi dieci versi della seconda parte:

Ch. M., J. M. L. e altri
Diffidare il corpo far svenire di fame ogni gesto...
Benché quei corpi, i troppo terrestri, i troppo astrali,
facciano ressa oh, capìti finalmente, come

TREES con asterisco (ripetuto sopra e sotto il rigo
        in isolamento e nell'intrigo
        da milioni di eoni x milioni di eoni monti)...
        Loro (i trees) sono sì cauti nell'annunciarsi e tritritri trii
        e tanto più lenti di come li udii triii triii
                oh irradicolarità iniità

Le forme dentro l'informale

Distinguiamo quattro diversi tipi di allineamento a sinistra; gli *enjambements* garantiscono la natura antisintattica del verso, tanto più che molte unità (cfr. qui la quartultima, terzultima e penultima) sono sì verbali ma sillabicamente quasi impossibili da scandire. Nel complesso della poesia, la varietà nella lunghezza dei versi è tanto ampia che sono riconoscibili una ventina di misure, dalle quattro sillabe alle ventidue. Eppure, succede anche che Zanzotto, proprio in corrispondenza dei bianchi orizzontali, cioè in corrispondenza di una pausazione che può ricordare quella del verso (una cesura, cfr. *supra*, par. 1.3.2), suggerisca **forme metriche della tradizione** (citiamo, rispettivamente, i vv. 9, 23, 48, 85, 99):

e intavolare e svolgere Blu oro Pluriblù	$7_s + 7_t$
Vorrei duecento vorrei mille, rovente, di getto	8 + 8, esametro
Nel qualificarmi Io mi ponevo nel mezzo documenti alla mano	6 + 8 + 7
prima di autunno: entriamo!	7
Calare Colare col muso nel piatto	3 + 9, anfibrachico

Evidentemente, in questi casi, l'atonalità esasperata non esclude allusioni e locali restauri. In questo senso almeno, la "chiusura" soffocante della Rosselli si oppone frontalmente all'"apertura" sempre *in progress* di Zanzotto.

6.3.2. L'*ambiguità grafico/auditivo* resta comunque un elemento certo nell'opera di questi scrittori: Zanzotto, anzi, estremizza i due poli, dato che in lui sono possibili da un lato **versi impronunciabili** perché solo visivi, dall'altro **versi solo onomatopeici**, la cui sonorità non è analizzabile sillabicamente.

Vocalità del verso di Sereni

È stato però mostrato (cfr. almeno Spampinato, 1996; Boero, 2006) che la *vocalità* del verso presso altri autori ha prodotto **esiti stabili** arrivando a modellare con decisione la struttura metrica, senza i continui scarti e le impennate zanzottiane. È probabile che uno dei maestri di questa levitazione interna al verso, passata attraverso la voce, sia stato Vittorio Sereni. Secondo Matteo Boero, tra anni cinquanta e sessanta, nei suoi versi l'impulso «intonativo» avrebbe costituito un «terzo elemento» strutturale «fra metro e sintassi» in grado di fissare un proprio peculiarissimo «punto di voce» (Boero, 2006, p. 196). Se ad esempio prendiamo una poesia monoperiodale qui sopra già ricordata (cfr. *supra*, par. 1.1.3) come *L'alibi e il beneficio* degli *Strumenti umani* (1965) e ne leggiamo anche solo i primi nove versi (indico qualche misura sillabicamente marcata)

Le portiere spalancate a vuoto sulla sera di nebbia
nessuno che salga o scenda se **nòn** 11_t
una folata di smog la voce dello strillone
– paradossale – il Tempo di Milano | l'alibi $11 + 2_s$
e il beneficio della nebbia cose occulte
camminano al coperto muovono verso di me
divergono da me passato come storia passato
come memoria: il venti il tredici il trentatre
anni come cifre tramviarie 9

cogliamo alcuni dei caratteri tipici della poesia di Sereni:

1. Una notevole **fluidità sintattica**, che apparentemente asseconda un movimento ondeggiante di pensiero, ma che in realtà rivela interne discontinuità, quasi che a parlare fosse più di una persona (cfr. in particolare il quarto verso, in grado di fondere la voce dello strillone e quella del poeta, la quale a sua volta si biforca in un commento sul "tempo climatico" di Milano e in una ripresa del flusso discorsivo con «l'alibi» in *enjambement*).
2. Un **verso** che **contrappunta la sintassi** e isola grumi di parole capaci di creare entità concettuali autonome, *clusters* che – per mancanza di una punteggiatura analitica – determinano «arci-parole» o «arci-frasi» (Girardi, 1987b, p. 140): come qui accade per il "sintagma doppio" «una folata di smog la voce dello strillone» o per la "frase doppia" «camminano al coperto muovono verso di me».
3. La sopravvivenza, sporadica, di **misure tradizionali** (il primo verso, tra l'altro, assomiglia molto a un esametro di diciassette sillabe con sinalefe in cesura, «spalancate^| a vuoto», e chiusa perfetta, «sera di nebbia») che introducono un ulteriore elemento di contrappunto, quasi una terza dimensione, anche perché sono possibili versi perfetti accavallati, come l'evidentissimo «l'alibi / e il beneficio della nebbia» (endecasillabo con ictus di 1^a e 6^a).

La voce fonda una norma diversa

L'asintattismo sembra (cercare di) evocare una *norma* altra, dettata dalla voce; ma non può nemmeno fare a meno di esibire i propri inciampi e le proprie esitazioni in un gioco che evita toni troppo marcati. Analogo discorso si può fare per il Bertolucci "informale" (cfr. *supra*, par. 1.1.1) e per un poeta come Giudici (cfr. *supra*, par. 1.2.4) che impiega l'*enjambement* quale vera e propria marca di oralità: di lui, in particolare della raccolta *Autobiologia*, Raboni (1969, p. 322) ha parlato in termini di «inferno atonale». Ed è lo stesso Raboni – che negli anni sessanta moltissimo da Sereni ha imparato – a proporre versi antisintattici nervosissimi di questo tipo, tuttavia ancora condizionati dal sillabismo (citiamo, dalle *Case della Vetra*, 1966, l'inizio della poesia *Dal vecchio al nuovo*):

Beh, certo. una buona ripulita... La fabbrica
(corpi bassi e staccati, di mattoni) 11
è coperta di rampicanti, di muschio
o è come se lo fosse. | Qualche sera – d'estate 7 + 7

con in testa un cappello da fattore – 11
è capace d'aspettare che gli operai, saranno
cinque o seicento, passino il cancello: buonanotte,
buona festa eccetera. Sa lui, lui solo
che guanti usare volta a volta, il ricatto morale,
la concione nel refettorio, la minaccia
di licenziamento o serrata. «Bisogna
rimetterci le mani...» 7

È nondimeno chiaro che in un passo del genere il "fattore costruttivo" è una vocalità di tipo affabulante, in cui l'istanza di un narratore-poeta entra in conflitto con la parola del personaggio raccontato.

7. Il verso accentuale

7.0. Isocronia ritmica e isocronia sillabica

Il Novecento poetico italiano è periodicamente tentato dalla prospettiva di realizzare qualcosa di simile a un vero e proprio *verso accentuale*. Bisogna ricordare (cfr. in generale Bertinetto, 1981) che i versi accentuali sono caratteristici di lingue *a isocronia ritmica*, vale a dire lingue in cui nel parlato naturale è costante la **distanza temporale fra accenti**, mentre può sensibilmente variare il numero di sillabe. In italiano (ma anche in spagnolo), viceversa, si realizza un'*isocronia di tipo sillabico*: tutte le sillabe, a parità di velocità di elocuzione, tendono a mantenere la medesima lunghezza, e gli accenti del parlato spontaneo non definiscono gruppi ritmici stabili.
Ciò significa che in inglese, ma anche in tedesco ad esempio, è quasi naturale produrre versi fortemente scanditi da un numero fisso di accenti, che però non hanno necessariamente un numero fisso di sillabe, mentre in italiano è norma (si pensi all'endecasillabo) che siano ritenuti "eguali" versi ritmicamente molto diversi, con un differente numero di accenti, purché abbiano il medesimo numero di sillabe.
In inglese (citiamo rispettivamente da un sonetto di Shakespeare e dal *Paradise Lost* di Milton, cfr. Attridge, 1982, p. 124), il pentametro giambico (– + – + – + – + – +)

Since br**a**ss, nor st**o**ne, nor **ea**rth, nor b**ou**ndless s**ea**

è perfettamente equivalente a

Some n**a**tural t**ea**rs they dr**o**pped, but w**i**ped them s**oo**n

anche se nel secondo tra un accento e l'altro possono esserci due sillabe (ho sottolineato la sillaba "eccedente").
In italiano, viceversa (traggo l'esempio da Praloran, 2003, p. 219), l'endecasillabo petrarchesco (*Canzoniere*, 53, 6)

et la richi**à**mi al suo ant**ì**co vï**à**ggio

con soli tre accenti, è del tutto equivalente all'endecasillabo subito successivo,

> io p**à**rlo a t**è**, per*ò* ch'altr**ò**ve un r**à**ggio

che invece ne ha cinque.

L'isocronia ritmica può essere ripresa da poesie in italiano?

In definitiva, ci si chiede se sia possibile **"forzare" le norme** caratteristiche di una lingua, come l'**italiano**, a isocronia sillabica, avvicinandola a quelle di una lingua, come l'inglese, a isocronia ritmica. *Se sia, appunto, possibile fare versi accentuativi in (con l') italiano.* La risposta dei poeti è stata, storicamente, affermativa. Il capostipite di questa serie di tentativi è Riccardo Bacchelli (di madre tedesca, sia detto per inciso), che nei suoi *Poemi lirici* del 1914 ha pubblicato versi lunghi antisintattici accompagnandoli con queste parole:

> Il verso è necessario organicamente, per il valore delle sillabe, delle pause, della voce. È necessario sintatticamente e stilisticamente. D'altra parte il verso libero è inevitabile, ma conduce, specialmente in un periodo complesso, a vere arguzie di tipografia.
> Questo, più propriamente che un verso, è una misura in quattro tempi, scandita su quattro accenti, quantitativa e complementarmente sillabica.
> Debbo dire che fuori di così non ritrovo ritmi né intonazione. Questa almeno non è saccenteria tecnica.

Non stupisce il **riferimento quantitativo**, perché le forme di isocronia ritmica importano una sorta di allungamento della sillaba tonica e una vera e propria contrazione delle atone. Ma come funzionano i versi di Bacchelli? Un'analisi condotta su tutte le linee dei *Poemi lirici* (cfr. Giovannetti, 1994, pp. 265-6) mostra che, per ritrovare la scansione in quattro tempi, è necessario introdurre i seguenti tipi di ictus:

1. Sensit**ì**vi, suscett**ì**bili, rosic**à**nti, orgogli**ò**si
2. Indist**ì**nto nel suo pass**à**re, ma acc**ò**lti gli inv**ì**ti
3. Ma p**ò**i con uno str**à**ppo dovetti acc**ò**rgermi che quella n**è**bbia
4. quant**ù**nque è un p**è**zzo che non ci vedi**à**mo. In sogno sei torn**à**ta

Difficoltà a identificare l'ictus

Dove risulta chiaro che la parola ictus o accento si applica a realtà eterogenee. Usando la terminologia di Marina Nespor (1993), possiamo dire che al v. 1 siamo di fronte ad accenti *lessicali*, quelli propri della singola parola; che al v. 2 e al v. 3 scandiamo gli ictus del *sintagma fonologico*, vale dire suoni veri e propri organizzati gerarchicamente da una testa lessicale; e che invece al v. 4 l'ultimo ictus segnala un *culmine intonativo*, perché «In sogno sei tornata» contiene due sintagmi fonologici ma si realizza in un'unica emissione di voce.

Il punto critico è esattamente questo. Come avremo modo di verificare nelle prossime pagine, quando parliamo di ictus entro versi italiani definiti accentuali, rischiamo di muoverci – quasi inconsapevolmente – **da un livello all'altro delle gerarchie prosodiche** di una lingua: l'astratto accento lessicale convive cioè con gli accenti fonologici relativi al sintagma, e addirittura con gli accenti intonativi che possono unire sintagmi diversi. Soprattutto quest'ultima dimensione – quella in ultima analisi dell'oralità, di cui abbiamo già parlato (cfr. *supra*, par. 6.3.2) – è stata invocata da alcuni studiosi (cfr. da ultimo, con notevole decisione e risultati convincenti, Terreni, 2007-08) per individuare forme di regolarità in versi "atonali" dell'avanguardia. La sensazione però è che, ogni volta che si praticano queste analisi, proprio l'ibridazione dei criteri messi in gioco produca **risultati** tutto sommato **insicuri**, produca cioè scansioni difficili da percepire, in qualche modo estranee all'orecchio italiano.

L'isoritmicità è necessaria nella metrica accentuale?

Tanto più che, come peraltro in parte abbiamo visto nel caso di Bacchelli e come rivedremo in seguito, le teorie "accentualiste" esaltano al massimo l'isoritmicità delle linee, insomma la loro *eguaglianza*. Il verso accentuale si presenta di fatto sempre alla stregua di *una negazione del verso libero*. Persino un avanguardista come Giuliani (2003, p. VIII) quarant'anni dopo l'uscita dei *Novissimi* arriva a una simile, paradossale conclusione riscrivendo almeno in parte le sue antiche posizioni; e molti versi lunghi e apparentemente atonali, fra anni cinquanta e sessanta, cercano di introdurre nuove norme entro un sistema che, attraverso l'anisosillabismo, aveva negato la tradizione e si era presentato come discontinuo, aperto.

Non più tradizionale, non più sillabico, non più libero, il verso accentuale si vuole chiuso, continuo, omogeneo. Del resto, quest'ultima sembra essere una *condizione necessaria* per la stessa *riconoscibilità* di tale misura. Una cinquantina d'anni fa chi cercò di fare il punto, in chiave comparatistica, della situazione teorica del verso accentuale in particolare inglese dichiarò (traduco): «Nel verso accentuale o il numero di ictus è costante in tutte le linee, oppure due o più tipi di verso si alternano secondo uno schema regolare all'interno di una strofa» (Levý, 1961, p. 186). E questo significa che un verso accentuale "vero" dovrebbe essere usato **in serie continua** (come nel caso di Bacchelli) oppure compaginato in polimetrie regolate da un sistema strofico. Vedremo che la prima condizione è documentata ma non pare così frequente e che la seconda – salvo errore – latita del tutto nella metrica italiana contemporanea (un esempio, tuttavia, è proposto *infra*, alla fine del par. 7.1.1, ma relativo a una canzone).

7.1. La proposta di Fortini

7.1.1. Bacchelli svolge nel 1914 un discorso molto sintetico, da lui mai più ripreso. La prima teorizzazione sistematica e approfondita del verso accentuale si deve perciò a Franco Fortini, che tra 1957 e 1958 pubblica tre saggi di importanza innanzi tutto teorica, che però mirano anche a cogliere le nuove emergenze della metrica italiana contemporanea, le trasformazioni che l'hanno interessata. Data la vicenda biografica dell'autore, è molto probabile che Fortini sia stato influenzato dai particolari endecasillabi "virtuali" di Pasolini, soprattutto quelli delle *Ceneri di Gramsci* (1957): versi cioè che spesso non rispettano la misura precostituita, pur suggerendola anche in virtù dello schema strofico adottato, la terzina (cfr. *supra*, par. 1.1.1).

La percezione "accentuale" dell'endecasillabo in Pasolini

A sua volta, Pasolini critico, e anzi studente universitario alle prese con una tesi su Pascoli, negli anni quaranta interpreta un verso regolarissimo dei *Poemi conviviali* (*Poemi di Ate*, 34), vale a dire «dorme.^È la prima volta^ora,^e per sempre», alla stregua di una misura «assai difficile alla lettura», «come se quelle [cioè le sinalefi, che Pasolini però chiama "elisioni"] non avvenissero [...] crescendo così il numero delle sillabe» (Pasolini, 1945, p. 6). Pasolini mostra cioè fin da giovane una **percezione non del tutto regolata dell'endecasillabo**.

Il verso accentuale secondo Fortini: la misura a tre ictus

In effetti, l'intento primario di Fortini è caratterizzare la nuova *sensibilità metrica*, nata dopo l'esperienza del verso libero, che avrebbe fondato un inedito sistema mensurale. Si tratterebbe di una serie di norme piuttosto stabili, attive presso molti poeti anche se in modo non sempre consapevole. Non per caso, il primo dei riferimenti metrici a cui si richiama, cioè il verso a tre ictus (detti da Fortini «centremi»), altro non è che la misura che qui abbiamo detto logaedica (cfr. *supra*, par. 2.1), esemplificata nel secondo dei saggi fortiniani attraverso l'opera dello Zanzotto anni cinquanta. Dal punto di vista storico-tipologico, la cosa ha un suo rilievo, dal momento che uno dei padri internazionali del verso accentuale, vale a dire il poeta inglese Gerard Manley Hopkins, aveva teorizzato il proprio particolare verso, lo *sprung rhythm* (= "ritmo saltato" o "saltellante"), come una **misura logaedica** (cfr. Hopkins, *ante* 1889). Sono questi i versi a tre accenti che Fortini (1958a, p. 804) cita, tratti da *Epifania* di *Vocativo* (1957, vv. 2-9):

e il Pi**à**ve m**ù**scolo di g**è**lo
nei l**à**cci s'**à**gita, nel b**ò**sco.
Ècco il mir**ì**fico dis**è**gno
la luc**è**nte f**è**rma provvid**è**nza
la fac**ò**ndia ch**è** espr**ì**me
e r**ì**ann**ò**da e sf**ì**la
èchi g**è**mme corr**è**nti.
Tra voi parv**è**nze e v**à**lli app**è**na

Che siano linee comprese tra il settenario e il decasillabo passa del tutto in secondo piano rispetto alla ricorrenza costante degli accenti indicati; assai discutibile, certo, la scansione *rìannòda* che Fortini suggerisce per il terzultimo verso.

Il verso a quattro ictus

Quanto alla misura a quattro ictus, essa tende in effetti a coincidere con un endecasillabo ipermetro e quindi, occasionalmente, con la misura perfetta, secondo una strategia decisamente ambigua e molto vicina a quanto abbiamo già osservato in relazione all'**endecasillabo "novecentesco"** (cfr. *supra*, par. 3.1). Se ad esempio riprendiamo due versi di Fortini sopra citati (*La poesia delle rose*, 1962), come

Àh che per èssa contro il tèmpo immènsa
inumàna bòcca, liberànte còrpo

cogliamo quattro chiari ictus in un endecasillabo e un doppio senario rispettivamente. E in versi nodali delle *Ceneri di Gramsci* (citiamo dalla poesia eponima, III, 3-12), non è escluso che Fortini introducesse la seguente scansione (indicati gli endecasillabi esatti, anche quando di difficile o difficilissima scansione, nonché i versi con soli tre ictus):

Lì tu stài, bandìto e con dùra elegànza
non cattòlica, elencàto tra estrànei — 11 (tre ictus)

mòrti: Le cèneri di Gràmsci... Tra sperànza
e vècchia sfidùcia, ti accòsto, capitàto
per càso in quèsta magra sèrra, innànzi — 11 (cinque ictus con *màgra*)

àlla tua tòmba, al tuo spìrito restàto
quaggi*ù* tra questi lìberi.^(O^*è* qualcòsa — 11
di divèrso, fòrse, di pi*ù*^estasiàto — 11

e^ànche di piùˇùmile, èbbra simbiòsi — 11
d'adolescènte di sèsso con mòrte...) — 11 (tre ictus)

Il verso a cinque ictus

Quanto alla misura a cinque ictus, che tende a coincidere con unità di una quindicina di sillabe, si possono citare versi di Attilio Bertolucci analizzati da Fabio Magro (2005, p. 173): si tratta dell'attacco dei *Gabbiani*, una poesia del 1967 contenuta in *Viaggio d'inverno*:

Non avèvo mai vìsto gabbiàni sulle rìve del Tèvere
cangiànti in questa fine d'invèrno le pènne e le àcque.

Mi sòno appoggiàto al granìto come fànno quèlli
che vègliano sulla pròpria vìta o mòrte usàndo

un'intènta paziènza ma i miei òcchi distràtti — (quattro ictus)
seguìvano le planàte rapinòse degli uccèlli plumbeoargèntei

Come si sarà osservato anche dai pochi esempi qui addotti, e riprendendo quanto sopra già affermato (cfr. *supra*, par. 7.0), lo statuto di questi ictus **non è omogeneo**: in certi casi siamo di fronte ad accenti lessicali (in Zanzotto «la lucènte fèrma provvidènza», in Bertolucci si pensi a «Mi sòno appoggiàto»), in altri ad accenti che interessano il sintagma fonologico («magra sèrra» «tra questi lìberi» in Pasolini) e in un caso almeno a una parte di prominenza intonativa (in Zanzotto «Tra voi parvènze», il gruppo intonativo essendo «Tra voi parvenze e valli»). Ed è possibile – ma eccezionalmente – valorizzare accenti "secondari", come abbiamo visto in «rìannòda».

La definizione di Fortini non è rigorosa

In generale, però, è chiaro che la metrica accentuale secondo Fortini *negozia*, un po' come avviene nella tradizione, soprattutto **accenti di parola** e **accenti di sintagma** fonologico: a seconda dei contesti, un polo o l'altro può essere svalutato per regolarizzare il verso. Vero è che proprio la possibilità di passare da un livello all'altro e l'ambiguità dei contesti rendono l'operazione non sempre agevole. Lo stesso Fortini (1981, pp. 117-8), forse contraddicendosi un po', quando è ritornato a una ventina d'anni di distanza sulle medesime questioni, ha reso fluida la distinzione tra verso a tre o a quattro accenti, appunto per indicare l'ambiguità della situazione; e infatti ha esemplificato con versi (tredecasillabi) di Montale da *Satura* (1971, *Xenia*, II, 3, 1-2): «L'abbiàmo rimpiànto a lùngo l'infilascàrpe, / il cornètto di làtta arrugginìto ch'èra», che sono in questo caso a quattro ictus perché vi si valorizzano le unità lessicali, ma che diventerebbero a tre se si sottolineasse l'unità fonologica di sintagmi come «l'abbiamo rimpiànto» e «il cornetto di làtta»).

Sintagma fonologico e ictus

Per maggior chiarezza, se riprendiamo versi che per Fortini presentano costantemente quattro ictus (tratti dall'inizio di *La Bovary c'est moi*, I, in *Autobiologia* di Giovanni Giudici, 1969), in realtà osserviamo la presenza quasi costante di tre *sintagmi fonologici*. Isolo con la barretta i sintagmi:

Dève essere stàto | l'abbàglio | di un momènto	tre sintagmi, quattro ictus
un tàc di calamìta | da una paròla | mia o sùa.	tre sintagmi, quattro ictus
E ìo | che ci ricàsco | benché lo sò | come sòno	quattro sintagmi, quattro ictus
Ma ti àmo | – mi ha ripetùto | e còme fàccio	tre sintagmi, quattro ictus
a non riamàrlo | ìo | che non chièdo àltro.	tre sintagmi, quattro ictus

Evidentemente, l'esito diverso di «come sòno» (v. 3) rispetto a «còme fàccio» (v. 4) è il sintomo di un'**incertezza di fondo**: se addirittura lo stesso tipo di sintagma può essere scandito in due modi diversi, è probabile che il profilo di questo tipo di metrica continui a rimanere assai vago.

Ciò non toglie che un'analisi accentuale possa produrre esiti interessanti, sia rispetto alla comprensione del passato sia rispetto alla predizione di eventi metrici futuri. Quanto al primo polo, abbiamo già visto (nel cap. 1, par. 2.2.2) che una decina e più d'anni dopo le osservazioni di Fortini, Contini (1969, p. 593) ha dato un'interpretazione accentuale di alcuni versi di *Sentimento del tempo* di Ungaretti (1933), poiché ha osservato che in *Inno alla morte* il novenario «Amòre, salùte lucènte», accentualmente è equivalente all'endecasillabo dattilico (cioè di 4ª e 7ª) «Abbandonàta la màzza fedèle» (vv. 10 e 12).

La musica attiva il ritmo accentuale

Quanto all'altro polo – ma è un discorso che qui si può solo sfiorare – è assai probabile che da una ventina d'anni almeno a questa parte nella lingua delle canzoni e dei rap elementi di metrica accentuale stiano soppiantando il tradizionale (iso)sillabismo dei testi prodotti dai parolieri "storici" (quelli attivi fino agli anni sessanta, grosso modo). Il vantaggio indubitabile del fenomeno è che la **musica**, il ritmo in particolare, consente di **stabilire** la presenza degli ictus nei versi. Ad esempio, in un testo del gruppo CSI, Giovanni Lindo Ferretti può alternare versi con quattro ictus a versi con cinque ictus, pur violando molte delle norme prosodiche della lingua italiana, vale a dire spostando gli accenti in questo modo; citiamo dall'album *Ko de mondo*, 1993, *Fuochi nella notte (di San Giovanni)*:

P**à**rlano pi**à**no al s**ò**le le **ò**mbre	quattro ictus
st**à**nche di r**ù**morose r**à**bbie e inf**ì**nite menz**ò**gne	cinque ictus
l**ù**nghe di st**è**rminati f**ì**li in lunga f**ì**la	quattro ictus
s**ò**rde ai t**ò**nfi di c**ò**rpi che v**è**ngono abbatt**ù**ti	cinque ictus

Il punto è che in questi casi l'italiano cantato tende *davvero* ad assumere un andamento a **isocronia accentuale**, poiché nell'esecuzione si realizza una compressione delle sillabe atone che l'interprete tende a indebolire in modo insolito rispetto ai canoni della nostra lingua. Insomma, divenuti pienamente pronunciabili, i versi accentuali sembrano segnalare una mutazione (nell'ambito del "cantato" o del "recitato") della prosodia italiana.

7.2. Verso antisintattico e "gruppi semplici"

L'analisi accentuale di Pinchera: centralità dei "gruppi semplici"

7.2.1. Su un piano in parte diverso si colloca l'altro fenomeno accentuale che ha interessato aspetti della metrica italiana recente. Analizzando i ritmi di testi della neoavanguardia, e in particolare le poesie antologizzate in *I novissimi. Poesie per gli anni '60* (1961), Antonio Pinchera (1990) ha notato che il «materiale nobile nella struttura del verso» è costituito da «serie di gruppi semantici semplici» (p. 63), vale a dire da «gruppi semplici», secondo la terminologia di Hrušovskij (1970). Questo studioso crede che tali unità – caratterizzate solitamente da due-tre accenti – siano alla base dei ritmi moderni, liberi; la loro sommatoria, grazie anche alla centralità, alla «prominenza» di singole parole, produrrebbe «un relativo ordine» (ivi, p. 176). Hrušovskij, del resto, grande studioso del linguaggio biblico, pensa soprattutto alle cadenze discorsive del verso whitmaniano che, in virtù di **parallelismi sintattici e ripetizioni**, determinano strutture simmetriche ed equilibrate.
Ovviamente, il metro della neoavanguardia è assai più accidentato, ma è indubbio che veri e propri *cola* sembrano scandire i versi soprattutto di Pagliarani, Sanguineti e Porta. Ad esempio, riprendendo un'analisi di Pinchera (1990, p. 65), ecco i gruppi semplici che si manifestano nei versi lunghi dei *Goliardi delle serali* (1954, vv. 7-10) di Pagliarani:

È vero però | che le voci sono fioche e diverse, | querule anche nel riso,
o gravi, o incerte, | in formazione e in trasformazione,
disparate, discordi, | in stridente contrasto accomunate
senza ragione | senza necessità | senza giustificazione

Gruppi semplici e contorni intonativi

Come si vede, qui non è più in gioco il tipo di accentualità (lessicale o fonologica) che abbiamo analizzato nel precedente paragrafo, ma un fattore osservato fin qui solo di striscio: vale a dire l'azione di veri e propri *contorni intonativi* (Nespor, 1993, pp. 205-6), **culmini accentuali** che dipendono assai meno dalla prosodia, e persino dalla sintassi, che non dalla **"voce" che nel testo parla**.

Gruppi semplici, sintagmi, unità lessicali

Il fatto tuttavia è che raramente i singoli versi della neoavanguardia sono costruiti solo con i gruppi semplici, se non altro perché grazie all'*enjambement* tali unità minime sono spezzate tra due versi. Pinchera (1990, p. 63) parla in questi casi di **ritmemi**: si tratta, anche vista la definizione che ne viene fornita («unità lessicali o parole sintattiche»), proprio delle forme che abbiamo osservato sopra, cioè di singole parole o sintagmi che sono in grado di strutturare il verso, assumendo un ruolo forte, accentuale. La loro presenza è notevolissima soprattutto in Sanguineti; si vedano questi cinque versi, dove figura anche un gradino, in parte analizzati da Pinchera (è l'attacco della seconda parte di *Laborintus*, 1956); i ritmemi sono stati sottolineati:

e una volta Mare Humorum | guardami bene | (la rottura di una personalità)
e dilatami | (tutto suscettibile di assentimento) | e combinami in un'epoca
indirizzando i sensi | (il tempo dell'occhio | che risuona nel quieto addome)| e
toccami |
                    perché io sono al più giusto confine | organico sepolcro
complicato per godere | e riuscirò | dopo la fluida intromissione

In questo senso il verso lungo "atonale" (della neoavanguardia e non solo) si caratterizza sì per la dominanza dei «gruppi semantici semplici», ma ciò non esclude la **concomitanza** di tutti gli altri elementi **portatori di ritmo**, siano essi lessicali o fonologici.

Esempi di analisi

7.2.2. Con molta prudenza, siffatti criteri ci permettono di provare a leggere versi discretamente "informali" o, viceversa, ancora condizionati da imperativi sillabici (cfr. per un recente sforzo in questo senso Terreni, 2007-08, pp. 227-59). Si trae da Giovannetti (2005, p. 123) la seguente analisi di *Dopo la festa*, appartenente alla raccolta *Nel magma* (1963 e 1966) di Mario Luzi. Tale lettura è in alcuni punti discutibile, e tuttavia documenta la relativa tenuta di un verso a tre gruppi e il suo progressivo contrarsi attraverso la valorizzazione di sintagmi fonologici e lessemi, sino a ridursi "a due" in prossimità della clausola:

Siamo già ai commiati | quando vengono alla ribalta | per caso 3
i due ultimi | sbucati | non so da quale profondità del party, 3

maestro e discepolo forse, | due insomma | fermi al sottinteso patto 3
che l'uno | è uomo di poteri ampi, | lungimirante, saggio, 3
l'altro | il pivello fervoroso, | tributario in tutto del vecchio. 3
Questi | gli fa posto sul divano, | accanto a sé, 3
si mostra un po' stanco, sì, | ma non meno pronto | a dargli udienza. 3
"Che uomo" | dice, | ma senza nominarlo, 3
la padrona di casa | ai suoi ospiti 2
che sul punto di andarsene | le si stringono attorno | per gli addii 3
e fanno ressa | verso il vestibolo e la porta. 2

Un'analisi più completa non può però trascurare di rilevare che le cinque misure successive, prima che la lassa si concluda, sono tre **perfetti endecasillabi**, con segmentazione "a due" («"Lei almeno | rimanga ancora un po'" / mi fredda sul passaggio | il suo sorriso / mentre s'anima tutta | nella spola») e due ipermetri, "a due" e poi "a tre" («tra il guardaroba | e gli estremi convenevoli / fatti | con la dovuta grazia | sulla soglia»).
Ma – come peraltro abbiamo già visto *supra*, par. 6.3 – un residuo legame con la metrica sillabica non è un fatto casuale o isolato. Basti leggere come Bertolucci, già nel 1947, partendo da un endecasillabo semplice, forse da lui percepito come diviso in tre gruppi, trascorra a una sequenza di versi lunghi senza dubbio dominati da tre culmini intonativi o ritmemi (la poesia è *Gli anni*, vv. 1-4, contenuta in *Lettera da casa*):

Le mattine | dei nostri anni | perduti, endecasillabo di 3^a, 6^a e 7^a
i tavolini | nell'ombra soleggiata | dell'autunno, 5 + 11
i compagni | che andavano e tornavano, | i compagni
che non tornarono più, | ho pensato ad essi | lietamente.

L'inerzia verticale ha un ruolo?

È una materia, quella qui trattata, delicatissima e non priva di **zone oscure**, così come di forzature. Il nodo primario da sciogliere in futuro riguarda l'*inerzia verticale* con cui siamo costretti in qualche modo a leggere tali versi: dato cioè un *pattern* "a due", "a tre", "a quattro" ecc., l'analista tende a proiettarlo sulla totalità del componimento, o su una sua parte almeno. Si tratta di un comportamento che andrebbe affrontato criticamente. In primo luogo perché, come detto, causa arbitrii: interpretandoli in un certo modo, *costringo* cioè i versi a rientrare in uno schema. Ma anche e forse soprattutto perché chi (cfr. soprattutto Praloran, 2003, p. 20) ha analizzato sistematicamente i profili accentuali dell'endecasillabo italiano ha ritenuto *non pertinente* il criterio, appunto, dell'inerzia verticale. Nel sistema tradizionale, un endecasillabo con quattro ictus **non influenza** affatto quello successivo, che è per definizione libero di rimodulare le proprie gerarchie prosodiche.
Insomma, anche da questo punto di vista, un verso come quello accentuale, che rimette in discussione i ritmi in vigore nei contesti isosillabici, conferma la sua natura di **oggetto mutante**, difficilissimo da individuare e da descrivere in maniera soddisfacente.

Bibliografia

Su verso libero e metrica libera

Per un inquadramento generale: BERTONE (1981), BERTONI (1995), COLLAVINI (1992-93), ESPOSITO (1992), GIOVANNETTI (1994), GIUSTI (2002), JANNACCONE (1898), MENGALDO (1989a), PAZZAGLIA (1974b), PIETROPAOLI (1994, 1999), PIGHI (1956), SALIBRA (1982), VIVIANI (1942).

Su questioni particolari: BONORA (1947), CARUSO (1998, 2007), DE MICHELIS (1961), GALLINO (1999), GAROGLIO (1903), GIUSTI (2001), GUGLIELMINETTI (1974), LONARDI (1974a), LUCINI (1908), PANICALI (2004), PASTORE (2001), PIETROPAOLI (2003), PINCHERA (1966, 1990), SOLMI (1959), TROMPEO (1938).

Su strofe libere e tensione metro-sintassi: BECCARIA (1995), BOZZOLA (1989, 2004, 2007), CAPOVILLA (1978, 1982), CERBONI BAIARDI *et al.* (2005), in particolare RITROVATO (2005), COLLAVINI (1992-93), CREMANTE (1967), DAL BIANCO (1997a, 1998), DE MARCHI (2005), GIUDICI (1964), MENGALDO (1989a), SOLDANI (1989), ZUCCO (1999).

Sulla rima e altre figure del suono: AGOSTI (1972), ANTONELLI (1998), BECCARIA (1975, 1995), BERTINETTO (1972), BERTONE (1986), COLETTI (1986), CORNULIER (1981), GNOLI (1876), MENGALDO (1966, 1972a, 2004-05), ZUCCO (1997, 2003, 2007b).

Su questioni metriche del secondo Novecento: AFRIBO (2007), BELTRAMI (2000), BUFFONI (2002), CACCIATORE (1958), CAPOVILLA (1986), COLANGELO (2002), CORTELLESSA (2006), FORTINI (1957, 1958a, 1958b, 1981, 1982), FRASCA (1999, 2001), GARDINI (2001), GIOVANNETTI (2005), GIOVANNUZZI (2003), GIULIANI (1960), GRIGNANI (2001), LORENZINI (1999), MAZZONI (1997), MESA (1996-2001), OTTONIERI (1993), PASTORE (1996, 1999), PINCHERA (1990), RABONI (1959, 1971b), RITROVATO (2005), SCARPA (2003), SITI (1975, 1980), SPAMPINATO (1996), TONELLI (2000).

Appendice A
Il verso di traduzione

Le forme equivalenti secondo Contini

0. Nella saggistica sulla traduzione poetica italiana del Novecento, è citato troppo raramente l'intervento che, nel 1940, Contini ha dedicato a questa materia, in una prospettiva innanzi tutto metrica. L'autore enuncia un principio che per certi versi era ovvio una settantina d'anni fa, ma oggi probabilmente è quasi incomprensibile (ad esempio, il pur notevole Mattioli, 2001 non ne fa menzione). Si tratta, dichiara Contini, del «canone o luogo comune del medio gusto umanistico ottocentesco», vale a dire «l'equivalenza di forma chiusa nostrana a forma chiusa straniera» (Contini, 1940, p. 372). Nato nel Cinquecento, questo modo di tradurre implica che nella lingua di arrivo esista una *struttura metrica* ritenuta *equivalente* – anche se *formalmente* è da essa *assai diversa* – a quella attiva nella lingua di partenza.

Fondamentale, in Italia, è ad esempio la **corrispondenza**, classicheggiante, **tra esametro ed endecasillabo sciolto**: lo sciolto è il modo di trasporre in italiano l'esametro, senza però che si creda davvero che l'endecasillabo "riproduca" il ritmo originale. Del resto, sino al Settecento era possibile che, in una dimensione meno classicistica, fosse lecito restituire poemi epici antichi in ottave narrative: anche in questo caso, l'ottava di endecasillabi rimati sostituisce in modo soddisfacente l'esametro – pur privo di rime – perché è il metro italiano *istituzionalmente* narrativo.

Un'interfaccia metrica

Tale criterio implica dunque che la lingua d'arrivo sia caratterizzata da una sorta di *interfaccia metrica* capace di **fare da filtro** alle forme della poesia, e perciò di ricondurle a un numero limitato di invarianti. Con le parole di Contini: «l'uso [...] umanistico scompon*e* e ricompon*e*, in un sistema di passaggi senza ritorno» (1940, p. 373), e cioè costruisce un sostituto dell'originale, che però si allontana dalla lettera del testo-fonte e – senza più tenere conto del quadro originario – si sviluppa in sostanziale autonomia. In pieno Settecento, ad esempio, nessuno si stupisce se una poesia di Orazio viene resa in forma di sonetto; e nell'Ottocento è normale che certi ritmi della ballata romantica inglese o tedesca siano oggetto di traduzioni ora in sciolti ora in ritmati versi brevi, compaginati nelle strofe dell'ode-canzonetta (le due soluzioni sono conformi ai canoni, rispettivamente, del classicismo e del romanticismo, ma entrambe realizzano **validi sostitutivi** dei ritmi stranieri).

Il verso alineare

Tutto ciò entra in crisi nel corso dell'Ottocento, soprattutto nella sua seconda metà. Si possono individuare due eventi con ogni evidenza nodali. Il primo è che intorno al 1840 Tommaseo realizza le prime traduzioni *alineari* (o interlineari), che producono **versi** puramente **per l'occhio**, in sostanza versi sillabicamente "casuali" e quindi liberi, con cui Tommaseo cerca di rendere fedelmente in italiano il testo originale. Ecco ad esempio come si presenta una delle versioni contenute nei *Canti popolari illirici* (1842); si noterà che di fatto mancano le rime e la misura dei versi è discontinua e zoppicante:

Oh, al nome di Dio, neri corbi,	9
donde siete stamane volati?	10
Non forse dal piano di Cossovo?	10, ictus di 2^a e 5^a
Vedeste i due forti eserciti?	8_s, ictus di 2^a e 5^a
Si son eglin gli eserciti affrontati?	11
Di chi l'esercito vince? –	8
Or dicono i due neri corbi:	9
Oh, al nome di Dio, Miliza regina,	11, ictus di 5^a
noi siamo stamane dal piano di Cossovo;	13
abbiam visti i due forti eserciti:	9_s, ictus di 3^a e 6^a
gli eserciti ieri s'affrontarono;	10_s, ictus di 2^a e 5^a
ambedue sono i principi morti.	10
De' Turchi non so che rimane;	9
e di Serbi quel po' che rimase,	10
tutto ferito ed in sangue.	8

Riproduzione del ritmo

Il secondo fenomeno, per Contini forse più importante, è dato dall'esperienza della metrica barbara, che induce una sorta di chimera o illusione, solo in parte presente nel modello «umanistico»: quella che crede di poter realizzare una «riproduzione minuziosa» dei ritmi originali, e quindi è «zelante di ogni arsi, cesura e assonanza» (Contini, 1940, p. 373). L'esponente più importante di questa tendenza, in grado di fare scuola nel Novecento soprattutto in ambito classicistico, è **Giovanni Pascoli**. Il suo impegno nel trovare **esatti corrispettivi** moderni dei ritmi antichi va molto al di là della lezione di Carducci, che infatti – almeno secondo Contini – ha spinto più verso la «liquidazione» («liquidatore» è l'epiteto usato appunto per Carducci) dei metri ereditati che non verso l'instaurazione di nuove forme di regolarità. La posizione di Contini appare perciò critica nei confronti delle ossessioni antiquarie pascoliane, giudicate come inevitabilmente illusorie.

Contini *versus* Errante

Non è da escludere che il ventottenne Contini, traduttore non accademico, per sua stessa ammissione, di Hölderlin, risponda con queste osservazioni al traduttore viceversa "istituzionale" dello stesso poeta, vale a dire Vincenzo Errante. Questi, in un ponderoso libro su Hölderlin dello stesso anno, contenente traduzioni e lunghe parti critiche, aveva esposto in termini quasi razzistici i vecchi principi dell'umanesimo: «il discorso ritmico d'ogni lingua obbedisce a leggi ritmiche, ataviche, peculiarissime, sue proprie, ineluttabili come le leggi fisiche» (Errante, 1940, p. 97). E da qui discende la necessità di praticare forme – come, per definizione, lo sciolto – rispettose delle «leggi ritmiche di pretta struttura tradizionale italiana» (*ibid.*), cui consegue anche il rifiuto della metrica barbara (questo perché secondo Errante in Italia, a differenza che in Germania, la metrica barbara è estranea al «patrimonio [...] nazionale», *ibid.*).

Contini e le traduzioni dell'ermetismo

Insomma, la **difesa della traduzione alineare** da parte di Contini (e persino della necessità di tradurre *in prosa* il teatro greco: cfr. la conclusione del saggio, 1940, pp. 378-9) forse risponde a necessità politiche, o per lo meno alla particolare "politicità" che caratterizza la *poetica* di un gruppo letterario. Ci stiamo riferendo alle idee di quel movimento o scuola che solitamente denominiamo *ermetismo* e che costituisce il vero fulcro della traduzione di poesia novecentesca (cfr. soprattutto Macrì, 1988, 1989), pur nella diversità delle sue posizioni. Ed è proprio in questo dominio, e in presenza di traduzioni fortemente innovative (talvolta scandalosamente "ametriche"), come sono le versioni da poemi epici greci e latini di Quasimodo, e come sono anche quelle dei suoi *Lirici greci* (1941), che si verifica il miracolo di un «mutevole mèlos», di «un poetare come smorzato e velato» (Valgimigli, 1946, p. 35) che finalmente si è liberato dalle **rigidezze anticheggianti** della scuola pascoliana.

Traduzioni alineari e Novecento

Metodologicamente, e comunque in via ipotetica, è dunque da credere che il principio "rivoluzionario" dell'alinearità interessi il Novecento come una sua vera dominante (e quindi sostanzialmente confermi la centralità del verso libero). La prudenza è d'obbligo in un campo come questo dove mancano quasi del tutto ricerche d'assieme. Tanto più che l'opzione continiana, a ben vedere, contraddice un'osservazione peraltro molto nota di Roman Jakobson, secondo il quale (traduciamo) «per echeggiare un'opera poetica straniera, si sceglie una forma che, nell'ambito delle forme di un dato linguaggio poetico, corrisponda *funzionalmente*, e non solo esteriormente, alla forma dell'originale» (Jakobson, 1930, p. 134); e insomma, con una terminologia ormai strutturalista, viene in questo modo aggiornato il **principio umanistico** che Contini negli stessi anni viceversa vede in crisi.

Nelle poche e non sistematiche pagine che seguono, svolgendo questo filo conduttore, si cercherà di mostrare: un caso (par. 1) di intelligente sopravvivenza dei filtri istituzionali, quindi due esempi (par. 2) di una prassi, latamente "pascoliana", del ritmo puntigliosamente imitato; in seguito (par. 3) si cercherà di affrontare alcune invarianti del ritmo (spesso alineare) ermetico, e si prenderà in considerazione (par. 4) talune scelte d'autore che sembrano conformarsi a certi *a priori metrici* novecentisti; conclusivamente (par. 5), si cercherà, all'opposto, di illustrare la tendenza a contaminare la metrica italiana con esempi stranieri che inducono un'interessante dialettica fra "calco" e "rifacimento".

Sopravvivenza delle equivalenze

1. Non certo rara nel corso del Novecento (importante è l'esempio di Giovanna Bemporad, ma in accezione, diciamo, debole, per l'impiego dello sciolto: cfr. cap. 4, par. 3.2.1), la traduzione che ancora si avvale di una forte *mediazione metrica* tende tuttavia a svolgere un ruolo marginale. L'eccezione più clamorosa è forse costituita dall'antologia di poesia russa moderna, *Fiore del verso russo* (1949), di Renato Poggioli, dove l'impiego di **forme chiuse** regolarmente rimate e isosillabiche è di fatto la regola. Sin dal 1940, Contini aveva del resto parlato di Poggioli come di un traduttore di «equivalenze», appunto all'antica (Contini, 1940, p. 374).
Notevole comunque è il fatto che, quanto alle scelte *versali*, venga talvolta adottato il **novenario giambico**, il quale (cfr. Faccani, 1983, ma anche Giudici, 1988) costituisce il corrispettivo italiano esatto (in senso "pascoliano") del tetrametro giambico russo. D'altronde, schemi *strofici* italiani, come ad esempio è quello che viene adottato nella bellissima *La sconosciuta* di Aleksandr Blok, novenari $a_s b_t a_s b_t$, con alternanza costante di sdrucciole ritmiche e di tronche, producono effetti di artificiosità, di cantabilità meccanica. È sufficiente confrontare le scelte di Poggioli con quelle di Angelo Maria Ripellino (*Poesia russa del Novecento*, 1954), alineari, per rendersi conto del fenomeno, che oltre tutto implica una perdita di dettagli contenutistici. Il rischio forse maggiore, percepibile anche nella rima che a volte forza tra loro parole francesi (o pronunciate alla francese), è comunque quello di produrre una **situazione "crepuscolare"**, che appare troppo poco simbolista proprio perché troppo italiana; vero è che le assonanze toniche e anzi le quasi rime (*vicolo* : *piccolo*) che interessano le sdrucciole sono il segno di un notevole virtuosismo (vv. 1-16; a sinistra la versione di Poggioli):

Sui ristoranti nel crepuscolo c'è un'aria sorda di città, ma l'ebbre grida che l'offuscano il vento dissipa qua e là.	Sui ristoranti la sera l'aria infocata è selvaggia e sorda, e infervora i clamori degli ubriachi lo spirito pernicioso della primavera.
Fuori barriera là sul vicolo l'eterno tedio è il solo re: qui son le lacrime d'un piccolo, laggiù un'insegna di caffè.	Lontano, sopra la polvere dei vicoli, sopra il tedio delle ville suburbane luccica d'oro appena la ciambella d'una panetteria ed echeggia un pianto di bimbi.
Ed al di là della metropoli con i cappelli *dernier cri* van con le dame belle nobili gli esperti e fatui *dandì*.	E ogni sera dietro le barriere con il tubino sulle ventitré passeggiano tra i fossati con le dame gli esperti motteggiatori.
Là sul laghetto i remi gemono, si sente un urlo e nulla più; la luna come un folle demone ride nell'etere lassù.	Sopra il lago scricchiano gli scalmi ed echeggia uno strillo femminile, mentre, assuefatto a ogni cosa, nel cielo stupidamente il disco si corruga.

Quando invece le strutture si fanno maggiormente discorsive (non smarrendosi però la chiusura della strofa), l'*imagerie* dell'originale ha modo di dispiegarsi meglio. Tipicamente, ciò accade con l'**endecasillabo**. Si leggano due passi credo memorabili tratti dalla *Confessione di un malandrino* di Sergej Esenin, a confronto con la versione di Ripellino (dove il titolo è *Confessione d'un teppista*). Il secondo traduttore, qui, rende ancor più evidente il confronto agonistico con il predecessore (si citano i vv. 6-9 e la conclusione):

Mi piace spettinato camminare	Io vado a bella posta spettinato	11
col capo sulle spalle come un lume,	col capo sulle spalle come un lume I a petrolio.	11 + 4
e così mi diverto a rischiarare	Mi piace rischiarare nelle tenebre	11_s
il vostro triste autunno senza piume.	l'autunno senza foglie delle vostre˅anime.	13_s
[...]	[...]	
Dalla mia testa come uva matura	Simile a un agosto, la mia zucca	10
gocciola il folle vino delle chiome...	si effonde in vino di capelli tumultuosi.	13
Voglio essere una gialla velatura	Io voglio˅essere una gialla vela	11
gonfia verso un paese senza nome.	per quel paese verso cui navighiamo.	12

All'impeccabile e dignitoso endecasillabo del suo antimodello, Ripellino oppone una misura problematica, il cui sillabismo "virtuale" è definito (le undici sillabe canoniche appunto), ma i cui esiti sono imprevedibili (ipometri e ipermetri). Il **conflitto** è tanto più evidente, poi, quando è provvisoriamente innescata la memoria delle scelte fatte da Poggioli, come si noterà nel caso dei versi sottolineati.

L'imitazione del ritmo in Ettore Romagnoli

2.1. Nei primi anni del Novecento, è sulla scia – come abbiamo detto – della ricerca pascoliana che trova la sua massima fortuna la **traduzione dei testi classici** in cui si cerca di attuare un pieno "rispetto del ritmo" degli originali. Un divulgatore accanito di tali imperativi è stato, senza dubbio, Ettore Romagnoli. In lui non ci sono dubbi di sorta; ed ecco cosa scrive nelle note al suo *Libro della poesia greca* (1921):

> sempre, nei limiti segnati dalle differenti tecniche e dalla varia indole delle lingue, ho reso il ritmo degli originali. Mutare il ritmo d'una poesia, significa alterarne la più intima essenza: e, per fortuna, il ritmo è elemento che si può trasportare senza alterazione da qualsiasi a qualsiasi lingua.

L'esametro

In effetti, molti esametri di Romagnoli sembrano essere una specie di compromesso tra la soluzione pascoliana più "moderata", che si accontenta di riprodurre una serie di dattili in sequenza continua, e quella più radicale, che prevede una prosodia quantitativa (cfr. cap. 4, par. 4.1.1). Tra l'altro, è evidente il tentativo di perseguire l'accento di 1^a. Si legga questa sequenza di quattro esametri che traducono (siamo appunto nel 1921) i vv. 119-122 del sesto canto dell'*Iliade* (sottolineato lo **spondeo**; qui e successivamente si computano solo i primi cinque piedi, dando per scontata la natura catalettica del sesto, che è sempre + –):

Gl**à**uco, d'Ipp*ò*loco f**i**glio, | nel m**è**zzo, e il figliu**ò**l di Tidèo,	8 + 9, cinque dattili
d'**à**mbo le p**à**rti conv**è**nnero^| entr**à**mbi bram**ò**si di pugna.	8_s + 9, cinque dattili
Òr quando l'**ù**n contro l'**à**ltro | mov**è**ndo, già˅**è**ran vicini,	8 + 9, cinque dattili
pr**ì**mo a parl**à**re pr**è**se | l'ard**ì**to guerri**è**r Dïomede.	7 + 9, dattilo + spondeo + tre dattili

Come si vede, si tratta di versi sinarteti, dato che è possibile sinalefe tra i due membri; e soprattutto sembra vigere una scansione anticheggiante che introduce ictus innaturali ma necessari per la restituzione del ritmo. E poi, al quarto verso, il secondo piede – «lare» – è uno spondeo. Ovviamente, si tratta di una forzatura, se non altro perché il settenario è il primo membro abituale dell'esametro carducciano e dannunziano. Però la presenza di versi del seguente tipo (ivi, v. 131), che non solo suggeriscono due spondei ma che con l'emistichio tronco sembrano imitare un tipo di cesura classica (la pentemimera)

v**ì**sse a l**ù**ngo, poich**é** | cont**è**se coi N**ù**mi immortali	7_t + 9, spondeo + dattilo + spondeo + due dattili

farebbe pensare alla ricerca di una **variazione del ritmo** attentamente regolata, capace di restituire la prosodia greco-latina.

La saffica

Del resto, Romagnoli – in perfetta continuità con Pascoli – nel suo libro in cui più impegnativo è lo sforzo di trasposizione della lirica greca (*I poeti lirici*, 1963), canonizzerà magari con qualche impaccio l'endecasillabo con ictus di 1ª, 3ª, 5ª e 8ª, nell'intento di ottenere una "perfetta" **strofa saffica.** Segnaliamo l'ictus di 5ª e le tre forzature o smagliature del ritmo (Saffo, I, 1, *Ad Afrodite*):

Afrodite, D**ì**va dei fiori, Diva
degl'inganni, f**i**glia di Zeus, ti prego.
Non fiaccare c**ò**n amarezze e inganni — ictus forzato
questo mio cuore;

ma qui vieni s**è**, la mia voce udendo, — ictus forzato
altra volta gi*à* tu mi davi ascolto,
se, la casa pat**è**rna abbandonata, — ictus di 6ª; smagliatura
l'aureo cocchio

aggiogasti, pr**ò**nta venisti; e vaghi
te reggeano p**à**sseri snelli, fitte
l'ali giù per l'*é*tere, verso il bruno
suolo agitando.

2.2. L'idea di riprodurre il **ritmo degli originali** è forse una forma di ingenuità, tanto più che induce esiti variamente insoddisfacenti. In questo senso, cioè pensando a un'operazione stilisticamente e strutturalmente azzardata, stupisce meno rendersi conto che il primo Marinetti incappa in una simile aporia, nel momento in cui sovrintende alla traduzione in italiano dei suoi versi francesi, da parte del segretario Decio Cinti.

Il verso libero di Marinetti "imitato" in italiano

L'obiettivo insomma è che il verso libero italiano restituisca efficacemente il ritmo del verso libero francese. E la sensibilità, l'orecchio di Decio Cinti lo porta addirittura a riprodurre alcuni alessandrini "falsi" dell'originale con doppi settenari altrettanto falsi. Si veda questa sequenza, tratta dal volume *L'aeroplano del Papa* (1914), che traduce *Le monoplan du Pape* (1912); la poesia è *Nei dominii di mio padre, il Vulcano*:

Ho capito, ho capito I qual'è la mia missione!	7 + 7
Il tuo bacio m'impone I di mordere a sangue	7 + 6
nella schiena montuosa I della mia penisola,	7 + 6_s
perché subitamente I s'alzi sulle zampe	7 + 6
e si slanci all'assalto dell'Austria!...	10, anapestico

Nell'originale, sono in effetti presenti emistichi di alessandrino, anche se manca il rullo di tamburi ottocentesco dell'ultimo verso. Si noti il terzo verso non cesurato:

J'ai compris, j'ai compris I ma mission!...	6 + 3
Ton baiser me commande I de mordre jusqu'au sang	6 + 6, cesura irregolare
dans l'échine montagneuse de ma péninsule,	13
pour qu'elle se mette I sur pattes brusquement	5 + 6
et s'élance à l'assaut I de l'Autriche!...	6 + 3

In altri casi (lo abbiamo già visto nel cap. 4, par. 4.2.1), il desiderio di una resa ritmica induce Cinti a introdurre **fantasmi** anche **pseudo-esametrici**, che si affiancano a quelli dell'alessandrino. Nel seguente caso, l'originale francese in effetti ardito – indebolite sono le allusioni all'alessandrino e notevole è l'*enjambement* tra secondo e terzo verso – è normalizzato da una versione italiana rassicurante quanto a prosodia (cfr. anche l'esornativa trasformazione di «robes vertes» in «vesti di smeraldo», e soprattutto il passaggio da «mouches grasses» a «grasse mosche nerastre» per far tornare il ritmo; si cita da *Volando sulla Sicilia nuovo cuore d'Italia*):

Ilots prétentieux sous vos pompeuses robes vertes,
vou n'êtes pour moi que des plates
fleurs palustres rongées de mouches grasses!

Pretensiosi isolotti I dalle pompose vesti di smeraldo,	7 + 11
voi non siete per me I se non larghi fiori palustri,	7_t + 9
piatti sull'acqua, corrosi I da grasse mosche nerastre.	8 + 8

Traduzioni dell'ermetismo e contenuti "pre-linguistici"

3. Forse non è del tutto corretto considerare quello ermetico come un dominio omogeneo, anche nel campo della traduzione. Tra l'altro, le stesse personalità di traduttori che si dovrebbero prendere in considerazione sono le più varie e spesso anzi irriducibili. Non c'è dubbio però che **tra anni venti e quaranta** si dispiega in Italia una **cultura della traduzione**, anche poetica, che rinnova profondamente il modo di pensare il rapporto con un testo straniero. Oltre alla rottura dei filtri metrici ereditati, secondo la linea descritta da Contini, un secondo fattore agisce con chiarezza, ed è lo stesso Contini a ricordarlo alla fine del suo saggio: vale a dire la speranza che, con l'ausilio di un'altra lingua e di un'altra personalità poetica, si manifesti un contenuto di poesia che il componimento originale rivelava solo in parte. La traduzione, in questo senso, anche se in modo molto avventuroso, casuale e anzi forse illusorio, implica una «barbarica vicinanza allo stato nascente della poesia» (Contini, 1940, p. 379), e comunque conferisce al traduttore una responsabilità altissima rispetto ai valori poetici in gioco. Addirittura, nella ricostruzione della poetica traduttiva dell'ermetismo realizzata da Macrì, è suggerita l'idea che il poeta-traspositore sia in grado di accedere alla «fonte prelinguistica» dell'opera (Macrì, 1988, p. 59).
È da credere, in via ipotetica, che ciò significhi innanzi tutto pensare **la traduzione come una scommessa** (davvero un mallarmeano «colpo di dadi») in grado miracolosamente di rivelare la poesia. E, in termini concreti, ciò probabilmente implica una specie di coazione ad *aumentare* la complessità metrica del testo, a rifuggire dalla tentazione di normalizzarlo in una formula ritmica definitiva. Come dichiarato dallo stesso Contini, la poesia di Hölderlin *Hälfte des Lebens* è uno dei riferimenti invarianti di quella stagione, e quindi è forse utile esemplificare partendo da essa. Il testo originale è il seguente:

Mit gelben Birnen hänget
Und voll mit wilden Rosen
Das Land in den See,
Ihr holden Schwäne,
Und trunken von Küssen
Tunkt ihr das Haupt
Ins heilignüchterne Wasser.

Weh mir, wo nehm ich, wenn
Es Winter ist, die Blumen, und wo
Den Sonnenschein,
Und Schatten der Erde?
Die Mauern stehn
Sprachlos und kalt, im Winde
Klirren die Fahnen.

Negli anni trenta, ecco come da un lato Leone Traverso – considerato forse il traduttore ermetico per eccellenza – e dall'altro Gianfranco Contini restituiscono questa poesia:

1. Versione di Traverso

Si curva con pere dorate	9, dattilico
E il folto di rose selvagge	9, dattilico
Il paese nel lago;	7
E voi cigni beati	7
Ed ebri di baci	6
Tuffate voi il capo	6
Nell'acqua limpida e sacra.	8, di 2ª e 4ª
Ma quando viene l'inverno,	8, dattilico
Dove trovo i fiori e dove	8, trocaico
Il lume del sole	6
E l'ombre della terra?	7
Muti e gelidi stanno	7
I muri, al vento	5
Stridono banderuole.	7
Il mezzo della vita	7

2. Versione di Contini

Di gialle pere il suolo	7
e colmo di rose selvagge	9, dattilico
pende nel lago, voi cigni del cuore,	11, dattilico
e il capo di baci ubriaco	9, dattilico
nell'acqua tuffate	6, dattilico
ch'è santa e non turba.	6, dattilico
Ahimè, dove li prendo,	7
ora ch'è inverno, | i fiori, e dove	5 + 5
del sole la luce, della terra	10, di 2ª e 5ª
l'ombra? Al freddo muti	7
se ne stanno i muri, nel vento	9, di 3ª e 5ª
stridono le banderuole.	8, di 1ª

Contini e Traverso: tradurre eccitando il contrasto

Sono operazioni traduttive assai diverse, ma con evidenti punti di contatto. Traverso (citiamo dal "Frontespizio" del maggio 1937) sceglie di non far suonare troppo il verso e di conferire al dettato la massima naturalezza possibile, pur procedendo in modo alineare (l'unica cospicua eccezione è ai primi due versi della seconda strofa); Contini imbocca **una strada quasi espressionistica**, che esaspera la figuralità metaforica e le inversioni sintattiche, ridisegnando profondamente il ritmo, sino a inventare un verso "lungo" come l'endecasillabo, e negando la centralità inevitabile del sei/settenario (corrispettivo pressoché naturale del dimetro tedesco: «Und tr**u**nken von K**ü**s-

sen», «Und Sch**a**tten der **E**rde» ecc.). Eppure, entrambi i traduttori si scavano uno spazio che attraverso due tipi diversi di anisosillabismo valorizza il *contrasto*. Si noti che l'originale tedesco metricamente segnala una forte discontinuità soprattutto negli ultimi due versi (che hanno ritmo discendente – l'ultima misura è un adonio – in una poesia dagli attacchi quasi sempre giambici); invece Traverso e, ancor più, Contini estendono il mutamento metrico all'intera seconda strofa. Nella prima, a dominare era il dattilo; nella seconda compare un ritmo genericamente binario: Traverso lo evoca a partire dall'ottonario trocaico, Contini sin dal primo verso, un settenario. Traverso preferisce addirittura evitare un "giusto" articolo nell'ultima unità pur di sfuggire alla tentazione dell'ottonario potenzialmente dattilico, che viceversa Contini impiega, confidando forse sull'azione di due **endecasillabi nascosti**: «Al freddo muti se ne stanno i muri, / nel vento stridono le banderuole» (e si tenga conto che l'ellissi dell'articolo – cfr. Mengaldo, 1989c – è una caratteristica tipica della lingua ermetica).
Per intuire meglio la portata di queste **infrazioni** e di questi **contrasti**, è il caso di leggere la traduzione della stessa poesia proposta da Vincenzo Errante nel 1940:

Ricche di frutti gialli,	7
fiorite di rose selvagge,	9, dattilico
si specchiano le rive	7
nel lago.	3
E voi, cigni soavi,	7
il capo tuffate per entro	9, dattilico
la casta santità dell'acqua,	9, giambico
ebri di baci.	5, di 1^a
Ma come, ahimè, discendano	8_s, di 2^a e 4^a
le nebbie d'inverno,	6, dattilico
ove sarà ch'io trovi,	7
coi fiori e la luce del sole	9, dattilico
un'ombra almeno della dolce terra?	11, di 2^a, 4^a, 6^a e 8^a
I muri stanno	5
àfoni e freddi:	5, di 1^a
scosse, sui tetti gemono	7_s
le banderuole	5
nel vento.	3

Errante: un ritmo che rassicura

La frantumazione del testo è un fatto esteriore, perché sono numerosi i ritmi che si ricompongono in maniera ostentatamente elegante: si vedano le tre volte (due nella prima parte e una nella seconda) in cui un settenario si accoppia a un novenario dattilico producendo un perfetto esametro barbaro (ad esempio: «E voi, cigni soavi, / il capo tuffate per entro»), oppure si noti che i due quinari letti di seguito («I muri stanno / àfoni e freddi»)

compongono un novenario dattilico, e gli ultimi due versi, uniti, formano un ottonario dattilico («le banderuole / nel vento»). Appunto, se Contini e Traverso avevano puntato su una strategia oppositiva, qui si mira a un percorso omologante, ritmicamente solenne.
Certo, la tentazione di ritrovare **ritmi classicheggianti nel moderno** coinvolge anche molti traduttori ermetici. Il fenomeno è verificabile nello stesso Traverso, fra l'altro (ad esempio in certe traduzioni da Stefan George, del 1935; cfr. Ramat, 1969, p. 519); ma si pensi che nel 1935 a Carlo Izzo può risultare spontaneo rendere un verso di Pound dal terzo dei *Cantos*, «Or, the gray steps lead up under the cedars» con «O, forse, i grigi gradini | conducono all'ombra dei cedri», ottonario più novenario con clausola perfettamente esametrica.

Quasimodo e Virgilio: esametri elusi

La linea dominante è però un'altra. E, come abbiamo già accennato (cfr. anche Albonico, 2001, da cui traiamo i due esempi), il **Quasimodo** che si cimenta con i metri classici **indebolisce la ritmicità del modulo**, nel momento in cui – ad esempio – sceglie di rendere certi versi delle *Georgiche* (I, 404-409) nel seguente modo:

Niso appare in alto nell'aria limpida	11_s, di 5ª
e Scilla sconta la pena | per il rosso capello;	8 + 7
dovunque essa fuggendo | taglia l'aria lieve con l'ali,	7 + 9, novenario di 3ª e 5ª
ecco il nemico: crudele | con aspre grida per l'aria	8 + 8, 2° membro di 4ª
Niso l'insegue; per dove | Niso passa per l'aria,	8 + 7
essa fuggendo rapida | taglia l'aria lieve con l'ali.	7_s + 9, novenario di 3ª e 5ª

Non mancano echi esametrici, dato che la clausola + – – + – ricorre sempre («**rò**sso cap**è**llo» ecc.), dopo il primo aritmico verso; però la realizzazione del metro di riferimento è molto libera e tutto sommato casuale, dato che il rapporto tra primo e secondo emistichio non segue necessariamente le regole di Carducci (in lui la forma 8 + 7 non è prevista). Se poi osserviamo certe sprezzature traduttive, come il passaggio dal solenne dettato latino (*Georgiche*, II, 532-535):

> Hanc olim veteres vitam coluere Sabini,
> hanc Remus et frater, sic fortis Etruria crevit
> scilicet et rerum facta est pulcherrima Roma,
> septemque una sibi muro circumdedit arces[1].

a una forma italiana più dimessa e sintetica:

Così vissero un tempo | gli antichi Sabini, e Remo	7 + 8, ottonario di 5ª
e il fratello, e la forte | Etruria. E nacque Roma	7 + 7
bellissima sui sette | colli, chiusa fra le mura.	7 + 8, ottonario trocaico

1. Alla lettera: «Così un tempo vissero i Sabini / e [vissero] Remo e suo fratello, così crebbe forte l'Etruria, / quindi nacque Roma bellissima per le sue imprese, / e unica cinse i suoi sette colli di mura».

ci rendiamo conto che probabilmente le scelte metriche mirano anche a realizzare **smorzature** del contenuto nazionalistico e comunque a far piazza pulita di eccessivi ossequi anticheggianti.

Il verso-zero come risposta a Hopkins

Infine, la problematicità del ritmo attiva nel testo-sorgente può indurre a scelte radicali, per certi versi incoerenti rispetto al quadro di partenza, alle intenzioni di lirica assoluta perseguite in ambito ermetico; e ad esempio indurre un traduttore finissimo come Sergio Baldi a rendere la complessità anche linguistica dello *sprung rhythm* ("ritmo saltato" o "saltellante", cfr. cap. 4, par. 7.1.1) del poeta inglese Gerard Manley Hopkins con il verso-zero della mera prosa. Gli esiti possono essere nondimeno dotati di una loro intrinseca **forza espressiva** (la traduzione del *Naufragio del Deutschland* esce nel 1939):

> Sono io la polvere che filTRa nella clessiDRa; alla parete ferma, e scavata d'un moto interno, sabbia portata: ed essa si affolla e rotola alla cascata; io fermo come l'acqua del *p*ozzo, in ri*p*oso, lasTRa di veTRo, ma nuTRito sempre – per tutta la sTRada, giù dagli alti fianchi, giù per i torrenti della collina arida – da una vena della promessa del Vangelo, da una spinta, un principio, il dono di Cristo.

Del resto, la segmentazione sintattica consente di individuare discontinui **versi nascosti**, soprattutto ottonari: «che filtra nella clessidra», «ed essa si affolla e rotola»; ma «come l'acqua del pozzo, in riposo» è un decasillabo anapestico.

L'alinearità estrema cui Baldi consapevolmente giunge comporta davvero, dunque, la richiesta al testo e alla lingua d'arrivo di *rivelare* ritmi apparentemente inesistenti.

"Politicità" del tradurre

4. Va ribadito: sarebbe tuttavia schematico ridurre a questa dominante la traduzione dagli anni venti-trenta ai giorni nostri. Innanzi tutto perché gli interventi autoriali più forti, più esemplari, prevedibilmente implicano il passaggio attraverso una *tradizione del Novecento*, attraverso strategie solo all'apparenza individuali che viceversa implicano una *necessità* in senso lato epocale. Quando a tradurre sono grandi poeti, certe **invarianti metriche della modernità** vengono a galla, proprio grazie alla presenza di intenzioni espressive ben delineate. Del resto, uno degli interventi critici fondamentali sulla traduzione, quello di Fortini (1972a, p. 837), insiste sulla "politica" («*politica del segno letterario*», e cioè «una verifica delle funzioni nascoste nella cosiddetta letteratura») che in qualche modo contraddistingue ogni traduzione e che certo è meno disonesta quanto più è esplicita, dichiarata.

Montale e Joyce

Un'evidentissima politica metrica, sostenuta da uno stile poetico sicuro di sé, si legge nella seguente traduzione da parte di Montale di una poesia di Joyce, *Watching the Needleboats at San Sabba*, in italiano *Guardando i canottieri di San Sabba* (1946; corsivi negli originali):

I heard their young hearts crying
loveward above the glancing oar
and heard the prairie grasses sighing
no more, return no more!

O hearts, o sighing grasses
vainly your loveblown bannerets mourn!
No more will the wild wind that passes
return, no more return.

Ho udito quei giovani cuori gridare	12, dattilico
spinti da Amore sul guizzante remo,	11, di 1^a, 4^a, 8^a
l'erbe dei prati ho udito sospirare	11, di 1^a, 4^a, 6^a
non torna, non torna più!	9_t, giambico
O cuori, o erbe anelanti, invano gemono	11_s, di 2^a, 3^a, 6^a, 8^a
gonfiate dall'amore | le vostre bandierine!	7 + 7
Mai più il vento gagliardo che trascorre	11, di 2^a, 3^a, 6^a
vi tornerà vicino.	7

Alle spalle di Montale, c'è una lunga tradizione pascoliana (cfr. Lavezzi, 2004, pp. 133-6), cominciata con la traduzione del *Raven*, *Il corvo*, di Poe (una riduzione fatta dal giovane Pascoli fra 1877 e 1879), che in qualche modo aveva indotto la produzione di una rima tronca in corrispondenza del ritornello *nevermore*, che infatti diventava «nulla più». Come tutti sanno, anche solo pensando all'*Assiuolo* di *Myricae* (l'ultima sua rima è: «[non s'aprono] più» : *chiù*), si tratta di una clausola rimica fortunatissima in Pascoli, destinata a suggerire immagini di perdita assoluta e di morte.

Montale evita un pascolismo

È evidente che la quadruplice ricorrenza, in Joyce, del «no more», inizialmente in rima, potrebbe sbilanciare Montale verso un esito pascoliano: che invece viene eluso, sia evitando di riprendere «mai più» nell'ultimo verso, sia lasciando isolato il rimante *più* della prima strofa, che in questo modo perde ogni vera funzione di ritornello. In inglese, le strofe sono rimicamente chiuse al loro interno e appunto legate da un ritornello imperfetto, mentre Montale, oltre a **occultare** il più possibile **il ritornello**, connette prima e seconda strofa con la preziosa rima ipermetra *remo* : *gemono* e pratica una "sincope" del ritmo con la rima imperfetta interna, segnalata, tra i vv. 6 e 7. Un gesto di **allegorica *apertura***, diremmo, nei confronti del soffocamento indotto dal modello pascoliano.

Ancora più sottilmente, è possibile che certi ossequi metrici – proprio in sede di traduzione – favoriscano forme di trasgressione quasi impercettibili ma sintomatiche. Abbiamo visto (cfr. cap. 4, par. 3.2.1) che Giovanna Bemporad utilizza endecasillabi di 5^a in gran quantità, pur in contesti perfettamente isosillabici. E uno dei massimi traduttori del Novecento italiano, Diego Valeri, può accettare sì di tradurre gli alessandrini francesi con doppi settenari italiani, oltre tutto con un perfetto rispetto del sillabismo, ma può anche straniare il metro, e in parte l'originale, nel seguente modo (il testo è *Ophélie*, da Rimbaud):

Les nénuphars froissés soupirent autour d'elle;
Elle éveille parfois, dans un aune qui dort,
Quelque nid, d'où s'échappe un petit frisson d'aile:
– Un chant mystérieux tombe des astres d'or.

Le gualcite ninfee sospirano. Passando,
ella sveglia talora dentro un alno dormente
qualche nido, con lievi fremiti d'ale. Un canto
misterioso, un pianto, dagli astri d'oro ascende.

Valeri frantuma l'alessandrino

In gioco non è tanto la rima, in italiano assai imperfetta (ma con una compensazione garantita dalla perfetta interna *canto* : *pianto*), bensì la fisionomia degli alessandrini. Intanto, i versi sono slargati da *enjambements*, anche molto forti, del tutto assenti nell'originale; e poi sono segmentati da pause sintattiche che nella prima e terza linea rivelano scansioni alternative a quella 7 + 7. Nel primo caso («Le gualcite ninfee sospirano») abbiamo un novenario di 3ª e 6ª sdrucciolo; nel secondo un dodecasillabo («qualche nido, con lievi fremiti d'ale») con ictus di 1ª, 3ª, 6ª e 8ª. Che a Valeri piaccia una simile **diversa frammentazione** è dimostrato dalla traduzione dell'inizio del rimbaudiano *Bateau ivre*: «Comme je descendais des Fleuves impassibles» diventa «Discendevo impassibili Fiumi; e sentii d'un tratto», dove il primo membro sintattico («Discendevo impassibili Fiumi») è addirittura un decasillabo anapestico ("manzoniano") di 3ª e 6ª.

Sereni forza la *variatio* e gli *enjambements*

Del resto, la bellissima lettura che Mengaldo fa di Sereni traduttore, in particolare di Char (Mengaldo, 2001b, p. XV), insiste sulle «*contraintes* e forse automatismi estranei al poeta in quanto tale ma fortemente caratteristici della tradizione poetica nazionale», che ad esempio inducono un lavoro di **ridimensionamento delle ripetizioni** e di **riaggiustamento degli scarti metro-sintassi**, in particolare dell'*enjambement*. Abbiamo già osservato (cap. 4, par. 2.2.1) che in questo modo, traducendo Williams, Sereni fa emergere la memoria, primo-novecentesca se non propriamente dannunziana, del verso logaedico. Qualcosa del genere cogliamo in una poesia di Char, *Sortie* (*Uscita*), di cui si veda la prima e l'ultima strofa nella versione sereniana (si cita da *Ritorno Sopramonte*, 1974):

Ineffable rigueur
Qui mantint nos vergers,
Dors mais éveille-moi.
[...]
Ineffable rigueur
Qui maintint nos vergers,
Tout offrir c'est jaillir de toi.

Rigore ineffabile che i nostri   10, di 2ª e 5ª
frutteti hai difeso,   6, dattilico
dormi ma sveglia me. 7_t
[...]
Rigore ineffabile che i nostri   10, di 2ª e 5ª
frutteti hai difeso,   6, dattilico
offrire tutto è sgorgare da te. 11_t, di 2ª, 4ª e 7ª

In realtà, la forzatura iniziale dell'*enjambement* «i nostri / frutteti» propizia la definizione di un novenario dattilico intraversale («che i nostri frutteti hai difeso») e quindi la valorizzazione del subversale «rigore ineffabile», senario dattilico sdrucciolo. Evidentemente, quello del **dattilo**, come peraltro è normale in una partitura logaedica, è il **ritmo sotterraneo** di questi versi ed emerge nell'endecasillabo finale di 4ª e 7ª. Il "pensiero" metrico di Sereni, erede di una tradizione in pieno novecentesca, è qui chiarissimo (e induce a non ritenere casuale l'anagramma imperfetto *fr*uttEti – of*fr*irEtutto). Del resto, nel tradurre in alessandrini italiani *L'illusion comique* di Corneille, le libertà che il traduttore si prende (cfr. Mengaldo, 2001b, p. XX) esprimono, ma con sensibilità versoliberista, alcune delle preoccupazioni implicite in Valeri (l'alessandrino come verso monotono), e molto hanno a che fare con una **gestione** più **dinamica dell'*enjambement***, come ad esempio possiamo osservare in questo breve passo, dall'atto II, scena 4 (la traduzione risale al 1979):

J'étais lors en Égypte, où le bruit en courut;
Et ce fut en ce temps que la peur de vos armes
Fit nager le grand Caire en un fleuve de larmes.
Vous veniez d'assommer dix géants en un jour;

Allora ero in Egitto | dove la voce giunse   7 + 7
e fu nel tempo che per la paura   11
delle armi vostre il Cairo sprofondò 11_t
in un fiume di lagrime. | Avevate in un giorno $7_s + 7$
dieci giganti ucciso,   7

Fortini: endecasillabi, esametri e verso accentuale

È verosimile che una simile tendenza altamente problematica trovi in Fortini (*Il ladro di ciliege*, 1982) uno dei suoi culmini. Di fronte in particolare alla metrica tedesca, la cui dimensione accentuale è spesso integrata dalla ripresa della metrica classica, le strategie adottate sono complesse, per lo meno duplici. Fortini da un lato persegue **versi accentuali** stipando ictus anche nel canonico endecasillabo, dall'altro cerca il "riposo" del meno impegnativo **esametro di Carducci**. Così, il goethiano «Kennst du das Land, wo die Zitronen blühn, / Im dunkeln Laub die Gold-Orangen glühn» (*Mignon*) diventa «Non conosci il paese | dove i limoni fioriscono, [$7 + 8_s$] / tra foglie scure ardono arance d'oro [11, di 2ª, 4ª, 5ª, 8ª]», esametro anomalo più endecasillabo altrettanto anomalo, dove però le due misure sono omologate dallo stesso numero di ictus, cinque; e, in effetti, ciò rende difficile l'esecuzione davvero endecasillabica del secondo verso. Il testo di partenza è in pentametri giambici, beninteso, lontano da suggestioni classicheggianti. Ma quando il riferimento nell'originale – in questo caso, *Immer wieder, ob wir* di Rainer Maria Rilke – è a un *vero* esametro (anche se non privo di discontinuità), quasi platealmente – politicamente, appunto – Fortini esibisce l'**alternanza di esametri veri e falsi** (esametro, due non esametri, due esametri, un non esametro), quasi ad allegorizzare il meccanismo di attrazione-repulsione rispetto a un retaggio – carducciano e non solo – che ha costituito per lui un saldissimo *point de repère*. E si noti che il primo verso è un "quindicisillabo" con cinque perfetti anfibrachi (– + – – + | – – + – – + – – + –).

Immer wieder, ob wir der Liebe Landschaft auch kennen
und den kleinen Kirchof mit seinem klagenden Namen
und die furchtbar verschweigende Schlucht, in welcher die andern
enden: immer wieder gehn wir zu zweien hinaus
unter die alten Bäume, lagern uns immer wieder
zwischen die Blumen, gegenüber dem Himmel.

E ancora, benché | si conosca il paesaggio d'amore	esametro $6_t + 10$
e il breve camposanto | con i sui nomi in gemito	$7 + 7_s$
e la paurosa voragine | taciturna dove gli altri	$8_s + 8$
finiscono – ancora e sempre | a dueˇa due noi veniamo	esametro $8 + 8$
sotto gli alberi antichi, | ancora e sempre posiamo	esametro $7 + 8$
in mezzo ai fiori, | di contro al cielo.	$5 + 5$

Metri stranieri "imitati"

5. Sarebbe infine da indagare in che misura la metrica delle traduzioni sia stata indotta a realizzare vere e proprie "imitazioni" estemporanee di forme – di origine non classica – estranee, in parte o in tutto, alla tradizione italiana. Più esattamente e certo radicalmente: quanto e come strutture straniere sono in grado di intaccare talune convenzioni consolidate, favorendo la **nascita di ibridi**? Nel corso del Novecento, è cioè da credere che l'agonia e morte delle illusioni barbare e neoclassiche non abbia necessariamente limitato l'interesse per quanto di *estraneo* alla prosodia nazionale può derivare dai modelli stranieri. Adesso, però, non si tratta più di "imitare" il ritmo dell'originale, ma di trasformare l'italiano, la sua metrica, quasi la sua prosodia, secondo strategie aliene. Qualcosa abbiamo detto (cap. 4, par. 7.1.1) intorno al verso della canzone "commerciale"; qui proporremo quattro esempi relativi alla traduzione scritta "d'autore".

Il sonetto shakespeariano

Il caso certamente più noto è quello del sonetto shakespeariano (o elisabettiano), che si caratterizza per una divisione, in tre quartine e un distico, ben diversa da quella tradizionale italiana. Come si è visto (cfr. cap. 3, par. 1.8), Montale lo pratica in proprio, e prevedibilmente, traducendo Shakespeare, riprende tale *pattern*. Meno ovvio è constatare che anche

Ungaretti accoglie a modo suo la tentazione di questa forma, che però per lui funziona come un modello *visivo* (che riguarda il distico finale), come una sorta di **gabbia grafica** priva di cogenti ricadute rimiche. La sua traduzione alineare comporta cioè un calco "parodico" del modello, in assenza di rime e di una costante regolarità sillabica. Confrontiamo dunque come Montale e Ungaretti rispettivamente hanno trasposto il XXXIII sonetto di Shakespeare. Indico i versi regolari superstiti in Ungaretti:

1. Versione di Montale

Spesso, a lusingar vette, vidi splendere
sovranamente l'occhio del mattino,
a baciar d'oro verdi prati, accendere
pallidi rivi d'alchimìe divine.
Poi vili fiumi alzarsi, intorbidata
d'un tratto quella celestiale fronte,
e fuggendo a occidente il desolato
mondo, l'astro celare il viso e l'onta.
Anch'io sul far del giorno ebbi il mio sole
e il suo trionfo mi brillò sul ciglio:
ma, ahimè, poté restarvi un'ora sola,
rapito dalle nubi in cui s'impiglia.
    Pur non ne ho sdegno: bene può un terrestre
    sole abbuiarsi, se è così il celeste.

2. Versione di Ungaretti

Ho veduto più d'un mattino in gloria 11
Con lo sguardo sovrano | le vette lusingare, 7 + 7
Baciare d'aureo viso i verdi prati, 11
Con alchimia di paradiso tingere i rivi pallidi;
E poi a vili nuvole permettere 11_s
Di fluttuargli sul celestiale volto 11?
Con osceni fumi sottraendolo all'universo orbato
Mentre verso ponente non visto scompariva, con la sua disgrazia:
Uguale l'astro mio brillò di primo giorno
Trionfando splendido sulla mia fronte; 11?
Ma, ah! non fu mio che per un'ora sola,
Il nuvolo della regione già lo maschera a me.

Non l'ha in disdegno tuttavia il mio amore; 11
Astri terreni possono macchiarsi se il sole del cielo si macchia.

Dalla parte di Montale agisce l'intenzione di *acclimatare* alle nostre latitudini il metro straniero; da quella di Ungaretti l'idea che quella forma possa essere evocata solo per rendere evidente la sua sostanziale estraneità. In entrambi i casi, la struttura straniera è una sorta di provocazione che contribuisce a **modificare l'orizzonte metrico italiano**.

La strofa "onieghiniana" di Giudici

Non per caso, il secondo esempio assai noto di questo tipo di percorso ha suscitato qualche perplessità persino negli studiosi che l'hanno valorizzato. Mi riferisco cioè al verso detto "onieghiniano" (cfr. Zucco, 2000, pp. 1449-50) e alla sua particolare strofa; un **verso giambico anisosillabico**, compaginato in strutture di quattordici versi, coniato da Giovanni Giudici per tradurre il capolavoro di Puškin, *Eugenio Onieghin*. Tale forma è intesa a rendere il tetrametro giambico russo e le sue discontinuità sillabiche (si tratta infatti di un verso sillabo-tonico), e ha come base il **novenario giambico**, ma può anche trasformarsi in settenario o ottonario (trocaico) o crescere fino al decasillabo o doppio quinario. Le strofe sono chiuse da rima baciata, e lo schema di riferimento (poi variato) è ababccddeffegg; la rima è spesso sostituita da quasi rime, assonanze, rime ipermetre ecc. Ad esempio (V, 12):

E se la prende col torr*ente* 9
Dispettosa barriera; 7
Nessuno una mano a *tende*rle 8_s
Sull'altra sponda c'era. 7
Ma ecco un cumulo si sm**ott**a 9
E chi mai esce di là s**ott**o? 9
Un orso arruffato e grande; 8
Ah! – fa Tatjana, ma lui rugliante 5 + 5
Una zampa di artigli agUZZI 9
Porge a lei che alquanto sch**i**v**a** 8
E assai tremante ci si aff**i**d**a**; 9
E con timidi passettUZZI 9
Varca il torrente e va... Ma adesso 9
Che c'è? L'orso le sta appresso! 8

Folena (1983, p. VIII) ha parlato di uno «sfavillante fuoco di lingua poetica [...] vel*ato* talora di ceneri crepuscolari e di qualche banalità di linguaggio», ma soprattutto di una «puškinizzazione» (ivi, p. XII) dell'italiano: in effetti questo metro implica uno straniamento delle forme consuete, persino un effetto di frustrazione, se non altro perché ritmicamente allude sempre all'endecasillabo senza mai realizzarlo. In fondo, Giudici concepisce tale verso come un vero e proprio ***anti*-endecasillabo**.

Carducci e Noventa traducono Heine

Interessante è notare che, di fronte a un problema sostanzialmente analogo (come rivivere in italiano l'efficacia di certi ritmi stranieri, e in particolare del tetrametro giambico?), il dialettale Noventa aveva compiuto un percorso di fatto opposto, introducendo una sensibile frizione tra un originale tedesco e la sua versione. Ma andiamo con ordine. In *Rime nuove* di Giosue Carducci (1887) figura la traduzione in endecasillabi ABCBCBAB (ma con uso della popolareggiante assonanza atona: tutte le rime terminano in *-re*) di una breve poesia di Heine:

> Mit schwarzen Segeln segelt mein Schiff
> wohl über das wilde Meer;

du weisst, wie sehr ich traurig bin,
und kränkst mich doch so schwer.

Dein Herz ist treulos wie der Wind
und flattert hin und her;
mit schwarzen Segeln segelt mein Schiff
wohl über das wilde Meer.

Passa la nave mia con vele nere,
Con vele nere pe 'l selvaggio mare.
Ho in petto una ferita di dolore,
Tu ti diverti a farla sanguinare.
È, come il vento, perfido il tuo core,
E sempre qua e là presto a voltare.
Passa la nave mia con vele nere
Con vele nere pe 'l selvaggio mare.

Il verso tedesco alterna tetrametri e trimetri giambici e le rime esatte sono solo le dispari. **Noventa rifiuta** questa *assimilazione* del testo a una specie di canto popolare, ma evita anche di lavorare sul corrispettivo del tetrametro, il **novenario** appunto. Ne discendono due quartine in cui s'alternano versi lunghi (endecasillabi) non rimati e versi brevi (sei-settenari) viceversa rimati. Praloran (1991, p. 532) ha parlato di un «modello ritmico dialettico»; e si potrebbe persino azzardare che il verso breve, anisosillabico, sia una specie di misura *accentuale*, un vero e proprio dimetro, messo a contatto con un verso dalla natura irriducibilmente sillabica.

Gò vestìo, sì, de luto la me barca,
E me fido del mar;
Tì ti-sa ben che mi gò perso tuto,
Par volerte amar.

El to cuor m'ha tradìo, come fa 'l vento
A ùn che sa dove andar;
Mi gò vestìo de luto la me barca,
E me fido del mar.

Fortini: eccezionalmente, un esempio di verso informale

Abbiamo del resto visto (cfr. cap. 4, par. 5.2.2) che per il Fortini anni quaranta esiste una sorta di **metrica** "falsa" **da traduzione**: in questi casi, il modello straniero giustifica le intemperanze della forma qui e ora agente, ne motiva la fisionomia in qualche modo inaccettabile. È vero d'altronde che, nelle sue traduzioni *vere*, è difficile cogliere un Fortini totalmente disposto ad assecondare un ritmo-zero, una pronuncia prosastica, persino quando si trova in presenza di quel particolare verso brechtiano, «gestico», che considera «dominato [...] dalla dizione: dunque dal momento drammatico» (Fortini, 1959, p. X). La seguente breve poesia di Brecht, *Citazione*, è comunque un discreto esempio dell'eccezione a tale regola: una liberazione quasi totale (solo il terzo verso è leggibile come un esametro) dalle memorie ritmiche italiane a favore di una **gestualità verbale** tendenzialmente discorsiva, entro la quale sono gli elementi retorici, "whitmaniani", a salire in dominante:

> Il poeta Kin disse:
> come posso scrivere opere immortali se non sono illustre?
> Come posso rispondere se non mi si fanno domande?
> Perché devo perdere tempo sui versi se il tempo li perde?
>
> Scrivo le mie proposte in una lingua durevole
> perché temo che molto ci voglia, finché siano adempiute.
> Perché la grandezza sia raggiunta ci vogliono grandi mutamenti.
> I piccoli mutamenti sono nemici dei grandi mutamenti.
> Ho nemici. Dunque devo essere illustre.

Per un attimo, l'amore fortiniano per il suo autore lo riconcilia con qualcosa che altrove, parlando di verso biblico (Fortini, 1981, p. 119), giudica sostanzialmente informe.

Bibliografia

Su questioni generali: BUFFONI (2004, 2007), CONTINI (1940), CRUPI (1991), DANIELE (2009), DE MICHELIS (1961), FORTINI (1972a, 1972b, 1988), JAKOBSON (1930), MACRÌ (1988), MATTIOLI (2001), PRETE (2001), UNGARETTI (1946), ZOBOLI (2004).

Su singoli episodi o autori: ALBONICO (2001), ARRIGONI (2005-06), *Atti del sesto Convegno* (1978), BARILE (1994), BENTSIK (1993), BRUNETTI (2004), BULGHERONI (1977), CASES (1978), CHIODAROLI (1953), CHIUMMO (2002), FACCANI (2009), FOLENA (1983), GIUDICI (1988), LAVEZZI (2004), LENZINI (1981), MACRÌ (1971 e 1989), MENGALDO (1982, 1989b, 1993, 2001b), OSSOLA (1999), RABONI (1971b), SOLDANI (2004), VALGIMIGLI (1946, 1952), VINEIS (2002-03), ZOBOLI (2005), ZOICO (1997), ZUCCO (2009).

Appendice B
La poesia senza verso

0. Può apparire curioso che un capitolo – seppur breve, seppur collocato in appendice – di un manuale di metrica sia dedicato a una forma che per definizione è *senza verso*. Si sta parlando della **poesia in prosa**. La sua storia, in effetti molto complessa, dapprima legata quasi solo alla letteratura francese (cfr. almeno Bernard, 1959; Jechova *et al.*, 1993), è soprattutto la storia di un'assenza e di una vera e propria scommessa: come sia possibile fare poesia senza ricorrere a strutture versificate.

La poesia in prosa prima di Baudelaire

Uno sguardo d'assieme al fenomeno dovrebbe consentire di cogliere per lo meno due grandi momenti. Il primo, arcaico, che va dal Settecento alla metà dell'Ottocento, valorizza la prosa soprattutto in quanto *traduzione* di un originale (vero o fittizio, poca importa) in effetti versificato, di cui si restituisce la poeticità antecedente al ritmo. Implicita in questa posizione è una cultura, **una poetica**, di tipo **sensista**, secondo la quale (come ad esempio dichiara in Italia Leopardi nello *Zibaldone*, in data 14 settembre 1821) il verso è solo uno dei segnali del poetico: la sua assenza non scandalizza perché è controbilanciata da altri fattori, come la potenza delle immagini, l'entusiasmo soggettivo, l'ispirazione ecc.

Le poesie in prosa, brevi, di Baudelaire

Il secondo momento, che può essere considerato in senso forte moderno, comincia con Baudelaire (siamo intorno al 1860) e con i suoi *petits poèmes en prose*, poi intitolati *Spleen de Paris*. Questa fase ha una carica polemica e persino nichilistica del tutto ignota agli antecedenti sette-ottocenteschi, perché Baudelaire svolge un'opera in effetti distruttiva.

Da un lato, c'è un **attacco** nei confronti del **romanzo**, di cui il nuovo genere vuol costituire la frantumazione, lo smembramento in unità minori. Tra l'altro è molto probabile che nel sintagma *petit poème en prose*, *petit* modifichi l'intera espressione *poème en prose*, significando un «componimento poetico [lungo] scritto in prosa, reso [però] breve, accorciato»; e che non accada l'opposto, cioè che *petit* si leghi a *poème* e che *en prose* modifichi la loro unione, come se Baudelaire avesse fatto riferimento a «brevi poesie, scritte in prosa». In generale *Spleen de Paris* è lo *spezzettamento, la miniaturizzazione di un'unità più grande*, di quel lungo poema che ormai è il romanzo. La prima poesia in prosa è in effetti antiromanzesca e quindi antinarrativa.

Dall'altro lato, c'è una **polemica** contro la **metrica tradizionale**, perché Baudelaire vuole che l'assenza del ritmo (i suoi testi sono appunto «senza ritmo») sia ben presente al lettore, sia una questione sempre aperta nella lettura dei testi.

Contro la metrica ereditata

Ecco, proprio quest'ultimo punto è quello che rende la poesia in prosa interessantissima per il metricista. Il rifiuto polemico della metrica e la sua possibile metamorfosi in qualcosa di differente – al limite, in veri e propri versi dentro la prosa, come vedremo – implica un costante contrappunto fra ciò che appare e ciò che potenzialmente è, tra la forma non marcata metricamente e una metrica nascosta che preme dall'esterno del testo. Il **non-metro** che la rivoluzione simbolista impone alla letteratura mondiale ha uno statuto altamente ambiguo, ma certo nella sua forma più consapevole non si accontenta di essere una bella prosa, di lunghezza limitata, perché vuole che il problema del verso sia costantemente ridiscusso.

Origini della poesia in prosa italiana

1. In Italia (come è stato esposto in Giusti, 1999), le prime forme di poesia in prosa sono formazioni di compromesso vicine al **bozzetto**, cioè a una narrazione molto statica: il caso forse più curioso è quello delle *Goccie d'inchiostro* (1879) di Carlo Dossi che, buon conoscitore ed estimatore di Baudelaire, ne imita soprattutto la concisione. Del resto, una tradizione di succinte prose d'arte, "squisite" nella forma, è presente nei giornali letterari, e non solo, fra Otto e Novecento anche per influenza dei **romanzi-poemi** di D'Annunzio (si pensi alle *Vergini delle rocce*, 1895). E sarà forse con le cosiddette *Faville del maglio*, appunto dannunziane, che dopo il 1910 un certo tipo di prosa d'arte levigata ed elegante finirà quasi per istituzionalizzarsi.

Ritmi nella poesia in prosa "vociana"

Questo sfondo spiega – probabilmente – perché alcune delle più importanti poesie in prosa delle origini italiane (quelle di Boine, Jahier, Rebora e Onofri, soprattutto) si presentino ricche di figure ritmiche sin troppo evidenti, di rime cioè e di versi. E si è parlato a loro proposito di un genere in qualche modo codificato: del cosiddetto *frammento* (cfr. Valli, 1980, 2001). Il frammento sarebbe cioè una **reazione** alla relativa **prevedibilità di una forma** che in Italia si è precocemente prestata alla facile commerciabilità "giornalistica". Clamoroso, ad esempio, è questo inizio di uno dei testi di guerra di Rebora, intitolato *Senza fanfara* (pubblicato nel 1917):

> Si va per la strada profonda spastata, ingoiata. Confusion d'ordine; file perdute: barcollii di volumi spossati ricurvi, spossati e cacciati nel buio dal flutto dei morti che non è libero ancora, che non sarà libero mai, ma non sa, non sapeva, e marcia e si posa e s'apposta, perché così vuole qualcuno o qualcosa, perché si deve, si fa, non si sa – per contro un nemico ch'è fuori, il nemico che è noi.

Il **ritmo** è, di fatto, uniformemente **dattilico**, ternario: a partire dalla sequenza di quindici sillabe iniziali, che anzi produce perfetti anfibrachi («Si v**à** per la str**à**da prof**ò**nda spast**à**ta, ingoi**à**ta»: – + – – + – – + – – + – – + –), seguita da un endecasillabo con ictus di 4ª e 7ª e un decasillabo anapestico («Confusion d'**ò**rdine; fìle perd**ù**te: | barcoll**ì**i di vol**ù**mi sposs**à**ti»). Il passo procede quindi monotono, con pochissime interruzioni all'onda dattilica (notevole solo il settenario «ma non sa, non sapeva») e con una fittissima rete di rime e di altre figure del suono, come ad esempio la paronomasia («si posa e s'apposta»). Bandini (1966, p. 34) ha parlato, a proposito di testi così costruiti, di «ipocrisia formale»: si tratterebbe cioè di versi mascherati da prosa.

Il ritmo-zero di Montale

Nondimeno, il loro referente dialettico, l'ambito di appartenenza, deve essere colto, più che nel campo della poesia versificata, nel dominio a cui afferisce la seguente chiusa di una notissima **poesia priva di metro**. L'autore è Montale, il testo è *Visita a Fadin* (contenuto nella *Bufera*, 1956, ma la sua composizione risale al 1943; corsivi nel testo):

> Essere sempre tra i primi e *sapere*, ecco ciò che conta, anche se il perché della rappresentazione ci sfugge. Chi ha avuto da te quest'alta lezione di *decenza quotidiana* (la più difficile delle virtù) può attendere senza fretta il libro delle tue reliquie. La tua parola non era forse di quelle che si scrivono.

Certo, il primo *colon* («Essere sempre tra i primi e *sapere*») è un endecasillabo perfettamente dattilico, ed è ripreso entro la parentesi («la più difficile delle virtù», ma senza ictus di 1ª), mentre la conclusione è marcata da un settenario sdrucciolo («di quelle che si scrivono»): però non si può dire che l'interesse metrico qui sia dominante, anzi i corsivi sembrano enfatizzare la struttura saggistica, o narrativo-saggistica, del testo. Quella di Montale è prosa-prosa, anche se elegantissima e nobilitata da discontinue formule ritmiche.

I **due opposti esiti** – quello reboriano e quello montaliano – sono interni al medesimo campo, insomma. Dal punto di vista del genere letterario, entrambi appartengono al *genere della poesia* – se non altro perché oggi si leggono in libri ritenuti di poesia –, anche se la loro forma esteriore è quella della prosa. Entrambi, poi, chiedono al lettore una *risposta* in termini di riconoscimento metrico, positivo o negativo: quasi un gioco a rimpiattino a caccia di versi e rime ora sin troppo presenti ora sin troppo assenti.

Il problema della prosa poetica

2. Il fatto è che, nel Novecento italiano, questo tipo particolare di forma, altamente problematica ma in fondo ben caratterizzata, è stato confuso con i prodotti di **una tradizione in senso lato giornalistica**. Cominciata almeno con il D'Annunzio delle *Faville del maglio*, tra anni dieci e anni quaranta del secolo scorso tale eredità prosastica ha dato vita a un genere particolare. Le etichette specifiche sono state moltissime: elzeviro (dal nome del carattere usato per certi articoli in terza pagina), pesce rosso (dal titolo di un'opera di Emilio Cecchi, *Pesci rossi*, 1920), capitolo (la definizione è di Enrico Falqui: cfr. Falqui, 1938) sono le più note. In generale, si potrebbe

parlare – come spesso si fa in Francia con il sintagma corrispondente, *prose poétique* – di *prosa poetica*, vale a dire di una prosa che per certe sue caratteristiche di stile presenta generici **elementi di poeticità**.
Si tratta di un dominio quanto mai vario e, certo, persino incoerente (in fondo, dove una prosa si manifesti stilisticamente elaborata, là c'è prosa poetica). Un esempio molto rappresentativo può essere fornito dall'attacco di un bellissimo pezzo di Carlo Emilio Gadda, *Una mattinata ai macelli*, contenuto nelle *Meraviglie d'Italia* del 1939:

I segni si rincorrono lungo la pista dello Zodiaco: già lo Scorpione abbranca il piatto della fuggitiva Bilancia. La città, vorace acquirente, alletta al suo mercato indefettibile commissionari e negozianti di porci, mediatori, macellari ed augusti bovari. È la più popolosa del nord, una delle più ricche, attivissima. Chi non mangia, non lavora. Qualcosa, in pentola, deve bollire ad ogni costo: perché il martello abbia a cader pieno sul ferro o adempiersi a un cenno lo smistamento dei veicoli indemoniati senza urti, senza risucchi.
La città si sveglia. Contro il sole già alto le case si levano bianche, ognuna per suo conto, quasi ammodernate torri, dal verde vivido della pianura, che appare sottilmente ovattata dalle prime sue nebbie: i treni rallentano la lunga corsa sopra i canali e le rogge, lungo gli stendimenti di infaticabili lavandai.

Gadda ritmico

Una volta detto che, qualche paragrafo dopo, nel testo fa capolino in maniera esplicita l'io dell'enunciatore («Vedo la strapazzata masnada attendere [...]. Vedo che non tutti i cornuti [...]» ecc.), proponiamo il confronto con una prosa di Vittorio Sereni, contenuta in una raccolta di poesia, *Diario d'Algeria*. Il titolo è *Appunti da un sogno* e il testo risale al 1964:

I due cunicoli, con feritoie, ne farebbero in pratica uno solo se in mezzo non ci fosse uno slargo, una piazzuola circolare.
Nello slargo, al centro dell'unico labirinto che i due cunicoli formerebbero, ci sono io.
Vivo simultaneamente la vita che si svolge nei due cunicoli. A ogni feritoia, di profilo, mica guarda dalla feritoia, c'è un uomo, soldato o graduato. Ognuno veste la divisa cachi, più chiara quasi bianca quelli di là, inglesi o americani, insomma nemici, indiscutibilmente nemici.
Dalla parte di quest'altro cunicolo si apre una botola, no: una porta, una botola messa verticalmente.

Sereni ascetico

Certo, il quarto di secolo trascorso fra i due testi incide molto, e una differenza notevole è data dalle diverse *lunghezze* (più di dieci pagine Gadda, poco più di una pagina Sereni): ma è indubbio che in entrambi i casi siamo di fronte a un **racconto al tempo presente** in cui l'elemento *descrittivo* svolge un ruolo centrale. Non mancano fattori ritmici in Sereni (l'attacco è scandito da due endecasillabi un po' faticosi: «I due cunicoli, con feritoie, / ne farebbero in pratica uno solo»), ma è in Gadda che la metricità assume valori forti, quasi strutturanti, se ad esempio pensiamo al settenario sdrucciolo iniziale seguito da un doppio quinario parimenti sdrucciolo («I segni si rincorrono | lungo la pista dello Zodiaco»), alla quasi rima *abbranca* : *Bilancia* o addirittura all'esametro presente nel secondo periodo del secondo paragrafo («Contro il sole già alto | le case si levano bianche»).

Evidentemente, se escludiamo il riferimento all'estensione, i fenomeni decisivi che permettono il riconoscimento di genere sono altri, di natura non formale: il contenuto onirico della pagina sereniana, il fatto che Gadda stia parlando da osservatore di un luogo viceversa reale con un'intenzione di documentazione giornalistica. Dirimente, comunque, è il *contesto* in cui i due componimenti si inseriscono: il testo gaddiano esce su un quotidiano e poi confluisce in una raccolta di prose, tutte di origine giornalistica; Sereni pubblica i suoi *Appunti* in un libro che contiene quasi solo versi e che tutti considerano "di poesia".

Ciò dovrebbe permettere una **piena riconoscibilità** delle diverse intenzioni, della natura storica dei due testi: da un lato un tipo di *prosa poetica* (un elzeviro) e dall'altro una *poesia in prosa.*

Il ritmo della prosa come problema aperto

In realtà, ciò non è avvenuto o è avvenuto solo parzialmente, e la cultura italiana, fino a non molti anni fa (cfr. ad esempio Menichetti, 1990), ha faticato a distinguere con chiarezza le opposte intenzioni in gioco. Uno dei nodi non ancora sciolti (ma cfr. comunque il classico Beccaria, 1964) è poi la **ritmicità "naturale" della prosa letteraria**, che non conosciamo ancora bene; ciò ci impedisce di giudicare la *funzione* e l'esatto valore espressivo dei versi che scopriamo in certe prose e che potrebbero essere statisticamente comuni a qualsiasi testo scritto in prosa letteraria. Manca poi una descrizione convincente, anche teorica, di quel tipo di prosa, ricchissimo di versi regolari in serie continua, che viene praticato da certi narratori "puri", come ad esempio Silvio D'Arzo (cfr. Frasnedi, 2003) o Vincenzo Consolo (nel suo *Sorriso dell'ignoto marinaio*, del 1976, intere sequenze narrative sono in endecasillabi: cfr. Finzi, Finzi, 1978; Consolo, 1996).

Ritorno della poesia in prosa negli anni settanta-ottanta del Novecento

3. Forse non è per un caso se a partire dagli anni settanta-ottanta del Novecento la poesia in prosa italiana ha ripreso, ma radicalizzandoli, aspetti della dialettica verso/non-verso che l'aveva caratterizzata sin dalla sua origine. Il principale poeta in prosa italiano a cavallo tra i due millenni è **Giampiero Neri**, il cui componimento forse più noto è il seguente (*Pesce d'acqua dolce*, contenuto in *Liceo*, 1986):

Lavarello è il nome lombardo di un pesce che vive sul fondo del lago. Ha la testa piccola, come di chi deve pensare poco. Ma per la forma si adatta alla profondità. Il colore è bianco argento. Sta nei confini dell'acqua scura, fredda e si suppone pigro e pacifico.

Sul banco del pescivendolo si vede qualche volta, il corpo coronato dal rosso vivo delle branchie.

che provocatoriamente si presenta come dimesso, privo di stile e sostanzialmente anche di ritmi convenzionali (ma si badi allo scandito dodecasillabo per anfibrachi: «un p**è**sce che v**ì**ve sul f**ò**ndo del l**à**go»). Ad esso va contrapposta un'opera sperimentale ma antica nei ritmi come *Orologio ad aria* di **Gabriele Frasca**, contenuto in *Rive* del 2001. Si tenga presente che i punti fermi non hanno valore solo logico-sintattico, ma servono a scandire anche pause della recitazione:

e adesso cosa. cos'è che si chiude. vediamo. forse un pugno di minuti. una mezza dozzina fra le nude sequenze incalcolabili. diciamo qualche attimo dicibile. fra muti lunghi intervalli. adagiato sull'amo del tempo. a fremere come la vita ancora fermentasse. in quella spoglia morta appena essiccata fra le dita. in questa gelatina dove torno. a sommozzarmi ancora nella voglia di trarti via di qua. sperderti torno torno [...].

I versi nascosti di Gabriele Frasca

Si tratta di un testo che, in realtà, è composto di endecasillabi. Non solo: le rime che lo sonorizzano in maniera sistematica producono una struttura metricamente regolare, nella forma di terzine legate a due a due dalla rima centrale, secondo lo schema "pascoliano" ABA, CBC, DED, FEF ecc. Per maggior chiarezza, ecco come può essere riscritto il passo citato:

e adesso cosa. cos'è che si chiude.
vediamo. forse un pugno di minuti.
una mezza dozzina fra le nude

sequenze incalcolabili. diciamo
qualche attimo dicibile. fra muti
lunghi intervalli. adagiato sull'amo

del tempo. a fremere come la vita
ancora fermentasse. in quella spoglia
morta appena essiccata fra le dita.

in questa gelatina dove torno.
a sommozzarmi ancora nella voglia
di trarti via di qua. sperderti torno [/torno]

Ovviamente, Frasca non è Rebora, e la poesia in prosa di Neri non molto ha a che fare con quella montaliana. La dialettica di superficie è però la stessa, a confermare che il tema forse primario della poesia in prosa è il **nesso tra apparenza e sostanza**, tra ciò che effettivamente leggiamo e il rinvio a qualcosa che non c'è, al verso possibile.
Semmai, andrà notato che le due opposte scelte *forzano* la poesia in prosa in direzioni forse irriducibili: quella di Frasca è una prosa che deve essere **letta ad alta voce**, scandendola; quella di Neri appare all'opposto **silenziosa**, di natura quasi soltanto tipografica.

Verso la prosa in prosa?

Su quest'ultima strada, e anche grazie alla diffusione di **forme "post-poetiche"** di origine francese e nord-americana (cfr. *Prosa in prosa*, 2009), oggi si comincia addirittura a parlare di «prosa in prosa». Con tale sintagma s'intende segnalare l'esistenza di opere non versificate, inserite in contesti in qualche modo ancora "poetici", che però rifiutano ogni richiamo al lirismo e, soprattutto, alla metrica anche come fenomeno virtuale. La loro natura di opere nate dal montaggio di spezzoni di testi di varia natura, molto spesso non letterari, produce un effetto desublimante che giustifica il passaggio dal mondo alto e istituzionale della poesia in prosa a quello privo di legittimazioni nostalgiche appunto della **prosa in prosa**. Ne esce in qualche modo rafforzata la silenziosità degli enunciati, la loro intenzione di costituirsi come "installazioni" mute in attesa di uno sguardo (e non di un orecchio). Si cita un pezzo di Alessandro Broggi, *Nuova situazione*, da *Nuovo paesaggio italiano* (2008):

I.
Anna è una donna con un uomo, con degli amici che parlano di lei. Che la invitano a cena, che la stimano.
II.
Vivo una relazione felice, ricca e sana: proprio per questo, dopo aver avuto rapporti molto deludenti, posso affermare che ci sono anche uomini che ci fanno del bene. Certo, la fatica è tanta, ma esperienze come questa ti aprono gli occhi.

Bibliografia

Su questioni storiche e teoriche generali: BENEDIKT (1976), BERARDINELLI (1994), BERNARD (1959), CAWS, RIFFATERRE (1983), CONTINI (1983), ECO (1982), FRYE (1963), GIOVANNETTI (1998), JECHOVA *et al.* (1993), NORDEN (1898), UTRERA TORREMOCHA (1999).

Su episodi e autori italiani: BERTONE (1987), CORTELLESSA (2000), COVIELLO (1989), FRASCA (1980-81), GIOVANNETTI (1998), GIUSTI (1997, 1999, 2000), GRECO (2000), MARTIGNONI (1993), MENICHETTI (1990), PAVARINI (1997), PINCHERA (1992), *Prosa in prosa* (2009), *Prosa nel corpo della poesia* (2002), RUOZZI (1992), *Trama sonora. Poesia nella prosa* (2007), VALLI (1980, 2001), ZANGRANDI (1995), ZUBLENA (2002), ZUCCO (2002).

Bibliografia generale

Nota bibliografica sugli autori[1]

Raffaello Baldini: BENZONI (2000), MENGALDO (1995).

Nanni Balestrini: COLANGELO (2002), PINCHERA (1990), SITI (1975).

Fernando Bandini: ZUCCO (2006).

Attillio Bertolucci: GIRARDI (1980, 1984b), MAGRO (2005), RABONI (1971a).

Carlo Betocchi: COLETTI (1987), MENICHETTI (2000).

Giovanni Boine: AUDISIO (1982), BERTONE (1987).

Dino Campana: AUDISIO (1985), BANDINI (1997), BERTONI (1997), BONIFAZI (1964), COLETTI (1997), FRASCA (1980-81), GIOVANNETTI (2001b), PINCHERA (1992).

Giorgio Caproni: AGAMBEN (1991), BELTRAMI (2003c), BOZZOLA (1993), GIRARDI (1979, 1982, 1996, 1997), MENGALDO (1989b, 1993, 1998b), ORLANDO (1998), PINCHERA (2005), RABONI (1977), SCARPA (1997, 2004), SOMELLI (2003), SURDICH (1982), ZATTARIN (2003), ZUCCO (1999, 2005a), ZULIANI (2009b).

Luigi Capuana: CHIUMMO (2002), SPERA (1986).

Vincenzo Cardarelli: GIRARDI (1988), LONARDI (1982).

Giosue Carducci: AUDISIO (2005), BALDACCI (1985), CAPOVILLA (1990, 2001, 2007a, 2007b), CARUSO (1998, 2007), GARGIULO (1943), MANCINI (2000), PAPINI (1968), PIGHI (1957, 1970a), VALGIMIGLI (1954).

Marco Ceriani: ZUCCO (2007b).

Sergio Corazzini: PUPINO (1969), SOLMI (1959).

Gabriele D'Annunzio: AUDISIO (2003), BECCARIA (1975), BERTONI (1987), CAPOVILLA (2005, 2006), DE MICHELIS (1960, 1961, 1976), GARGANO (1902, 1903), GAVAZZENI (1980, 1986, 1987), GIOVANNETTI (1994), LAVEZZI (2000), LORENZINI (1982), MENGALDO (1966, 1972a, 1973), PAZZAGLIA (1974c), PIGHI (1970b), PINCHERA (1991), ZOBOLI (2004).

Eugenio De Signoribus: ZUCCO (2003).

Salvatore Di Giacomo: MENGALDO (2003).

1. In un numero peraltro limitato di casi, è possibile il rinvio a opere contenenti solo parti dedicate all'autore e a questioni strettamente metriche.

Franco Fortini: COLANGELO (2002), GIOVANNETTI (2008b), GRONDA (1977), MENGALDO (1996a, 1996b), RABONI (1971b), SCARAMUCCIA (1997).

Alfonso Gatto: ARRIGONI (2008-09), GIOVANNETTI (2001a), GRECO (2000), MENICHETTI (2007), PIETROPAOLI (1983).

Virgilio Giotti: GIRARDI (2006), MODENA (1985).

Giovanni Giudici: BERTONI (2001), FOLENA (1983), FRANCUCCI (2002), GIRARDI (1999), GRIGNANI (1987), LENZINI (1981), OSSOLA (1978), RABONI (1969), ZUCCO (1993, 1997, 2000, 2005b).

Corrado Govoni: BECCARIA (1983), MENGALDO (1983a), PIETROPAOLI (2003), SALIBRA (1981).

Guido Gozzano: PELOSI (1997).

Jolanda Insana: ZUCCO (2007a).

Piero Jahier: BRIGANTI (1981), MATTEVI (1972), GIOVANNETTI (2000).

Giacomo Leopardi: BANDINI (1975), BIGI (1994), BLASUCCI (1996), CARDUCCI (1902), CONTINI (1947), DE ROSA (2001), FUBINI, BIGI (1964), GIRARDI (2000, 2003), MENGALDO (2006b), MONTEVERDI (1967), SANTAGATA (1994).

Gian Pietro Lucini: BERTONI (1995), COLLAVINI (1992-93), CURI (1970), FERRO (2008), GIOVANNETTI (1994), MANFREDINI (2003, 2005), PIETROPAOLI (1994).

Mario Luzi: MAGRO (2006), MENGALDO (1989b), PASTORE (1994), SALVI (1967), TRAVERSO (1962), ZANGRANDI (2007).

Biagio Marin: FACCANI (1983), ZUCCO (2008).

Filippo Tommaso Marinetti, simbolismo italiano, futurismo: CASTOLDI (2006), COLLAVINI (1992-93), FUMI (1992), GALLINO (1999), PIETROPAOLI (1994), GIOVANARDI (1982).

Eugenio Montale: ANTONELLO (1991), AVALLE (1968), BÀRBERI SQUAROTTI (1959), BARBIERATO (1989), BETTARINI (1978), BLASUCCI (1974), BOZZOLA (1989, 2004, 2005, 2006, 2007), BULGHERONI (1977), CONTINI (1974b), DE MARCHI (2005), LAVEZZI (1981), LONARDI (1974b, 1977), MARUCELLI (1976), MENGALDO (1966, 1973, 1989d, 2002c), MENICHETTI (1996), PINCHERA (1969), SOLDANI (1989), VINEIS (2002-03).

Giacomo Noventa: PRALORAN (1991).

Elio Pagliarani: PIANIGIANI (1996), PINCHERA (1990).

Aldo Palazzeschi: ADAMO (2003a, 2003b), GIOVANNETTI (1994), MENGALDO (1972b), MENICHETTI (2001), PIETROPAOLI (2003).

Giovanni Pascoli: AUDISIO (1995), BECCARIA (1975), BENTSIK (1993), BIGI (1962), CAPOVILLA (2000, 2006), CASTOLDI (2000), CHIODAROLI (1953), CHIUMMO (2002), CONTINI (1958), GARBOLI (2002), LAVEZZI (2008a), MENGALDO (1981, 1990, 2002b), MORONI (1995), NARDO (1978), NAVA (1983, 1991, 2008), PAZZAGLIA (1972), SOLDANI (1993, 1997), TRAINA (1961), VALGIMIGLI (1946, 1952).

Pier Paolo Pasolini: BERTONE (1986), BRUGNOLO (1983), COLANGELO (2002, pp. 117-22), SITI (1972b).

Cesare Pavese: DI GIROLAMO (1975), TAVANI (1981).

Sandro Penna: GIRARDI (1981), MARCUZ (1998), RABONI (1970).

Antonio Porta: COLANGELO (2002), PINCHERA (1990), SITI (1972a, 1975), TERRENI (2007-08).

Salvatore Quasimodo: ALBONICO (2001), ARRIGONI (2005-06), LAVEZZI (2003a), MARTELLI (1985), VALGIMIGLI (1946).

Giovanni Raboni: BANDINI (2006), FRASCA (2006), MAGRO (2002, 2004, 2007, 2008), MAZZONI (1997), ZUCCO (2002).

Clemente Rebora: AUDISIO (1983), BANDINI (1966, 1979), DALLA TORRE (1999), GIOVANNETTI (1986, 2007), LAVEZZI (2008b), MACRÌ (1980-82), MUSSINI, GIANCOTTI (2008).

Amelia Rosselli: CAIROLI (2003), CARBOGNIN (2003), CARPITA (2004), FUSCO (2008), GARDINI (2002), LA PENNA (2002), LORETO (2004-05, 2007), MANERA (2007).

Umberto Saba: BRUGNOLO (1995), CONTINI (1934), FOLENA, TIOLI (1991), GAVAGNIN (2001), GIRARDI (1984a, 1987a, 1993, 2005, 2006), LAVEZZI (2008c), MAC CORMICK (1975), MILANINI (1981), MONTALE (1926), PINCHERA (1985), REBAGLIATI (2008-09).

Edoardo Sanguineti: BAIARDO, DE LUCIS (1998), BILLI (2000), COLANGELO (2002), GEZZI (2003), PINCHERA (1990), SITI (1975).

Camillo Sbarbaro: GIRARDI (1991), GIUSTI (1997), MENGALDO (2006a), PAVARINI (1997), ZANGRANDI (1995), ZOBOLI (2005).

Franco Scataglini: MENGALDO (1998a).

Vittorio Sereni: BARILE (1994), BOERO (2006), BUGLIANI (1997), GIRARDI (1987b), MENGALDO (1983b, 1989b, 1993, 1997, 2001b), PELOSI (1988), ZOICO (1997).

Ardengo Soffici: PIETROPAOLI (2003).

Sergio Solmi: MENGALDO (1982, 2002a).

Delio Tessa: NOVELLI (2001).

Giuseppe Ungaretti: CAMBON (1976), COLETTI (2002), CONTINI (1932-39), CURI (2000), DE ROBERTIS (1945), GUGLIELMI (1989), MENGALDO (1975b), MUSARRA (2001), OSSOLA (1975, 1999), PETRUCCI (1977), SANSONE (1977, 1981), SPEZZANI (1966), STELLA (1987), VINEIS (2002-03), VITIELLO (1974).

Diego Valeri: CASES (1978).

Giorgio Vigolo: LAVEZZI (2003b).

Cesare Viviani: ZUCCO (2009; in corso di stampa).

Paolo Volponi: MENGALDO (2004-05), ZUCCO (2004-05).

Andrea Zanzotto: BILLI (2000), BORDIN (1993), DAL BIANCO (1997b), DAL BIANCO, VILLALTA (1999), GIULIODORI (2008), NIMIS (2002), PAPA (2007), SITI (1975), TASSONI (2002).

Studi critici[2]

AA.VV. (1966), *Ricerche sulla lingua poetica contemporanea*, Liviana, Padova.

ADAMO G. (2003a), *Metro e ritmo del primo Palazzeschi*, presentazione di C. Segre, Salerno, Roma.

EAD. (2003b), *Nota sul ritmo del primo Palazzeschi*, in "Stilistica e Metrica italiana", III, pp. 265-84.

ADORNO T. W. (1970), *Teoria estetica*, Einaudi, Torino 1975.

AFRIBO A. (2007), *Poesia contemporanea dal 1980 a oggi*, Carocci, Roma.

AGAMBEN G. (1991), *Prefazione*, in G. Caproni, *Res amissa*, Garzanti, Milano, pp. 7-31.

ID. (1996), *La fine del poema*, in Id., *Categorie italiane*, Marsilio, Venezia, pp. 113-9.

AGOSTI S. (1972), *Il testo poetico. Teoria e pratiche d'analisi*, Rizzoli, Milano.

ALBONICO M. C. (2001), *Salvatore Quasimodo interprete di Virgilio*, in "Rivista di Letteratura italiana", XIX, 1, pp. 123-70.

ANTONELLI R. (1998), *Tempo testuale e tempo rimico. Costruzione del testo e critica nella poesia rimata*, in "Critica del Testo", I, 1, pp. 177-201.

ANTONELLO M. (1991), *La metrica del primo Montale: 1915-1927*, Pacini Fazzi, Pisa.

Antropologia del sonetto (2000), in "Semicerchio", XXIII, 2, pp. 2-29.

ARRIGONI L. E. (2005-06), *Quasimodo traduttore di Catullo: oltre la stagione ermetica*, tesi di laurea, relatrice prof.ssa G. Rosa, Università degli studi di Milano.

ID. (2008-09), *La metrica di Alfonso Gatto. Strutture formali e paradigmi artistici*, tesi di dottorato, supervisore prof. L. C. Rossi, Università degli Studi di Bergamo.

Atti del sesto Convegno (1978), *Atti del sesto Convegno sui problemi della traduzione letteraria. La traduzione dei moderni nel Veneto: Diego Valeri e Leone Traverso*, Premio città di Monselice per una traduzione letteraria, Monselice.

ATTRIDGE D. (1982), *The Rhythms of English Poetry*, Longman, London-New York.

AUDISIO F. (1982), *Il «ritmo fuori del ritmo» (Nota sui* Frantumi *di Boine)*, in "Paradigma", 4, pp. 211-31.

EAD. (1983), *Rèbora, la tradizione, il ritmo*, in "Paradigma", 5, pp. 127-55.

EAD. (1985), *Sul ritmo di Campana*, in "Paradigma", 6, pp. 273-300.

EAD. (1995), *Pascoli: metrica "neoclassica" e metrica italiana*, in "La Rassegna della Letteratura italiana", IC, 3, settembre-dicembre, pp. 34-91.

EAD. (2003), *Scheda metrica per* Elettra, in G. Papponetti, R. Tiboni (a cura di), *Elettra. XXX Convegno di studio (Chieti-Pescara, 23-24 maggio 2003)*, Ediars, Pescara, pp. 189-212.

2. Nei pochi casi in cui siano indicate più edizioni di un volume, le citazioni si intendono tratte dall'edizione ricordata per prima. Per gli autocommenti, cfr., *infra*, *Edizioni delle opere poetiche citate*.

EAD. (2005), *Carducci, l'esametro, il pentametro e alcuni antecessori*, in "La Rassegna della Letteratura italiana", CIX, 2, pp. 371-407.

AVALLE D'A. S. (1963), *Preistoria dell'endecasillabo*, Ricciardi, Milano-Napoli.

ID. (1968), *«A Liuba che parte»*, in Id., *Tre saggi su Montale*, Einaudi, Torino 1970, pp. 93-9.

ID. (a cura di) (1992), *Concordanze della lingua poetica italiana delle origini (CLPIO)*, con il concorso dell'Accademia della Crusca, vol. I, Ricciardi, Milano-Napoli.

BAIARDO E., DE LUCIS F. (1998), *Shakespeare e il rap. I* Sonetti *secondo Liberovici e Sanguineti*, De Ferrari, Genova.

BALDACCI L. (1985), *Giosue Carducci: strategia e invenzione*, in "Antologia Vieusseux", XXI, 4, LXXX, ottobre-dicembre, pp. 1-28.

BANDINI F. (1966), *Elementi di espressionismo linguistico in Rebora*, in AA.VV. (1966), pp. 3-35.

ID. (1975), *Introduzione*, in G. Leopardi, *Canti*, a cura di F. Bandini, Garzanti, Milano 1987, pp. VII-XXXIII.

ID. (1979), *Clemente Rebora*, in G. Grana (a cura di), *Letteratura italiana. Novecento. I contemporanei*, vol. IV, *Gli scrittori e la cultura letteraria nella società italiana*, tomo 2, Marzorati, Milano, pp. 1521-47.

ID. (1997), *Note sulla lingua poetica di Dino Campana*, in Gentilini (1997), pp. 39-50.

ID. (2006), *Raboni primo e secondo*, in Dei, Maccari (2006), pp. 11-8.

BÀRBERI SQUAROTTI G. (1959), *La metrica e altro*, in Id., *Gli inferi e il labirinto. Da Pascoli a Montale*, Cappelli, Bologna 1974, pp. 195-209.

ID. (1962), *Problemi di metrica*, in Id., *Metodo, stile, storia*, Fabbri, Milano, pp. 109-38.

ID. (1986), *Fra metro e ritmo: situazioni e problemi della metrica del Novecento*, in "Metrica", IV, pp. 181-208.

BARBIERATO M. (1989), *Tradizione e rinnovamento nella versificazione di* Satura, in Mengaldo (1989d), pp. 67-99.

BARILE L. (1994), *Traduzione e metamorfosi: Sereni traduttore di René Char*, in "Allegoria", VI, 18, pp. 152-63.

BAUSI F., MARTELLI M. (1993), *La metrica italiana. Teoria e storia*, Le Lettere, Firenze.

BECCARIA G. L. (1964), *Ritmo e melodia nella prosa italiana. Studi e ricerche sulla prosa d'arte*, Olschki, Firenze.

ID. (1975), *L'autonomia del significante. Figure del ritmo e della sintassi. Dante, Pascoli, D'Annunzio*, Einaudi, Torino.

ID. (1983), *La somma atonale: Corrado Govoni*, in Beccaria (1989), pp. 180-226.

ID. (1989), *Le forme della lontananza. La variazione e l'identico nella letteratura colta e popolare. Poesia del Novecento, fiaba, canto, romanzo*, Garzanti, Milano.

ID. (1995), *La poesia del Novecento. Figure ritmico-sintattiche*, in M. Dardano, P. Trifone (a cura di), *La sintassi dell'italiano letterario*, Bulzoni, Roma, pp. 311-32.

BELTRAMI P. G. (1980), *Prospettive della metrica*, in "Lingua e Stile", XV, 2, aprile-giugno, pp. 281-300.

ID. (1984), recensione a Cornulier (1982), in "Rivista di Letteratura italiana", II, 3, pp. 587-605.
ID. (1986), *Cesura epica, lirica, italiana: riflessioni sull'endecasillabo di Dante*, in "Metrica", IV, pp. 67-107.
ID. (1990), *Endecasillabo, décasyllabe, e altro*, in "Rivista di Letteratura italiana", VIII, 3, pp. 465-513.
ID. (1991), *La metrica italiana*, il Mulino, Bologna (nuova ed. 2002).
ID. (1996), *Gli strumenti della poesia. Guida alla metrica italiana*, il Mulino, Bologna.
ID. (2000), *Narrare in versi (Prove di penna sulla metrica narrativa)*, in "Moderna", II, 2, pp. 25-41.
ID. (2003a), *Appunti su metro e lingua*, in "Nuova Rivista di Letteratura italiana", VI, 1-2, pp. 9-26.
ID. (2003b), *Appunti sul sonetto come problema nella poesia e negli studi recenti*, in "Rhythmica. Revista española de métrica comparada", I, 1, pp. 7-35.
ID. (2003c), *Caproni e i manuali di metrica*, in L. Greco (a cura di), *Omaggio a Caproni. Atti del Convegno (Livorno, 9 febbraio 2001)*, Pacini, Livorno, pp. 117-39.
BENEDIKT M. (ed.) (1976), *The Prose Poem. An International Anthology*, Laurel, New York.
BENTSIK R. (1993), *Alle origini dell'epica pascoliana. Dalla* Chanson de Roland, *la traduzione della morte del conte Rolando*, in "Rivista pascoliana", V, pp. 9-41.
BENZONI P. (2000), *«E andè drétt u n s va invéll». Percorsi di Raffaello Baldini*, in "Studi novecenteschi", XXVII, 59, giugno, pp. 7-57.
BERARDINELLI A. (1994), *La poesia verso la prosa. Controversie sulla lirica moderna*, Bollati Boringhieri, Torino.
BERNARD S. (1959), *Le poème en prose de Baudelaire jusqu'à nos jours*, Nizet, Paris.
BERTINETTO P. M. (1972), *Echi del suono ed echi del senso. Implicazioni semantiche in rima*, in "Parole e Metodi", III, aprile, pp. 47-57.
ID. (1973), *Ritmo e modelli ritmici. Analisi computazionale delle funzioni periodiche nella versificazione dantesca*, Rosenberg & Sellier, Torino.
ID. (1978), *Strutture soprasegmentali e sistema metrico. Ipotesi, verifiche, risposte*, in "Metrica", I, pp. 1-54.
ID. (1981), *Implicazioni metriche*, in Id., *Strutture prosodiche dell'italiano. Accento, quantità, sillaba, giuntura, fondamenti metrici*, Accademia della Crusca, Firenze, pp. 219-46.
ID. (1989), *Autonomia e relazionalità della metrica*, in "Annali della Scuola normale superiore di Pisa. Classe di Lettere e Filosofia", serie III, XVIII, 3, pp. 1387-409.
BERTOLUCCI A. (1951-66), *Poetica dell'extrasistole*, in Id., *Opere*, a cura di P. Lagazzi, G. Palli Baroni, Mondadori, Milano 1999, pp. 951-8.
ID. (1964), *Jahier*, in Id., *Opere*, a cura di P. Lagazzi, G. Palli Baroni, Mondadori, Milano 1999, pp. 1099-103.
BERTONE G. (1981), *Appunti e nozioni di metrica italiana. Con alcune ricerche novecentesche*, Bozzi, Genova.
ID. (1986), *La rima nelle* Ceneri di Gramsci *di Pier Paolo Pasolini*, in "Metrica", IV, pp. 225-65.

ID. (1987), *Le sperimentazioni formali nei* Frantumi*: ritmi e metri*, in Id., *Il lavoro e la scrittura. Saggio in due tempi su Giovanni Boine*, il melangolo, Genova, pp. 65-139.

ID. (1999), *Breve dizionario di metrica italiana*, Einaudi, Torino.

BERTONI A. (1987), Alcyone *come partitura: qualche cenno metrico*, in "Lingua e Stile", XXII, 2, giugno, pp. 281-94.

ID. (1995), *Dai simbolisti al Novecento. Le origini del verso libero italiano*, il Mulino, Bologna.

ID. (1997), *Appunti sul metro degli* Orfici, in Gentilini (1997), pp. 121-33.

ID. (2001), *Una distratta venerazione. La poesia metrica di Giudici*, Book, Castel Maggiore.

ID. (2006), *La poesia. Come si legge e come si scrive*, il Mulino, Bologna.

BETOCCHI C. (1937), *Premesse e limiti di un ritorno al canto*, in "Frontespizio", XV, 5, pp. 327-30.

BETTARINI R. (1978), *Appunti sul* Taccuino *del 1926 di Eugenio Montale*, in "Studi di Filologia italiana", XXXVI, pp. 457-512.

BEYERS C. (2001), *A History of Free Verse*, The University of Arkansas Press, Fayetteville.

BIGI E. (1962), *La metrica delle poesie italiane del Pascoli*, in AA.VV., *Studi per il centenario della nascita di Giovanni Pascoli pubblicati nel cinquantenario della morte. Convegno bolognese (28-30 marzo 1958)*, vol. II, Commissione per i testi di lingua, Bologna, pp. 29-56.

ID. (1994), *La metrica dei* Canti, in AA.VV., *Lingua e stile di Giacomo Leopardi. Atti dell'VIII Convegno internazionale di studi leopardiani (Recanati, 30 settembre-5 ottobre 1991)*, Olschki, Firenze, pp. 277-322.

BILLI M. (2000), *Zanzotto e Sanguineti: "tecniche" di sonetto nel secondo Novecento*, in P. Pieri, G. Benvenuti (a cura di), *Quando l'opera interpella il lettore. Poetiche e forme della modernità letteraria. Studi e testimonianze offerti a Fausto Curi per i suoi settant'anni*, Pendragon, Bologna, pp. 455-73.

BLASUCCI L. (1963), *Metrica e poesia*, in Id., *Studi su Dante e Ariosto*, Ricciardi, Milano-Napoli 1969, pp. 177-200.

ID. (1974), *Lettura e collocazione di* Nuove stanze, in Id., *Gli oggetti di Montale*, il Mulino, Bologna 2002, pp. 153-83.

ID. (1996), *I tempi dei* Canti. *Nuovi studi leopardiani*, Einaudi, Torino.

BOERO M. (2006), *La grana della voce. Ritmo e intonazione negli* Strumenti umani, in "Stilistica e Metrica italiana", VI, pp. 177-98.

BONIFAZI N. (1964), *La sintassi e il verso di Campana*, in Id., *Dino Campana*, Edizioni dell'Ateneo & Bizzarri, Roma 1978, 2ª ed., pp. 221-79.

BONORA E. (1947), *Crisi e rinascita del verso*, in Id., *Gli ipocriti di Malebolge e altri saggi di letteratura italiana e francese*, Ricciardi, Milano-Napoli 1953, pp. 159-90.

BORDIN M. (1993), *Il sonetto in bosco. Connessioni testuali, metrica, stile nell'*Ipersonetto *di Zanzotto*, in "Quaderni veneti", 18, dicembre, pp. 95-178.

BOZZOLA S. (1989), *Strutture strofiche e versificazione nella* Bufera, in Bozzola (2006), pp. 35-55.

ID. (1993), *Narratività e intertesto nella poesia di Caproni*, in "Studi novecenteschi", XX, 45-46, giugno-dicembre, pp. 113-51.

ID. (2004), *Il mottetto* «Brina sui vetri», in Bozzola (2006), pp. 21-31.

ID. (2005), *Le enumerazioni*, in Bozzola (2006), pp. 57-82.

ID. (2006), *Seminario montaliano*, Bonacci, Roma.

ID. (2007), *Figure anaforiche montaliane*, in "Lingua e Stile", XLII, 1, giugno, pp. 101-21.

BRECHT B. (1939), *Sulla poesia non rimata con ritmi irregolari*, in Id., *Scritti sulla letteratura e sull'arte*, nota introduttiva di C. Cases, trad. di B. Zagari, Einaudi, Torino 1973, pp. 258-65.

BRIGANTI P. (1981), *Introduzione*, in P. Jahier, *Poesie in versi e in prosa*, Einaudi, Torino, pp. V-XXIII.

BRIOSCHI F. (1974), *Il lettore e il testo poetico*, in Id., *La mappa dell'impero. Problemi di teoria della letteratura*, Il Saggiatore, Milano 1983, pp. 57-114.

BRIOSCHI F., DI GIROLAMO C. (1984), *Elementi di teoria letteraria*, Principato, Milano.

BRUGNOLO F. (1983), *Il sogno di una forma. Metrica e poetica del Pasolini friulano*, in P. P. Pasolini, *La nuova gioventù. Poesie friulane 1941-1974*, Einaudi, Torino 2002, pp. 271-325.

ID. (1995), Il canzoniere *di Umberto Saba*, in A. Asor Rosa (a cura di), *Letteratura italiana. Le opere*, vol. IV, *Il Novecento*, tomo 1, *L'età della crisi*, Einaudi, Torino, pp. 497-559.

BRUNETTI G. (2004), *«Un non calmato stupore della "forma"». Gianfranco Contini traduttore di Hölderlin*, in "Strumenti critici", nuova serie, XIX, 3, pp. 377-416.

BUFFONI F. (a cura di) (2002), *Ritmologia. Atti del Convegno «Il ritmo del linguaggio. Poesia e traduzione» (Università degli studi di Cassino, Dipartimento di Linguistica e letterature comparate, 22-24 marzo 2001)*, Marcos y Marcos, Milano.

ID. (a cura di) (2004), *La traduzione del testo poetico*, Marcos y Marcos, Milano, 2ª ed.

ID. (2007), *Con il testo a fronte. Indagine sul tradurre e l'essere tradotti*, Interlinea, Novara.

BUGLIANI R. (1997), *Tra metrica e semantica. Versi di confine nella poesia dell'ultimo Sereni*, in "Allegoria", IX, 25, gennaio-aprile, pp. 34-63.

BULGHERONI M. (1977), *Dickinson/Montale: il passo sull'erba*, in A. Cima, C. Segre (a cura di), *Eugenio Montale*, Bompiani, Milano 1996, pp. 78-102.

BUZZI P. (1902), *Un poeta italo-francese*, in "La Sera", 31 maggio-1° giugno, pp. 2-3 (parzialmente riprodotto in Id., *Futurismo. Scritti, carteggi, testimonianze*, a cura di M. Morini, G. Pignatari, vol. I, Comune di Milano, Milano 1982, pp. XXVIII-XXXII).

ID. (1908), *Il verso libero*, in AA.VV., *I poeti futuristi*, con un proclama di F. T. Marinetti e uno studio sul Verso libero di P. Buzzi, Edizioni futuriste di "Poesia", Milano 1912, pp. 43-8.

CACCIATORE E. (1958), *Intorno alla poesia e all'uomo moderno. Contrattempo accademico*, in Id., *Lo specchio e la trottola*, Vallecchi, Firenze 1960, pp. 9-41.

CAIROLI P. (2003), *Spazio metrico e serialismo*, in G. Devoto, E. Tandello (a cura di), *Numero monografico dedicato ad Amelia Rosselli, una delle voci più significative della poesia del '900*, in "Trasparenze", 17-19, pp. 289-300.

CAMBON G. (1976), *La poesia di Ungaretti*, Einaudi, Torino.

CANETTIERI P. (1998), *La metrica e la "numerabilità" del tempo*, in "Critica del Testo", I, 1, pp. 141-76.
CAPOVILLA G. (1978), *Occasioni arcaicizzanti della forma poetica italiana fra Otto e Novecento: il ripristino della ballata antica da Tommaseo a Saba*, in "Metrica", I, pp. 95-145.
ID. (1982), *Materiali per la morfologia e la storia del madrigale "antico", dal ms. Vaticano Rossi 215 al Novecento*, in "Metrica", III, pp. 159-252.
ID. (1986), *La metrica della poesia in dialetto*, in M. Cortelazzo (a cura di), *Guida ai dialetti veneti*, vol. II, CLEUP, Padova, pp. 61-76.
ID. (1989), *Appunti sul novenario*, in R. Luperini (a cura di), *Tradizione/traduzione/società. Saggi per Franco Fortini*, Editori Riuniti, Roma, pp. 75-88.
ID. (1990), *Per le* Odi barbare, in "Rivista di Letteratura italiana", VIII, pp. 337-436.
ID. (2000), *Pascoli*, Laterza, Roma-Bari.
ID. (2001), *Triadi corali (Sul "pindarismo" metrico tra Otto e Novecento)*, in Capovilla (2006), pp. 161-93.
ID. (2005), *Appunti su D'Annunzio "barbaro": il metro alcaico e i metri saffici (minore e maggiore)*, in "Stilistica e Metrica italiana", V, pp. 185-93 (poi rifuso in Capovilla, 2006, pp. 107-13 e 240-5).
ID. (2006), *D'Annunzio e la poesia "barbara"*, Mucchi, Modena.
ID. (2007a), *Mazzoni, Picciòla e il metro della carducciana* Nevicata, in AA.VV., *Studi in onore di Pier Vincenzo Mengaldo per i suoi settant'anni*, a cura degli allievi padovani, vol. II, SISMEL-Edizioni del Galluzzo, Firenze, pp. 1008-16.
ID. (2007b), *Versi "barbari" tra le extravaganti di Carducci: primi appunti*, in "Per leggere", VII, 12, pp. 151-66.
CARBOGNIN F. (2003), *Dall'"unità base" del verso agli* Spazi metrici, in Id., *Le armoniose dissonanze. "Spazio metrico" e intertestualità nella poesia di Amelia Rosselli*, Gedit, Bologna 2008, pp. 15-44.
CARDUCCI G. (a cura di) (1881), *La poesia barbara nei secoli XV e XVI*, ristampa anastatica dell'edizione 1881, presentazione di E. Pasquini, Zanichelli, Bologna 1985.
ID. (1902), *Dello svolgimento dell'ode in Italia*, in Id., *Opere*, vol. XV, Zanichelli, Bologna 1942, pp. 1-81.
CARPITA C. (2004), *La metrica tridimensionale di Amelia Rosselli*, in "Soglie", VI, 2, agosto, pp. 45-58.
CARUSO C. (1998), *Metri barbari, verso libero*, in J. Rigoli, C. Caruso (a cura di), *Poetiche barbare-Poétiques barbares*, Longo, Ravenna, pp. 209-30.
ID. (2007), *La nota carducciana alle* Odi barbare *(1877), la libertà metrica e la poesia di Leopardi*, in "Per leggere", VII, 13, pp. 109-24.
CASES C. (1978), *Diego Valeri traduttore di poesia tedesca*, in *Atti del sesto Convegno* (1978), pp. 33-57.
CASTOLDI M. (2000), *«Io non credo che Matelda cessi di danzare». Materiali per una lezione sulla metrica pascoliana*, in "Paragone-Letteratura", nuova serie, LI, 30-32, agosto-dicembre, pp. 61-98.
ID. (2006), *«Più in là con la libertà non andrei». Nota su Pascoli e Marinetti*, in "Rivista di Letteratura italiana", XXIV, 2, pp. 201-4.
CAWS M. A., RIFFATERRE H. (eds.) (1983), *The Prose Poem in France. Theory and Practice*, Columbia University Press, New York.

CERBONI BAIARDI G. *et al.* (a cura di) (2005), Enjambement. *Teoria e tecniche dagli antichi al Novecento*, ETS, Pisa 2008.

CHIODAROLI G. (1953), *Il Pascoli traduttore*, in "Acme", VI, 2, maggio-agosto, pp. 220-49.

CHIUMMO C. (2002), *«La poesia senza più ritmo? la poesia in prosa?» Ritmo e traduzione tra "barbare", "semiritmi" e sperimentalismo pascoliano*, in "Rivista pascoliana", XIV, pp. 85-108.

COLAGROSSO F. (1909), *Stile, ritmo e rima*, in Id., *Studii stilistici*, Giusti, Livorno, pp. 239-357.

COLANGELO S. (2002), *Metrica come composizione*, in appendice una conversazione con E. Sanguineti, Gedit, Bologna.

COLETTI V. (1986), *Per uno studio della rima nella poesia del Novecento*, in Coletti (1989), pp. 83-98.

ID. (1987), *Metri e lingua di Betocchi*, in Coletti (1989), pp. 138-52.

ID. (1989), *Italiano d'autore. Saggi di lingua e letteratura del Novecento*, Marietti, Genova.

ID. (1993), *Storia dell'italiano letterario*, Einaudi, Torino.

ID. (1997), *Dalla lingua al testo: note linguistiche sui* Canti orfici, in Gentilini (1997), pp. 39-50.

ID. (2002), *Forme della testualità in Ungaretti*, in "Stilistica e Metrica italiana", II, pp. 217-33.

COLLAVINI J. M. (1992-93), *La nascita della metrica libera in Italia (1888-1910)*, tesi di laurea, relatore prof. L. Curti, Università degli studi di Pisa.

CONSOLO V. (1996), *Per una metrica della memoria*, in "Bollettino 900", 2, secondo semestre, in www2.comune.bologna.it/bologna/boll900/consolo2.htm (ultimo accesso, 8 ottobre 2009).

CONTINI G. (1932-39), *Su Giuseppe Ungaretti: I. Ungaretti, o dell'Allegria, II. Materiali sul "secondo" Ungaretti, III. Ungaretti in francese*, in Contini (1974a), pp. 43-65.

ID. (1933), *Introduzione a* Ossi di seppia, in Contini (1974b), pp. 5-16.

ID. (1934), Tre composizioni, *o la metrica di Saba*, in Contini (1974a), pp. 25-32.

ID. (1938), *Dagli* Ossi *alle* Occasioni, in Contini (1974b), pp. 19-45.

ID. (1940), *Di un modo di tradurre*, in Contini (1974a), pp. 372-9.

ID. (1947), *Implicazioni leopardiane*, in Contini (1970), pp. 41-52.

ID. (1958), *Il linguaggio di Pascoli*, in Contini (1970), pp. 219-45.

ID. (1968), *Letteratura dell'Italia unita, 1861-1968*, Sansoni, Firenze.

ID. (1969), *Innovazioni metriche italiane fra Otto e Novecento*, in Contini (1970), pp. 587-99.

ID. (1970), *Varianti e altra linguistica. Una raccolta di saggi (1938-1968)*, Einaudi, Torino.

ID. (1974a), *Esercizî di lettura sopra autori contemporanei*, con un'appendice su testi non contemporanei, nuova edizione aumentata di *Un anno di letteratura*, Einaudi, Torino.

ID. (1974b), *Una lunga fedeltà. Scritti su Eugenio Montale*, Einaudi, Torino.

ID. (1983), *Sans rythme*, in Contini (1988), pp. 23-40.

ID. (1988), *Ultimi esercizî ed elzeviri (1968-1987)*, Einaudi, Torino.

CORNULIER B. DE (1981), *La rime n'est pas une marque de fin de vers*, in "Poétique", 46, avril, pp. 247-56.
ID. (1982), *Théorie du vers. Rimbaud, Verlaine, Mallarmé*, Seuil, Paris.
CORTELLESSA A. (1996), *Una* Tafelmusik *di fine secolo. Flusso percettivo e interdizione narrativa nell'"ipersestina" di Gabriele Frasca*, in "Anticomoderno", 2, pp. 81-103.
ID. (2000), *Per limina*, in Cortellessa (2006), pp. 20-43 e 664-73.
ID. (2001), *Explicit parodia. Modi parodici presso alcuni poeti di ultimo Novecento*, in Grignani (2001), pp. 93-115.
ID. (2006), *La fisica del senso. Saggi e interventi su poeti italiani dal 1940 a oggi*, Fazi, Roma.
ID. (a cura di) (2007), *La furia dei venti contrari. Variazioni Amelia Rosselli*, con testi inediti e dispersi dell'autrice, Le Lettere, Firenze.
COVIELLO M. (a cura di) (1989), *Viceverso. Antologia di prosa poetica*, Corpo 10, Milano.
CREMANTE R. (1967), *Nota sull'*enjambement, in "Lingua e Stile", II, 3, pp. 377-91.
CREMANTE R., PAZZAGLIA M. (a cura di) (1972), *La metrica*, il Mulino, Bologna.
CRUPI V. (1991), *Lingua poetica e traduzione nell'ermetismo*, in S. Nicosia (a cura di), *La traduzione dei testi classici. Teoria, prassi, storia. Atti del Convegno di Palermo (6-9 aprile 1988)*, D'Auria, Napoli, pp. 339-46.
CURI F. (1970), *Per uno straniamento di Lucini*, in Id., *Metodo, storia, strutture*, Paravia, Torino 1971, pp. 69-119.
ID. (2000), *Ungaretti, la durata, il montaggio*, in "Poetiche", V, 2, pp. 190-221.
DAL BIANCO S. (1997a), *Per uno studio dell'anafora nella poesia italiana fra le due guerre*, in Matarrese *et al.* (1997), pp. 351-67.
ID. (1997b), *Tradire per amore. La metrica del primo Zanzotto*, Fazzi, Lucca.
ID. (1998), *Anafore e ripetizioni lessicali nella poesia italiana fra le due guerre*, in "Studi novecenteschi", XXV, 56, dicembre, pp. 207-37.
ID. (2007), *L'endecasillabo del* Furioso, Pacini, Pisa.
DAL BIANCO S., VILLALTA G. M. (a cura di) (1999), A. Zanzotto, *Le poesie e prose scelte*, con due saggi di S. Agosti e F. Bandini, Mondadori, Milano.
DALLA TORRE M. (1999), *Questioni metriche dell'ultimo Rèbora*, in "Otto/Novecento", XXIII, 2, maggio-agosto, pp. 129-78.
DANIELE A. (a cura di) (2009), *Teoria e prassi della traduzione. Atti del Convegno di Udine (29-30 maggio 2007)*, Esedra, Padova.
DEI A., MACCARI P. (a cura di) (2006), *Per Giovanni Raboni. Atti del Convegno di studi (Firenze, 20 ottobre 2005)*, Bulzoni, Roma.
DE MARCHI P. (2005), *L'*anguilla *di Montale e le sue sorelle. Sulla funzione poetica della sintassi*, in "Testo", XXVI, 50, luglio-dicembre, pp. 73-91.
DE MICHELIS E. (1960), *Tutto D'Annunzio*, Feltrinelli, Milano.
ID. (1961), *Delle traduzioni di poesia e in ispecie dai simbolisti francesi*, in AA.VV., *Studi in onore di Vittorio Lugli e Diego Valeri*, vol. I, Neri Pozza, Venezia, pp. 325-32.
ID. (1976), *Una lettera di D'Annunzio*, in Id., *Novecento e dintorni. Dal Carducci al neorealismo*, Mursia, Milano, pp. 34-69.

DE ROBERTIS G. (1945), *Sulla formazione della poesia di Ungaretti*, in G. Ungaretti, *Vita d'un uomo. Tutte le poesie*, a cura di L. Piccioni, Mondadori, Milano 1969, pp. 405-21.

DE ROSA F. (2001), *Dalla canzone al canto. Studi sulla metrica e lo stile dei* Canti *leopardiani*, Pacini Fazzi, Lucca.

DE ROSA F., SANGIRARDI G. (1996), *Introduzione alla metrica italiana*, Sansoni, Firenze (nuova ed., *Breve guida alla metrica italiana*, 2002).

DEVOTO G., VERDINO S. (a cura di) (1982), *Genova a Giorgio Caproni*, San Marco dei Giustiniani, Genova.

DI GIROLAMO C. (1975), *Il verso di Pavese*, in Di Girolamo (1976), pp. 183-96.

ID. (1976), *Teoria e prassi della versificazione*, il Mulino, Bologna.

DORFLES G. (1952), *Necessità del ritmo e della proporzione*, in Id., *Discorso tecnico delle arti*, Christian Marinotti, Milano 2003, pp. 43-68.

ECO U. (1982), *Il segno della poesia e il segno della prosa*, in Id., *Sugli specchi e altri saggi*, Bompiani, Milano 1985, pp. 242-60.

ELIOT TH. S. (1917), *Riflessioni sul* vers libre, in Id., *Opere, 1904-1939*, a cura di R. Sanesi, Bompiani, Milano 2001, pp. 267-74.

ELWERT W. TH. (1968), *Versificazione italiana dalle origini ai giorni nostri*, Le Monnier, Firenze 1973.

Enquête (1909), *Enquête internationale sur le Vers libre et Manifeste du Futurisme par F. T. Marinetti*, Editions de "Poesia", Milan.

ERRANTE V. (1940), *La lirica di Hölderlin. Riduzione in versi italiani. Saggio biografico e critico. Commento*, Principato, Milano-Messina.

ESPOSITO E. (1992), *Metrica e poesia del Novecento*, Franco Angeli, Milano.

ID. (2003), *Il verso*, Carocci, Roma.

FACCANI R. (1983), *Biagio Marin nel novenario giambico*, in "Belfagor", XXXVIII, 4, 31 luglio, pp. 460-6.

ID. (2009), *Metri a confronto nelle traduzioni poetiche dal russo*, in Daniele (2009), pp. 153-62.

FALQUI E. (1938), *Capitoli. Per una storia della nostra prosa d'arte del Novecento. Antologia*, 2ª edizione con postille, Mursia, Milano 1964.

FERRO P. L. (2008), *Un corpo collerico, isterico, disordinato. Per la storia del* Verso libero *di Gian Pietro Lucini*, in Lucini (1908), pp. IX-XXXVII.

FINCH A. (1993), *The Ghost of Meter. Culture and Prosody in American Free Verse*, The University of Michigan Press, Ann Arbor 2000.

FINZI A., FINZI M. (1978), *Strutture metriche della prosa di Vincenzo Consolo*, in "Linguistica e Letteratura", III, 2, pp. 121-35.

FLORA F. (1926-27), *La polemica dell'endecasillabo*, in Id., *Taverna del Parnaso. Prima serie*, Tumminelli, Roma 1943, pp. 113-60.

FOLENA A. L., TIOLI M. E. (1991), *Simmetria e circolarità nella metrica del secondo Saba*, in "Studi novecenteschi", XVIII, 41, giugno, pp. 103-22.

FOLENA G. (1983), *Un cambio di cavalli*, in G. Giudici, Eugenio Onieghin *di Alexandr S. Puškin in versi italiani*, Garzanti, Milano, pp. VII-XV.

FORTINI F. (1953), *Prefazione*, in L. Di Ruscio, *Non possiamo abituarci a morire*, Schwarz, Milano, pp. 5-7.

ID. (1957), *Metrica e libertà*, in Fortini (2003), pp. 783-98.

ID. (1958a), *Verso libero e metrica nuova*, in Fortini (2003), pp. 799-808.
ID. (1958b), *Su alcuni paradossi della metrica moderna*, in Fortini (2003), pp. 809-17.
ID. (1959), *Introduzione*, in B. Brecht, *Poesie e canzoni*, a cura di R. Leiser, F. Fortini, Einaudi, Torino, pp. VII-XX.
ID. (1967), *Prefazione*, in Id., *Foglio di via e altri versi*, nuova edizione riveduta, Einaudi, Torino, pp. 5-10.
ID. (1972a), *Cinque paragrafi sul tradurre*, in Fortini (2003), pp. 839-44.
ID. (1972b), *Traduzione e rifacimento*, in Fortini (2003), pp. 818-38.
ID. (1981), *Metrica e biografia*, in "Quaderni piacentini", nuova serie, II, pp. 105-21.
ID. (1982), *La poesia ad alta voce*, in Fortini (2003), pp. 1562-78.
ID. (1988), *Dei "compensi" nelle versioni di poesia*, in Buffoni (2004), pp. 72-7.
ID. (2003), *Saggi ed epigrammi*, a cura e con un saggio introduttivo di L. Lenzini e uno scritto di R. Rossanda, Mondadori, Milano.
FRACCAROLI G. (1887), *D'una teoria razionale di metrica italiana*, Loescher, Torino.
FRANCUCCI F. (2002), *La metrica di* Salutz, in "Archivi del Nuovo", 10-11, pp. 37-53.
FRASCA G. (1980-81), *I poemi in prosa dei* Canti orfici. *Strutture e temporalità*, in "Annali della Facoltà di Lettere e Filosofia dell'Università di Napoli", XXIII, nuova serie, XI, pp. 223-53.
ID. (1992), *La furia della sintassi. La sestina in Italia*, Bibliopolis, Napoli.
ID. (1999), *La galassia metrica. Per un'ulteriore scienza nuova*, in "Moderna", I, 2, pp. 13-48.
ID. (2001), *Le forme fluide*, in Grignani (2001), pp. 35-63.
ID. (2006), *La ricevitoria del lutto*, in Dei, Maccari (2006), pp. 43-80.
FRASNEDI F. (2003), *Pensare ad altro. Saggio su Silvio D'Arzo*, in S. D'Arzo, *Opere*, introduzioni di A. Bertoni, F. Frasnedi, a cura di S. Costanzi, E. Orlandini, A. Sebastiani, Monte Università Parma, Parma, pp. XXVI-LXXIV.
FRYE N. (1963), *Il critico ben temperato*, Longanesi, Milano 1974.
FUBINI M. (1962), *Metrica e poesia. Lezioni sulle forme metriche italiane*, vol. I, *Dal Duecento a Petrarca*, Feltrinelli, Milano 1970.
FUBINI M., BIGI E. (a cura di) (1964), G. Leopardi, *Canti*, Loescher, Torino.
FUMI E. (1992), *I testi poetici: le costanti stilistiche*, in Ead., *La tentazione simbolista*, Giardini, Pisa, pp. 156-83.
FUSCO F. (2008), *Amelia Rosselli: oltre il verso*, in C. Verbaro (a cura di), *«Scrivere è chiedersi come è fatto il mondo». Per Amelia Rosselli. Atti del Convegno (Università della Calabria, 13 dicembre 2006)*, Rubbettino, Soveria Mannelli, pp. 77-86.
GALLINO A. (1999), *La metrica di Romolo Quaglino (1871-1938). Contributo per una storia del verso libero italiano*, in "Otto/Novecento", XXIII, 3, settembre-dicembre, pp. 37-68.
GARBOLI C. (a cura di) (2002), G. Pascoli, *Poesie e prose scelte*, Mondadori, Milano.
GARDINI N. (2001), *Ritmo temporale e ritmo spaziale: ritmo spaziale*, in Buffoni (2002), pp. 363-73.
ID. (2002), *Amelia Rosselli e lo spazio della fuga*, in "Italianistica", XXXI, 2-3, maggio-dicembre, pp. 125-30.

GARGANO G. S. (1902), *Le poesie e la metrica*, in "Il Marzocco", VII, 41, 12 ottobre, pp. 2-3.
ID. (1903), *La* Laus Vitae *e i critici*, in "Il Marzocco", VIII, 29, 19 luglio, p. 1.
GARGIULO A. (1943), *Ragioni metriche: Carducci*, in Id., *Letteratura italiana del Novecento*, Le Monnier, Firenze, pp. 253-9.
GAROGLIO D. (1903), *Il verso libero (a proposito di* Verso l'Oriente *di Angiolo Orvieto)*, in Id., *Versi d'amore e prose di romanzi. Saggi di critica contemporanea*, Giusti, Livorno, pp. 151-71.
GASPAROV M. (1989), *Storia del verso europeo*, il Mulino, Bologna 1993.
GAVAGNIN C. (2001), *Lirica e narrativa nei* Versi militari *di Saba*, in "Filologia e Critica", XXVI, 3, settembre-dicembre, pp. 350-95.
GAVAZZENI F. (1980), *Le sinopie di* Alcione, Ricciardi, Milano-Napoli.
ID. (1986), *Perizia metrica della* Figlia di Iorio, in AA.VV., *La figlia di Iorio. Atti del VII Convegno internazionale di studi dannunziani (Pescara, 24-26 ottobre 1985)*, Centro nazionale di studi dannunziani, Pescara, pp. 55-101.
ID. (1987), *Onomastica e metrica della* Pioggia, in "Annali d'Italianistica", V, pp. 188-206.
ID. (1988), *La poesia e la critica* [intervista a cura di Giu. Raboni], in "Poesia", I, 7-8, luglio-agosto, pp. 55-7.
GENETTE G. (1969), *Linguaggio poetico, poetica del linguaggio*, in Id., *Figure II. La parola letteraria*, Einaudi, Torino 1972, pp. 93-120.
GENTILINI A. R. (a cura di) (1997), *Dino Campana alla fine del secolo*, il Mulino, Bologna 1999.
GETTO G., SANGUINETI E. (a cura di) (1957), *Il sonetto. Cinquecento sonetti dal Due al Novecento*, Mursia, Milano.
GEZZI M. (a cura di) (2003), *«A me della poesia m'importa pochissimo». Incontro con Edoardo Sanguineti*, in "Atelier", 32, dicembre, pp. 54-69.
GHIDINELLI S. (2004), *Verso e discorso*, in "Poetiche", 1, pp. 97-128.
GIOVANARDI S. (1982), *La presenza ignota. Indagini sulla poesia simbolista italiana fra Otto e Novecento*, Istituto della Enciclopedia italiana, Roma.
ID. (2000), *Metrica: tra norma e infrazione*, in A. Asor Rosa (a cura di), *Letteratura italiana del Novecento. Bilancio di un secolo*, Einaudi, Torino, pp. 268-80.
GIOVANNETTI P. (1986), *I* Frammenti lirici *di Clemente Rebora: questioni metriche*, in "Autografo", III, 8, giugno, pp. 11-35.
ID. (1994), *Metrica del verso libero italiano (1888-1916)*, Marcos y Marcos, Milano.
ID. (1998), *Al ritmo dell'ossimoro. Note sulla poesia in prosa*, in Giovannetti (2008a), pp. 19-45.
ID. (2000), *Prosimetro addormenta guerra.* Con me e con gli alpini *di Piero Jahier*, in Giovannetti (2008a), pp. 77-110.
ID. (2001a), *Modernità metrica del primo Alfonso Gatto*, in Giovannetti (2008a), pp. 111-32.
ID. (2001b), Genova*: il verso libero "cubista" di Dino Campana*, in Giovannetti (2008a), pp. 47-76.
ID. (2005), *Modi della poesia italiana contemporanea. Forme e tecniche dal 1950 a oggi*, Carocci, Roma.
ID. (2007), *Tra discorso e inno: la metrica dell'ultimo Rebora*, in R. Cicala, G. Langella (a cura di), *A verità condusse poesia. Per una rilettura di Clemente Rebo-*

ra, con appendice di inediti e una testimonianza di A. Riboldi, Interlinea, Novara 2008, pp. 177-90.
ID. (2008a), *Dalla poesia in prosa al rap. Tradizioni e canoni metrici nella poesia italiana contemporanea*, Interlinea, Novara.
ID. (2008b), *«Metrica è, per definizione, tradizione». Approssimazioni al verso accentuale di Franco Fortini*, in Giovannetti (2008a), pp. 135-60.
ID. (in corso di stampa), *Dal cubo alla sfera, e ritorno. Qualche idea sulla metrica del primo Sinisgalli*, in S. Martelli, F. Vitelli, L. Pesola (a cura di), *Il guscio della chiocciola. Studi per Leonardo Sinisgalli*, Edisud-Forum Italicum, Salerno-Stony Brook.
GIOVANNUZZI S. (a cura di) (2003), *Gli anni '60 e '70 in Italia. Due decenni di ricerca poetica*, San Marco dei Giustiniani, Genova.
GIRARDI A. (1979), *Metri di Giorgio Caproni*, in Girardi (1987a), pp. 99-134.
ID. (1980), *L'impressionismo narrativo della* Capanna indiana, in Girardi (1987a), pp. 66-76.
ID. (1981), *Il giovane Penna*, in Girardi (1987a), pp. 49-65.
ID. (1982), *Un* hapax *metrico:* Litania, in Devoto, Verdino (1982), pp. 105-19.
ID. (1984a), *Metrica e stile del primo Saba*, in Girardi (1987a), pp. 1-48.
ID. (1984b), *Rilievi variantistici sul poema di Bertolucci*, in Girardi (1987a), pp. 77-98.
ID. (1987a), *Cinque storie stilistiche. Saba, Penna, Bertolucci, Caproni, Sereni*, Marietti, Genova.
ID. (1987b), *Una figura sintattica dell'ultimo Sereni*, in Girardi (1987a), pp. 135-45.
ID. (1988), *Le adolescenti di Cardarelli*, in Girardi (2001), pp. 103-34.
ID. (1991), Versi a Dina, *nuovi versi alla Lina*, in Girardi (2001), pp. 135-46.
ID. (1993), *I* Lieder *di Saba*, in Girardi (2001), pp. 147-60.
ID. (1996), *I sonetti di Caproni. Lingua e metro*, in Girardi (2001), pp. 185-98.
ID. (1997), Ad Olga Franzoni (in memoria) *di Giorgio Caproni*, in Girardi (2001), pp. 161-83.
ID. (1999), *Giudici rifà Caproni*, in Girardi (2001), pp. 223-30.
ID. (2000), *Lingua e pensiero nei* Canti *di Leopardi*, Marsilio, Venezia.
ID. (2001), *Prosa in versi. Da Pascoli a Giudici*, Esedra, Padova.
ID. (2003), *Leopardi nel 1828. Metrica e pensiero*, in "Stilistica e Metrica italiana", III, pp. 167-82.
ID. (2005), *Le stagioni del* Canzoniere, in "Stilistica e Metrica italiana", V, pp. 195-218.
ID. (2006), *Saba e Giotti, italiano e dialetto*, in "Studi novecenteschi", XXXIII, 71, pp. 121-33.
GIUDICI G. (1964), *La gestione ironica*, in Id., *La letteratura verso Hiroshima e altri scritti (1959-1975)*, Editori Riuniti, Roma 1976, pp. 207-17.
ID. (1988), *Da un'officina di traduzione*, in Buffoni (2004), pp. 143-56.
GIULIANI A. (1960), *La forma del verso*, in Giuliani (1961), pp. 214-22.
ID. (a cura di) (1961), *I novissimi. Poesie per gli anni '60*, Rusconi e Paolazzi, Milano; poi Einaudi, Torino 1965.
ID. (2003), *Prefazione 2003*, in Id. (a cura di), *I novissimi. Poesie per gli anni '60*, Einaudi, Torino, 3ª ed., pp. V-VIII.

GIULIODORI G. (2008), *La norma di Zanzotto nell'Ipersonetto*, Aracne, Roma
GIUSTI S. (1997), *Sulla formazione dei* Trucioli *di Camillo Sbarbaro*, Le Lettere, Firenze.
ID. (1999), *L'instaurazione del poemetto in prosa (1879-1898)*, Pensa Multimedia, Lecce.
ID. (2000), *La prosa organizzata in poesia. Tra Tarchetti e Baudelaire*, in Giusti (2005), pp. 13-28.
ID. (2001), *Proposte e ritrovamenti in margine ad una storia del verso libero*, in AA.VV., *L'identità nazionale nella cultura letteraria italiana. Atti del II Congresso dell'ADI (Lecce-Otranto, 20-22 settembre 1999)*, vol. II, Congedo, Galatina, pp. 127-35.
ID. (2002), *Il ritmo senza sguardo. Il dibattito sul verso libero*, in Giusti (2005), pp. 29-37.
ID. (2005), *La congiura stabilita. Dialoghi e comparazioni tra Ottocento e Novecento*, Franco Angeli, Milano.
GNOLI D. (1876), *La rima e la poesia italiana*, in "Nuova Antologia", serie II, III, 12, pp. 705-35.
GRECO P. (2000), *I frammenti "orchestrinici" di* Isola, in Ead., *Alfonso Gatto prosatore*, Pensa Multimedia, Lecce, pp. 29-60.
GRIGNANI M. A. (1987), *Salutz*, in "Autografo", IV, 10, pp. 135-7.
EAD. (a cura di) (2001), *Genealogie della poesia nel secondo Novecento. Giornate di studio (Siena, Certosa di Pontignano, 23-24-25 marzo 2001)*, in "Moderna", III, 2.
GRONDA G. (1977), *Franco Fortini: Un comizio*, in D. Goldin (a cura di), *Retorica e politica. Atti del II Convegno italo-tedesco (Bressanone, 1974)*, premessa di G. Folena, Liviana, Padova, pp. 337-99.
GROSSER J. (2008-09), *L'icona delle forme chiuse. Neometricismo nella poesia italiana contemporanea (1980-2001)*, tesi di laurea, relatore prof. A. Bertoni, Università degli studi di Bologna.
GUGLIELMI G. (1989), *Interpretazione di Ungaretti*, il Mulino, Bologna.
ID. (2001), *La poesia italiana alla metà del Novecento*, in Grignani (2001), pp. 15-33.
GUGLIELMINETTI M. (1974), *Leopardi nella letteratura italiana da Graf alla "Voce"*, in AA.VV., *Leopardi e il Novecento. Atti del III Convegno internazionale di studi leopardiani (Recanati, 2-5 ottobre 1972)*, Olschki, Firenze, pp. 95-125.
HOLLANDER J. (1988), *Melodious Guile. Fictive Pattern in Poetic Language*, Yale University Press, New Haven-London.
HOPKINS G. M. (*ante* 1889), *La struttura del verso e lo* sprung rhythm, in Cremante, Pazzaglia (1972), pp. 35-42.
HRUŠOVSKIJ B. (1970), *I ritmi liberi moderni*, in Cremante, Pazzaglia (1972), pp. 169-76.
ID. (2007), *Prosody, Hebrew*, in F. Skolnik, M. Berenbaum (eds.), *Encyclopaedia Judaica*, Thomson Gale, Farmington Hills, 2ª ed., vol. XVI, pp. 595-623 (ed. or. 1971).
IPPOLITI G. (1914), *Dalle sequenze alle laudi. Ragioni di storia e di metrica*, Tipografia di Campocavallo, Osimo.
JAKOBSON R. (1930), *On the Translation of Verse*, in Jakobson (1979), pp. 131-4.
ID. (1933-36), *Metrics*, in Jakobson (1979), pp. 147-59.

ID. (1934), *Metrica slava*, in *Enciclopedia Treccani*, vol. XXIII, Istituto della Enciclopedia italiana, Roma, pp. 112-3.

ID. (1979), *Selected Writings*, vol. V, *On Verse, Its Masters and Explorers*, prepared for publication by S. Rudy, M. Taylor, Mouton, The Hague.

JANNACCONE P. (1898), *La poesia di Walt Whitman e l'evoluzione delle forme ritmiche*, Roux Frassati, Torino.

JECHOVA H. *et al.* (éds.) (1993), *La poésie en prose des Lumières au Romantisme (1760-1820)*, Presses de l'Université de Paris-Sorbonne, Paris.

KAHN G. (1897), *Préface*, in Id., *Premiers poèmes*, Mercure de France, Paris, pp. 3-36.

KIRBY-SMITH H. T. (1996), *The Origins of Free Verse*, The University of Michigan Press, Ann Arbor.

KOHL K. M. (1990), *Rhetoric, the Bible and the Origins of Free Verse. The Early Hymns of Friedrich Gottlieb Klopstock*, Walter de Gruyter, Berlin-New York.

LA PENNA D. (2002), *Aspetti stilistici e linguistici della poesia italiana di Amelia Rosselli*, in "Stilistica e Metrica italiana", II, pp. 235-72.

LAVEZZI G. (1981), *Occasioni variantistiche per la metrica delle prime tre raccolte montaliane*, in Lavezzi (2008a), pp. 219-31.

EAD. (1996), *Manuale di metrica italiana*, NIS (ora Carocci), Roma.

EAD. (2000), *La disciplina della libertà nella metrica di* Alcyone, in Lavezzi (2008a), pp. 149-64.

EAD. (2001), *Riconoscere l'«usate forme»*, in Lavezzi (2008a), pp. 165-201.

EAD. (2003a), *Il metro che si cala nella storia. L'endecasillabo di* Giorno dopo giorno, in "Rivista di Letteratura italiana", XXI, 1-2, pp. 417-22.

EAD. (2003b), *La musica nella parola. Note sulla metrica di Giorgio Vigolo*, in "Archivi del Nuovo", 12-13, pp. 91-111.

EAD. (2006), *I numeri della poesia. Guida alla metrica italiana*, Carocci, Roma.

EAD. (2008a), *Dalla parte dei poeti: da Metastasio a Montale. Dieci saggi di metrica e stilistica tra Settecento e Novecento*, Società editrice fiorentina, Firenze.

EAD. (2008b), *Il «lucido verso» di Clemente Rebora. Annotazioni metriche*, in M. Allegri, A. Girardi (a cura di), *Clemente Rebora (1885-1957) nel cinquantenario della morte. Atti del Convegno (Rovereto, 10-11 maggio 2007)*, Accademia roveretana degli Agiati, Rovereto, pp. 69-81.

EAD. (2008c), *Le parole che si illuminano*, in "Comunicare Letteratura", I, pp. 83-98.

LA VIA S. (2006), *Poesia per musica e musica per poesia. Dai trovatori a Paolo Conte*, Carocci, Roma.

LENZINI L. (1981), *L'*Onieghin *di Giovanni Giudici*, in Id., *Interazioni. Tra poesia e romanzo: Gozzano, Giudici, Sereni, Bassani, Bertolucci*, Temi, Trento 1998, pp. 85-107.

LEVÝ J. (1961), *A Contribution to the Typology of Accentual-syllabic Versifications*, in *Poetics* (1961), pp. 179-88.

LONARDI G. (1974a), *Leopardismo. Saggio sugli usi di Leopardi dall'Otto al Novecento*, Sansoni, Firenze.

ID. (1974b), *Montale, da Cecchi a Svevo*, in Lonardi (1980), pp. 1-32.

ID. (1977), *«Alla maniera di Filippo De Pisis» e «il nostro pesante linguaggio polisillabico»*, in Lonardi (1980), pp. 164-70.

ID. (1980), *Il Vecchio e il Giovane e altri studi su Montale*, Zanichelli, Bologna.

ID. (1982), Autunno*: osservazioni sul Leopardi di Cardarelli*, in "Studi novecenteschi", IX, 24, dicembre, pp. 249-91.

LONGREE G. H. F. (1985), *L'expérience idéo-calligrammatique d'Apollinaire*, Touzot, Paris, 2ª ed.

LORENZINI N. (1982), commento a G. D'Annunzio, *Versi d'amore e di gloria*, ed. diretta da L. Anceschi, vol. I, a cura di A. Andreoli, N. Lorenzini, Mondadori, Milano.

ID. (1999), *Le nuove modalità della forma chiusa*, in "Il Verri", 9, maggio, pp. 124-34.

LORETO A. (2004-05), *L'avanguardia di Amelia Rosselli, fra critica del linguaggio e ricerca del soggetto*, tesi di laurea, relatore prof. E. Esposito, Università degli studi di Milano.

ID. (2007), *L'anti-oracolo di* Variazioni belliche, in Cortellessa (2007), pp. 204-14.

LOTMAN J. M. (1970), *La struttura del testo poetico*, a cura di E. Bazzarelli, Mursia, Milano 1972.

LUCINI G. P. (*post* 1888), *Le Armonie sinfoniche*, in "Il Verri", 33-34, 1970, pp. 21-3.

ID. (1903-04), *Del Verso Libero d'annunziano*, in Id., *Antidannunziana. D'Annunzio al vaglio della critica*, Studio editoriale lombardo, Milano 1914, pp. 169-94.

ID. (1906), in *Enquête* (1909), pp. 103-30.

ID. (1907), *Ai Mani gloriosi di Giosuè Carducci*, in Id., *Giosuè Carducci*, A. Nicola & C., Varese 1912, pp. 23-149.

ID. (1908), *Il verso libero. "Proposta"* [in copertina]. *Ragion poetica e programma del verso libero. Grammatica, ricordi e confidenze per servire alla storia delle lettere contemporanee* [frontespizio], Edizione di "Poesia", Milano (ristampa anastatica a cura di P. L. Ferro, Interlinea, Novara 2008).

LUZI M. (1938), *Introduzione ai commenti*, in Ramat (1969), pp. 543-4.

ID. (1994), *Lezione sull'endecasillabo*, in A. Francini *et al.* (a cura di), *Lezioni di poesia*, Le Lettere, Firenze 2000.

MAC CORMICK C. (1975), *I sonetti a tre tempi dei* Versi militari *di Saba*, in "Studi e Problemi di Critica testuale", 10, aprile, pp. 166-82.

MACRÌ O. (1938), *Chiarimento sulla "metrica"*, in Ramat (1969), pp. 550-2.

ID. (1971), *Leone Traverso e l'esperienza ermetica*, in "Studi urbinati", nuova serie, XLV, B 1-2, 1, pp. 15-59.

ID. (1980-82), *La poesia di Clemente Rebora nel secondo tempo o intermezzo (1913-1920) tra i* Frammenti lirici *e le* Poesie religiose, in "Paradigma", 3, pp. 279-313 e 4, pp. 177-209.

ID. (1988), *La traduzione poetica negli anni Trenta (e seguenti)*, in Buffoni (2004), pp. 54-71.

ID. (1989), *Sergio Baldi, poeta traduttore e critico*, in S. Baldi, *I piaceri della fantasia. Versioni con testi originali*, a cura di A. Celli, Olschki, Firenze 1996, pp. 7-41.

MAGRO F. (2002), *La metrica del primo Raboni*, in "Nuova Rivista di Letteratura italiana", V, 2, pp. 347-407.

ID. (2004), Ombra ferita, anima che vieni *di Giovanni Raboni*, in "Per leggere", IV, 6, pp. 143-56.

ID. (2005), *«Un ritmo per l'esistenza e per il verso». Metrica e stile nella poesia di Attilio Bertolucci*, Esedra, Padova.

ID. (2006), Aprile-amore *e* Primizie del deserto *di Luzi. Fra testo e raccolta*, in "Stilistica e Metrica italiana", VI, pp. 199-222.

ID. (2007), *Poesia in forma di prigione. Sul sonetto di Giovanni Raboni*, in "Studi novecenteschi", XXXIV, 73, gennaio-giugno, pp. 209-42.

ID. (2008), *Un luogo della verità umana. La poesia di Giovanni Raboni*, Campanotto, Udine.

MALLARMÉ S. (1897), *Crise de vers*, in Id., *Œuvres complètes*, édition présentée, établie et annotée par B. Marchal, vol. II, Gallimard, Paris 1998-2003, pp. 204-13.

MANCINI M. (2000), *Il distico elegiaco in* Nevicata *di Giosue Carducci*, in Id., *Saggi sulla poesia barbara e altri studi di metrica italiana*, Vecchiarelli, Roma, pp. 157-77.

MANERA M. (2007), *Il sistema metrico di Amelia Rosselli*, in Pregliasco (2007), pp. 127-45.

MANFREDINI M. (2003), *«In giusti versi tradizionali». Note metriche e prosodiche sui sonetti del* Libro delle Figurazioni Ideali *di Gian Pietro Lucini*, in "Stilistica e Metrica italiana", III, pp. 219-63.

EAD. (2005), commenti a G. P. Lucini, *Il libro delle figurazioni ideali*, a cura di M. Manfredini, Salerno, Roma.

MARAZZINI C. (1981), *Revisione ed eversione metrica. Appunti sul sonetto nel Novecento*, in "Metrica", II, pp. 189-205.

MARCUZ L. (1998), *Intertestualità nella poesia di Sandro Penna*, in "Studi novecenteschi", XXV, 56, dicembre, pp. 305-29.

MARTELLI M. (1984), *Le forme poetiche italiane dal Cinquecento ai nostri giorni*, in A. Asor Rosa (a cura di), *Letteratura italiana*, vol. III, *Le forme del testo*, tomo 1, *Teoria e poesia*, Einaudi, Torino, pp. 519-620.

ID. (1986), *Il problema metrico nella poesia di Salvatore Quasimodo*, in G. Finzi (a cura di), *Salvatore Quasimodo. La poesia nel mito e oltre*, Laterza, Roma-Bari, pp. 89-103.

MARTIGNONI C. (1993), *Sulla letteratura vociana: la riforma dei generi e dello stile*, in "Strumenti critici", VIII, 2, maggio, pp. 189-203.

MARUCELLI G. (1976), *La metrica di Montale. Isosillabismo ed equivalenza ritmica dagli* Ossi di seppia *alle* Occasioni, in G. Cillo (a cura di), *Contributi per Montale*, Milella, Lecce, pp. 91-108.

MATARRESE T. *et al.* (a cura di) (1997), *Stilistica, metrica e storia della lingua. Studi offerti dagli allievi a Pier Vincenzo Mengaldo*, Antenore, Padova.

MATTEVI V. (1972), *Biblicità nel linguaggio poetico di Jahier*, in "Studi novecenteschi", I, 1, marzo, pp. 63-101.

MATTIOLI E. (2001), *Ritmo e traduzione*, Mucchi, Modena.

MAZZONI G. (a cura di) (1997), *Classicismo e sperimentazione contro la perdita di significato* [intervista a G. Raboni], in "Allegoria", IX, 25, gennaio-aprile, pp. 141-6.

MCLUHAN M. (1953a), *Joyce, Mallarmé e la stampa*, in Id., *Il paesaggio interiore*, a cura di E. McNamara, Sugarco, Milano 1983, pp. 26-41.

ID. (1953b), *James Joyce: triviale e quadriviale*, in Id., *Il paesaggio interiore*, cit., pp. 42-64.

MENGALDO P. V. (1966), *Da D'Annunzio a Montale: ricerche sulla formazione e la storia del linguaggio poetico montaliano*, in Mengaldo (1975a), pp. 13-106.

ID. (1972a), *D'Annunzio e la lingua poetica del Novecento*, in Mengaldo (1975a), pp. 190-216.

ID. (1972b), *Su una costante ritmica della poesia di Palazzeschi*, in Mengaldo (1975a), pp. 217-41.

ID. (1973), *Per la cultura linguistica di Montale: qualche restauro. II.* Corno inglese *e* Alcione, in Mengaldo (1975a), pp. 301-13.

ID. (1975a), *La tradizione del Novecento. Da D'Annunzio a Montale*, Feltrinelli, Milano (2ª ed., senza il sottotitolo e con l'indicazione di edizione «prima serie», Bollati Boringhieri, Torino 1996).

ID. (1975b), *Una lirica di Ungaretti*, in Mengaldo (1975a), pp. 242-56.

ID. (1978), *Poeti italiani del Novecento*, Mondadori, Milano.

ID. (1981), *Un'introduzione a* Myricae, in Mengaldo (1987), pp. 79-137.

ID. (1982), *Aspetti delle versioni poetiche di Solmi*, in Mengaldo (1987), pp. 307-56.

ID. (1983a), *Considerazioni sulla metrica del primo Govoni (1903-1915)*, in Mengaldo (1987), pp. 139-88.

ID. (1983b), *Ricordo di Vittorio Sereni*, in Mengaldo (1987), pp. 357-76.

ID. (1987), *La tradizione del Novecento. Nuova serie*, Vallecchi, Firenze.

ID. (1989a), *Questioni metriche novecentesche*, in Mengaldo (1991), pp. 27-74.

ID. (1989b), *Confronti tra traduttori-poeti contemporanei (Sereni, Caproni, Luzi)*, in Mengaldo (1991), pp. 175-94.

ID. (1989c), *Il linguaggio della poesia ermetica*, in Mengaldo (1991), pp. 131-57.

ID. (a cura di) (1989d), *Quaderno montaliano*, Liviana, Padova.

ID. (1990), *Ancora sui novenari di Castelvecchio*, in Mengaldo (1991), pp. 91-116.

ID. (1991), *La tradizione del Novecento. Terza serie*, Einaudi, Torino.

ID. (1993), *Caproni e Sereni: due versioni*, in Mengaldo (2000), pp. 208-19.

ID. (1994), *Il Novecento*, il Mulino, Bologna.

ID. (1995a), Ad nòta *di Raffello Baldini*, in Mengaldo (2000), pp. 366-75.

ID. (1996a), Questo muro *di Franco Fortini*, in Mengaldo (2000), pp. 291-317.

ID. (1996b), *Un aspetto della metrica di Fortini*, in Mengaldo (2000), pp. 271-90.

ID. (1997), La spiaggia *di Vittorio Sereni*, in Mengaldo (2000), pp. 239-54.

ID. (1998a), *La quartina e altri tratti formali in Scataglini*, in Mengaldo (2000), pp. 381-91.

ID. (1998b), *Per la poesia di Giorgio Caproni*, in Mengaldo (2000), pp. 169-95.

ID. (2000), *La tradizione del Novecento. Quarta serie*, Bollati Boringhieri, Torino.

ID. (2001a), *Prima lezione di stilistica*, Laterza, Roma-Bari.

ID. (2001b), *Sereni traduttore di poesia*, in V. Sereni, *Il musicante di Saint-Merry*, Einaudi, Torino, pp. V-XXVII.

ID. (2002a), *Caratteri stilistici della poesia di Solmi*, in "Giornale storico della Letteratura italiana", CLXXIX, pp. 497-510.

ID. (2002b), *Note sull'elaborazione dei* Canti di Castelvecchio, in "Lingua e Stile", XXXVII, 1, giugno, pp. 101-22.

ID. (2002c), *Per una lettura di un mottetto di Montale*, in AA.VV., *L'Accademia della Crusca per Giovanni Nencioni*, Le Lettere, Firenze, pp. 411-21.

ID. (2003), *Studi su Salvatore Di Giacomo*, Liguori, Napoli.

ID. (2004-05), *La rima nella poesia di Volponi*, in "Istmi", 15-16, pp. 371-83.

ID. (2006a), *Caratteri dell'endecasillabo di Sbarbaro*, in "Stilistica e Metrica italiana", VI, pp. 262-9.

ID. (2006b), *Sonavan le quiete stanze. Sullo stile dei* Canti *di Leopardi*, il Mulino, Bologna.

MENICHETTI A. (1984), *Problemi della metrica*, in Menichetti (2006), pp. 155-209.

ID. (1990), *Testi di frontiera tra poesia e prosa*, in Menichetti (2006), pp. 349-66.

ID. (1993), *Metrica italiana. Fondamenti metrici, prosodia, rima*, Antenore, Padova.

ID. (1996), *Eugenio Montale nel centenario della nascita*, in Menichetti (2006), pp. 423-38.

ID. (2000), *Approssimazioni alla metrica di Betocchi*, in Menichetti (2006), pp. 385-98.

ID. (2001), *La metrica di Palazzeschi*, in Menichetti (2006), pp. 399-422.

ID. (2006), *Saggi metrici*, a cura di P. Gresti, M. Zenari, Edizioni del Galluzzo, Firenze.

ID. (2007), *Osservazioni sulla metrica*, in A. Dolfi (a cura di), *Alfonso Gatto «Nel segno di ogni cosa». Atti di seminario (Firenze, 18-19 dicembre 2006)*, Bulzoni, Roma, pp. 27-36.

MESA G. (1996-2001), *Il verso libero e il verso necessario. Sulle forme chiuse nella poesia italiana contemporanea,* [*I*], in "Baldus", 5, 1996, pp. 40-6; [*II*], in AA.VV., *Ákusma. Forme della poesia contemporanea*, Metauro, Fossombrone 2000, pp. 243-55; [*III*], in Buffoni (2002), pp. 375-89 (il sottotitolo figura solo in [*I*]; in [*III*] il sottotitolo è invece *Ipotesi ed esempi nella poesia italiana contemporanea*).

MESCHONNIC H. (1982), *Critique du rythme. Anthropologie historique du language*, Verdier, Paris 1990.

Metrica italiana e discipline letterarie (in corso di stampa), *Metrica italiana e discipline letterarie. Atti del Convegno (Verona, 8-10 maggio 2008).*

MILANINI C. (a cura di) (1981), U. Saba, *Coi miei occhi*, Il Saggiatore, Milano.

MODENA A. (1985), *Sulla metrica delle poesie in dialetto di Giotti*, in "Autografo", II, 6, ottobre, pp. 34-46.

MONTALE E. (1926), *Umberto Saba*, in Montale (1976), pp. 194-207.

ID. (1976), *Sulla poesia*, a cura di G. Zampa, Mondadori, Milano.

MONTEVERDI A. (1967), *Frammenti critici leopardiani*, Edizioni scientifiche italiane, Napoli.

MORONI G. (1995), *Appunti di ritmica e metrica. In margine a una trascurata teoria musicale del ritmo poetico*, CLUEB, Bologna.

MUSARRA F. (2001), *Alcune osservazioni sui costituenti ritmici nella poesia di Ungaretti*, in "Narrativa", 19, pp. 71-88.

MUSSINI G., GIANCOTTI M. (a cura di) (2008), C. Rebora, *Frammenti lirici*, Interlinea, Novara.

NARDO D. (1978), *La mimesi metrica del Pascoli latino*, in "Metrica", I, pp. 147-69.

NAVA G. (a cura di) (1983), G. Pascoli, *Canti di Castelvecchio*, Rizzoli, Milano.

ID. (a cura di) (1991), G. Pascoli, *Myricae*, Salerno, Roma.

ID. (a cura di) (2008), G. Pascoli, *Poemi conviviali*, Einaudi, Torino.

NESPOR M. (1993), *Fonologia*, il Mulino, Bologna.

NIMIS J. (2002), *Du rythme comme élément de la «verbalisation du monde» dans la poésie d'Andrea Zanzotto*, in "Revue des Etudes Italiennes", XLVIII, 3-4, juillet-décembre, pp. 359-78.

NORDEN E. (1898), *La prosa d'arte antica. Dal VI secolo a.C. all'età della Rinascenza*, ed. it. a cura di B. Heinemann Campana, con una nota di aggiornamento di G. Calboli e una premessa di S. Mariotti, Salerno, Roma 1986.

NOVELLI M. (2001), *I «saggi lirici» di Delio Tessa*, LED, Milano.

OLSON C. (1950), *Il verso proiettivo*, trad. di A. Tagliaferri, in "Il Verri", V, 1, febbraio 1961, pp. 9-23.

ORLANDO R. (1998), *Un sonetto di Caproni: note sul linguaggio*, in "Studi novecenteschi", XXV, 56, dicembre, pp. 291-303.

ORLANDO S. (1993), *Manuale di metrica italiana*, Bompiani, Milano.

OSSOLA C. (1975), *Dal "verso libero" alle "parole in libertà"*, in Id., *Giuseppe Ungaretti*, Mursia, Milano 1982, pp. 183-202.

ID. (1978), *Metrica e semantica in Giovanni Giudici. (Nota su* Lo sfasamento*)*, in "Metrica", I, pp. 241-59.

ID. (1999), *Introduzione*, in W. Shakespeare, *Quaranta sonetti*, testo originale inglese, traduzione francese di Y. Bonnefoy, versione italiana di G. Ungaretti, Einaudi, Torino, pp. V-XXIV.

OTTONIERI T. (1993), *Il battito del verso*, in M. I. Gaeta, G. Sica (a cura di), *La parola ritrovata. Ultime tendenze della poesia italiana*, Marsilio, Venezia 1995, pp. 205-10.

PANICALI A. (2004), *Del verso libero e altro*, in A. Daniele (a cura di), *Metrica e poesia*, Esedra, Padova, pp. 203-19.

PAPA E. A. (2007), *I labirinti dell'inconscio. Commento a* Gli Sguardi i Fatti e Senhal *di Andrea Zanzotto*, in Pregliasco (2007), pp. 147-202.

PAPINI G. A. (1968), *Formazione del Carducci "barbaro"*, in "Convivium", XXXVI, 1-2, pp. 1-79.

PASCOLI G. (1900), *A Giuseppe Chiarini. Della metrica neoclassica*, in Id., *Prose*, a cura di A. Vicinelli, vol. I, Mondadori, Milano 1946, pp. 904-76.

PASOLINI P. P. (1945), *Antologia della lirica pascoliana. Introduzione e commenti*, a cura di M. A. Bazzocchi, con un saggio di M. A. Bazzocchi, E. Raimondi, Einaudi, Torino 1993.

ID. (1965), *Il "cinema di poesia"*, in Id., *Empirismo eretico*, in Id., *Saggi sulla letteratura e sull'arte*, a cura di W. Siti, S. De Laude, con un saggio di C. Segre, cronologia a cura di N. Naldini, vol. I, Mondadori, Milano 1999, pp. 1461-88.

PASTORE S. (1994), *Ripetizione e disgiunzione nella poesia di Mario Luzi*, in "Italianistica", XXIII, 2-3, maggio-dicembre, pp. 491-512.

ID. (1996), *Il sonetto del secondo Novecento: presenza e problematiche*, in "Studi novecenteschi", XXIII, 51, giugno, pp. 117-55.

ID. (1999), *La frammentazione, la continuità, la metrica. Aspetti metrici della poesia del secondo Novecento*, Istituti editoriali e poligrafici internazionali, Pisa-Roma.

ID. (2001), *Appunti su una coordinata ritmica novecentesca*, in "Studi novecenteschi", XXVIII, 62, dicembre, pp. 345-62.

PAVARINI S. (1997), *Sbarbaro prosatore. Percorsi ermeneutici dal frammento alla prosa d'arte*, il Mulino, Bologna.

PAZZAGLIA M. (1972), *Figure metriche pascoliane: i novenari di Castelvecchio*, in Pazzaglia (1974a), pp. 77-127.
ID. (1974a), *Teoria e analisi metrica*, Pàtron, Bologna.
ID. (1974b), *Appunti sul verso libero*, in Pazzaglia (1974a), pp. 221-61.
ID. (1974c), *La strofe lunga di* Alcyone, in Pazzaglia (1974a), pp. 157-220.
ID. (1990), *Manuale di metrica italiana*, Sansoni, Firenze.
PELOSI A. (1988), *La metrica scalare del primo Sereni*, in "Studi novecenteschi", XV, 35, giugno, pp. 143-53.
ID. (1997), *Indizi metrici gozzaniani*, in Matarrese *et al.* (1997), pp. 249-56.
PETRUCCI G. (1977), *Sulle varianti dell'*Allegria, in "Studi novecenteschi", VI, 16, marzo, pp. 5-57.
PIANIGIANI G. (1996), La ballata di Rudi *di Elio Pagliarani: romanzo-partitura e drammaturgia antilirica*, in "Allegoria", VIII, 23, pp. 149-65.
PIETROPAOLI A. (1983), *Strutture in Gatto*, in Id., *Le strutture della poesia. Saggi su Campana, Ungaretti, Sbarbaro, Montale, Quasimodo, Gatto*, Edizioni scientifiche italiane, Napoli, pp. 115-63.
ID. (a cura di) (1994), *Materiali critici per lo studio del verso libero in Italia*, Edizioni scientifiche italiane, Napoli.
ID. (1999), *De versibus liberis disputandum est*, in "Poetiche", 1, pp. 135-72.
ID. (2003), *Poesie in libertà. Govoni, Palazzeschi, Soffici*, Guida, Napoli.
PIGHI G. B. (1956), *Ritmi moderni*, in Pighi (1970a), pp. 447-63.
ID. (1957), *Poesia barbara e illusioni metriche*, in Pighi (1970a), pp. 403-32.
ID. (1970a), *Studi di ritmica e metrica*, raccolti a cura della Facoltà di Lettere dell'Università degli studi di Bologna, Bottega d'Erasmo, Torino.
ID. (1970b), *La «grande strofe» dannunziana*, in Pighi (1970a), pp. 433-45.
PINCHERA A. (1966), *L'influsso della metrica classica sulla metrica italiana del Novecento (da Pascoli ai "novissimi")*, in "Quaderni urbinati di Cultura classica", 1, pp. 92-127.
ID. (1969), *La versificazione tonico-sillabica nella poesia di Montale: I.* Ossi di seppia, in "Quaderni urbinati di Cultura classica", 7, pp. 155-84.
ID. (1985), *Metrica e stile di Umberto Saba: le epifanie del sonetto*, in AA.VV., *Il punto su Saba. Atti del Convegno internazionale (Trieste, 25-27 marzo 1984)*, Lint, Trieste, pp. 43-81.
ID. (1990), *La metrica dei "Novissimi"*, in "Ritmica", 4, pp. 62-76.
ID. (1991), *Gabriele D'Annunzio, dal metro al ritmo (Prolegomeni ad* Alcyone*)*, in AA.VV., *Studi su D'Annunzio. Un seminario di studio*, Marietti, Genova, pp. 87-126.
ID. (1992), *Appunti sulla prosa dei* Canti orfici, in F. Bernardini Napoletano (a cura di), *Dino Campana nel Novecento. Il progetto e l'opera*, Officina, Roma, pp. 96-131.
ID. (1999), *La metrica*, Bruno Mondadori, Milano.
ID. (2005), *Inarcature interstrofiche e antiche regole nei sonetti di Caproni*, in Cerboni Baiardi *et al.* (2005), pp. 179-91.
Poetics [...] (1961), Państwowe Wydawnictwo Naukowe, Warszawa.
PORTA A. (1961), *Poesia e poetica*, in Giuliani (1961), pp. 193-5.
ID. (a cura di) (1979), *Poesia degli anni Settanta*, prefazione di E. Siciliano, Feltrinelli, Milano.

PRALORAN M. (1991), *Il "cantar" allusivo. Metrica e stile in Noventa*, in "Rivista di Letteratura italiana", IX, 3, pp. 521-64.

ID. (a cura di) (2003), *La metrica dei* Fragmenta, Antenore, Padova.

PREGLIASCO M. (a cura di) (2007), *Nove Novecento. Studi sul linguaggio poetico*, Edizioni dell'Orso, Alessandria.

PRETE A. (2001), *Dialoghi sul confine. La traduzione della poesia*, in E. Cecchi, N. Sapegno (a cura di), *Storia della letteratura italiana*, vol. XI, *Il Novecento*, tomo 3, *Scenari di fine secolo 1*, direzione e coordinamento di N. Borsellino, L. Felici, progetto e realizzazione editoriale di F. Migiarra, Garzanti, Milano, pp. 881-916.

Prosa in prosa (2009), *Prosa in prosa*, con 504 illustrazioni in bianco e nero nel testo, introduzione di P. Giovannetti, note di lettura di A. Loreto, Le Lettere, Firenze.

Prosa (La) nel corpo della poesia (2002), numero monografico di "Istmi", 11-12.

PUPINO A. R. (1969), *Strategia della negazione metrica*, in Id., *L'astrazione e le cose nella lirica di Sergio Corazzini*, prefazione di G. Petrocchi, Adriatica, Bari, pp. 31-87.

RABONI G. (1959), *Antefatto – Frammenti*, in Raboni (2005), pp. 183-6.

ID. (1969), *Giudici, sosia di se stesso* [*II*], in Raboni (2005), pp. 320-3.

ID. (1970), *Perfezione di Penna*, in Raboni (2005), pp. 147-59.

ID. (1971a), *Bertolucci alla ricerca del presente* [*I*], in Raboni (2005), pp. 94-100.

ID. (1971b), *Divagazioni metriche*, in Raboni (1976), pp. 206-11.

ID. (1976), *Poesia degli anni Sessanta*, Editori Riuniti, Roma.

ID. (1977), *Caproni, o dell'esilio* [*II*], in Raboni (2005), pp. 133-8.

ID. (a cura di) (1981), *Poesia italiana contemporanea*, Sansoni, Firenze.

ID. (2005), *La poesia che si fa. Cronaca e storia del Novecento poetico italiano, 1959-2004*, a cura di A. Cortellessa, Garzanti, Milano.

RAMAT S. (1969), *L'ermetismo*, La Nuova Italia, Firenze.

RAMOUS M. (1984), *La metrica*, Garzanti, Milano.

REBAGLIATI M. (2008-09), *La novità dei "vecchi metri". La poesia di tre strofe nel* Canzoniere *di Umberto Saba*, tesi di laurea, relatrice prof.ssa G. Lavezzi, Università degli studi di Pavia.

RITROVATO S. (2005), Enjambement *"verso" la prosa. Appunti su una questione metrica novecentesca*, in Cerboni Baiardi *et al.* (2005), pp. 193-204.

ROGGIA C. E. (2002), *Il sonetto nel Novecento*, in "Stilistica e Metrica italiana", II, pp. 275-85.

RUOZZI G. (1992), *Forme brevi. Pensieri, massime e aforismi nel Novecento italiano*, Editrice libreria goliardica, Pisa.

SALIBRA E. (1981), *La metrica delle* Fiale *di Corrado Govoni*, in "Trimestre", XIV, 2-4, giugno-dicembre, pp. 241-60.

ID. (1982), *Considerazioni sul verso libero*, in Salibra (2005), pp. 297-320.

ID. (2005), *Voci in fuga. Poeti italiani del primo Novecento*, Liguori, Napoli.

SALVI S. (1967), *Il metro di Luzi*, Leonardi, Bologna.

SANGUINETI E. (1961), *Poesia informale?*, in Giuliani (1961), pp. 201-4.

SANSONE G. E. (1977), *Glossa su un arabesco ungarettiano*, in Sansone (1988), pp. 257-72.

ID. (1981), *Il ritmo ungarettiano dallo stacco semantico alla connivenza metrica*, in Sansone (1988), pp. 273-95.

ID. (1988), *Le trame della poesia. Per una teoria funzionale del verso*, Vallecchi, Firenze.

SANTAGATA M. (1994), *L'endecasillabo sciolto e la scrittura "antica"*, in Id., *Quella celeste naturalezza. Le canzoni e gli idilli di Leopardi*, il Mulino, Bologna, pp. 67-107.

SCARAMUCCIA F. (1997), *L'*Arca del sasso. *Una sestina sofferta. Appunti sulla* Sestina a Firenze *di Franco Fortini*, in "Anticomoderno", 3, pp. 301-26.

SCARPA R. (1997), *Intorno al silenzio. Note sulla pausa metrica*, in G. Devoto, S. Verdino (a cura di), *Per Giorgio Caproni*, San Marco dei Giustiniani, Genova, pp. 151-60.

EAD. (2003), *Endecasillabo e verso libero nella poesia degli anni Sessanta e Settanta*, in Giovannuzzi (2003), pp. 213-39.

EAD. (2004), *Sintassi e respiro nei sonetti di Giorgio Caproni*, Edizioni dell'Orso, Alessandria.

SCHAEFFER J.-M. (1989), *Che cos'è un genere letterario*, Pratiche, Parma 1992.

SCOTT C. (1990), *Vers libre. The Emergence of Free Verse in France, 1886-1914*, Oxford University Press, Oxford.

SERIANNI L. (2001), *Introduzione alla lingua poetica italiana*, Carocci, Roma.

SITI W. (1972a), *La metrica dei* Rapporti, in "Nuovi Argomenti", 25, gennaio-febbraio, pp. 112-30.

ID. (1972b), *Saggio sull'endecasillabo di Pasolini*, in "Paragone-Letteratura", XXIII, 270, agosto, pp. 39-61.

ID. (1975), *Il realismo dell'avanguardia*, Einaudi, Torino.

ID. (1980), *Il neorealismo nella poesia italiana, 1941-1956*, Einaudi, Torino.

SOLDANI A. (1989), *Rime e richiami fonici nella* Bufera, in Mengaldo (1989d), pp. 25-39.

ID. (1993), *Archeologia e innovazione nei* Poemi conviviali, La Nuova Italia, Firenze.

ID. (1997), *La tecnica dello sciolto nei* Conviviali, in AA.VV., *I* Poemi conviviali *di Giovanni Pascoli. Atti del Convegno di studi di San Mauro Pascoli e Barga (26-29 settembre 1996)*, La Nuova Italia, Firenze, pp. 295-327.

ID. (2004), *Tommaseo metricologo*, in M. Allegri (a cura di), *Niccolò Tommaseo (1802-1874) dal "primo esilio" al "secondo esilio". Atti del Convegno di studi (Rovereto, 9-11 ottobre 2002)*, Accademia roveretana degli Agiati, Rovereto, pp. 233-60.

SOLMI S. (1959), *Sergio Corazzini e le origini della poesia contemporanea*, in Solmi (1963), pp. 259-73.

ID. (1963), *Scrittori negli anni. Saggi e note sulla letteratura italiana del '900*, Il Saggiatore-Garzanti, Milano 1976.

SOMELLI L. (2003), *Un "esperimento cavalcantiano" (e dantesco): i* Versi livornesi *di Giorgio Caproni*, in "Filologia e Critica", XVII, 3, settembre-dicembre, pp. 443-57.

SOUZA R. DE (1892), *Le rythme poétique. Questions de métrique*, Perrin, Paris.

SPAMPINATO G. (1996), *In forma di voce. Figure della metrica e della sintassi nella poesia italiana del secondo Novecento (1956-1968)*, Istituto dell'Atlante linguistico italiano, Torino.

SPERA F. (1986), *Metrica fra antico e nuovo: da Vittorio Imbriani a Luigi Capuana*, in "Metrica", IV, pp. 145-63.

SPEZZANI P. (1966), *Per una storia del linguaggio di Ungaretti fino al* Sentimento del tempo, in AA.VV. (1966), pp. 86-160.

SPONGANO R. (1974), *Nozioni ed esempi di metrica italiana*, Pàtron, Bologna, 2ª ed. (1ª ed. 1966).

STELLA F. (1987), *Metri regolari in Ungaretti*, in "Autografo", IV, 10, marzo, pp. 41-68.

SURDICH L. (1982), I lamenti *in forma di sonetto*, in Devoto, Verdino (1982), pp. 55-75.

TASSONI L. (2002), Ipersonetto*: dagli ipotesti al discorso*, in Id., *Chaosmos. La poesia di Andrea Zanzotto*, Carocci, Roma, pp. 107-31.

TAVANI G. (1981), *Analisi ritmemica di una poesia di Pavese*, in "Metrica", II, pp. 173-87.

TERRENI A. (2007-08), *Dall'occhio all'orecchio: forme dell'io lirico nella poesia del secondo Antonio Porta*, tesi di dottorato di ricerca in Storia della lingua e della letteratura italiana, ciclo XXI, tutor prof. G. Turchetta, Università degli studi di Milano.

THOVEZ E. (1909), *Il pastore, il gregge e la zampogna. Dall'*Inno a Satana *alla* Laus Vitae, Ricciardi, Napoli.

ID. (1939), *Diario e lettere inedite (1887-1901)*, a cura di A. Torasso, Garzanti, Milano.

TOMAŠEVSKIJ B. (1929), *Sul verso*, in T. Todorov (a cura di), *I formalisti russi. Teoria della letteratura e metodo critico*, prefazione di R. Jakobson, Einaudi, Torino 1968, pp. 189-204.

TONELLI N. (2000), *Aspetti del sonetto contemporaneo*, ETS, Pisa.

TRAINA A. (1961), *Saggio sul latino del Pascoli*, Antenore, Padova.

Trama (La) sonora. Poesia nella prosa (2007), numero monografico di "Istmi", 19-20.

TRAVERSO L. (1962), *Profilo della poesia di Mario Luzi*, in "Studi urbinati", nuova serie, XLV, B 1-2, 1971, pp. 322-32.

TROMPEO P. P. (1938), *Domenico Gnoli romano*, in Id., *Carducci e D'Annunzio. Saggi e postille*, Tumminelli, Roma 1943, pp. 227-49.

TYNJANOV J. (1923), *Il problema del linguaggio poetico*, Il Saggiatore, Milano 1981.

UNGARETTI G. (1927), *Difesa dell'endecasillabo*, in Ungaretti (1974), pp. 154-69.

ID. (1937-42), *Invenzione della poesia moderna. Lezioni brasiliane di letteratura (1937-1942)*, a cura di P. Montefoschi, Edizioni scientifiche italiane, Napoli 1984.

ID. (1946), *Della metrica e del tradurre*, in Ungaretti (1974), pp. 571-6.

ID. (1947-55), *Indefinibile aspirazione*, in Ungaretti (1974), pp. 741-6.

ID. (1974), *Vita d'un uomo. Saggi e interventi*, a cura di M. Diacono, L. Rebay, Mondadori, Milano.

UTRERA TORREMOCHA M. V. (1999), *Teoría del poema en prosa*, Universidad de Sevilla, Sevilla.

EAD. (2001), *Historia y teoría del verso libre*, Padilla Libros, Sevilla.

VALGIMIGLI M. (1946), *Traduttori vecchi e nuovi*, in Id., *Pascoli*, Sansoni, Firenze, pp. 27-35.

ID. (1952), *Del tradurre da poesia antica*, in Id., *Del tradurre e altri scritti*, Ricciardi, Milano-Napoli, pp. 3-21.

ID. (1954), *Nascita dell'esametro pascoliano*, in Id., *Uomini e scrittori del mio tempo*, Sansoni, Firenze 1965, pp. 211-4.

VALLI D. (1980), *Vita e morte del "Frammento" in Italia*, Milella, Lecce.

ID. (2001), *Dal frammento alla prosa d'arte, con alcuni sondaggi sulla prosa di poeti*, Pensa Multimedia, Lecce.

VERGARA G. (1978), *Guida allo studio della poesia barbara italiana*, Conte, Napoli.

VIGORELLI G. C. (1937), *Alfonso Gatto*, in "Frontespizio", XV, 2, febbraio, p. 256.

VILLA E. (1937), *Sopra il ritorno al canto*, in "Frontespizio", XV, 6, giugno, pp. 457-9.

VINEIS E. (2002-03), *Ancora sull'equilibrio intertestuale. Ungaretti, Montale e la traduzione del* Sonetto XXXIII *di W. Shakespeare*, in G. Marotta (a cura di), *Atti del Convegno di studi in memoria di Tristano Bolelli (Pisa, 28-29 novembre 2003)*, in "Studi e Saggi linguistici", XL-XLI, pp. 391-405.

VITIELLO C. (1974), *Ungaretti: stili e stilemi nell'*Allegria, in Id., *Teoria e tecnica dell'avanguardia*, Mursia, Milano 1984, pp. 102-22.

VIVIANI A. (1942), *Dal verso libero all'aeropoesia (1905-1942)*, Paravia, Torino.

VOSSLER K. (1903), *Stil, Rhythmus und Reim in ihrer Wechselwirkung bei Petrarca und Leopardi*, in AA.VV., *Miscellanea di studi critici edita in onore di Arturo Graf*, Istituto italiano d'arti grafiche, Bergamo, pp. 453-81.

WACHTEL M. (1998), *The Development of Russian Verse. Meter and Its Meanings*, Cambridge University Press, Cambridge.

WIMSATT W. K. (ed.) (1972), *Versification: Major Language Types. Sixteen Essays*, Modern Language Association-New York University Press, New York.

ZAMBALDI F. (1882), *Metrica greca e latina*, Loescher, Torino.

ZANGRANDI A. (1995), *Appunti sullo stile dei* Trucioli *di Sbarbaro*, in "Studi novecenteschi", XXII, 50, dicembre, pp. 319-64.

EAD. (2007), *Il* Viaggio terrestre e celeste di Simone Martini *di Mario Luzi: appunti di lettura*, in "Stilistica e Metrica italiana", VII, pp. 353-80.

ZANZOTTO A. (1991), *Fantasie d'avvicinamento*, Mondadori, Milano.

ZATTARIN A. (2003), *Oltre il confine. Giorgio Caproni e i* Sonetti dell'anniversario, in "Studi novecenteschi", XXX, 65, gennaio-giugno, pp. 7-40.

ZOBOLI P. (2004), *La rinascita della tragedia. Le versioni dei tragici greci da D'Annunzio a Pasolini*, Pensa Multimedia, Lecce.

ID. (2005), *Sbarbaro e i tragici greci. In appendice: Camillo Sbarbaro,* Il ciclope, *edizione critica*, Vita e Pensiero, Milano.

ZOICO S. (1997), *Come è fatto* Il musicante di Saint-Merry *di Vittorio Sereni*, in Matarrese *et al.* (1997), pp. 369-86.

ZUBLENA P. (2002), *Isole di prosa. Gli inserti in prosa nei recenti libri di poesia: appunti su genere, funzioni, lingua*, in *Prosa nel corpo della poesia* (2002), pp. 145-74.

ZUCCO R. (1993), *Fonti metriche della tradizione nella poesia di Giovanni Giudici*, in "Studi novecenteschi", XX, 45-46, giugno-dicembre, pp. 171-208.

ID. (1997), *Rima, rima interna,* enjambement*: sui segnali dell'oralità nella poesia di Giudici*, in "Nuova Corrente", XLIV, 120, luglio-dicembre, pp. 229-46.

ID. (1999), *Versi "a gradino" nel primo Caproni*, in "Istmi", 5-6, pp. 125-52.

ID. (a cura di) (2000), G. Giudici, *I versi della vita*, introduzione di C. Ossola, cronologia a cura di C. Di Alesio, Mondadori, Milano.

ID. (2002), *La prosa nell'opera in versi di Raboni*, in *Prosa nel corpo della poesia* (2002), pp. 119-42.

ID. (2003), *Per uno studio della rima in De Signoribus:* Principio del giorno, in "Studi novecenteschi", XXIX, 63-64, giugno-dicembre, pp. 339-61.

ID. (2004-05), *Nell'officina poetica di Volponi:* Lettera 19, in "Istmi", 15-16, pp. 311-37.

ID. (2005a), *Caproni e la tradizione melica*, in "Rassegna europea di Letteratura italiana", XIII, 26, pp. 101-14.

ID. (2005b), *Due letture del metro di* Salutz, in "Stilistica e Metrica italiana", V, pp. 332-49.

ID. (2006), *Com'è fatto il verso lungo di Fernando Bandini*, in "Istmi", 17-18, pp. 259-77.

ID. (2007a), *Aspetti della lingua poetica di Jolanda Insana*, in *Trama sonora. Poesia nella prosa* (2007), pp. 201-18.

ID. (2007b), *Il trasloco dei morti. Intorno e dentro tre quartine di Marco Ceriani*, in "Studi novecenteschi", XXXIV, 74, luglio-dicembre, pp. 509-36.

ID. (2008), *Paradigmi metrici mariniani*, in "Stilistica e Metrica italiana", VIII, pp. 253-86.

ID. (2009), *Viviani traduttore di Verlaine*, in Daniele (2009), pp. 201-32.

ID. (in corso di stampa), *Varianti metriche di Cesare Viviani*, in *Metrica italiana e discipline letterarie*.

ZULIANI L. (2009a), *Poesia e versi per musica. L'evoluzione dei metri italiani*, il Mulino, Bologna.

ID. (2009b), *Il tremito nel vetro. Temi, stili e metrica in Giorgio Caproni*, CLEUP, Padova.

Edizioni delle opere poetiche citate[3]

AA.VV., *I poeti futuristi*, con un proclama di F. T. Marinetti e uno studio sul Verso libero di P. Buzzi, Edizioni futuriste di "Poesia", Milano 1912. ANEDDA A., *Dal balcone del corpo*, Mondadori, Milano 2007. ARNAUT DANIEL, *Sirventese e canzoni*, trad. di F. Bandini, Einaudi, Torino 2000. BACCHELLI R., *Poemi lirici*, Zanichelli, Bologna 1914. BALDI S., *I piaceri della fantasia. Versioni con testi originali*, con un saggio di O. Macrì, a cura di A. Celli, Olschki, Firenze 1996. BALESTRINI N., *Poesie pratiche. 1954-1969*, Einaudi, Torino 1976. ID., *Ipocalisse. 49 sonetti*, Scheiwiller, Milano 1986. ID., *Le avventure complete della signorina Richmond*, seguite dal *Pubblico del labirinto*, introduzione di O. del Buono, disegni di G. Baruchello, Testo & Immagine, Torino 1999. BELLEZZA D., *Io. 1975-1982*, Mondadori, Milano 1983. BEMPORAD G., *Esercizi. Poesie e traduzioni*, Garzanti, Milano 1980. BERISSO M., *Annali*, prefazione di A. Cortellessa, Oèdipus, Salerno-Milano 2002. BERTOLUCCI A., *Opere*, a cura di P. Lagazzi, G. Palli Baroni, Mondadori,

3. Si escludono le canzoni, nonché le poesie tratte da riviste menzionate direttamente nel testo.

Milano 1997. BETOCCHI C., *Tutte le poesie*, a cura di L. Stefani, prefazione di G. Raboni, Garzanti, Milano 1996. BOINE G., *Il peccato, Plausi e botte, Frantumi, Altri scritti*, a cura di D. Puccini, Garzanti, Milano 1983. BRECHT B., *Poesie e canzoni*, a cura di R. Leiser, F. Fortini, Einaudi, Torino 1959. BROGGI A., *Nuovo paesaggio italiano*, Arcipelago, Milano 2009. BUFFONI F., *Roma*, Guanda, Milano 2009. CACCIATORE E., *La restituzione*, Vallecchi, Firenze 1955. ID., *Lo specchio e la trottola*, Vallecchi, Firenze 1960. ID., *La puntura dell'assillo. Cinquanta ed un sonetto*, Società di Poesia, Milano 1986. *Calpestare l'oblio. Trenta poeti italiani contro la minaccia incostituzionale, per la resistenza della memoria repubblicana*, e-book, in www.lagru.org. CAMPANA D., *Canti orfici*, edizione critica a cura di G. Grillo, Vallecchi, Firenze 1990. CAPRONI G., *L'opera in versi*, edizione critica a cura di L. Zuliani, introduzione di P. V. Mengaldo, cronologia e bibliografia a cura di A. Dei, Mondadori, Milano 1998. CAPUANA L., *Semiritmi*, Treves, Milano 1888. CARDARELLI V., *Prologhi*, Studio editoriale lombardo, Milano 1916. ID., *Opere*, a cura di C. Martignoni, Mondadori, Milano 1981. CARDUCCI G., *Odi barbare*, edizione critica a cura di G. A. Papini, Fondazione Arnoldo e Alberto Mondadori, Milano 1988. ID., *Tutte le poesie*, a cura di P. Gibellini, Newton Compton, Roma 1998. CAVALLI P., *Sempre aperto teatro*, Einaudi, Torino 1999. CESAREO G. A., *Le poesie (Le occidentali, Gl'inni, Le consolatrici)*, Zanichelli, Bologna 1912. CHAR R., *Ritorno Sopramonte e altre poesie*, a cura di V. Sereni, con un saggio di J. Starobinski, Mondadori, Milano 1974. CHIARINI G., MAZZONI G., *Esperimenti metrici*, Zanichelli, Bologna 1882. CHIESA F., *Calliope*, Formiggini, Roma 1921. CORAZZINI S., *Poesie*, introduzione e commento di I. Landolfi, Rizzoli, Milano 1992. *Dai nostri poeti viventi*, Lumachi, Firenze 1903. D'ANNUNZIO G., *La fille de Iorio*, tragédie pastorale, traduite par G. Hérelle, Calmann-Lévy, Paris 1905. ID., *Tragedie, sogni e misteri*, 2 voll., Mondadori, Milano 1955. ID., *Versi d'amore e di gloria*, ed. diretta da L. Anceschi, a cura di A. Andreoli, N. Lorenzini, 2 voll., Mondadori, Milano 1982-84. DE ANGELIS M., *Dove eravamo già stati. (Poesie 1970-1999)*, Donzelli, Roma 2001. DE BOSIS A., *Amori ac silentio e le rime sparse*, Studio editoriale lombardo, Milano 1914. D'ELIA G., *Sulla riva dell'epoca*, Einaudi, Torino 2000. ID., *Bassa stagione*, Einaudi, Torino 2003. ID., *Trovatori*, Einaudi, Torino 2007. DELLA PORTA A., *Le sestine*, Zanichelli, Bologna 1890. DI RUSCIO L., *Non possiamo abituarci a morire*, Schwarz, Milano 1953. FERRARI S., *Versi*, a cura di M. Valgimigli, E. Chiorboli, Zanichelli, Bologna 1955. FIORI U., *Voi*, Mondadori, Milano 2009. FO A., *Piccole poesie per banconote*, Polistampa, Firenze 2001. ID., *Corpuscolo*, Einaudi, Torino 2004. FO A., VECCE C., VELA C., *Coblas. Il mistero delle sei stanze*, All'insegna del pesce d'oro, Milano 1987. FORTINI F., *Poesia ed errore, 1937-1957*, Feltrinelli, Milano 1959. ID., *Una volta per sempre. Poesie 1938-1973*, Einaudi, Torino 1978. ID., *Il ladro di ciliege e altre versioni di poesia*, Einaudi, Torino 1982. ID., *Memorie per dopo domani, tre scritti 1945, 1967 e 1980*, a cura di C. Fini, Barbablù, Siena 1984. ID., *L'ospite ingrato*, Marietti, Casale Monferrato 1985. ID., *Composita solvantur*, Einaudi, Torino 1994. FRASCA G., *Rame*, Corpo 10, Milano 1984 (nuova ed., con una nota di A. Cortellessa, Zona, s.l. 1999). ID., *Lime*, Einaudi, Torino 1995. ID., *Rive*, Einaudi, Torino 2001. FUSCO F., *Tre opere. La Signora con l'ermellino, Il libro delle madonne scure, Linee*, Oèdipus, Salerno-Milano 2009. GADDA C. E., *Le meraviglie d'Italia. Gli anni*, nota ai testi di L. Orlando, Garzanti, Milano 1993. GATTO A., *Isola*, Libreria del 900, Napoli 1932. ID., *La spiaggia dei poveri*, Rosa e Ballo, Milano 1944. ID., *Tutte le poesie*, a cura di S. Ramat, Mondadori, Milano 2005. GIACONI L., *Tebaide. Poesie*, con un epilogo di G. S. Gargano, Zanichelli, Bologna 1909. GIOVENALE M., *Altre ombre*, postfazione di R. Roversi, La camera verde, Roma 2004. GIUDICI G., *I versi della vita*, a cura di R. Zucco, con un saggio introduttivo di C. Ossola, cronologia a cura di C. Di Alesio, Mondadori, Milano 2000. GIULIANI A. (a cura di), *I novissimi, Poesie per gli anni '60*, Einaudi, Torino 1965. GOVONI C., *Le fiale*, Lumachi, Firenze 1903. ID., *Fuochi d'artifizio*, Ganguzza Lajosa, Palermo 1905. ID., *Gli aborti. Le poesie d'Arlecchino, I cenci dell'anima*, Tipografia Taddei-Soati, Ferrara 1907. ID., *Armonia in grigio et in silenzio*, a cura di A. Scarano, Palomar, Bari 1992. GRAF A., *Danaidi*, Loescher, Torino 1897. ID., *Le Rime della selva*, Treves, Milano 1906. HÖLDERLIN F., in V. Errante, *La lirica di Hölderlin. Riduzione in versi italiani. Saggio biografico e critico. Commento*, Principato, Milano-Messina 1940. ID., *Alcune poesie di Hölderlin*, tradotte da G. Contini, Einaudi, Torino 1987. IZZO C. (a cura di), *Poesia americana del '900*, con testo a fronte, introduzioni e note biobibliografiche, Guanda, Parma 1963. JAHIER P., *Poesie in versi e in prosa*, a cura di P. Briganti, Einaudi, Torino 1981. LAMARQUE V., *Poesie 1972-2002*, introduzione di R. Dedola, Mondadori, Milano 2002. LANDOLFI T., *Breve canzoniere*, Vallecchi, Firenze 1971. LEOPARDI G., *Canti*, a cura di F. Gavazzeni, M. M. Lombardi, Rizzoli, Milano 1998. LUCINI G. P., in G. Viazzi, *Studi e documenti per il Lucini*, Guida, Napoli 1972. ID., *Revolverate e Nuove revolverate*, a cura di E. Sanguineti, Einaudi, Torino 1975. LUZI M., *L'opera poetica*, a cura e con un saggio introduttivo di S. Verdino, Mondadori, Milano 1998. ID., *Dottrina dell'estremo principiante*, Garzanti, Milano 2004. MAGRELLI V., *Disturbi del sistema binario*, Einaudi, Torino 2006. ID., *Poesie (1980-1992)*, Einaudi, Torino 1996. MANNO G., *Salmi*, Stamperia reale, Torino 1846. MARINETTI F. T., *Le Monoplan du Pape. Roman politique en vers libres*, Sansot, Paris 1912. ID., *L'aeroplano del Papa. Romanzo profetico in versi liberi*, Edizioni futuriste di "Poesia", Milano 1914. ID., *Teoria e invenzione futurista*, a cura di L. De Maria, Mondadori, Milano 1983. MARRADI G., *Ballate moderne*, Voghera, Roma 1894. MERINI A., *Tu sei Pietro*, Scheiwiller, Milano 1961. MONTALE E., *Quaderno di traduzioni*, Mondadori, Milano 1975. ID., *L'opera in versi*, edizione critica di R. Bettarini, G. Contini, Einaudi, Torino 1980. MORANTE E., *Opere*, a cura di C. Cecchi, C. Garboli, vol. II, Mondadori, Milano 1990. NERI G., *Teatro naturale*, Mondadori, Milano 1998. *New York Anthology*, a cura di S. Ramat, N. Gardini, E. Savino, in "Poesia", XIV, 155, novembre 2001. NOVE A., *Fuoco su Babilonia! Poesie 1984-1996*, Crocetti, Milano 2003. NOVENTA G., *Versi e poesie*, a cura di F. Manfriani, Marsilio, Venezia 1986. OLDANI G., *La betoniera*, Lietocolle, Faloppio 2005. ONOFRI A., *Poesie edite e inedite (1900-1914)*, a cura di A. Dolfi, Longo, Ravenna 1982. ORELLI G., *Né timo né maggiorana*, Marcos y Marcos, Milano 1995. ORSINI G., *Fra terra ed astri*, Roux & Viarengo, Torino 1903. PAGLIARANI E., *Tutte le poesie, 1946-2005*, a cura di A. Cortellessa, Garzanti, Milano 2006. PALAZZESCHI A., *L'incendiario, 1905-1909*, Edizioni futuriste di "Poesia", Milano 1913. ID., *Tutte le poesie*, a cura e con un saggio introduttivo di A. Dei, Mondadori, Milano 2002. *Parola plurale. Sessantaquattro poeti italiani fra due secoli*, Sossella, Roma 2005. PASCOLI G. (a cura di), *Sul limitare*, Sandron, Palermo 1900. ID. (a cura di), *Fior da fiore*, Sandron, Palermo 1901. ID., *Prose*, a cura di A. Vicinelli, vol. I, Mondadori, Milano 1946. ID., *Poesie e prose scelte*, a cura di C. Garboli, 2 voll., Mondadori, Milano 2002. ID., *Tutte le poesie*, a cura di A. Colasanti, Newton Compton, Roma 2002. PASOLINI P. P., *Tutte le poesie*, a cura e con uno scritto di W. Siti, saggio introduttivo di F. Bandini, cronologia di N. Naldini, 2 voll., Mondadori, Milano 2003. PASTONCHI F., *Il Randagio*, Mondadori, Roma 1921. PAVESE C., *Le poesie*, a cura di M. Masoero, introduzione di M. Guglielminetti, Einaudi, Torino 1998. PELLICO S., in L. Baldacci, G. Innamorati (a cura di), *Poeti minori dell'Ottocento*, vol. II, Ricciardi, Milano-Napoli 1963. PETROSINO A. M., *Parole incrociate*, in "Atelier", X, 40, dicembre 2005, pp. 86-94. PIERRO A., in F. Brevini (a cura di), *Poeti dialettali del Novecento*, Einaudi, Torino 1987. *Poeti d'oggi*, a cura di G. Papini, P. Pancrazi, Vallecchi, Firenze 1920. *Poeti simbolisti e liberty in Italia*, a cura di G. Viazzi, V. Scheiwiller, All'insegna del pesce d'oro, Milano 1967 (per G. BOTTA e R. CANUDO). POGGIOLI R., *Il fiore del verso russo*, Mondadori, Milano 1970. PORTA A., *Quanto ho da dirvi. Poesie 1958-1975*, prefazione di G. Pontiggia, Feltrinelli, Milano 1977. POUND E., *Canti pisani*, prefazione di G. Raboni, Garzanti, Milano 2004. PUŠKIN A. S., G. Giudici, *Eugenio Onieghin di Alexandr S. Puškin in versi italiani*, prefazione di G. Folena, Garzanti, Milano 1999. PUSTERLA F., *Folla sommersa*, Marcos y Marcos, Milano 2004. QUASIMODO S., *Poesie e discorsi sulla poesia*, a cura e con introduzione di G. Finzi, prefazione di C. Bo, Mondadori, Milano 1996, 10ª ed. RABONI G., *L'opera poetica*, a cura e con un saggio introduttivo di R. Zucco e uno scritto di A. Zanzotto, Mondadori, Milano 2006. REBORA C., *Le poesie (1913-1957)*, a cura di G. Mussini, V. Scheiwiller, Garzanti, Milano 1994. RIPELLINO A. M. (a cura di), *Poesia russa del Novecento*, versioni, saggio introduttivo, profili biobibliografici e note, Feltrinelli, Milano 1973. RISI N., *Dentro la sostanza*, Mondadori, Milano 1965. ROCCATAGLIATA CECCARDI C., *Sonetti e poemi*, a cura di A. Andreani, Longanesi, Milano 1995. ROMAGNOLI E., *Il libro della poesia greca. Versioni ed impressioni critiche*, con 18 illustrazioni, Treves, Milano 1921. ID., *I poeti lirici*, Zanichelli, Bologna 1963. ROSSELLI A., *Serie ospedaliera*, Il Saggiatore, Milano 1969. ROSSI T., *Gente di corsa*, Garzanti, Milano 2000. RUFFILLI P., *Camera oscura*, Garzanti, Milano 1987. SABA U., *Il Canzoniere 1921*, ed. critica a cura di G. Castellani, Fondazione Arnoldo e Alberto Mondadori, Milano 1981. ID., *Coi miei occhi*, a cura di C. Milanini, Il Saggiatore, Milano 1981. ID., *Tutte le poesie*, a cura di A. Stara, introduzione di M. Lavagetto, Mondadori, Milano 1988. ID., *Tutte le prose*, a cura di A. Stara, introduzione di M. Lavagetto, Mondadori, Milano 2001. SANGUINETI E., *Segnalibro*, Feltrinelli, Milano 1982. ID., *Novissimum Testamentum*, Manni, Lecce 1986. ID., *Senzatitolo*, Feltrinelli, Milano 1992. ID., *Il gatto lupesco. Poesie 1982-2001*, Feltrinelli, Milano 2002. SANNELLI M., *L'aria. Poesie 1993-2006*, Puntoacapo, Novi Ligure 2009. SBARBARO C., *Pianissimo*, Libreria della Voce, Firenze 1914. SERENI V., *Poesie*, edizione critica a cura di D. Isella, Mondadori, Milano 1995. ID., *Il musicante di Saint-Merry*, introduzione di P. V. Mengaldo, Einaudi, Torino 2001. SHAKESPEARE W., *Quaranta sonetti*, testo originale inglese, traduzione francese di Y. Bonnefoy, introduzione di C. Ossola, versione italiana di G. Ungaretti, Einaudi, Torino 1999. SICARI G., *Decisioni*, Barbablù, Siena 1986. SINISGALLI L., *18 poesie*, All'insegna del pesce d'oro, Milano 1936. ID., *I nuovi campi elisi. Poesie (1942-1946)*, Mondadori, Milano 1947. SOFFICI A., *BÏF§ZF+18. Simultaneità. Chimismi lirici*, Edizioni della Voce, Firenze 1917. THOVEZ E., *Il poema dell'adolescenza*, a cura di S. Jacomuzzi, Einaudi, Torino 1979. TOMMASEO N., *Canti popolari toscani, corsi, illirici, greci*, vol. IV, Girolamo Tasso, Venezia 1842. UNGARETTI G., *Vita d'un uomo. Tutte le poesie*, a cura e con un saggio introduttivo di C. Ossola, Mondadori, Milano 2009. VALDUGA P., *Medicamenta*, Guanda, Milano 1982. EAD., *Medicamenta e altri medicamenta*, Einaudi, Torino 1989. EAD., *Requiem. Per mio padre morto il 2 dicembre 1991*, Marsilio, Venezia 1994. EAD., *Cento quartine e altre storie d'amore*, Einaudi, Torino 1997. EAD., *Corsia degli incurabili*, Garzanti, Milano 1996. EAD., *Quartine: seconda centuria*, Einaudi, Torino 2001. VALERI D., *Lirici francesi*, Mondadori, Milano 1960. VILLA E., *Oramai*, Istituto grafico tiberino, Roma 1947. VIVIANI C., *Poesie 1967-2002*, introduzione di E. Testa, Mondadori, Milano 2003. ID., *La forma della vita*, Einaudi, Torino 2005. ID., *Credere all'invisibile*, Einaudi, Torino 2009. VOCE L., *L'esercizio della lingua (Poesie 1991-2008)*, introduzione di G. Frasca, postfazione di M. Marrucci, con un intervento in versi di Wu Ming 1 e un saggio musicologico di S. La Via, Le Lettere, Firenze 2008. ZANZOTTO A., *Le poesie e prose scelte*, a cura di S. Dal Bianco, G. M. Villalta, con due saggi di S. Agosti e F. Bandini, Mondadori, Milano 1999.

Indice dei nomi e delle cose notevoli*

* Non sono indicizzati i nomi presenti nella seconda e terza parte della *Bibliografia generale*, eccezion fatta per i curatori (prefatori ecc.) dei volumi ivi citati e non altrimenti ricordati. Quanto alle "cose notevoli", si dà maggior rilievo alle formulazioni più controverse (ad esempio, certi tipi ritmici di verso, specie se di attestazione o valorizzazione recenti).